대한예수교장로회총회창립 100주년기념

목회매뉴얼

| 총회목회정보정책연구소 편 |

예배목회

THE MINISTER'S MANUAL

한국장로교출판사

머리말

한국교회는 짧은 선교역사 속에서도 괄목할 만한 교회 부흥과 성장으로 세계 교회의 주목을 받아 왔고 활발한 세계 선교를 통한 선교대국이 되어 가고 있다. 선배 목회자들의 헌신과 탁월한 목회 리더십이 오늘의 한국교회를 세워 온 것이다.

그러나 현재 한국교회는 안팎으로 많은 문제가 노정되어 있는데, 먼저 목회 리더십의 불안으로 교회의 미래가 불투명하다는 점이다. 목회 프로그램들은 풍성해지고 교회 규모는 커졌지만, 영웅적 목회자들의 개인적 리더십에만 의존해 왔으며 표준화된 목회 지침이나 시스템을 갖추지 못했다. 게다가 지금 우리 한국교회 목회자들은 올바른 지도를 받을 수 있는 기회가 많지 않다. 신학교를 졸업하고 부교역자로서 활동한 경험만으로는 목회를 온전히 배울 수 없으며, 노회나 총회 역시 목회를 지도하고 감독할 구조나 기능을 갖지 못한 것도 우리 한국교회의 현실이다. 그래서 목회자 각자가 개인적 능력이나 판단에 따라 자기 소견대로 목회를 하거나, 소위 성공한 목회자들의 사역 일부나 프로그램을 맹목적으로 답습하는 문제가 발생하거나, 신임 목회자들의 미숙한 판단이나 서투른 시행으로 인해 스스로 목회자의 신뢰를 무너뜨리고 지도력이 약화되어 교회를 건강하게 세우지 못하는 형편이다.

그래서 지금 한국교회는 목회를 표준화하고 교회 내의 불필요한 갈등과 방황을 예방하여 모든 목회자들이 건강하게 교회를 세울 수 있도록 하는 지침으로서 목회매뉴얼의 필요를 절감한다. 물론 목회는 기술로 하는 것이 아니고 목회자의 신앙인격을 전제로 한 현장성이 중요하므로 목회를 일반화하고 표준화하기에는 무리가 있을 수 있다. 그러나 성경과 개혁교회 신학에 바탕을 둔 목회 가치관 수립 및 방향성 제시와 목회자가 수행하는 목회의 전반적인 영역에 대한 구체적인 안내는 반드시 필요하다. 이런 현실적 요청이 목회매뉴얼을 기획하고 발간하게 된 이유이다.

  목회매뉴얼은 교회를 잘 경영하여 교회의 외적 성장을 이루는 방법보다는 교인들을 잘 돌보는 목양방법에 치중하려고 했다. 또한 목회 전반적인 영역에 있어서 목회 활동과 실천에 대하여 구체적인 안내서가 될 수 있도록 노력하였으며, 사역의 효율성이나 기능적인 문제보다는 본질적으로 온전하고 건강한 교회를 세우는 데 초점을 맞추려고 했다. 특히 목회매뉴얼은 목회사역에 관한 구체적이고 모범적인 모델을 제시함과 동시에, 지교회의 각기 다른 상황에서도 응용될 수 있도록 대안들을 소개하되, 그것이 어느 특정 교회가 아닌 모든 교회에서 사용 가능할 수 있는 보편적인 매뉴얼로 집필하였다.

  목회매뉴얼 집필 작업은 장신대 연구지원처(前 처장 임희국 교수)와 장신대 교회와 커뮤니케이션 연구부(前 부장 김운용 교수)와 현장 목회자인 이만규 목사(신양교회)에 의해 협의되어 총회목회정보정책연구소(소장 진방주 목사)가 교회와 커뮤니케이션 연구부와 공동으로 발간할 것을 결정하였고, 그 후 총회창립 100주년기념사업 준비위원회와 총회 임원회(증경 총회장 박위근 목사)의 승인을 받아 "대한예수교장로회총회창립 100주년 기념 목회매뉴얼"로 발간하게 되었다.

집필은 이성희 목사(연동교회)를 위원장으로 하여 총회 내 해당 분야 전공 교수들과 전문적 훈련을 받으신 목회자들께서 맡아 주셨고, 전 총회장님들께서 자문하여 주셨으며, 또 총회 내 존경받는 원로 목회자들의 지도와 감수를 받도록 하였다. 이를 위하여 총회 내 실천신학 전공교수, 64개 노회에서 추천 받은 전문적인 경험이나 학문적으로 준비된 목회자들로 집필 및 발간위원을 위촉하여 응하여 주신 분들로 발간 및 집필위원을 구성하였다. 그리하여 목회사역 분야를 12개 분야로 나누어 발간을 진행하고 요청에 따라 추가적으로 다양한 분야들을 집필하게 되었다.

그동안 이 목회매뉴얼 발간을 위하여 집필 방향과 목회적 관점 등을 결정하고자 여러 번의 세미나를 거쳐서 이론을 일반화하였다. 집필 시에는 학문적 깊이를 소홀히 하지 않는 동시에 현장 목회자를 위한 실용적 적용점을 중심으로 집필하도록 했다. 따라서 가급적 외래어 표기를 줄이고, 각주 역시 본문에 풀어 쓰도록 하였으며, 각 책 말미에 필요한 참고도서를 소개하도록 했다.

목회매뉴얼은 실천신학 전공 교수님들과 전문적 훈련을 받은 목회자들이 총동원되어 발간하는 역작이지만, 목회는 구체적 현장에서 이루어지는 것이기 때문에 이 책은 계속하여 개정 혹은 증보되어야 할 것이다. 또한 다양한 의견과 학문적 견해, 그리고 다양한 목회적 경험을 가진 여러 학자들에 의하여 집필된 방대한 작업이기에 논리의 일관성이나 목회철학, 그리고 용어와 개념의 정리, 실용성의 문제에 있어서 다소 미흡한 점이 있을 것이다. 이는 계속적인 연구와 개정, 그리고 증보를 통하여 개선될 것이다.

목회매뉴얼이 한국교회를 건강하게 세우는 시작이 되기를 바라며, 이 책이 나올 수 있도록 옥고를 주신 집필위원들과 지도하고 감수하여 주신 총회 내 여러 어른들께 존경과 감사의 마음을 전하며, 수년간 헌신적 노력으로 열매를 맺게 하신 발간 및 편집위원회 서기 손대호 목사, 회계 정명철 목사 등 동역자들께 감사를 드린다. 특히 총회목회정보정책연구소의 태동에 결정적 역할을 감당하고 목회매뉴얼 발간을 총괄한 연구소 소장 진방주 목사님의 수고를 기억하고 감사드리며, 연구소 연구원 강바울 전도사에게도 감사드린다. 또한 좋은 책으로 출판해 주신 한국장로교출판사 사장 채형욱 목사를 비롯한 실무자 여러분께 감사드린다. 그리고 모든 영광을 하나님께 올려 드린다. 할렐루야!

대한예수교장로회총회창립 100주년기념
목회매뉴얼 발간위원장 이만규 목사
김운용 교수

발간사

　목회는 종합예술이다. 힐트너는 목회란 다양한 면을 가지고 있다고 말하며 목회의 세 가지 면을 이야기한다. 그것은 전달(communicating), 목양(shepherding), 그리고 조직(organizing)이다. 어떤 목회자든 이 세 가지 면 모두를 완벽하게 잘해 낼 수는 없으며, 세 가지 면 가운데 한 가지만 잘해도 성공적인 목회라고 평가받을 수 있다. 그러나 중요한 점은, 목회자는 결국 이 세 가지 면을 골고루 해내야 진정한 목회를 한다고 할 수 있다는 것이다. 그래서 목회는 모든 예술을 종합하여 하나의 걸작을 만들어 내는 종합예술에 비유할 수 있다.
　미래학자이며 관리학자인 피터 드러커는 "미국에서 대통령을 제외하고 가장 힘든 자리가 셋이 있는데 바로 큰 대학교 총장, 큰 병원 원장, 그리고 큰 교회의 목사이다."라고 말한 바 있다. 큰 교회 목사뿐만 아니라, 모든 교회와 모든 목사의 목회가 힘들고 사명감이 없이는 수행할 수 없으며, 목회 활동이 끝날 때까지 조심스레 걸어야 한다.
　목회는 목회자의 소명이지만 목회에는 달인이 없다. 목회는 누구에게나 평생의 숙제처럼 힘이 든다. 특히 포스트모던이란 새로운 변혁의 시대에 살고 있는 현대 목회자들에게 목회는 현장의 과격한 변화로 더욱 힘든 과제가 되었다. 시대적 패러다임의 변화를 읽지 못하면 목회는 더욱 힘들 수밖에 없다.
　현재 목회자들은 개개인의 경험과 주변 환경에만 신경을 쓰면서 바른

The Minister's Manual 100

목회의 길을 따르지 못하고 성경에서 벗어난 사례가 많아지고 있다. 개혁교회 신학과 한국교회 전승에 걸맞은 목회를 지향하고 올바른 방향을 알려 주는 것은 또 다른 우리 시대의 과제가 되었다.

 이런 시대의 요청에 따라 총회는 대한예수교장로회총회창립 100주년을 기념하여 「목회매뉴얼」을 출판하기로 하였다. 이 책은 목회의 다양한 분야들에 대하여 원리적이고 실제적인 방향과 방법론을 제시하여 건강하고 효율적인 목회를 지향하고 있다. 목회매뉴얼이 제시하는 목회의 모든 분야가 이를 보는 목회자에 의해 정리되고 하나의 종합예술과 같은 목회로 재탄생될 것이다. 목회매뉴얼을 통하여 한국교회의 신학이 바로 서고, 시대를 이끌어 나가는 건강한 교회가 되기를 기대한다. 아울러 목회의 다양한 분야들의 원리와 방법론을 정리하고, 미래를 지향하는 목회 방향을 제시해 주신 모든 집필자들의 노고에 감사를 드리며 목회매뉴얼이 목회자들의 바른 목회 길잡이가 되기를 바란다.

대한예수교장로회총회창립 100주년기념
목회매뉴얼 집필위원장 이성희 목사

격려사

　모든 제품에는 종류에 따라 그 차이는 있으나 사용방법을 자세히 알려주는 매뉴얼이 들어 있다. 아무리 복잡한 상품이라도 매뉴얼을 보면 그 사용방법을 쉽게 이해할 수 있다. 마찬가지로 예배는 하나님께 최상의 가치를 돌리는 것이므로 최상의 존재에게 존경, 경의, 찬양, 영광을 드리기 위해서는 표준 매뉴얼이 있어야 한다. 다시 말하면 예배의 요소인 설교, 성례, 찬송, 기도 등이 교육적 차원에서 교육되고 훈련받기 위해서는 여기에 따른 예배 매뉴얼이 필요하다는 것이다. 여기에 부합하여 대한예수교장로회총회창립 100주년을 맞아 예배목회 매뉴얼이 발간된 것은 목회자들이 건강한 목회를 펴 나갈 수 있도록 돕기 위한 취지에서 연구·제작되었기에 이 시대 한국교회 성장과 그리스도인의 영성 회복을 위해 가장 필요한 지침서가 될 것이다. 한국교회 목회자들은 목회계획을 세움에 있어 예배에 중점을 두어야 한다고 했다.

　지금 한국교회는 목회를 표준화하고 목회적 실수를 예방하며 교회 내의 불필요한 갈등과 혼선을 사전에 차단하여 모든 목회자들이 건강하게 교회를 세울 수 있도록 하는 표준화된 목회매뉴얼의 필요를 절감한다. 여기에 교계 예배 전문가들은 "예배는 모든 목회의 기본이며, 어떻게 예배를 드리느냐에 따라 교회의 분위기가 달라지기 때문에 철저한 계획과 실천 의지가 뒤따라야 할 것"이라고 입을 모으고 있다. 사실 예배를 어떻게 디자인하고 계획하느냐에 따라 예배의 감동이 달라질 수 있기에 나름대로 계획성을 갖추어야 한다. 즉, 올바른 예배 계획을 세우기 위해서는, 하나님이 기뻐하시는 예배를 드릴 수 있는 기본지침으로서 매뉴얼이 필요하다고 본다. 무엇보다 예배에 대한 계획을 세울 때는 총회 교회력을 근거로 해서 그리스도 중심의 예배가 되어야 한다.

그런데 오늘 한국교회의 문제는 예배드리는 횟수가 줄어들고, 예배 참석률이 저조하고, 예배드리는 시간이 짧다는 것이다. 기독교는 하나님께 예배하는 종교이다. 초대 기독교인들은 사울의 박해를 피해 오직 예배를 드리기 위해 다메섹까지 피난을 갔으며, 로마 기독교인들도 3백 년 동안 10대 황제를 통해 모진 박해를 받았지만 예배는 중단하지 않았다. 영국의 청교도들 역시 절대 권력의 박해를 받으면서도 목숨 걸고 신앙을 지켰고 예배를 드렸다.

이와 같이 예배에 목숨을 걸고 '코람 데오'(Coram Deo)의 신앙으로 무장하고 한국교회의 지속적인 부흥과 발전을 위해 진력해야 할 이때에, 총회 예배목회 매뉴얼이 65개 노회, 8천 3백여 교회가 하나 되게 하고 장로교의 정체성을 살리고 한국교회의 부흥과 성숙, 갱신과 일치, 섬김사역을 펼쳐 가는 데 초석이 되리라 믿는다.

제90회 증경총회장 안영로 목사

차 례

머리말 / 2
발간사 / 6
격려사 / 8
들어가는 말 / 12

제 I 부 예배목회를 위한 이해와 신학 ——— 15
  1장 예배의 역사와 신학적 이해 ——— 17
  2장 21세기 예배 현장에 대한 이해 ——— 45

제 II 부 예배목회를 위한 지침 ——— 63
  1장 예배를 드리는 자세 ——— 65
  2장 예배 계획 수립과 예배 준비 ——— 85
  3장 예배의 날로서 주일 ——— 103
  4장 삶으로서의 예배 ——— 116
  5장 예배 공간과 성구 및 예복 ——— 135
  6장 예배순서에 대한 이해 ——— 158
  7장 성찬 성례전 ——— 175
  8장 세례 성례전 ——— 201
  9장 교회력에 따른 예배 ——— 220
  10장 현대 예배 ——— 247

11장 멀티미디어 예배 261
12장 예배 음악(찬송가, 복음성가, 국악) 274
13장 장례예식 284
14장 다음세대와 함께하는 통합적 예배 302
15장 다음세대를 위한 이머징 예배 321
나가는 말 352

부록 1 : 노회 개회 예배와 목사안수예식 / 357
부록 2 : 교회공동체 계약갱신 예배 / 367
부록 3 : 총회 100주년 기념 '총회 교회력과 성서정과' / 374
부록 4 : 올바른 기독교 용어 / 451
부록 5 : 예배목회를 위한 참고문헌 / 464
예배목회를 펴내면서 / 470

들어가는 말

　예배목회 매뉴얼은 하나님이 '계시' 해 주신 큰 은혜와 인도하심, 그리고 하나님의 선한 뜻에 '응답' 하여 서로 협력하여 선을 이룬 귀한 결실임을 먼저 말하고자 한다. 제1부는 "예배목회를 위한 이해와 신학"으로 이 책의 서론에 해당하는 내용이다. 먼저, "예배의 역사와 신학적 이해"(1장)를 살펴본 다음, "21세기 예배 현장에 대한 이해"(2장)를 살펴보면서 현대교회 예배의 다양한 흐름과 현대 기독교 예배의 이슈가 무엇인지를 알려 주고 있다.

　제2부는 "예배목회를 위한 지침"이며, 내용상으로는 다음과 같이 분류할 수 있다.

　첫째, 예배목회에 있어 가장 기본이며 든든한 밑받침이 되는 지침을 신학적·성경적인 근거를 찾아가며 정리한 부분이다. 예배드리는 자세(1장), 예배계획 수립과 예배 준비(2장), 예배의 날로서 주일(3장), 삶으로서의 예배(4장), 교회력에 따른 예배(9장), 예배 음악 - 찬송가, 복음성가, 국악(12장)이 여기에 해당된다.

　둘째, 예배목회의 실행 및 적용에 있어 가장 실제적인 지침에 해당되는 부분이다. 예배 공간과 성구 및 예복(5장), 예배순서에 대한 이해(6장)를 시작으로 해서 다양하면서도 풍성한 성찬 성례전(7장)과 세례 성례전(8장), 그리고 장례예식(13장)의 실제와 예배순서가 나온다.

　셋째, 현재와 미래의 다음세대를 위한 예배의 특징과 실제에 관한 내용으로, 이 매뉴얼의 주요 특징이자 많은 목회자께서 많은 관심을 갖고 있는 부분이다. 세분하면, 현대 예배(10장), 멀티미디어 예배(11장), 다음세대와 함께하는 통합적 예배(14장), 다음세대를 위한 이머징 예배(15장)의 신학적 접근과 예배의 실제에 관한 사례와 순서이다. 이를 위해 현재 지교회에서 실제로 드려지고 있는 생생한 예배 현장과 기록, 그리고 전문가의 의견들이 함께 어우러져 풍성한 내용을 이루고 있다.

이 외에도 특기할 만한 사항은 보다 새로운 관점에서 시도해 볼 수 있는 노회 개회 예배와 목사안수예식과 교회공동체 계약갱신 예배, 그리고 총회100주년기념 총회 교회력과 성서정과표, 올바른 기독교 용어 및 예배목회를 위해 도움이 되는 참고문헌을 정리해서 실어 놓았다.

예배 현장 일선에서 이름 없이, 빛도 없이 오직 하나님께 영광 올려 드리기 위해 순종하며 애쓰시는 목회자께 이 책이 작은 도움이 되기를 간절히 바라는 바이다. 그리하여 불확실한 세상 속에서도 불변하는 하나님의 진리를 참된 예배를 통해 다감각적으로 누리고, 또한 이것을 다음세대로 이어 나가는 큰 기쁨을 아울러 누리길 바랄 뿐이다.

제 Ⅰ 부

예배목회를 위한 이해와 신학

1장. 예배의 역사와 신학적 이해

2장. 21세기 예배 현장에 대한 이해

1장
예배의 역사와 신학적 이해

"하나님은 영이시니 예배하는 자가 영과 진리로 예배할지니라"(요 4 : 24). 우리가 장로교 예배의 전통을 묻는 것은 그 어느 때보다 한국교회의 예배가 다양한 양상을 보이고 있기 때문일 것이다. 오늘날 한국교회에 새로운 예배를 추구하는 분위기가 확산되면서 전해 내려오는 예배의 관습을 따르려는 교인 사이에서 혼란이 야기되고 있음을 목격하게 되는데, 이러한 때 장로교인의 예배 유산에 대해 살펴보는 것은 현대교회의 예배에 관한 복잡한 문제를 푸는 데 있어 첫 번째 과정이다.

먼저 장로교 예배 전통에 관한 연구 목적을 어떻게 설정하는가에 따라 연구의 내용과 방향이 달라질 것이다. 예를 들면, 이러한 정체성 연구의 목적이 장로교회가 보존하며 충실히 지켜 나아가야 할 예배를 찾는 것이 될 수 있고, 아니면 타 교단의 예배신학과 관습과 대화하며 교류하기 위해 우리 장로교회 예배신학과 관습을 살펴보는 것이 될 수 있다. 전자의 경우는 장로교회의 역사적 유산들을 찾아서 새롭게 해석하고, 현대교회에도 적용될 수 있는 가치를 강조하고, 보다 의무적으로 준수해야 할 규례를 제시하는 작업이 될 것이다. 그러나 후자의 경우, 장로교회의 역사적 유산들을 찾아 그 의의와 가치를 확인하되, 현대교회의 예배신학과 관습의 의의와 가치를 존중하며, 대화와 교류를 통해 개혁하는 교회(reforming church)로서의 예배를 전망하는 작업이 될 것이다. 이 연구는 후자의 입장에 서서 장로교 예배가 현대교회 예배의 변화와 개혁과 호흡을 같이할 수 있음을 밝히기 위해, 개혁교회 원리와 미국 PCUSA, 그리고 한국 장로교회의 예배에 대한 자료를 검토한다. 나아가서 개혁 전통에 서서 현대교회와 공유할 수 있는 예배 원리의 가능성을 제안한다.

개혁 전통의 예배에 관한 연구는 감리교회나 루터교회 등 다른 교단과는 달리 개혁교회라는 울타리 안에서 너무 많이 나뉘어 있어서 고유한 정체성을 확립하기란 매우 어려우며, 따라서 어떠한 연구 결론이든지 심한 반론이 예상된다. 예를 들면, 위키피디아 사전에 올라와 있는 자료만 보아도 1999년 현재 전 세계의 개혁교회는 746개 교회에 이른다고 기록되어 있는데, 이 숫자에는 미국의 경우 PCUSA, PCA, RCA, UCC 등 26개 교회가 포함되어 있고, 한국의 경우는 고신, 합동 2개 교회만 포함된 숫자이기에 실제 숫자는 이보다 훨씬 많은 것이다. 본 연구는 먼저 장로교 예배의 역사적 유산들을 개혁적 신학에서 조명하는데, 미국 장로교회와 한국 장로교 예배의 예배 문서들을 분석함으로 우리의 입장을 정리한다. 다음으로는 장로교회 예배의 주위 환경으로서 현대교회 예배의 변화에 대해 장로교회의 예배가 어떻게 대처해야 하는가에 대해 논하려고 한다. 마지막으로 하나님 나라 백성으로서 장로교 예배가 어떠한 예배신학적 틀을 세우고 실천적 적용을 할 수 있을지에 대해 제안한다.

1. 장로교 예배신학

지금부터 칼뱅을 중심으로 한 개혁신학자들의 해석으로 확대하여 예배를 이해하려고 하는데, 먼저 예배의 정의를 규정하고, 예배의 원리를 찾아본다.

1) 장로교 예배의 정의

예배의 신학적 이해는 예배에 대한 신학적 모델에 따라 또는 교파마다 강조점이 다른데, 그중에서 장로교회 예배의 정의는 다음과 같다. 즉, 개혁교회(장로교회)에서는 예배란 하나님의 초월성과 주권적 은혜로 인간을 연약함과 죄에서 구원하셨다는 복음을 이해하고, 선포하며, 실행하는 것이다. 예배를 복음 선포의 장으로 이해하는 것은 루터교보다 훨씬 강했는데, 이때 복음의 내용 중에는 하나님의 절대주권이 우선적으로 강조되었다. 웨스트민스터 소요리문답에도 "하나님은 그의 존재, 지혜, 힘, 거룩, 정의, 선과 진리에 있어서 영적이시고, 무한하시고, 영원하시고, 변함이 없으시다."라고 선언하는데, 그러므로 개혁교회의 예배는 언제나 죄의 고백이나 참회의 시편을 예배의 전반부에 사용한다. 칼뱅에게 예배란 그리스도의 몸의 표현으로 생각되었는데, 그리스도의 몸을 가장 적절하게 표현하는 것은 '거룩'과 '순결'이라고 보았다. 그러므로 예배는 하나님의 절대주권 앞에서 인간의 죄를 고백하는 성격이 강조될 수밖에 없다. 최근의 대한예수교장로회 총회 「헌법」에서도 예배는 하나님의 주권적 행사임을 강조하면서, 다음과 같이 의미를 설명하고 있다. 예배란 "하나님을 섬기는 교인의 응답이며 구체적인 행위이다. 이 예배는 인위적인 행사로 되는 것이 아니며 성경말씀의 증거와 성례전 가운데서 성령님의 역사를 통하여 보여 주신 예수 그리스도의 구속의 은총을 깨닫는 믿음 가운데서 이룩되어야 한다"(제4편 2장). 따라서 복음의 실행적 성격을 이해하고 강조하기 위해 장로교회의 예배를 다음과 같이 사건으로 이해할 필요가 있다.

예배는 그리스도의 사건이다

예배는 성부 하나님, 성자 하나님, 성령 하나님께 드리는 것인데, 삼위일체 하나님에 대한 예배는 그리스도의 성육신 사건의 경축을 통해서 가장 잘 표현된다. 왜냐하면 그리스도의 인격과 사역 속에서 하나님께 대한 영광과 감사, 그리고 성령님의 충만한 임재, 예수 그리스도와의 인격적 만남을 이룰 수 있기 때문이다. 이러한 예배 이해는 말씀과 성만찬 속에서 가장 분명하게 나타난다. 그러므로 최근 모든 예배 갱신의 방향은 교회마다 다른 예전으로 표현을 하지만, 기본적으로 말씀과 성만찬의 구조를 유지한 예배를 지향하고 있다. 한국교회도 지금까지 지녀 온 열정적인 말씀만으로는 그리스도의 사건을 다 표현할 수 없음을 인식하고 성만찬의 중요성을 강조하는 교회가 많아지고 있다. 말씀에 대한 열정을 지닌 채 은혜롭고 감동적인 성만찬을 계획하고 시도하는 것이 필요하다.

예배란 하나님 나라의 사건이다

예배 교인은 각자의 삶의 현장으로부터 하나님의 백성으로 불려 예배에로 나아온다. 여기서는 전과는 다른 언어를 쓰고, 전에는 하지 못했던 생각을 하고, 품을 수 없었던 꿈을 꾸게 된다. 전에 살던 세상이 아니라 하나님 나라이기 때문이다. 이곳은 하나님이 주인이시고, 그의 법에 순종하며, 그의 뜻대로 통치된다. 여기서 우리가 살던 세상에 대한 새로운 마음과 계획을 갖게 되고, 새로운 목표로 살 것을 결단한다. 존 버카트가 예배란 '삶의 리허설'이라고 말한 것도 이런 맥락에서 이해할 수 있다. 이러한 예배자들의 세상을 향한 준비와 노력들은 세상의 권세 잡은 자(사탄)의 입장에서 볼 때는 위협이요, 도전이 아닐 수 없다. 이것에 대해 개혁신학자 폰

알멘은 예리하게 지적하고 있는데, 예배자들은 예배에서 세상의 종말을 청원하고 있다는 것이다. 예를 들면, 주기도문을 하면서 "나라가 오게 하시며……."라고 외친다. 세상의 종말을 바라면서 하나님 나라의 도래를 청원하는 것이다. 그러기에 예배를 정치적 행동이라고까지 하는 이유가 여기 있다. 예배에 대한 이런 이해는 예배를 수동적 자세에서 적극적이고 능동적인 참여자로 이끌기에 충분하다.

예배란 하나님 백성의 공동체 사건이다

주일 예배가 개인의 사적 예배와 다른 점은 공동 예배라는 데 있다. 주일 예배는 예배 교인 각자가 그리스도의 한 몸의 지체임을 확인하고 경축하는 공동체 의식이다. 따라서 모든 예배의 모든 요소들은 공동체성이 표현되어야 한다. 주일 예배 시에 기대하는 예수님의 임재도 사적인 예배와는 다른 임재 방식이라는 것을 강조함으로(마 18 : 20) 주일 예배의 중요성을 드러낼 수 있다. 또한 교회에 속한 모든 교인이, 특히 어린아이들까지도 한 몸이라는 것을 느끼게 해 주면 좋겠다. 이러한 한 몸 의식은 이웃교회와 세계교회까지 확대시킬 수 있다. 나아가 우주적 교회의 지체로서 시공을 초월하여 과거의 교인과도 연합하고, 또한 천상의 천군 천사들과 함께 드리는 예배가 될 수 있을 것이다. 예배공동체로서의 교인은 자연히 제사장적 임무(벧전 2 : 5, 9 ; 롬 15 : 16)를 지니게 되는데, 예배에 나아오지 않는 세상 사람들을 위한 제사장적 사명을 갖게 되는 것이다. 그런 의미에서 예배와 선교는 따로 구분할 수 없다. 예배에서 이미 선교는 시작되는 것이다.

2) 장로교회 예배(개혁교회 예배)의 원리

하워드 라이스는 그의 책 *Reformed Worship*에서 개혁교회가 비록 많은 분파와 신학적 관점의 차이가 있어도 공통적인 특징으로 내세울 수 있는 다음 여섯 가지를 통찰력 있게 설명하였는데, 이것들은 앞으로 예배에 관한 타 교단과의 대화나 예배의 다양성에 관한 논의에서 중요한 지침이 될 것이다. 그가 제시한 여섯 가지를 따라가며 점검해 보자.

첫째, 공동체성(community)으로 개혁교회는 예배자를 하나님과 계약을 맺은 백성공동체로 이해하고, 그 증거로 전통적으로 사적 예배(private worship)를 금해 온 것으로 설명한다. 성례전의 집행과 참여자에 대한 결정들을 목사 개인이 아닌 당회가 결정하는 것이나, 교회 중대사의 최종적 판단을 공동의회에서 다루는 것도 공동체성의 표현으로 해석할 수 있을 것이다.

둘째, 예배 교인의 참여를 격려한다(the involvement of the people)는 점인데, 반주 없이도 독립적으로 찬송할 수 있는 능력이나 설교 시에 노트할 것을 권장하는 것을 예로 든다. 그러나 교인의 참여는 모든 교회의 예배에서 목표로 하는 것이고, 심지어 예전적 예배에서 더욱 적극적으로 표현하려고 하는 것이다. 그런데 개혁교회의 예배에서는 목표와는 달리 교인이 다감각적으로 표현할 수 있는 기회를 제공하지 않았다는 지적을 받을 수 있을 것이다.

셋째, 단순성(Simplicity)으로 개혁교회 예배의 초점은 인물이나 사물이 아니라 하나님의 말씀이므로, 예배 형식이나 예배실 구조에서 설교단 이외에는 매우 삭막하고, 장식을 할 때도 실용성을 우선시한다는 것이다. 단순성은 분명 칼뱅에서부터 전해 내려온 개혁교회의 전통인데, 단순성의 기준에 있어서 교단마다 차이가 있음을 알 수 있다. 로마가톨릭교회의 경우 제2차 바티칸 공의회의 결정 중에 '단순하고 이해하기 쉬운' 예전을 규정하지 않았는가!

넷째, 말씀과 성례전의 연합인데, 칼뱅을 비롯하여 부처, 루터 등 종교개혁자들이 중요하게 생각했던 바다. 루터는 교인이 말씀만을 강조하고 성찬에 소홀한 것을 지적하면서 "하나님은 우리에게 오감을 주셨는데, 예배에서 이를 다 사용하지 않는 것은 불충실한 것이다."라고 말하기까지 했다. 칼뱅 또한 비록 성공하지는 못했지만, 「기독교 강요」에서 일 년 일 회의 성찬 관습에 대해 마귀의 간계라고 하면서 "주의 식탁은 적어도 일주일에 한 번은 그리스도의 예배에서 진설해서 성찬이 성언하는 약속으로 우리를 영적으로 먹이게 하는 것이 옳다."고 말한다. 안타깝게도 대부분의 개혁교회들이 이를 실행하지 못하고 있다.

다섯째, 시편의 중요성(the importance of the Psalms)을 강조한다. 초기 개혁자들은 시편에 대한 지식과 사랑이 극진한 것으로 알려졌는데, 모든 예배마다 시편송이 첨가된 것이 그 증거다. 시편의 중요성은 이것이 공동체 예배와 개인 예배를 연결해 준다는 점이다. 함께 읊을 때 그들 각자의 헌신의 도구가 될 수 있다는 것이다. 또 하나 개혁적 신학을 드러내는 시편의 가치는 하나님께 영광을 돌리는 데 있어서 행위에 붙잡히기보다 하나님의 선하심과 은혜를 선포하게 한다는 점이다. 이는 매우 설득력 있는 해석으로 오늘 개혁교회에서 이어 나아가야 할 귀한 전통이다.

마지막으로 적응성(Adaptability)이다. 개혁교회 전통은 항상 변화를 받아들였다. '하나님의 말씀에 의해 항상 개혁되어 가는 개혁교회'라는 모토가 이를 말해 준다는 것이다. 다양한 문화와 급속한 사회적 변화에 적응하여 왔고, 과거에 매이지 않고, 과학, 의학, 민주주의적 개념을 수용하면서 미래로 나아가려는 교회가 개혁교회라는 것이다. 이 항목에 가장 큰 관심을 두어야 하는데, 개혁교회가 변화에 긍정적이라는 지적은 개혁교회가 미래교회에 능동적으로 대비할 수 있다는 것을 뒷받침하고 있기 때문이다. 실제로 개혁교회가 분파가 많은 것은 그런 변화를 시도한 결과라고 해석된다.

2. 대한예수교장로회 예배(통합)의 위치

대한예수교장로회(통합) 예배는 초교파적이고, 말씀 중심의 기도원 영성을 지닌 전도 지향적 예배의 특징을 지닌 한국 개신교회의 특징을 그대로 가지고 있다. 통합 측 예배는 헌법에 실린 웨스트민스터 신앙고백과 대한예수교장로회 신앙고백서(1986)와 21세기 대한예수교장로회 신앙고백서(1997)를 기초로 하고 있고, 웨스트민스터 예배모범(Westminster Directory, 1644)과 그 이후의 각 나라 장로교회의 예배적 유산들을 존중한다. 표준예식서 발행(1997)과 헌법 제4편 예배와 예식의 개정(2003. 9.) 시에 스코틀랜드 장로교회 예배와 미국 장로교회(PCUSA)의 예배 전통의 영향을 받았다. 최근 통합 측 예배의 위치에 대해서는 제84회 총회에 제안했던 '21세기 교단발전정책제안서'(2000)에 잘 나타나 있다.

제2스위스 신앙고백에서 정의한 바대로 교회는 '하나님의 말씀이 바르게 선포되고 성례전이 바르게 집례되는 무리들의 모임'인 예배하는 공동체이다. 따라서 신앙공동체로서의 교회의 갱신을 위하여 무엇보다도 초대교회처럼 성례전이 있는 예배를 드리고, 그 예배 가운데서 하나님의 말씀이 바르게 선포되고, 정확하게 해석되고, 효율적으로 교인에게 적용되도록 해야 한다. 예배의 갱신을 위하여 그리스도의 케리그마가 살아 있는 예배, 화해의 만남이 있는 예배, 화해를 통한 치유가 이루어지는 예배가 되도록 교인 개개인이 참된 예배자로서 예배에 참여하여 하나님과 교통하는 훈련을 쌓게 한다. 개혁교회의 예배 전통을 지키는 동시에 21세기의 교회를 위한 다양한 예배모범과 교회력에 따른 예배모범을 개발하되, 예배학을 전공한 교수와 목회 현장에서 일하는 목회자가 공동으로 준비하게 함으로 신학적으로나 현실적으로 의미 있는 것이 되게 한다. 총회는 장기적인 안목에서 오는 세대를 위한 예배를 위하여 '차세대 예배개발위원회'(가칭)를 두고 신세대들을 위한 예배모범을 지속적으로 연구하게 한다. 한편, 총회는 우리 현실에 맞는 찬송을 개발하여 보급할 수 있도록 재정적, 정책적 지원을 하고 개교회 목회자는 교인이 바른 찬송생활을 할 수 있도록 찬송을 보급하며 지도한다.
-"하나님의 영광을 위하여 모든 피조물이 더불어 살아가는 지구 생명공동체" 중에서-

| 개혁교회 예배서 |

부처(1539) Strasssburg Liturgy	칼뱅(1542) Form of Church Prayers	낙스(1556) Form of Prayers	Westminster Directory for Public Worship	공동예배서 PCUSA	표준예식서 (통합)
스트라스부르그	제네바	스코틀랜드	영국	미 국	서 울
1537	1542	1564	1644	1993	1997
예배 부름	예배 부름 (시 124 : 8)	예배 부름		예배말씀	예배말씀
			기 원	응답송	응답송
			구약, 신약 한 장씩 봉독		기 원
			운율시편송		
죄 고백	죄 고백	죄 고백	고백과 중보	죄 고백 용서	참회 기도
속죄말씀	속죄 기도	속죄 기도		평화인사	
용서 선언				영창, 찬송	용서 확신
시편송, 찬송 or 키리에, 영광	운율시편송	운율시편송			성시교독
					경배찬송
성령 임재 기도	성령 임재 기도	성령 임재 기도		설교 전 기도 목회 기도	
운율시편송				구약, 시편, 서신서	응답송
성경봉독	성경봉독	성경봉독		영 창	헌 금
				복음서 낭독	
설 교	설 교	설 교	설 교	설 교	감사 기도

				기 도	초 청	헌금송
헌 금	헌 금	헌 금			찬 송	성경봉독
성물준비					사도신경	찬 양
(사도신경)						설 교
중보 기도	중보 기도	감사, 중보 기도			교인 기도	
성찬 기도					평화의 인사	
주기도문	주기도문 해설	주기도문	주기도문			
	성물준비	사도신경				
	(사도신경송)	봉헌(시편송)	봉 헌			성찬찬송
			성찬초대사		예물봉헌	권 면
			성물배열		성찬초대	성찬제정사
권 면	성찬제정사	성찬제정사	성찬제정사			성찬 기도
성찬제정사	권 면	권 면	권 면			사도신경
	성찬 기도	성찬 기도	성찬 기도	성찬 기도		
성체분할	성체분할	성체분할	성체분할		주기도문	
분병분잔	분병분잔	분병분잔	분병분잔	분병분잔		분병분잔
성찬참여	성찬참여	성찬참여	성찬참여	성찬참여		성찬참여
(시편송, 찬송)	(시편송, 성경)	(수난사 낭독)	권 면			
성찬 후 기도	성찬 후 기도	성찬 후 기도	성찬 후 기도		찬 송	
		시편송	운율시편송		위 탁	감사찬송
아론의 축도	아론의 축도	아론의 축도	아론, 사도축도		축 도	축 도
		사도의 축도				

3. 장로교 예배의 주위 환경 : 현대교회 예배의 변화의 영향

그동안 현대 문화를 예배에 수용하는 문제는 1970년대에는 주로 대학 채플이나 젊은이를 대상으로 한 교회나 선교 단체 등에서 실험 예배의 성격으로 다루어 왔는데, 1980년대에 들어오면서 빈야드 교회(Vineyard Christian Fellowship)와 경배와 찬양(Worship & Praise) 식의 CCM 사역, 그리고 윌로우 크릭 커뮤니티 교회(willow Creek Community Church)나 새들백 교회(Saddleback Valley Community Church) 등 현대 문화에 민감하게 반응하여 급격한 성장을 이룬 현대교회들의 등장으로 본격적으로 이슈화되었다. 이러한 변화의 현상들을 정리해 보면, 구도자 예배(seeker's service), 전통과 현대의 조화와 교단 간의 예배 전통을 공유하는 융합 예배(blended worship) 또는 퓨전 예배(fusion worship), 최근에는 또다시 전통적 요소를 새롭게 가미하려는 예배를 포함하여 포스트모던 시대를 반영한 다양한 형태의 예배 모습의 이머징 예배(emerging worship)가 등장했다.

1) 현대 예전 갱신운동(Liturgical movement) : 예전적 형식과 성찬의 강조

20세기 초부터 형성된 예전운동의 분위기는 1965년 제2차 바티칸 공의회의 '거룩한 전례에 관한 헌장'이 발표되면서 개신교의 성공회, 루터교, 개혁교회에까지 크게 영향을 미치게 되었다. 그 헌장의 중요한 내용은 자국어 미사 실행, 성찬에서 아남네시스(anamnesis)의 강조, 성찬 시에 평신도에게도 잔을 주는 것, 예전의 단순화와 명료화, 지역 문화의 적극적인 반영 등이 포함되었는데, 이는 트렌트 공의회(1545-1563) 때에 개신교회에 대항하여 닫았던 문을 활짝 여는 의미를 지닌 것이다. 이러한 예전 개혁운동은 에큐메니칼 입장의 개신교단에 영향을 주어 말씀과 성찬의 균형을 위해 성찬을 강조하는 분위기가 형성되었고, 교회력과 예전의 가치에 관심을 가지게 된 것이다. 이 예전운동은 매주 성찬, 교회력과 성경일과의 사용, 지역 문화의 예전복 권장 등으로 나타난다. 현대교회의 이런 흐름을 따라 한국교회의 에큐메니칼 입장의 개신교단, 즉 기독교장로회를 위시하여, 감리교회, 통합 측 교회, 기성 측 성결교회 순으로 분위기가 형성되어 오고 있다.

2) 신오순절운동 : 성령 은사 강조

1901년 미국 캔자스 주의 토페카(Topeka)에서의 부흥 사건과 1906년 미국 LA의 아주사 거리(Azusa Street)에서의 부흥 사건을 말한다. 또한 1896년 노스캐롤라이나 주의 체로키에서의 부흥 사건들로부터 시작된 전통적 오순절운동의 성령 체험이 1950년대에 들어오면서 기존의 다른 개신교단에 나타나기 시작했고, 1960년 후반에는 로마가톨릭교회에까지 이르게 되었다. 1950년대 당시 한국교회의 냉대 속에 시작된 여의도순복음교회가 오히려 성령운동의 영향을 기존 개신교회에 미치게 되었고, 1960~1970년대의 기도원운동으로 나타났다. 1971년 '민족 복음화 대회', 1973년 3월 '빌리 그래함 전도 대회', 9월 한국에서 개최된 '세계 오순절 대회', 1974년 '엑스폴로 74 대회', 1980년 한국에서 개최된 '80 세계 복음화 대성회' 등은 초교파적 성격의 신오순절운동(Neo-pentecostal movement)을 잘 보여주고 있다. 이러한 대규모 집회는 오늘날 부활절 연합예배로 이어져 오고 있는데 한국 개신교회 예배의 예전과 분위기에 직·간접적으로 영향을 주어 왔다.

3) 제3의 물결과 빈야드 운동

제3의 물결은 제1의 물결인 정통 오순절운동과 제2의 물결인 신(新)오순절 혹은 은사운동 다음에 일어난 성령운동으로 1980년대부터 활발하게 일어나기 시작했다. 갈등의 소지가 많은 성령 세례보다는 성령 체험이라는 표현을 사용하는데, 성령 체험을 단순한 영적 체험이 아니라 전도를 위한 능력으로 이해했고, 교회 성장에 초점을 맞춘다. 이 운동의 중심에 형제교단 목사 존 윔버가 있는데, 척 스미스의 갈보리 채플 펠로우십에 속해 있으면서 1978년 빈야드 교회(Vineyard Christian Fellowship)를 개척하였다. 그리고 '토론토 블레싱'(Toronto Blessing)으로 알려진 존 아놋 목사의 토론토 에어포트 교회로 이어졌으며, 이 물결은 플로리다 주 펜사콜라의 브라운스빌 교회로 연결된다. 1982년부터 피터 와그너와의 공동 강의인 '기적과 교회 성장'(The Miraculous and Church Growth)으로 전 세계적인 관심을 불러일으켰는데, 이러한 분위기는 영국 교회에도 전해졌고, 이 영향을 받은 니키 검블에 의해 시작된 알파(Alpha) 코스는 영국, 미국, 그리고 한국교회에까지 크게 영향을 미치고 있다.

이 운동은 찬양을 통해 하나님의 임재와 성령님의 자유로운 운행을 경험하는 예배를 갖는데, 친밀감과 함께 축사와 치유의 은사, 넘어짐과 환상, 예언의 은사, 거룩한 웃음과 기쁨 등의 영적 은사를 교회 직분을 초월하여 표현하는 것이 특징이다. 그들이 주로 사용하는 어휘, 즉 성령님의 임재, 기름 부으심, '능력 전도'(Power-Evangelism), '능력 치유'(Power-Healing)를 통해 예배 분위기를 짐작할 수 있다. 빈야드 교회의 예배에는 전도에 초점이 맞추어져 있기 때문에 언어, 의복, 노래, 악기도 교인의 입장에서 결정되었고, 주기도문 암송이나 교독문, 사도신경 암송, 축도도 없다. 빈야드 찬송은 전 세계적으로 퍼져 나갔는데, 한국에서도 '경배와 찬양', '다드림', '예수전도단'을 통해 소개되어 왔다.

4) 윌로우 크릭 교회와 새들백 교회 : 구도자 예배, 현대적 찬양과 다양한 예술적 표현 강조

1975년 시카고에서 빌 하이벨스 목사에 의해 시작된 윌로우 크릭 교회는 다변하는 시대적 정서와 문화에 부합되는 예배를 드리는 것으로 알려졌는데, 구도자에게 복음 메시지를 전하기 위해 과감하게 전통적인 교회의 강단, 십자가, 휘장, 예배순서에서 벗어나 시각 교재, 현대음악, 브로드웨이 같은 쇼로 초교파적인 예배를 시작했다. 기존 신자들은 주 중의 수요일, 목요일에 회집하여 전통적인 주일 예배 같은 '신자 예배'를 드린다. 주말과 주일은 교회에 관심이 있으나 아직은 믿지 않는 자들을 위한 '구도자 예배'를 드리고 있다.

1980년 LA 오렌지 카운티에서 릭 워렌 목사에 의해 시작된 새들백 교회의 예배는 현대적인 록음악 스타일에 워십 리더가 인도하고 워십 콰이어가 함께하는 열정적인 찬양 그리고 스킷 드라마인데, 토요일과 주일에 일곱 가지의 전혀 다른 형식의 예배가 진행된다. 예배마다 예배 공간의 장식, 예배의 스타일과 형식, 음악이 다르다. 교회에서 결정한 한 가지 스타일의 문화를 고수하기보다 교인의 음악과 언어와 문화를 고려한 것이다. 각 예배에는 각각의 예배 팀에 의해 찬양과 예배가 디자인되고 있지만, 설교는 릭 워렌 목사의 메시지가 전해진다.

5) 이머징 예배 : 포스트모던의 교인이 공감할 수 있는 예배 시도

이머징 예배(emerging worship)는 이머징 교회(emerging church)에서 볼 수 있는 포스트모던식 예배로, 전통적 방식과는 다른 명상적 형태의 기도와 예배 방식을 택하며 비제도적인 특성을 지니고 있다. 댄 킴볼에 의하면, 이머징 교회의 핵심은 예배에 대한 이해에 있어서 예배를 기복적 성격으로만 오해할 여지가 있는 'worship service'라는 용어보다 'worship gathering'으로 규정한다. 즉, 예배란 하나님께 예배하고, 우리의 섬김과 봉헌을 하나님과 이웃에게 드리기 위한 모임이라는 것이다. 상업주의적 냄새가 나는 열린 예배 형태에 반감을 가진 세대가 오히려 신비적이고, 종교적이고, 초월적인 것을 추구하는 것을 반영한 것이다. 촛불, 명상적 몸짓, 빠른 속도의 이미지 스크린과 향을 사용하기도 한다. 진정성(authentic), 공동체성(communal), 역동성(dynamic), 신실성(faithful), 다

문화성(multicultural), 표현성(expressive), 교회 일치성(ecumenical)을 지향하는 예배로 규정된다. 교단, 예전적 전통, 신학적 관점, 음악적 스타일, 사회적이고 지형적 상황을 초월한다. 따라서 윌로우 크릭이나 새들백교회 모델처럼 정형화된 특정한 스타일이 없다. 전통적 믿음을 현 상황에서 적절하게 하기 위한 시도, 첨단 기기, 인터넷 자료, 예술가, 문학가, 예배서와 예전 보조 자료 등은 모두 이 예배의 중요한 자료가 된다. 예전 갱신운동의 매주 성찬, 세례의 갱신예식, 치유 예전도 상징적 몸짓과 함께 권장될 수도 있다.

4. 현대교회 변화에 대한 장로교회의 응답

'변화'는 과거 어느 때보다 오늘날 사회와 교회에 중요한 단어가 되고 있는데, 한국교회의 예배에서도 '변화'는 현대교회의 새로운 목회적 패러다임을 말하는 이들은 물론이고, 대부분 교인이 어느 정도 인정하는 분위기다. 이미 예배에서 '변화'를 말할 때는 그 단어가 '갱신' 또는 '회복'의 성격을 지닌 것으로 이해하고 있는 듯하다. 예배의 변화를 세속화의 현상이라고 우려하는 이들도 있으나, 그보다는 예배의 본질을 유지하기 위한 현대적 노력으로 해석하는 이들이 더 많은 것 같다. 다시 말하면, 예배 변화에 거부 반응을 보이는 예배 교인보다는 현재보다 더 훌륭한 예배가 되기를 바라는 교인이 훨씬 더 많아 보이는 것이다. 목회자들이 예배 변화를 조심스러워 하는 것은 혹시 있게 될 예배 변화의 후유증 때문에 주저하게 되는 것이지, 예배에 변화를 줄 수 있는 여건과 분위기가 조성되는데도 변화를 마다할 목회자들이 있을까 싶다. 예배 변화가 마치 시대적 요청으로 받아들여지고, 적극적으로 예배 변화를 시행하는 목회자들이 감각 있고 능력 있는 목회자로 인정받을 수 있기 때문이다. 문제는 예배 변화의 방법

또는 효과와 결과만을 따지게 된다는 점이다. 예배 변화의 기준과 한계는 이차적 관심이 된다. 특별히 교단의 관습과 전통의 소리는 교회 성장을 위한 계획과 결단에 묻혀 버리기 일쑤다. 이것은 한국교회만의 현상이 아니라 현대교회의 공통적 현상으로 블렌디드 예배(blended worship) 또는 퓨전 예배(fusion worship)란 용어가 그 증거다.

1) 미국 장로교회의 예

미국 장로교회(PCUSA)는 에큐메니칼 입장에서 현대 예전 갱신운동의 영향을 받아 1993년에 「공동예배서」(*Book of Common Worship*)를 만들었지만, 또 한편으로는 급변하는 문화적 변화에 대응하는 모습도 보이고 있다. 위에서 언급한 최근의 이머징 예배에 대하여 연구 분과를 만들어 연구할 뿐 아니라 이머징 예배 컨퍼런스를 개최하여 예배의 변화를 파악하고 대처하는 진지한 자세를 갖추고 있다. 이러한 태도는 「헌법서」(*Book of Order*)의 조항 "미국 장로교회는 교인 안에 있는 풍부한 다양성을 충분히 표현할 것이며 현대사회에 출현하는 삶의 방식을 총체적으로 포용하는 수단들을 제공할 것이다."(G-4.0403)에 기초한 것이다.

2) 대한예수교장로회(통합)

현대 문화에 따른 예배 변화는 한국교회에도 나타났다. 이러한 현대교회의 흐름을 온누리교회나 사랑의교회 등에서 적극적으로 수용하였는데, 1990년대 후반에 들어오면서 점차 한국교회 전체로 확산되고 있다. 다음은 통합 측 장로교회의 21세기 교단 발전을 위한 정책 제안서에서 예배에서 현대 문화의 적극적인 수용을 강조하고 있는 내용이다.

예배에서는 찬송이 차지하는 비중이 매우 크므로 찬송의 발전적 개발과 보급이 필요하며, 드라마나 멀티비전의 사용 등 새로운 예배 의식의 개발이 필요하다. 21세기 교회는 균형 있는 교회 음악을 활성화시킴으로써 급변하는 현대 문화에 휩쓸리고 있는 교인을 바른 찬송생활로 인도해야 할 것이다. 삶에 지치고 고통으로 찌든 교인이 예배시간에 활력적인 찬양을 통해 새로운 삶의 용기를 얻고, 일주일 내내 쌓였던 스트레스를 풀어내고, 하나님의 임재를 감격적으로 경험하게 하는 찬송가가 많이 작곡되어 사용되어야 할 것이다. 흥겨운 우리 민족의 전통 가락의 과감한 도입이나 신세대 젊은이들이 흥미를 가질 빠른 템포의 현대적 음악 기법도 찬송가 작곡에 신중하게 선별되어 사용되어야 할 것이다. 아울러 드라마 예배라든지, 다중 영상 매체라든지, 멀티비전의 과감한 수용이라든지, 현대인에게 적합한 예배 의식의 개혁 가능성은 일일이 다 열거할 수도 없이 많다. 문제는 이들을 얼마나 효율적으로, 성경적으로 활용하여 교회 성장과 교회 성숙과 연결시키느냐이다. 참된 예배생활의 회복을 위해서 신세대를 위한 새로운 예배의 틀도 모색되어야 한다. 정보 시대를 맞이하여 교회에 모이지 않고 자기 집에 앉아서 예배하는 첨단 영상 매체들을 통한 교회(cyber church)의 예배가 머지않아 등장하리라는 예상까지 나오고 있는 현실이기 때문이다. 그리고 21세기의 교회를 이끌고 갈 바로 다음 세대만이 아니라 그때의 젊은 세대들을 예상하고 그들을 위한 예배의 틀도 연구·개발·보급되어야 할 것이다.

이러한 보고서는 최근 전 세계적으로 문화에 대한 관심과 이해가 높아가고 있는 것을 반영한 것으로, 예배와 교인을 둘러싼 현대 문화의 현상에 대한 이해와 분석은 미래교회의 예배를 위해 절실히 필요하다는 것을 나타내고 있다.

위의 제안서는 이제 우리 모두의 과제가 되었다.

5. 장로교 예배 변화의 방향

예배 변화의 요청과 수행은 어느 개인에 의해 이루어지는 것이 아니라 교회의 일이다. 공동체성이 보장되는 한에서 변화의 가능성을 찾아야 한다.

1) 성령님과 교인의 일치를 추구하는 예배

교인의 적극적 참여와 성령님의 활발한 활동은 초대 기독교공동체 예배의 특징이었을 뿐 아니라 시대가 바뀌면서도 예배 변화가 요청될 때마다 강조되어 온 요소였다. 성령님의 임재 방식에 대해서는 예전적 예배와 비예전적 예배 사이에 큰 차이가 있다. 즉, 기도문이나 예식문 안에 성령님의 임재를 기원하고 확인하는 예전적 예배와 동시대적인 음악이나 즉석 기도를 통해 성령님의 임재를 기대하는 비예전적인 예배 사이에는 형식에서는 차이가 있으나, 예배에서 성령님과 교인의 일치를 주장하는 것은 같다. 이는 예배가 성령님에 의해 인도될 때 모든 순서가 그 본래적 목적을 다할 수 있기 때문이다. 불신앙, 죄, 불결함을 회개하고 구원의 확신을 기대하는 것은 성령님의 임재 때문이다. 특히, 성례전 예배는 예배에서 성령님의 중요성을 확인해 준다. 또한 교인이 다양한 삶의 자리로부터 나왔을지라도 예배에서 그리스도의 한 몸을 이룰 수 있는 것이나, 교인의 개인적 성향의 차이—감정적인가 지적인가—에도 불구하고 예배의 목적을 이룰 수 있게 하는 것, 또한 교인의 한계를 극복하여 종말론적인 관점으로 세상을 보게 하며 나아갈 힘을 얻게 하는 것은 성령님의 활동이다. 이 모든 것은 예배의 능동적이고 자발적인 참여에 의해 더욱 강화된다. 교인의 자발성의 강화는 종교 다원화 시대의 선교의 어려움과 혼란 속에서 한 가닥 희망을 준다. 그러므로 예전적 표현이 어떠하든지 우선 지역교회의 예배에서 성령님의 임재에 대한 기대와 간구가 적절히 포함되었는지를 항상 살펴보는 것이 중요하다.

2) 세계교회와의 일치를 추구하는 예배

지역교회 예배의 폐쇄성이나 무질서, 집례자 개인의 일시적 취향이나 편견으로부터 벗어나 우리의 예배를 역사적, 우주적 교회의 예배 안에서 이해하고 대화를 시도함으로 그리스도의 몸의 지체임을 확인하며, 따라서 다양성, 통일성, 질서, 또는 포용성을 추구하는 것은 세계화 시대의 요청이기 이전에 초대 기독교 예배에서부터 지녀 온 예배적 유산이다. 역사적이고 우주적 교회는 예전적 예배와 비예전적 예배를 포함한다. 사도신경이나 니케아 신조의 신앙고백, 교인 개개인과 교회, 세계를 위한 중보 기도, 어느 시대와 민족의 신앙고백을 반영한 찬송, 그리스도의 생애를 기념하는 교회력, 세계의 정의와 평화, 선교를 주제로 하는 설교, 세례와 성찬에서 그리스도의 한 몸의 개념을 우주적 교회로 확장, 세계로의 파송과 축도 등을 통해서 세계교회와의 일치를 표현할 수 있다.

3) 교인의 문화로 하나님의 섭리를 표현하는 예배

교인이 속한 문화를 깊이 이해하고 지역교회의 문화에 적극적으로 응답하는 예배를 지향한다. 전통적 예배의 무조건적 답습은 현대교회의 교인으로 하여금 수동적인 방관자나 현실과 괴리된 이중적 신앙생활을 허용할 가능성이 많다. 작은 부분이라도 예배 중에 현대 교인 입장에서 정서적으로나 이지적으로 이해되지 않는 부분들이 있을 때는 예배의 참여를 방해하는 것이 된다. 그러므로 예배의 집례자나 계획에 참여하는 자들은 교인의 삶의 자리의 변화에 민감해야 하며, 그들의 소리와 몸짓을 예의 주목해야 할 것이다.

그러나 다른 한편으로 교인 입장의 무조건적 수용과 반영은 예배에서 하나님의 주도적 행위를 약화시킬 가능성이 있음을 주의해야 한다. 특히 인간의 타락과 부패함과 하나님의 무조건적 사랑을 표현한 개혁교회 예배의 속죄적 성격에 비추어 볼 때, 교인의 편리함까지 이르는 지나친 배려는 예배의 본래적 위치로부터 이탈할 수도 있는 것이다. 예배에서 예술적 표현에 있어서도 교인 또는 예술가가 주가 되는 무대가 되어서는 안 될 것이다. 예술가의 심미적 세계에 찬사를 보내고, 그 아름다움과 긴장미에 매료되어 음악회 무대의 축제성, 전시회의 화려함을 예배의 역동성과 혼돈해서는 안 된다. 예배는 세상의 흥행이나, 무리의 힘이나, 인간의 천재성과 노력에 의해서 이루어지는 것이 아니라 하나님이 베풀어 주시는 은혜, 즉 성례전과 말씀으로 이루어지는 것이므로, 그 은혜에 합당한 응답이어야 하기 때문이다. 은혜에 대한 깊은 명상과 체험 없이 표현하는 모든 축제적 응답은 일시적이고, 경박하며, 교인을 산란하게 할 뿐이다. 열린 시대를 맞이하여 온통 열린 것을 추구하는 마당에서 드려지는 예배가 열린 음악회나 열린 연극과 같은 흥행성에 춤추지 않도록 유의해야 한다. 예배에서의 역동성은 모인 교인의 열기에서 나오는 것이 아니라 한 사람도 포기하시지 않는 하나님의 마음을 알고 그것에 감격과 감사로 응답하는 데서 나오는 것이다.

6. 21세기 한국교회 장로교 예배를 위한 실천적 제안

지금까지 장로교 예배의 역사를 고찰함으로 예배적 원리와 유산들을 정리했고, 오늘의 예배 변화를 가져오게 한 근래의 교회운동들을 살펴보면서, 그에 대처하는 최근 장로교회의 모습을 확인한 후에 장로교 예배의 변화 방향을 제시했다. 이제 미래교회를 준비하려고 할 때 고려해야 할 주제에 대해 실천적 논의를 해 보자.

1) 개인 경험을 공동체적 경험으로 해석하고 승화시킴

개혁교회 예배에서 교인은 개개인으로보다 하나님과 계약을 맺는 공동체로 서게 된다. 따라서 회개의 기도, 중보의 기도와 같은 예배 속의 모든 기도는 공동 기도문이 된다. 찬송도 모두가 함께 부르는 합창의 성격을 지닌다. 설교도 설교자 개인의 선포가 아니라 교인공동체로부터 나온 자이기에 설교의 주어는 기본적으로는 복수적 성격인 것이다. 그러나 예배에도 개인의 성격이 있는데, 개인이 드리는 찬송과 헌금이 있고, 하나님의 역사하심에 대한 개인의 신앙적 이야기가 있다. 은사주의적 교회들은 바로 이러한 개인적 체험과 헌신을 강조하고 격려하기 때문에 역동적이고 활발한 분위기의 예배가 되는데, 통합 측 교회들도 목회자의 신앙적 경험과 지역교회 전통에 따라 이런 모습을 띠고 있는 교회가 적지 않을 것이다. 장로교회가 이런 하나님에 대한 개인 체험과 하나님께 대한 개인의 헌신을 개혁교회의 공동체적 성격이라는 틀에 매여 포용하지 못하면 포스트모던 사회 속의 교인을 배제시키는 결과를 초래할 것이다. 개혁교회의 예배에서도 개인의 체험과 헌신을 귀히 여기고 수용할 수 있어야 한다. 수용하되 개인의 체험과 헌신을 공동체적으로 해석하고 승화시키는 노력이 있다면 개혁교회의 정체성을 유지하면서도 세계교회의 마당까지 넓히는 작업이 될 것이다. 개혁교회의 특징인 시편송이 그 가능성을 열어 주고 있는데, 개인의 경건과 영적 경험을 공동체적으로 해석할 때 공동 예배의 중요한 자리를 차지할 수 있는 것이다. 어느 한 교인의 감사는 그 사람만의 감사가 아니라 예배공동체 모두의 감사를 표하는 의미로 해석해 주고, 한 교인의 실패와 고난에 대해서도 한 몸 된 공동체 전체의 아픔이요 고난으로 설명할 때, 예배에서 한 사람이 그리스도를 머리로 하여 한 몸 됨을 경험하게 될 것이다.

2) 말씀과 성례전의 연합

말씀과 성례전의 균형이란 결국 성찬의 횟수를 증가한다는 의미인데, 역사적 문서나, 신학적 통찰이나, 세계교회의 흐름으로 볼 때 간과할 수 없는 부분이다. 그러나 목회 현장에서 그대로 실행하는 것은 대부분 부담스러워 하는 실정이다. 하나의 가능성이 있는데, 현재 주일 예배가 몇 부로 나뉘어 있는 것을 활용하여 그중 한 부를 성찬이 있는 예배로 전환하는 방법이다. 성찬을 자주 행하기 위해서는 성찬 예전을 단순화하는 것이 필요할 것이다. 성찬식의 중요 내용을 간결하게 정리하여 행함으로 시간으로나 분위기에 있어서 주일 예배의 정해진 시간 안에 할 수 있도록 하는 것이 중요하다. 또 BEM 문서에서 정리된 대로 성찬의 폭넓은 의미를 기회 있는 대로 교육함으로, 그리스도의 수난뿐 아니라 하나님께 드리는 감사의 식사요, 교인 간의 코이노니아의 식사, 성령님의 충만한 임재를 확인하는 식사, 하나님 나라를 미리 맛보는 식사를 경험하게 한다면 좋을 것이다.

3) 예배자로서 참여(성직자와 평신도)

성직자 주도적 예배인가, 평신도 주도적 예배인가라는 질문은 예배의 근본적 성격을 오해한 데서 비롯된 것이다. 키르케고르의 지적처럼 예배에서의 관객은 교인도 아니고, 더구나 성직자도 아니다. 예배를 받으시는 하나님이 관객이시라면, 성직자와 평신도는 관객을 위한 연기자로 활동해야 한다. 예배의 직능상 목사와 평신도의 역할 분담이 반드시 필요하지만, 같은 연기자의 입장에서 역할 분담이라는 이해가 중요하다. 목사를 교인 자신을 위한 연기자로 오해하는 교인이 있어서도 안 될 것이며, 교인을 자기의 연기를 관람해 주는 관객으로 오해하는 목사가 있어서도 안 된다. 또 교인의 기도와 찬송을 자신을 위한 연기처럼 바라보고 평가하는 목사가 있어서도 안 된다. 하나님께 영광을 돌리고, 하나님께서 감동하시는 예배를 이루기 위해서 각각 하고 싶은 역할에 대한 기대와 경험들을 내려놓는 자세가 필요하다. 또한 익숙하지 않은 역할에 대해서도 적극적으로 참여하는 자세가 귀한 것이다.

4) 모든 세대를 아우르는 세대 간 예배의 준비

예배의 공동체성을 우주적 차원으로 볼 때 예배는 현재, 과거, 미래의 예배자들이 지역, 문화, 나라를 넘어서서 그리스도의 한 몸임을 표현할 수 있는 신비의 현장이다. 존 웨스트호프가 말한 교회를 구성하는 세 가지 세대(generation), 즉 비전의 세대, 현재(present)의 세대, 기억(memory)의 세대 중에 놓치기 쉬운 것이 기억의 세대인데, 바로 이것이 세대 간 예배(cross-generation worship)를 보존할 수 있다. 하나님 나라의 사건에 대한 경험과 하나님의 약속은 세대를 내려오면서 예배공동체의 엔진으로 예배를 살아 있게 하는 원동력이 되는 것이다. 세대 간 예배란 부활절이나 추수감사절에 어른과 젊은이들, 어린이들이 모여 수동적으로 또는 실험적으로 드리는 세대 간 연합예배(intergeneration worship)와는 구분하여 예배 교인이 예배의 기획과 예배의 진행, 그리고 예배의 참여를 함께하는 예배를 말한다. 무엇보다도 세대 간의 잠재력이 예배를 역동적으로 만들 수 있고, 일생의 여정에서 배우는 순례자적 신앙을 담을 수 있기 때문이다. 또한 성경 인물들의 세대의 차이, 문화의 차이를 아우르는 하나님의 백성공동체의 삶을 표현하고 배울 수 있다. 나아가서 세대 간의 갈등의 경험이 오히려 성경의 깊은 진리로 이끌 수 있는 것이다. 믿음, 소망, 사랑은 편리함이나, 형통함이나, 자유의 환경보다는 불편함이나, 환난이나, 갈등에서 빛을 발한다. 균형 있고, 인격적이며, 속 깊은 성숙한 예배자는 갈등의 경험 속에서 길러질 수 있다.

그러나 세대의 차이와 문화, 그리고 표현의 차이들을 넘어서서 함께하는 예배가 과연 실현 가능한가? 가장 가능성 있는 방법은 스토리텔링(storytelling)이다. 예배 찬송을 고르고 부를 때도 그 예배공동체의 옛 사건을 상기시키는 찬송으로 하고, 설교의 형태나 전개도 스토리텔링이 된다면 교인의 참여를 유도할 수 있다. 로버트 웨버는 이야기의 중요성에 대해 "예배 자체가 드라마이고, 대본은 하나님과 인간이 만나는 이야기이며, 하나님과 백성의 만남이 하나님의 계시와 인간의 응답이라는 드라마에서 연출된다."고 강조한 바 있다. 또 예술적 표현(artistic expression)을 활용하면 세대를 넘어설 수 있다. 관람객의 나이 제한을 두지 않는 박물관이나 화랑에서 보듯이 예술 작품은 세대 간이 함께 즐길 수 있다. 십자가나 온갖 문양의 배너들, 스테인드글라스 등 예배실의 모든 장식과 상징물은 초신자 이외에는 모든 세대의 예배 교인에게 필요한 예배의 요소로 받아들여진다. 예배 공간의 좌석 배치나, 예배 강단의 모양이나, 배치에 대한 예술적 터치를 교인은 자신들의 예배 이해와 경험에 정확히 반영한다. 예배실의 빛의 조도와 조명의 색깔은 특히 현대 교인을 예배에 참여시키고자 할 때 맨 먼저 생각해야 하는 중요한 요소다. 예전(liturgy)의 적절한 활용도 세대 간을 묶는 끈이 될 수 있다. 가장 효과적인 것으로 멀티미디어를 사용하는 것이다. 중요하지만 간과하기 쉬운 것으로는 신체 언어(body language)다. 신체 언어는 몸짓, 자세, 눈짓, 표정 등 비음성 언어적으로 표현할 수 있는 것을 말하는데, 세대 간의 특징이 분명한 언어나 준언어(paralanguage, 강세, 속도, 음조, 톤)와는 달리 모든 세대를 아우르는 메시지를 나눌 수 있다. 미소, 팔을 벌리는 제스처, 악수, 시선 맞추는 것, 포옹해 주는 것으로 예배의 분위기를 바꿀 수 있다. 청년 예배에서 관찰되는 것처럼 예배 기획과 진행에 참여시키는 방법도 좋다. 마지막 방법은 예배의 내용이 예배 밖에서부터 시작되도록 하는 것이다. 무대에 올린 연극을 위해 수많은 연습과 리허설이 필요한 것처럼, 진정한 세대 간 예배를 이루기 위해서는 예배 밖에서 세대 간의 역동적인 교제, 프로그램이나 사역이 선행되어야 한다. 예배자는 함께 삶에서 이룬 열매들을 하나님께 드릴 예물로 가지고 나오는 것이다. 예배 밖에서부터 함께 노래하고, 함께 기도하며, 함께 땀을 흘리는 시간이 있을 때, 세대 간 예배는 세대별 예배에서 볼 수 없는 은혜와 감동을 경험할 것이다.

세대 간 예배는 그리스도 교회 예배의 유산과 보물을 캐낼 수 있는 광산과 같다. 세대 간의 낯섦과 긴장, 오해와 불편함은 영원을 향해 걷는 순례자들에게는 넘어설 수 있는 언덕들이다. 주 앞에서 어린이와 젊은이와 노인이 하나 되어 노래하고, 기도하고, 춤추는 만남의 광장에서 요엘 선지자(욜 2 : 28)에 의해 전해진 말씀을 다시 한 번 들어 보자.

"하나님이 말씀하시기를 말세에 내가 내 영을 모든 육체에 부어 주리니 너희의 자녀들은 예언할 것이요 너희의 젊은이들은 환상을 보고 너희의 늙은이들은 꿈을 꾸리라"(행 2 : 17).

5) 현대 문화를 선도하는 종말론적 가치관

2006년 5월 26일 통계청 발표에 의하면 기독교인이 1995년 876만 명(19.7%)에서 2005년 약 861만 명(18.3%)으로 1.6% 마이너스 성장을 했다. 이에 비해 로마천주교회는 놀랍게도 295만여 명에서 514만여 명으로 219만 5,000명이 증가하여 74.4%라는 경이로운 성장을 기록하였다. 개신교회와 천주교회의 상반된 결과를 놓고 그 원인을 분석하는 글들이 쏟아지고 있다. 개신교회가 열정적으로 노력한 결과이기에 충격이 그만큼 크게 느껴지고 있는데, 그 원인으로는 개신교회의 대형화, 고급화, 상업주의화의 부정적 모습에다가 비상식적이고 비윤리적인 사건이 연속적으로 발생하고 있는 것과 관련 있다. 목회사회학연구소에서 천주교로 개종한 15명을 심층 면접한 결과, 개종자들은 '개신교가 밀어내는 요인'으로 '표현'에 대한 지나친 강조, 외형 치중, 헌금 강조, 직분 경쟁, 사생활 침해 등을 꼽았다. 또 '천주교가 끌어들이는 요인'으로는 성스러운 분위기, 자유로움, 제사·술·담배에 대한 융통성 등을 들었다. 이러한 현상은 거슬러 올라가면 결국 종말론적 가치관의 실종에서 비롯된 것으로 판단된다. 포퓰리즘과 성공주의의 함성에 산상수훈의 진리는 힘없는 노인들의 신음소리처럼 들리고, 좁은 길은 덜 발전되어 불편한 길로, 십자가의 핏방울은 소수의 변두리 인생들에게만 통하는 상황이 아닌가! 예배에서 이 세상의 종말이 선언되고, 하나님 나라의 도래가 간구·청원되는 영적 혁명이 일어나야 한다. 이러한 종말론적 가치관 회복에 현대 문화는 걸림돌이 아니다. 현대 문화의 수용을 피상적으로 세속화나 상업주의화라고 폄하하여 배척하여서는 안 된다. 아이러니하게도 음악, 예술, 멀티미디어 등 현대 문화적 요소들을 적극적으로 활용하는 그룹 중에는 복음적인 그룹이 더욱 많다. 윌로우 크릭이나 새들백 교회를 보거나 현대 문화에 대해 급진적인 성향을 띤 그룹들도 매우 복음주의적 메시지를 가진 경우가 많은 것이다. 종말적 가치관을 지닌 메시지와 신앙을 위해 현대 문화를 적극적으로 선용하는 자세가 필요한 것이다.

6) 민족의 그리스도와 우주적 그리스도

예배는 그리스도인이 그리스도와 한 몸을 이루어 한 입으로 하나님 나라를 노래하고, 청원하고, 선포하는 곳이다. 예배에서 인종, 이성, 나이, 빈부, 경험의 차이가 극복이 될 뿐 아니라 시대적, 공간적 한계도 초월된다. 예배에서 표현되고 지향하는 그리스도가 보편적이고 우주적 차원이 있기 때문이다. 그렇다고 해서 교인의 민족과 나라의 정체성이 과소평가되어서는 안 된다. 우주적 그리스도의 개념은 어느 한 민족을 위한 그리스도로부터 시작될 수 있을 뿐 아니라 반드시 그러해야 그리스도의 역사성과 일상성이 확보되어 그리스도에 대한 통전적인 이해를 가지게 될 것이다. 한국의 기독교 역사가 100년, 200년이 되지만 아직도 결정적인 순간에 기독교는 외래 종교이고 기독교 문화는 외국 문화로 홀대받는 형국이다. 오랜 세월이 흐르면 저절로 한국의 종교가 될 것이라는 생각보다는 유대 기독교이지만 유럽의 토착적 문화의 중심에 서서 유럽의 문화를 주도했던 것처럼, 한국의 토착 문화의 중심에 서는 꿈을 꾸고 적극적인 연구와 시도가 필요할 때다. 6세기 삼국 시대 한때 유행했다가 사라진 도교의 뼈아픈 실패의 경험도 살피고, 또한 전국의 유명 산의 절경의 요지에 불당을 지어 한국 문화의 안방을 차지하고 문화재로서 국민적 성원을 받고 있는 것들을 주시하면서, 오늘 우리의 예배당의 건축과 예배 문화의 갈 길을 조망해 볼 필요가 있다. 우리의 예배의 분위기가 한국 민족의 얼굴이 되고, 우리의 예배당이 마을의 자랑거리가 되고, 예배의 노래가 우리 민족의 노래가 되는 그날, 그리스도를 향해 한마음으로 부르는 우리 민족의 노래는 모든 민족들이 부르는 노래와 합창을 이루어, 하늘의 천군 천사와 함께 천상의 예배를 이룰 것이다.

새 포도주는 새 부대에 넣어야 둘이 다 보전되는 것(마 9 : 17)처럼, 새 시대를 위한 예배가 살아 생명력 넘치는 예배가 되기 위해서는 역사적 교회의 신학적 전통과 예배적 유산을 소중히 여기며, 그 깊은 맛을 음미할 뿐 아니라 하나님 백성들의 새로운 삶의 자리, 즉 현대 문화에 대한 세밀한 관찰과 이해를 통해 그 원리를 적용하는 작업이 병행되어야 한다. 복음이 생명력 있는 복음이 되려면 신앙인들의 삶의 이야기와 엮어져야 하듯이, 예배가 하나님이 보시고 받으시며 기뻐하실 예배가 되려면, 교인의 삶이 담긴 새로운 언어와 그들의 노래로 표현될 때 자발적이고 진정한 참여가 이루어져 은혜와 감동의 예배가 되는 것이다. 세속적이고, 악하고, 저급하고, 불경건한 문화들을 경계하면서 우리에게 허락하신 오늘 우리의 삶을 예배로 드릴 수 있는 예배자야말로 하나님이 찾으시는 예배자다. 칼뱅, 츠빙글리, 파렐, 존 낙스, 그리고 그 이후 세계의 모든 개혁교회의 예배에 대한 풍부한 유산과 통찰 앞에서, 또한 하루가 다르게 변화하는 문화 변혁의 현장에서 바울 사도의 외침을 듣자!

"하나님께서 지으신 모든 것이 선하매 감사함으로 받으면 버릴 것이 없나니 하나님의 말씀과 기도로 거룩하여짐이라"(딤전 4 : 4-5).

2장
21세기 예배 현장에 대한 이해

"오늘의 교회들에게 있어서 예배보다 더 중요하면서도 다양하게 논쟁이 되고 있는 주제는 없다"(Howard L. Rice).

현대 기독교 예배는 2,000년의 역사와 함께 많은 변천을 거듭해 왔다. 초대교회의 단순한 예배 내지 단일한 예배 형식들이 지금은 매우 다양하면서 복잡한 양상으로 발전하였다. 현대교회는 과연 무엇이 기독교 예배인가라는 근본적 질문에 대해서 쉽게 답할 수 없는 상황에 이른 것이다. 여기는 다양한 예배신학적 입장과 교회들의 주장이 반영된 결과라고 하겠다.

그러나 한편으로 기독교 예배는 이런 다양함 속에서도 예배의 본질을 지키려는 노력을 계속해 온 것 또한 사실이다. 특별히 20세기를 전후한 몇 가지 예배적인 변화들은 기독교 예배 역사에서 괄목할 만한 성취들로 기록되고 있다. 각 교파들 간의 예배를 통한 일치운동의 시도, 예전에 대한 관심, 현대 문화를 보다 적극적으로 수용하고 그것을 예배에 반영하려는 움직임 등은 현대 기독교회의 예배에 나타난 주목할 만한 사건들이라 하겠다. 현대교회는 이런 예배의 다양한 변화 내지는 현상들과 함께 또 한편으로는 거기에 따른 많은 이슈들도 제기되고 있다. 예전에 대한 입장의 차이, 기독교 예배와 세상 문화 사이의 관계, 예배에 있어서 교인의 참여 문제 등 결코 쉽지 않은 문제들을 놓고 논쟁을 거듭하고 있는 실정이다.

다양함과 함께 혼란스러워 보이기까지 하는 이런 예배 상황 속에서 오늘 우리가 우선적으로 해야 할 일은 이 시대 기독교 예배에 대한 흐름을 정리하고, 그 이슈들을 분석하는 것이라 본다. 이것은 현대 기독교 예배를 이해하고, 미래 기독교 예배가 나아가야 할 방향을 예측하고 정립하는 데 중요한 작업이 될 것이기 때문이다. 따라서 본 내용은 21세기 기독교 예배의 흐름을 분석하고, 그 이슈들을 정리함으로써 목회자들로 하여금 오늘의 예배에 대한 이해와 함께 통찰력을 갖도록 하고자 한다.

1. 현대교회 예배의 흐름들

기독교 예배에 대한 새로운 인식과 예배가 나아가야 할 방향을 정립하기 위해서는 20세기 이후 현대 기독교회 안에서 일어난 예배에 대한 몇 가지 주목할 만한 변화들을 먼저 살펴볼 필요가 있다. 종교개혁 후 출현한 개신교회의 예배는 끊임없는 변화의 과정을 거쳐 왔으며, 이런 변화는 로마가톨릭교회를 비롯한 기타 교회들에게 있어서도 마찬가지였다. 개신교 내의 예전 갱신운동(Liturgical Movement)과 이에 반하는 자유로운 형식의 예배 시도(Contemporary Worship), 로마가톨릭교회의 제2차 바티칸 공의회를 통한 예배 변혁, 그리고 리마 예전(Lima Liturgy)으로 대표되는 예배를 통한 세계교회의 일치운동 등은 현대교회의 예배에 나타난 커다란 변화들이었다. 그러면 먼저 예배와 관련하여 현대 기독교회에 일어난 이러한 몇 가지 흐름들에 대해서 간단히 살펴보도록 하겠다.

1) 개신교 내 예전 갱신운동

19세기 후반에 들어서면서 개신교 예배권에서 일어난 중요한 움직임 가운데 하나는 기독교의 전통적인 예전에 대한 회복을 주장하는 것이었다. 종교개혁 이후 출현한 개신교는 그동안 기독교 예배가 가졌던 많은 예배 유산들을 상실해 버렸다. 개신교회 중에서도 성공회나 루터교회와 같이 예전 중심의 교회는 어느 정도 전통적 예전들을 보존하고 있었으나, 그 외의 많은 교회들은 그렇지를 못했다. 특별히 17~18세기를 거치면서 부흥운동 등의 영향으로 많은 교회들의 예배는 비형식적인 형태를 취하게 되었으며, 이런 것들은 교회 안에서 논란과 갈등의 요인으로 작용하기도 하였다. 이런 상황 속에서 개신교 예배신학자들을 중심으로 전통적 예전에 대한 회복을 주장하는 움직임이 미국에서 일어나기 시작하였는데, 펜실베이니아(Pennsylvania)의 머서버그(Merserburg) 지역을 중심으로 한 독일 개혁교회(German Reformed Church) 계통의 칼뱅의 예배를 회복하자는 주장과 장로교의 예배학자 찰스 베어드의 예전 회복을 강조하는 주장 등이 이 시기에 제기되기도 하였다. 특별히 베어드는 「장로교 예전」(*The Presbyterian Liturgies*)이라는 책을 펴내면서, 이를 계기로 예배 의식에 대한 관심을 불러일으키게 되는데, 그 결과 예배 의식, 예배 음악, 상징, 미술, 교회 건축 등 예배와 관련된 여러 분야에 새로운 변화를 가져오게 되었다.

이러한 영향과 함께 로마가톨릭교회의 제2차 바티칸 공의회를 통한 예배 개혁 등의 변화로 개신교회들에는 예배에 대한 새로운 관심들이 대두되기 시작하였는데, 그 결과 예배 의식서 발간, 교회력의 사용, 성만찬 예전의 회복, 예배 공간의 변화, 예배 음악의 변화, 교인의 예배 참여 등이 적극적으로 나타나기 시작하였다. 예를 들어 미국 성공회는 1979년에 새로운 「공동 기도서」(Book of Common Prayer)를 발간하였고, 루터교회는 찬송가와 예배서를 함께 편집한 「루터교 예배서」(The Lutheran Book of Worship)를 발간하였으며, 장로교회 역시 1993년 「예식서」(The Book of Services)를, 그리고 미국 연합감리교회는 「연합감리교 예배서」(The United Methodist Worship Book)를 발간하게 되었다. 따라서 개신교 안에서 일어난 이런 예전 갱신운동(Liturgical Movement)은 현대 개신교회 예배에 커다란 영향을 주어서 많은 교회들이 이 운동에 호응하고 있으며, 그 결과 예배 예전을 소중히 여기는 교회의 한 전통을 개신교권 안에서 형성해 가고 있다. 물론 여기에 대해서 로마가톨릭교회로 돌아가는 것이 아니냐는 비판도 대두되고 있지만, 기독교회가 전통적으로 가졌던 의미 있는 예전들을 예배를 통해서 다시 회복하고자 하는 시도는 기독교 예배를 위해서 매우 긍정적인 것이라 생각한다.

2) 동방정교회 예전에 대한 새로운 관심

그동안 서방교회들은 동방교회의 예전에 대하여 거의 관심을 갖지 못했었다. 그러나 교회들이 예배에 대한 관심을 새롭게 하면서, 동방교회 예전에 대한 연구를 하기 시작하였는데, 동방교회 예전의 가장 중요한 특징은 기독교 초대교회의 예전을 가장 잘 보존하고 있다는 점이라고 하겠다. 그동안 다른 교회들은 자신들의 예전을 많이 변형시켜 왔으나, 동방정교회는 초대교회에 만들어진 예전을 계승하면서, 그 유산들을 거의 그대로 보존하여 왔던 것이다. 특별히 1982년 세계교회협의회(WCC) 산하 신앙과 직제위원회(Faith and Order)가 작성한 리마 문서(Lima Documents)에 근거하여 만들어진 「리마 예식서」(Lima Liturgy)는 본래 기독교 성만찬 예전에서 중요한 순서였던 '성령님의 임재를 위한 기도'(Epiclesis)가 서방교회 예전에서 빠진 것을 발견하고, 다시 예전에 회복시키는 일을 하기도 하였다. 이러한 것들은 동방교회가 예배에 기여한 소중한 면이라고 하겠다. 따라서 동방정교회의 예배는 오늘의 기독교회와 예배 신학자들이 초기 기독교 예배를 이해하고 연구하는 데 있어서 중요한 자료로 그 관심을 모으고 있다. 기독교 내의 교파뿐만 아니라 예배 의식들 역시 수없이 난립해 있는 현 상황에서 동방정교회의 예전은 기독교 분열 이전의 원 예배가 어떠하였는가를 보여 주고 있다는 점에서 현대교회에 소중한 가치와 의미를 가진 것이라 하겠다.

3) 로마가톨릭교회의 예배 변혁 : 제2차 바티칸 공의회

종교개혁 이후 로마가톨릭교회 역시 자신들의 교회 개혁을 위한 노력을 부단히 해 왔던 것이 사실이다. 그러던 중 로마가톨릭교회의 현대 종교개혁이라고 할 수 있는 일이 1962~1965년 사이 제2차 바티칸 공의회를 통해서 이루어지게 되었다. 물론 이 공의회는 교회의 다양한 분야들에 대한 개혁을 이루어 냈지만, 예배와 관련해서도 중요한 변화를 이루게 되었다.

그동안 로마가톨릭교회는 어느 지역을 막론하고 로마 교황청이 공인한 예전을 가지고 라틴어로 예배를 드려 왔었다. 그러나 이번 공의회에서는 예배에서 사용되는 용어를 자국어로 쓰도록 결정하는 획기적인 일을 했다. 미사에서 말씀을 회복하도록 하고(restoration of preaching), 새로운 음악과 노래, 기도와 찬양에서의 교인의 참여, 현대 문화를 반영한 예전 등을 만들어 가도록 하였다. 이러한 변화는 그동안 경직스럽게 통일된 예전(uniformity)과 고정된 예배순서들을 요구해 왔었던 로마가톨릭 예배가 보다 융통성 있고 자발성을 갖도록 하는 결과를 가져오게 되었으며, 사제 중심의 예배에서 탈피하여 교인의 예배 참여를 보다 능동적으로 장려하게 되었다. 이러한 것들은 현대사회와 문화적인 변화를 예배에 적극 반영하려는 로마가톨릭교회의 노력이요, 값진 결실이라고 하겠다.

4) 예전을 통한 교회 일치 : 「리마 예식서」

1517년 종교개혁은 기독교를 새롭게 변혁하는 역사적 사건이었으나 한편으로는 교회 분열의 도화선을 제공하는 부정적 결과를 가져오기도 하였다. 그 결과 자신들의 신학적 입장에 따라서 수많은 교파들이 형성되었으며, 새로운 교파들은 다시 독자적인 예배 형식을 만들어 냄으로써, 근대 기독교는 교파와 예배 의식에 있어서 그 수를 헤아리기 어려울 정도가 되어 버렸다. 그러나 이러한 분열에 대한 반성과 교회 일치를 위한 노력이 WCC를 중심으로 이루어지면서, 1982년 WCC 산하 신앙과 직제위원회가 예전을 통한 교회 일치의 결정적 작품을 만들어 내게 되는데, 그것이 바로 「리마 예식서」이다.

WCC는 교회 일치를 위해서 모임을 가졌지만 1948년 창립 이래 그동안 단 한 번도 전 회원 교단 대표들이 함께 주님의 몸과 피를 받는 성만찬을 가질 수 없었다. 그것은 성만찬에 대한 신학과 성만찬 예전의 차이 때문이었다. 교회 일치를 위해서 모인 그들이 주님의 한 몸과 피를 받을 수 없었던 것은 아이러니가 아닐 수 없었다. 그러나 「리마 예식서」가 만들어짐으로써, 1983년 캐나다 밴쿠버에서 열린 제6차 WCC 총회는 기독교 사상 최초로 세계교회 대표들이 주님의 성만찬을 공동으로 베푸는 자리를 마련할 수 있었는데, 이것은 세계교회의 일치를 위한 새로운 이정표가 되었던 것이다. 이날의 성만찬 예전은 러시아 동방정교회 대주교가 기도를 하고, 독일의 가톨릭 주교가 성경을 봉독하였으며, 남인도 교회의 감독이 설교를 하고, 영국 성공회의 켄터베리 대주교가 성찬 예식을 집례하였다. 그리고 이 성찬 예식을 보조하기 위해서 덴마크의 루터교회, 인도네시아의 개혁교회, 베닌의 감리교회, 헝가리의 침례교회, 자메이카의 모라비안 교회의 목사들과 캐나다 연합교회의 여자 목사가 함께하였다. 이와 같이 「리마 예식서」는 나뉘어졌던 교회들로 하여금 한 주님의 식탁에 다시 모이게 함으로써 '20세기 에큐메니칼 운동이 낳은 하나의 신학적 예술품'이라는 평가를 받게 되었다. 이것은 종교개혁 후 분열된 세계교회들로 하여금 예배를 통해 일치를 이룬 놀라운 사건이었다.

5) 열린 예배

종교개혁 이전 기독교 예배는 언제 어디서나 당연히 예전적인 것이었으나 종교개혁 이후 이런 예배에 변화가 오기 시작하였다. 자신들의 입장에 따라서 예배 형식이 달라지고, 무엇보다도 예배의 형식에서 보다 자유롭고자 하는 흐름들이 새롭게 등장한 것이다. 이들 예배에서는 개인적 신앙 경험이 중시되고, 예배에 대한 교인의 참여가 강화되면서, 예배의 형식적인 면보다는 영적이고 역동적인 면들이 강조되었다. 그 이후 기독교 예배는 예전적 경향의 교회와 형식에서 자유스러운 경향을 취하는 교회들로 크게 나뉘어 왔다. 따라서 현대교회 역시 전통적 예전을 중심으로 이를 추구하는 교회적 입장과 함께 보다 자유스러운 입장에서 교회 예배를 진행하며 현대 문화적 요소들을 예배에 반영하여 현대인으로 하여금 기독교 복음과 쉽게 접할 수 있도록 하려는 시도가 이루어지고 있다. 후자의 입장을 견지하면서 이를 예배 현장에 적극 수용하여 추진하고 있는 예배 형태를 한국교회 입장에서 볼 때 열린 예배(Comtemporary Worship)라 할 수 있겠다.

전통적 예배(traditional worship)가 과거의 것을 변함없이 안정적으로 (stability), 일률적으로(uniformity), 그대로 지켜 나가는 것(identification) 에 가치를 두고 있다면, 열린 예배는 새로운 변화(innovation)를 지향하면서 현재(the present)에 초점을 맞춘 예배 경향이라고 하겠다. 따라서 열린 예배는 기독교 복음을 찾는 구도자(seeker)들이나 전통적 예배 스타일에 흥미를 잃은 사람들에게 새로운 커뮤니케이션의 기술들을 사용하여 문화적으로 접근하고, 거기에 대응해 가는 데 초점을 맞춘 예배의 한 스타일(style)이요 운동(movement)이라고 할 수 있다. 이를 위해서 이 예배에서는 기독교적인 용어를 사용하는 대신에 그 시대의 사회에 잘 알려진 단어나 구절들을 사용하며, 음악도 수 세기 전의 음악보다는 현재 대중문화를 반영하는 음악 스타일을 사용하여 복음을 소개하고, 설교 역시 현세대들의 이슈(issue)에 초점을 맞추게 된다. 따라서 현재에 언제나 초점을 맞추게 되는 열린 예배는 그 본질상 늘 변화를 계속할 수밖에 없는 것이다.

이 예배의 형식은 간단하지만, 뜨거운 찬양과 현대 악기들의 사용, 드라마, 그리고 교인의 예배에 대한 능동적이고 적극적인 참여, 예배 인도자나 순서를 맡은 사람들의 철저한 준비 등으로 기독교 예배에 새로운 바람을 불러일으키고 있다. 현재 열린 예배는 미국의 윌로우 크릭 교회를 필두로 많은 교회들에서 시도되고 있으며, 한국교회들에서도 많은 호응을 얻고 있다.

6) 이머징 예배

열린 예배는 복음을 믿지 않거나 믿으려고 하는 사람(seeker)들에게 그것을 보다 쉽게 이해하고 받아들이도록 하기 위해서 현대 문화를 예배에 적극 수용한 예배 형식이다. 그러나 문제는 전통적 예배에 관해서 무관심하거나 전통적 예배 요소들을 예배에서 의도적으로 배제시켜 버린 점이었다. 그 결과 그들은 예배실 안에 일체의 기독교적 상징들을 제거하고, 기독교적 용어를 사용하지 않으며, 성례전을 제대로 시행하지 않게 되었다. 여기서 심각하게 생각해야 할 것은 예배는 과연 누구를 위한 것이냐는 문제이다. 기독교 예배가 믿지 않는 자만을 위한 것인가? 이미 믿는 신자를 위해서 예배는 어떠해야 하는가? 또한 믿지 않는 자들을 위해서 2,000년 기독교 예배 역사를 통해서 형성된 의식이나 전통, 상징들은 무의미하며, 그것들은 예배의 자리에서 사라져야 하는가? 이에 대한 반성에서 새로 등장하게 된 것이 바로 이머징 예배이다. 이들은 열린 예배의 장점을 이해하면서도 그것이 갖는 문제점들을 개선하려는 의도에서 이 예배를 시도하게 된 것이다.

열린 예배는 기독교에 대한 부정적 경험과 선입관을 없애기 위해 기독교적인 색체를 없애고 그것을 현대 문화적인 요소들로 대체시켰다. 그러나 이머징 예배는 사람들이 기독교를 경험하지 못했기 때문에 오히려 기독교적인 것을 경험할 필요가 있으며, 이를 위해서 십자가와 같은 기독교적 상징이나 초, 향 등을 예배에 사용하고, 초대교회의 예배와 예전, 기독교적 영성을 강조하게 되었다. 열린 예배로 대표되는 구도자 예배(Seeker's Service)가 미국에서 베이비 부머(baby boomer) 세대를 대상으로 한 것이었다면, 이머징 예배는 베이비 부머 이후와 포스트모던 세대를 대상으로 한 것이라고 할 수 있다. 이 예배는 무엇보다도 현대 예배적 요소인 자유함과 개방성을 유지하면서도, 기독교 전통 예배 요소를 예배에 도입함으로 보다 초대교회의 예배에 충실하려는 시도라고 할 수 있겠다.

2. 현대 기독교 예배의 이슈들

현대 기독교 예배는 제임스 화이트의 지적대로 이제는 간단하게 정의하기 어려운 상황이 되었다. 그만큼 예배에 대한 다양한 입장들과 거기에 따른 다양한 형식들이 공존하고 있기 때문이다. "무엇이 기독교 예배인가?", "기독교 예배는 어떠해야 하는가?", "예배가 기독교적이어야 한다는 것은 무엇을 의미하는가?"라는 질문에 누구나 쉽게 대답을 할 수 없을 만큼 오늘의 예배는 가시적인 면에서 다양화되어 있다. 그러나 또 다른 측면에서 분명한 것 하나는 그럼에도 불구하고 기독교 예배에는 어떤 일관성이 흐르고 있다는 점이다. 이 말은 기독교 예배가 시대적, 문화적 상황에 따라 변화를 하는 가운데서도 본질적으로 가져야 할 요소들은 지금까지 보존하고 있다는 것이다. 기도, 설교, 찬양, 봉헌, 세례, 주님의 만찬, 교회력(절기) 등은 지금도 어느 교회나 예배의 중요한 요소들로 지켜지고 있다. 그런 의미에서 현대교회의 예배는 본질적 측면에서의 차이라기보다는 어디에 보다 강조점을 두느냐의 차이라고 보는 것이 보다 정확한 표현이라고 하겠다. 그러면 현대교회 예배에서 나타난 이슈와 그 입장들, 그리고 거기서 우리가 고려해야 할 것은 어떤 것들인지 살펴보도록 하겠다.

1) 말씀인가 성찬인가

기독교 예배는 본디 말씀과 성만찬이 언제나 함께하는 예배였다. 이것은 적어도 초대교회로부터 1517년 종교개혁이 있기 전까지는 너무나 당연한 것이었다. 그러나 종교개혁 이후 이러한 상황은 변화되었다. 물론 중세교회가 미사라는 이름으로 예배에서 말씀을 약화시키고 성만찬을 강화한 것도 문제였지만, 이에 대한 반발로 예배에서 말씀을 강조하면서 성만찬은 소홀히 하는 개신교회들의 입장도 문제였다. 그러나 최근 개신교 내 예전 갱신운동의 영향으로 다시 교회들이 성만찬에 대한 관심을 가지기 시작하면서, 어떤 교회들은 성만찬 횟수를 차츰 늘려 가는 시도들을 하고 있다. 기독교 예배의 본래적 모습을 회복하려는 노력이라고 하겠다. 그런가 하면 로마가톨릭교회는 그동안 성만찬 위주의 예배를 드려 오다가 제2차 바티칸 공의회 이후 예배에서 말씀을 강화하는 노력을 하고 있다. 개신교회의 성만찬 회복과 가톨릭교회의 말씀의 회복운동은 이제 기독교 본래의 예배를 다시 복원하려는 매우 긍정적 현상이라고 하겠다.

이제 교회는 어느 한쪽만이 전부라는 사고를 지양하고, 예배에 있어서 말씀과 성만찬 예전의 소중함을 새롭게 인식하면서, 예배 현장에서 하나님의 말씀과 주님의 몸을 받는 성만찬이 균형 있게 집례되도록 보다 관심을 가져야 할 것이다. 말씀과 성만찬은 모두 하나님께서 예배를 통해 주시는 은총의 수단이기 때문이다.

2) 예배의 형식 : 형식인가 자유인가

종교개혁 이후 지금까지 기독교 예배와 관련하여 또 하나 논쟁이 되어오고 있는 것은 예배의 형식과 자유에 관한 것이다. 종교개혁 이전 기독교 예배는 당연히 예전적 예배였다. 예배의 형식은 하나님의 은혜의 방편(means of grace)으로서, 교회와 신학에 있어서 매우 중요한 요소로 간주되었다. 그러나 종교개혁 이후 새로운 흐름이 등장하면서, 예전에 대한 입장에 변화가 오게 되었다. 특별히 청교도나 재세례파 등을 중심으로 예전에 대한 거부감이 나타나기 시작했으며, 심지어는 예배 형식을 성령님의 자유롭게 역사하심을 방해하는 장애물로 여기기까지 하는 입장들이 등장하기 시작하였다. 이러한 흐름은 17~19세기 영국과 미국의 부흥운동과 이어지면서 더욱 확산되는 결과를 가져오게 되었다.

현재 기독교 예배는 여러 가지 형식으로 구분할 수 있지만, 커다란 두 가지 흐름은 예전 중심적 예배를 지향하는 교회와 자유로운 형식의 예배를 지향하는 교회로 나눌 수 있을 것이다. 그러나 이것 역시 지금은 보다 새로운 시각에서 볼 수 있어야 한다. 과거에는 전통적 예전의 교회들은 자유 형식의 예배를 예배로 인정하지 않으려는 입장을 취하기도 했고, 자유 형식의 예배를 드리는 교회들은 전통적 예배 형식은 마치 생명력을 잃은 죽은 예배처럼 비판하기도 하였다. 여기서 분명히 해야 할 것은 전통적 예전 중심의 예배든, 자유 형식의 예배든 사람들은 그 예배 속에서 하나님의 은혜를 함께 체험한다는 사실이다. 교회 성장적인 측면에서도 자유 형식의 교회들도 성장하고 있는가 하면, 예전 중심의 한국 가톨릭교회도 지난 십 년간 놀라운 성장을 이루었다. 이것은 어느 한쪽만이 은혜가 있고, 어느 한쪽만이 성장할 수 있다는 독선과 편견을 허물게 하는 중요한 증거라고 하겠다.

이제 우리는 어떤 한 형식만이 기독교 예배를 대표할 수 있다고 하는 시대는 지나갔음을 인정해야 한다. 그리고 하나님께 드리는 예배는 이제 그 본질적 요소를 지키고 있는 한 다양하게 표현될 수 있음을 받아들여야 한다. 이제 문제는 형식이냐 자유냐가 아니라 어떤 예배 형식을 취하더라도 그 본질이 기독교적인가, 그리고 하나님 중심의 진정한 예배를 드리고 있는가에 있음을 보다 깊이 고려해야 할 것이다. 예수께서 말씀하신 '신령과 진정한 예배'의 의미가 무엇인지를 새롭게 인식해야 할 때이다.

예수께서 예배의 가장 기본적인 원리와 정신으로 말씀하신 것은 신령과 진리로 예배하는 것이다(요 4 : 24). 그러나 기독교 예배의 역사를 보면 이 두 가지 측면이 조화를 이루기보다는 대립하고 나누어진 경우가 적지 않았다. 예배는 인간적인 활동(human work)인 동시에 하나님의 거룩한 사역(divine work)이기 때문에 거기에는 언제나 성령님의 역사(spiritual work)가 발생될 수 있어야 하며, 동시에 예배가 하나님의 말씀(성경)과 역사적 전통, 그리고 신학적 진리에 기초되어야 한다. 그러나 지금까지 기독교 예배 역사를 보면 신령을 강조하느라 진리를 소홀히 하는 경우와 진리를 강조하다가 신령을 도외시하는 현상들이 없지 않았다. 지금도 성령님의 역사의 자유함만을 강조한 나머지 예배에 있어서 역사와 전통을 철저히 배격하는 그룹들이 있다. 이들의 주장은 성경과 역사 속에서 형성된 예배 형식들은 성령님의 자유스러운 역사(役事)를 방해한다고 하면서 전통적인 예배 의식들을 거부하는 입장이다. 그런가 하면 한편에서는 중세교회처럼 경직된 예배 형식만을 고수하면서 예배의 영적인 면을 소홀히 하는 그룹들도 없지 않다. 이제 기독교 예배는 예수님께서 말씀하신 대로 하나님의 성령님이 임재하여 역사하시고 성경과 바른 신학에 근거한, 즉 '신령과 진리'가 균형을 이루어 조화롭게 발전할 수 있는 예배가 되어야 한다.

3) 예배와 문화 : 전통성과 상황성

기독교 예배가 갖는 중요한 양면은 전통성과 상황성에 관한 것이다. 그러나 이것은 그동안 조화와 균형의 관계보다는 서로를 배타하는 관계에 섬으로써, 예배에 대한 혼란과 논쟁을 불러일으키는 요인이 되기도 하였다. 기독교 예배 전통을 주장하는 입장에 선 사람들은 예배에 문화적 요소들을 수용하는 것에 대하여 긍정적이지 않거나 그것을 소홀히 취급하는 경향이 있었다. 그런가 하면 상황을 앞세운 입장에 선 사람들은 전통적 예배의 가치를 경시하는 경향 또한 있었다.

그러나 여기서 우리가 먼저 생각해야 할 것은 기독교 예배는 2,000년의 역사적 유산과 전통을 가지고 있다는 사실을 간과해서는 안 된다는 점이다. 오늘의 예배는 그것이 어느 날 갑자기 만들어진 것이 아니다. 그 예배 형태가 어떤 것이든 그것은 2,000년 예배의 역사를 통해서 나오게 된 산물이라는 것을 잊어서는 안 된다. 또한 전통주의자들 역시 기독교 예배의 형식은 시대와 공간을 따라서 그 형식이 2,000년 동안 변화되어 왔다는 사실을 알아야 한다. 기독교 예배의 본질은 변화될 수 없지만, 그 신앙과 복음을 표현하는 형식은 시공(時空)을 따라 변화되어 왔다. 어느 한 틀이 절대적인 것이 아니라 그 시대나 지역의 문화에 따라서 예배 형식은 변화를 거듭해서 오늘에 이른 것이다. 그것은 구약과 신약의 예배 형식이 얼마나 변화되었는가를 통해서, 동방교회와 서방교회의 지리적·문화적 차이가 예배 형식도 달라지게 했음을 통해서 잘 증명해 주고 있다.

기독교 예배는 먼저 전통적 예배에 대한 성경적, 역사적, 신학적 이해가 있어야 하며, 또한 이에 바탕하여 오늘의 문화에 대한 이해를 가지고 이를 적절히 기독교적으로 재해석하여 수용해 가는 지혜가 필요하다. 전통을 우선하여 오늘의 변화하는 상황을 외면하거나, 상황을 우선하여 전통을 외면하는 것은 모두 어리석은 것이다. 예를 들어 한국 기독교회는 기독교 예배의 본질을 지키면서, 오늘 한국의 문화적인 요소들을 예배 속에 얼마든지 표현할 수 있음을 알고, 이것을 적절히 실현해 나갈 수 있어야 한다.

기독교 예배를 생각함에 있어서 전통성과 상황성은 서로 충돌하는 개념이 아니라 상호 협력하고 조화를 이루어 나가야 하는 위치에 있음을 언제나 잊지 말아야 한다. 이 두 가지 요소가 조화와 균형을 이룸으로써 기독교 예배는 더욱 의미 있고 성숙한 모습을 갖출 수 있기 때문이다.

그런 의미에서 오늘 전통적 예배를 드리는 교회들은 오늘의 문화적 변화에 보다 민감함을 가질 필요가 있으며, 상황적 예배(contemporary worship)를 드리는 교회들은 먼저 전통적 예전에 대한 이해를 깊이 할 수 있어야 할 것이라 본다.

4) 참여 : 성단과 회중석의 거리

기독교 예배 역사에서 성단(sanctuary, 예배 인도자가 예배를 인도하는 곳, 예전 중심의 가톨릭교회 등은 이를 제단이라고 부르고, 말씀 중심의 교회들은 주로 강단이라고 부른다.)을 어떤 의미로 해석하느냐의 문제는 예배의 성격을 규정하는 중요한 요소였다. 어떤 경우는 성단을 교인으로부터 멀리 떨어지게 함으로써 그곳을 신성시하고 예배의 분위기 역시 매우 예전적인 형태를 취하였다. 예를 들어, 가장 예전적인 교회라고 할 수 있는 동방정교회는 성소와 지성소를 구분하고 있으며, 가톨릭교회 역시 제단이 위치한 곳을 신성시하면서 회중석과 거리를 두고 있다. 그런가 하면 말씀 중심의 예배를 드리는 교회들은 강단이라기보다는 설교단(pulpit)으로서의 기능을 중요시하면서, 회중석과 구분은 하되 신성시하는 정도는 아니었다. 그러나 현대에 들어서면서 성단이나 설교단의 개념에 새로운 변화를 시도한 소위 열린 예배 계열의 교회들은 이것을 무대적인 개념으로 바꾸어 놓았다. 이런 변화의 중심에는 성단과 회중석의 거리, 또는 예배 인도자와 교인의 거리를 어떻게 할 것인가라는 문제와 동시에 교인의 예배 참여를 어떻게 할 것인가라는 문제가 함께 연관되어 있다. 그동안 전통적인 교회의 예배는 사제나 목사 중심의 예배가 일반적이었다. 그러나 여기에 대한 반대 입장으로 교인의 참여를 극대화시키고자 하는 의도 속에 현대교회들 중에서는 성단의 개념을 무대의 개념으로 바꾸어 예배에 대한 교인의 적극적 참여를 유도하는 경우도 있다.

예배에서 고려해야 할 중요한 요소 가운데 하나가 참여의 문제이다. 예배는 예배 인도자뿐만 아니라 교인이 함께 참여하여 이루어진다. 교인은 예배의 단순한 참석자가 아니라 예배에 능동적으로 함께하는 참여자가 되어야 한다. 그러기에 성단이 교인으로부터 지나치게 먼 거리에 위치하는 것은 문제라고 하겠다(이것은 물리적 거리뿐만 아니라 심리적 거리를 포함하는 의미이다). 그러나 교인의 적극적 참여를 유도하기 위해서 성단의 개념을 없애 버리고 그것을 무대화하는 것 역시 문제가 있다. 성단은 예배의 중심 자리로서 기능을 하기 때문에 우리는 그 의미를 충분히 반영하며, 그 가치를 인정해야 한다. 그러면서 예배의 순서들에 교인이 참여할 수 있는 방법들을 고려해야 한다. 본질은 예배당 구조가 제단 형식이냐, 강단 형식이냐, 무대 형식이냐가 아니라 교인이 그 예배에 어떻게 참여할 수 있느냐의 문제다. 예배에 대한 교인의 참여를 적극 고려하되, 예배적인 기능으로서 성단이 소중한 의미를 갖도록 하는 것이 바람직하리라 본다. 따라서 성단을 어떤 위치에 어떻게 장식하느냐 하는 문제보다는 모든 예배순서에 교인이 어떻게 참여할 수 있느냐에 더 관심을 두고, 이를 적절히 예배 가운데서 실천할 수 있어야 할 것이다.

로버트 웨버는 오늘의 교인이 예배에 적극 참여하고자 하는 열망이 증대되고 있다고 하면서, 지나치게 교인의 참여가 제한된 교회들을 향하여 "예배를 교인에게 돌려 주라."(Return worship to the people)고 조언하고 있다. 오늘의 교회들이 귀를 기울여 들어야 할 것이라 본다.

5) 실천을 위한 제언

현대 기독교 예배를 이해하는 것은 간단한 일이 아니다. 예배에 대한 신학적 입장의 다양함과 함께 그 형식들의 차이는 오늘의 기독교 예배는 과연 무엇이어야 하는가에 대한 혼란을 주고 있다. 이런 상황에서 교회의 예배를 인도하는 목회자들의 고민 역시 적지 않을 것이다. 이제 기독교 예배는 어느 하나의 형식으로 대표될 수 있는 것이 아니라 다양함 속에서 그 의미들을 표현하는 시대가 되었다. 그러므로 목회자들은 하나의 예배보다는 전체적인 관점에서 종합적으로 기독교 예배를 볼 수 있는 안목을 가져야 한다. 그러기 위해서는 다음의 몇 가지를 언제나 고려해야 할 것이다.

먼저 우리는 기독교 예배에 대한 역사적 이해를 가지고 있어야 한다. 성경 시대로부터 시작해서 오늘에 이르기까지 기독교 예배는 어떤 과정을 통해서 변화하고 발전해 왔는지를 알고, 이에 대한 기본적 지식을 가지고 있어야 한다. 그럴 때 우리는 오늘 일어나는 예배 현상들을 관찰하고 분석하면서, 시대에 적절한 예배는 어떤 것인지를 알게 될 것이다.

둘째로 목회자들은 자신이 속한 교회(교단)의 예배 전통을 이해하고 있어야 한다. 예를 들어 장로교회는 존 칼뱅으로부터 시작되어 존 낙스 등으로 이어져 미국과 한국 장로교회에 이르기까지의 장로교 예배 역사와 전통을 가지고 있는데, 장로교 목회자는 당연히 이에 대한 이해와 지식을 가지고 있어야 한다. 오늘날 많은 교회들이 자신이 속한 교회의 예배 전통을 알지 못하거나 무시함으로써, 결국은 자신이 속한 교회의 정체성마저도 상실하고 있음을 보게 된다. 그러나 장로교회는 장로교회로서의 정체성과 예배의 전통을 가지고 있다. 그러므로 장로교 목회자는 자신이 속한 교회의 전통에 보다 충실하고자 하는 노력을 언제나 해야 할 것이다. 예배가 혼란스럽게 보이는 것은 먼저 우리 자신들이 속한 교회 예배의 정체성이 확립되지 못함에 기인하고 있다는 것도 잊지 말아야 할 것이다.

셋째로 자신이 속한 교회(교단)뿐만 아니라 기독교 내에 현존하는 다른 교단들의 예배에 대해서도 이해를 가지고 있어야 한다. 예전을 중심으로 하는 교회들(동방정교회, 로마가톨릭교회, 성공회, 루터교 등)이나 말씀 중심의 교회들(장로교, 감리교, 회중교회, 성결교회 등), 그리고 은사나 보다 자유로운 형식을 추구하는 교회들이 드리는 예배는 어떤 것들인지, 왜 그들은 그런 형태의 예배를 드리고 있는지에 대한 이해를 함으로써 예배를 보는 시야가 넓어지게 될 것이다. 그러면서 그들이 갖는 장점들을 자신의 교회 예배에도 적절히 적용을 할 수 있을 것이다.

넷째로 예배를 인도하는 목회자는 기독교 예배의 역사(전통)에 대한 이해와 함께 오늘의 문화에 대한 이해를 가지고 있어야 한다. 기독교 예배는 역사적으로 언제나 자신이 속한 시대의 문화와의 관계 속에서 형성되어 왔다. 과거의 유산을 무시한 채 오늘의 것만 무조건 받아들이는 것도 문제지만, 오늘의 문화에 대한 이해가 없이 과거에만 집착을 하는 것도 문제다. 목회자는 언제나 시대적 변화에 민감하면서, 오늘의 문화적 현상을 기독교적으로 재해석하여 그것을 예배 속에 반영할 수 있어야 한다. 21세기의 사람은 과거 1세기의 사람이 아니다. 21세기의 사람은 21세기의 문화와 함께한다. 그러므로 교회의 예배는 이런 문화를 예배에 반영하여 자신들의 신앙을 표현할 수 있어야 한다. 이 점은 우리가 사는 한국이라는 공간적 측면에서도 마찬가지다. 한국교회 예배는 기독교 전통적 예배 요소들을 보존하되, 한편으로는 한국의 문화적 요소들을 예배 가운데 반영할 수 있어야 할 것이다.

다양한 21세기 예배를 보면서, 오늘의 목회자들이 해야 할 일은 과거 기독교 예배가 가졌던 전통과 함께 오늘의 시대적 상황과 문화를 이해하고 그것을 예배 속에 반영할 수 있어야 한다는 점임을 잊지 말도록 하자.

제 II 부

예배목회를 위한 지침

1장. 예배를 드리는 자세

2장. 예배 계획 수립과 예배 준비

3장. 예배의 날로서 주일

4장. 삶으로서의 예배

5장. 예배 공간과 성구 및 예복

6장. 예배순서에 대한 이해

7장. 성찬 성례전

8장. 세례 성례전

9장. 교회력에 따른 예배

10장. 현대 예배

11장. 멀티미디어 예배

12장. 예배 음악(찬송가, 복음성가, 국악)

13장. 장례예식

14장. 다음세대와 함께하는 통합적 예배

15장. 다음세대를 위한 이머징 예배

1장
예배를 드리는 자세

교회의 사명은 예배, 전도, 선교, 봉사, 친교 등 여러 가지가 있는데 그 중에 제일은 예배이다. 전도가 잘되면서 은혜 없는 예배가 되면 교회는 부흥할 수 없다. 또 선교와 사회봉사가 아무리 잘되어도 예배가 바로 드려지지 않으면 그 교회는 쇠퇴할 수밖에 없다. 친교도 마찬가지이다. 예배가 되지 않는 친교는 오히려 교회에 문제만 발생시킨다. 하나님께서 영광을 받으시고 교인이 은혜를 체험하는 예배가 드려질 때 교인의 교제는 저절로 이루어지고, 은혜받은 교인이 세상에 나아가 전도와 선교와 봉사의 역사를 이루며 살지 않겠는가?

여기에서는 가장 기본이라고 할 수 있는 한국교회 예배 현장의 문제점을 살펴본 다음 올바르게 예배드리는 자세에 대한 지침을 제시하고자 한다.

1. 한국교회 예배 현장

1) 설교 중심의 예배

한국교회 예배는 집회 형식이어서 설교가 예배의 중심이 되어 있는 경우가 많다. 예배가 설교 중심이 되다 보니 자연 설교의 비중이 커지고 따라서 강단의 위치가 점점 높아져 설교자는 그 높은 강단에서 축복과 저주를 마음대로 구사하기까지 하는 데 이르렀다. 또한 설교만 들으면 예배를 다 드린 것처럼 생각하는 교인도 생겨나게 되었고, 설교 이전의 예배순서를 대수롭지 않게 생각하게 되어 설교 시간에 맞춰 예배에 참석하거나 설교가 끝나자마자 일어나 가 버리는 교인도 나오게 되었다. 그리고 설교가 예배의 중심부에 군림함으로써 다른 예배 요소들은 설교의 보조 역할이 되어 버렸다. 이런 모든 문제들은 한국교회에 예배의 신학이 없는 데서 생겨난 문제점들로 볼 수 있다. 특히 전통적인 종교 의식이 사회 전반에 걸쳐 흐르고 있는 우리 상황에서는 예배자들, 교인이 예배에 대한 확고한 신학적 이해를 갖지 못할 때, 우리 가운데 유교나 불교 의식의 연장 내지 변모된 형태의 예배가 발생하기 쉽다는 점을 간과해서는 안 될 것이다.

2) 구경꾼으로서의 예배

예배가 본질적으로 하나님의 계시에 대한 응답이라고 볼 때 예배하는 교인이 다만 구경꾼으로 머무를 수 없는 것이다. 어디까지나 예배자들은 기쁨과 감사와 찬양과 헌신으로 하나님께 드리는 구체적인 행동의 참여가 있어야 한다. 그런데 한국교회의 예배는 예배 의식의 일체를 목사에게 맡기고 다만 교인은 구경만 하는 관람객으로 머물고 있다. 한국교회의 예배는 전부 보고 있는 예배이다. 우리들이 쓰고 있는 말 가운데 예배 본다는 말에서 이를 확실하게 드러내고 있다. 예배당에 갈 때에도 "예배 보러 간다."라고 하고 예배를 시작할 때에도 "예배 보자."라고 한다. 이는 예배 장소에 참여한 사람들은 목사든 장로든 한결같이 예배를 드리는 것이 아니라 남이 하는 것을 구경만 하고 있는 것이다. 각 예배 요소에 능동적으로 참여하는 것이 아니라 순서가 진행되는 동안 수동자로서 관람하고 있는 것이다. 목사가 예배 인도하는 것을 구경하고, 장로가 기도 인도하는 것을 구경하고, 찬양대가 노래하는 것을 듣고 감상한다. 어찌 보면 "굿이나 보고 떡이나 먹자."라는 잘못된 사고방식이 예배를 대하는 태도 속에 그대로 반영되어 있다는 것이다.

3) 성찬 성례전이 약화된 예배

정장복 교수는 초기 그리스도 교인은 예배를 드린다고 할 때 그것은 분명히 성찬 성례전을 의미하였다고 하면서 예배가 예배 되게 하는 것은 하나님만이 하시는 일이며, 하나님은 친히 예비해 두신 고유한 방편과 말씀과 성례전을 통하여 은총을 베푸신다고 말한다. 이 성만찬 의식은 초기 기독교공동체에서부터 초대교회에 이르기까지 필수적인 요소 중의 하나였다. 그래서 칼뱅은 매 주일마다 하나님의 말씀 선포와 함께 성찬 성례전을 행하면서 "성찬 성례전을 소홀히 하는 자는 악마의 농간에 놀아나는 자다."라고 했다.

그런데 오늘의 한국교회는 성찬 성례전을 일 년에 2~4회 정도 하는 교회들이 많고, 성찬 성례전을 행할 때 주님이 가르치신 방법대로가 아닌 자기들이 터득한 방법대로, 형식적으로 하는 경우가 많다. 심지어 교회 지도자들이 모이는 노회나 총회에서도 성찬 성례전을 행할 때 잡담을 하고, 순서지를 보고, 딴전을 부리는 것을 흔히 볼 수 있다.

4) 무속화된 예배

19세기 후반 기독교가 한국에 들어올 때 한국은 강한 종교적 심성이 뿌리 깊게 내려져 있었다. 반면에 역사적 흐름 속에 샤머니즘과 같은 종교적 풍토가 우리의 의식에 젖어 있어서 한국교회 예배에도 영향을 주고 있다. 공중 예배뿐만 아니라 가정에서 드리는 예배의 특성 가운데도 이러한 사실이 드러난다. 마치 무당을 데려다가 굿을 해서 액땜을 하듯이 목사를 불러다가 액을 면하고 복을 받기 위해 예배를 드리는 현상이 아직도 지배적이다.

유동식은 "샤먼(무당)은 엑스터시 속에서 영교를 통해 신의(神意)를 알고, 또 영력을 받아서 재난을 없이 하며, 현실적인 복을 창조하려는 기능을 가진다."고 하였고, 김영한은 "엑스터시 속에서 영교의 체험을 위해서 열광적으로 굿거리를 하는 무당들의 행위가 교회나 부흥회에서 나타나고 있는 경향이 있다."고 지적하고 있다. 분위기 조성을 위해 요란한 박수 소리와 함께 인위적으로 참여자의 감정을 몰아가다가 마침내 집단적 종교 최면으로 들어가는 경우가 없지 않다. 그리고 하나님의 영광을 추구하고 자신의 헌신을 결단하기보다는 자신들의 욕구와 유익, 소원과 문제가 해결되기를 바란다. 여기서 기독교적 열정이 무속적 열광과 혼동되어 버리는 위험이 나타난다.

5) 삶의 현장과 분리된 예배

박영환은 예배한다는 것은 "로마서 12 : 1에서 바울이 '이것이 영적 예배이다.' 또는 '바른 예배이다.'라고 정의한 것을 근거로 예배란 우리의 몸, 다시 말해서 생활 자체가 산 채로 하나님께 제물이 되어야 한다."고 정의를 내렸다. 일상생활의 삶이 개인의 생활, 가정생활, 직장생활 속에서 예수 그리스도의 사랑과 나눔과 섬김의 삶으로 나타나고, 하나님께 삶 속에서의 예배가 드려져야 한다. 삶을 통해 하나님의 이름이 거룩히 여김을 받고 그리스도의 영광의 빛이 비추어져야 한다.

그러나 한국교회의 예배는 목사의 축도와 찬양대의 송영으로 끝나고 교인은 새로운 각오 없이 그냥 흩어져 버린다. 그리하여 한국교회의 예배는 역사적인 삶으로부터 분리되어 있고, 속사람의 변화를 추구해야 할 신자들이 가시적인 변화, 즉 집회 열에 치우치고 일상 속의 변화가 없고, 속사람의 변화가 없어 위선자라는 비난을 받게 되는 것이다. 이제 우리 한국교회도 예배에 대한 의식 변화가 있어야만 한다. 우리의 삶 자체가 예배라는 것을 인식하고 또한 그리스도의 제자로서, 그리고 하나님의 자녀로서의 삶을 살아가야 할 것이다.

6) 잔치성이 결여된 예배

기독교 예배는 본질적으로 잔치의 성격을 띠고 있다. 즉, 역사 안에서 행하신 하나님의 성업, 그의 능력을 나타내신 이 모든 일을 찬양하고 축하하는 잔치이다. 그러나 한국교회 대부분의 교인은 피동적으로 움직이는 청중의 모습을 지니고 있다. 또한 승리의 환희, 넘치는 감사, 기쁨, 즐거운 자기 헌신 등의 경축을 제대로 표현하고 있지 못하기 때문에 예배에서 경축의 내용과 표현이 결핍되어 있는 것이다. 예배 분위기에서 예배자의 표정은 하나같이 굳어져 있고 근엄하고 엄숙하기만 하다. 감사와 감격과 기쁨이 넘쳐서 드려야 할 잔칫집 같아야 할 예배가 근엄하고 엄숙하다 못해 때때로 장례식에 와 있는 것 같은 표정이다. 이런 예배 현장의 목사들은 "너희의 하나님이 이르시되 너희는 위로하라 내 백성을 위로하라"(사 40:1)는 말씀을 깊이 새겨들어야 한다. 물론 예배드리러 올 때는 근심과 걱정과 어두운 마음으로 올 수 있다. 그러나 예배가 잘 드려질 때 기쁨이 충만한 심령으로 변화되는 것은 당연한 것이다.

2. 예배드리는 올바른 자세

1) 목회에 있어서 가장 중대하고 긴급한 것은 예배임을 인식해야 한다

칼 바르트는 "기독교 예배는 인간생활을 영위하는 데 있어서 인간이 할 수 있는 것 중에서 가장 중대하고, 가장 긴급하며, 가장 영광스러운 행동이다."라고 표현함으로 예배는 교회가 해야 할 일 중에 최고의 행위임을 말하고 있다.

하나님께서 우리를 구원하신 궁극적인 목적은 하나님께 예배드리게 하는 데 있다. 하나님께서 애굽의 노예 된 자기 백성들을 구원하실 때에 모세를 보내어 바로에게 말한 바를 살펴보면 하나님께서 이스라엘을 구원하신 목적은 예배였다. "여호와께서 모세에게 이르시되 너는 바로에게 가서 그에게 이르기를 여호와의 말씀에 내 백성을 보내라 그들이 나를 섬길(Worship) 것이니라"(출 8 : 1). 예배는 사람들의 이해 정도를 떠나서 우선적으로 구원받은 백성들을 향한 하나님의 요구이다. "그러므로 형제들아 내가 하나님의 모든 자비하심으로 너희를 권하노니 너희 몸을 하나님이 기뻐하시는 거룩한 산 제물로 드리라 이는 너희가 드릴 영적 예배니라"(롬 12 : 1).

우리를 창조하신 목적도 하나님을 찬양하고 예배드리는 데 있다고 했다. "이 백성은 내가 나를 위하여 지었나니 나를 찬송하게 하려 함이니라"(사 43 : 21). 천국에 들어가는 목적도 하나님께 예배드리는 데 있음을 요한계시록 7 : 9~12 "이 일 후에 내가 보니 각 나라와 족속과 백성과 방언에서 아무도 능히 셀 수 없는 큰 무리가 나와 흰 옷을 입고 손에 종려 가지를 들고 보좌 앞과 어린 양 앞에 서서 큰 소리로 외쳐 이르되 구원하심이 보좌에 앉으신 우리 하나님과 어린 양에게 있도다 하니 모든 천사가 보좌와 장로들과 네 생물의 주위에 서 있다가 보좌 앞에 엎드려 얼굴을 대고 하나님께 경배하여 이르되 아멘 찬송과 영광과 지혜와 감사와 존귀와 능력과 힘이 우리 하나님께 세세토록 있을지어다 아멘 하더라"에 잘 나타나 있다.

죄인이 이 땅에 살면서 예배시간에 예배에 참여하는 것은 가장 가치 있는 일이다. 하나님께 가장 귀한 시간, 우리 인간의 모든 삶 가운데 말로 형용할 수 없는 기쁨과 감격과 은혜와 구원을 주시는 축복의 시간이 바로 예배시간이다. 에릭 리들은 1924년 파리 올림픽에 영국 국가 대표 100m 달리기 선수로 출전하였으나, 경기 일정이 주일에 잡히자 출전을 포기하여 편협한 기독교인으로 매도되며 수많은 사람들의 지탄을 받았다. 그러나 자신의 주 종목도 아닌 400m에서 금메달을 획득하여 순식간에 국민적 영웅으로 떠올랐다. 그가 후에 중국 선교사로 일하다 세상을 떠났을 때 온 국민이 애도했다고 한다. 그는 주일 예배를 드리기 위해 금메달도 포기했다.

어떤 일도 예배보다 더 바쁘고 중요한 일은 없다. 그래서 누구와 약속이 되어 있을지라도 예배시간이 되면 약속을 뒤로 미루어야 한다. 예배는 '오늘 못 드리면 다음에 드리면 되지.'라고 생각할 수 있는 것이 아니다. 예배는 그 순간 지나쳐 버리면 다시 돌아오지 않는다. 세상일은 오늘 못하면 내일 하면 된다. 그러나 예배는 오늘 나에게 주어진 시간을 놓치면 영영 돌아오지 않는다. 주일날 어떤 일보다, 어떤 약속보다 예배가 가장 최우선이다. 우리는 예배의 중요성을 알고 전심으로 예배하는 사람인가 아니면 흉내만 내는 사람인가? 하나님은 영과 진리로 예배하는 자를 찾고 계신다 (요 4 : 23).

2) 오직 하나님께만 영광 돌리는 예배를 드려야 한다

예배는 그리스도인에게 부과된 의무요, 갚아야 할 채무이며, 예배의 가장 큰 목적은 하나님의 영광이 되어야 한다. 성경은 "내 이름으로 불려지는 모든 자 곧 내가 내 영광을 위하여 창조한 자를 오게 하라 그를 내가 지었고 그를 내가 만들었느니라"(사 43 : 7)와 "이 백성은 내가 나를 위하여 지었나니 나를 찬송하게 하려 함이니라"(사 43 : 21)라는 말씀에서 우리 인간의 목적이 하나님께 영광과 찬송을 돌림에 있음을 보여 준다.

칼뱅은 '하나님은 만물을 주관하시는 분이시므로 인간의 첫 의무는 하나님의 영광을 선포하는 것'이라는 신념을 가졌으며, 그래서 하나님의 영광의 존엄성에 있어서 "손톱만큼이라도 손상시키지 말아야 한다."고 말한다. 실제로 그는 오직 하나님의 영광을 위하여 목숨을 바치는 삶을 추구하였다. 이 기본 사상이 예배를 통하여 표현되어 오직 하나님께 영광을 예배의 최고 최선의 목표로 삼았다. 초기 장로교회의 예배가 신비적인 요소나 색채를 거의 무시한 것은 성경에 기초하여 하나님의 영광을 앞세우는 데 있었다.

예배학자들이 예배에 대해 내린 여러 정의를 한마디로 요약하여 표현한다면 그것은 "예수 그리스도의 구속 사건 안에 나타난 하나님의 사랑과 은혜에 대한 인간의 응답이다."이다. 예배는 구속함을 받은 사람들이 그 은혜에 감격하여 오직 하나님께만 영광을 돌려야 하는 것이다. 그러므로 예배를 드릴 때에는 하나님 중심이 되어야 하며, 오직 하나님의 영광만을 생각해야 한다.

특히 예배 사역자들은 주의해야 하는데, 하나님께 영광 돌리는 자리에서 철없는 교인이 사명을 잘 감당한 예배 사역자들에게 영광을 돌릴 수가 있기 때문이다. 하나님은 독생자까지 우리를 위해서 다 양보하셨지만 양보 못한 한 가지가 바로 영광이다. 영광은 하나님의 것이다. 영광을 가로

챘던 헤롯이 벌레에 먹혀 죽지 않았던가? 영광은 선악과와 같다. 내가 먹으면 죽는다. 내게 주어지는 모든 영광은 다 주님의 것이다. 모두 주님께 돌려 드려야 한다. 교회는 우리가 왕관을 쓰는 곳이 아니고 우리의 왕관을 벗어서 주님께 드리는 곳이다. 예배는 면류관을 벗어서 주님께 드리며, 그분만이 우리의 왕이고 대장이 되심을 새롭게 확인하는 자리이다. 주님만이 왕 되심을 믿는가? 주님께만 영광의 면류관을 씌워 드려야 한다.

하나님은 당신의 영광을 가로챈 자들에게 아주 무서운 경고의 말씀을 하신다. "만군의 여호와가 이르노라 너희가 만일 듣지 아니하며 마음에 두지 아니하여 내 이름을 영화롭게 하지 아니하면 내가 너희에게 저주를 내려 너희의 복을 저주하리라 내가 이미 저주하였나니 이는 너희가 그것을 마음에 두지 아니하였음이라 보라 내가 너희의 자손을 꾸짖을 것이요 똥 곧 너희 절기의 희생의 똥을 너희 얼굴에 바를 것이라 너희가 그것과 함께 제하여 버림을 당하리라"(말 2 : 2-3).

3) 성령님의 인도하심을 받아야 한다

하나님께 드리는 예배가 되기 위해서 예배자는 이 한 가지 사실을 붙들며 하나님께 나아가야 한다. 그것은 바로 하나님의 존재가 영이시라는 사실이다. 예수 그리스도께서 예배를 받으시는 하나님이 영이시라는 당연한 진리를 상기시켜 주셨다. 영이신 하나님이 충분히 우리와 교통할 수 있도록, 하나님과 사귈 수 있는 영혼을 부여받은 예배자가 순결하시고, 완전하시고, 거룩한 영이신 하나님에 의하여 넉넉히 영향을 받을 수 있도록 성령님에 의하여 주도되는 예배로 드려져야 한다.

하나님은 영이시다
인간은 하나님의 형상에 따라 지음받은 영적 존재이다. 특별히 인간을 창조할 때 하나님의 영을 불어넣어 주시고, 하나님과 교제하게 하셨다. 그런데 그 영적 교제가 인간이 범죄함으로 끊어지면서 인간은 육신적으로, 물질적으로 살아가게 되었고 하나님과의 교제를 잃어버렸다. 하나님은 그러한 인간들이 온전한 예배를 드릴 수 있게 예수 그리스도를 통한 회복을 허락하시고, 성령님의 내주하심을 허락하셨다. 그러므로 사람들은 영으로 예배를 드려야 하며, 인간의 힘이 아닌 오직 성령님으로 예배드릴 때 하나님은 그 예배를 받으실 뿐 아니라 성령님이 함께하는 예배를 통하여 강복하신다.

성령님이 함께하는 예배

① 예배 전 충분한 기도와 찬양을 통하여 준비하라

세상 속에서 살아가고 있던 교인이 하나님께 나아와 예배드리거나 혹은 별도의 시간을 가지고 기도할 때 즉시로 하나님과의 교통을 이루기는 쉽지 않다. 한 주간의 삶이 하나님의 말씀을 이루는 삶, 순종하는 삶과는 동떨어진 삶을 살았기 때문이다. 대부분의 그리스도인은 세상에서 살아가면서 그 삶 속의 죄악으로 인해 영안이 가려졌고, 심령이 무뎌져 각질이 끼여 있는 상태이다. 예배하는 교인이 성령님의 온전한 인도함을 받기 위해서는 이러한 방해되는 요소를 철저히 제거해야 한다. 이때 충분한 예배 전 기도와 찬양을 통하여 준비하라. 예배 전의 충분한 기도와 찬양은 예배를 예배답게 만들며, 성령님이 주관하시는 예배로 나아가게 한다. 이 시간은 우리의 세상에 찌든 각질을 벗겨 내는 시간이다.

② 한 주간의 삶과 주일 예배를 연결시켜라

로마서 12 : 1에서 사도 바울은 '영적 예배'가 무엇인지, '바른 예배'가 무엇인지 말하면서 "우리의 몸, 다시 말해서 생활 자체가 산 채로 하나님께 제물이 되어야 한다."고 했다. 진정한 예배는 우리의 전체 삶에서 떨어져 나갈 수가 없다. 교인은 예배를 통해서 부활의 감격을 다시 한 번 온몸으로 채우면서 그 부활의 기쁜 소식을 가지고 비뚤어진 역사의 현장으로 나아가 부활의 증인으로 살아야 한다. 한 주간 삶의 예배를 온전히 드린 교인은 주일 예배를 통해 더 큰 은혜를 받고 다시 시작되는 한 주간 삶의 예배를 참되게 드릴 수 있는 힘을 공급받는다. 이것이 복된 순환 구조인데 만약 한 주간 삶의 예배를 잘못 드린 교인은 주일 예배 또한 참되게 드릴 수 없다.

③ 회개하라

앞에서 말한 악순환을 끊을 수 있는 길은 오직 예수 그리스도의 보혈을 힘입는 회개를 통해서이다. 다윗은 하나님의 마음에 합한 사람이었고, 삶이 예배인 사람이었으며, 삶의 제사를 통해서 오는 복을 누렸던 사람이었다. 그런데 강력한 죄가 하나님과 다윗 사이를 가로막았고 점점 더 하나님과 멀어지는 결과를 가져왔다. 다윗은 회복을 위해 힘써 보았고, 제사도 드려 보았으며, 간구도 드렸지만 하나님은 만나 주지 않았다. 하나님께서는 나단 선지자를 통해 다윗이 죄를 깨달아 철저하게 회개하고 자신의 삶을 돌이킬 때 다시금 만나 주셨다. 제자들이 하나님을 거역한 이스라엘 백성들에게 외친 것도 "회개함으로써 세례를 받고 성령님의 충만을 받으라."였다. 회개는 예배 가운데 풍성한 성령님의 역사를 이루게 한다. 회개를 통하여 다윗에게서 떠나셨던 성령님이 함께하셨다. 회개를 통하여 교인에게서 떠나셨던 성령님이 함께하신다. 회개를 통하여 예배 가운데 아무런 감동을 받지 못하던 교인의 심령에 은혜가 임하기 시작한다.

④ 성령님이 싫어하는 행위를 버리라

성령님을 근심하게 하지 말라. 성령님을 거절하고 성령님의 사역을 훼방하는 행위, 성령님을 자신의 생각으로 판단하거나 이해하려는 태도 등을 버려야 한다.

⑤ 성령님을 사모하고 환영하라

성령님의 인도를 받기 위해서는 성령님을 사모하고 환영하는 것이 반드시 필요하다. 겸손하게 무릎을 꿇고 성령님을 사모하며 말씀을 붙들고 기도할 때 성령님은 놀랍게 우리의 예배 가운데 역사하신다.

4) 실제 예배순서에 임하는 자세

좋은 예배순서는 하나님을 만나고 하나님과 대화하게 한다. 아무리 좋은 순서라도 하나님을 만날 수 없다면 과감히 버리거나 수정해야 한다. 보통 예배순서는 크게 세 부분으로 구성되어 있다. 첫째, 하나님께서 세상 속에 살면서 지쳐 있는 당신의 자녀들을 만남의 장소로 불러 주신다. 둘째, 부름받아 나온 당신의 자녀들을 만나 치유하시고 삶에 희망과 능력을 주신다. 셋째 그렇게 새로워진 당신의 자녀들을 다시 세상으로 파송하여 하나님의 뜻을 이루면서 세상에 복이 되어 살 수 있도록 하신다. 이것을 구체적으로 어떻게 드릴 것인가 살펴보자.

하나님의 초청

① 예배로 부름

예배를 하나님의 초청으로 시작하는 것은 예배가 하나님에 의하여 시작되었으며, 하나님께 예배를 드리러 나온 사람들은 지금 우리가 하나님의 부르심을 받아 예배를 드리게 되었다는 것과 지금 하나님의 거룩한 보좌 앞에 있음을 깨닫게 하는 것에 목적이 있다. 그래서 묵도가 아닌 '예배로의 부름'으로 시작해야 하고, 교인은 그 귀한 부르심에 감격하며 기쁨으로 예배에 임해야 한다. 예배의 말씀 후에 "하나님은 영이시니 예배하는 자가 영과 진리로 예배할지니라"(요 4 : 24)로 마감하면 좋을 것이다. 교인은 출애굽 때에 홍해를 기적으로 건넌 후 감격하여 백성들이 춤을 추며 찬송을 불렀던 것 같은 그 감격으로 예배를 드려야 한다.

② 경배의 찬송

예배의 부름을 통하여 영과 진리로 예배하라는 준엄한 하나님의 명령 앞에 모두가 일어서서 응답하고 그 하나님을 찬양하는 순서가 곧 경배의 찬송이다. 이 찬송에 담긴 뜻은 죄인 된 자신을 거룩한 존전에 예배하도록 불러 주신 하나님을 경배하면서 찬양으로 응답하는 것이다. 그래서 이 부분의 찬송은 주로 경배와 찬양의 뜻이 담긴 예배 찬송을 부르게 된다. 새 찬송가의 경우 41장까지가 여기에 해당된다. 이 경배의 찬송은 반드시 일어서서 불러야 하는데, 하나님을 높이는 찬양을 할 때 일어서는 것 자체가 경배의 자세이기 때문이다. 애국가를 앉아서 부르지 않고 아이들이 어른 앞에 노래할 때 일어서서 부르는 것처럼 여기에서는 반드시 일어나서 불러야 한다.

③ 죄의 고백

하나님을 만나는 그 기쁨에 앞서서, 교인은 이사야가 자기의 죄를 깨닫고 "화로다 나여."라고 하면서 하나님의 용서를 받았던 것 같은 의식이 필요한데 그것이 바로 '죄의 고백'이다. 시편 저자는 "내가 나의 마음에 죄악을 품었더라면 주께서 듣지 아니하시리라"(시 66 : 18)고 고백한다. 죄를 가지고는 하나님께 나아갈 수 없다. 철저하게 회개하는 시간을 갖게 해야 한다. 공동으로 사죄의 기도를 드린 후에 "이제는 한 주간의 삶을 돌아보면서 주님과 저만이 아는 죄를 자백하며 계속 기도합니다."라고 말하며 교인이 각자의 죄를 회개하는 기회를 주어야 할 것이다.

④ 사죄의 확신

사함의 확신은 참회의 기도 다음에 반드시 있어야 하는 순서로서 교인이 고백한 죄가 하나님의 말씀(성경)으로 용서받았음을 확신하는 것이다. 그리고 목사가 성경말씀에 의하여 교인이 하나님의 용서를 받은 존재임을 알려 주는 부분이다. 하나님은 언제나 죄를 고백하는 그의 자녀들을 외면하거나 멸망시키신 적이 없는 분이심을 교인에게 알려 주는 것이다. "여기 하나님의 말씀이 있습니다. '만일 우리가 우리 죄를 자백하면 그는 미쁘시고 의로우사 우리 죄를 사하시며 우리를 모든 불의에서 깨끗하게 하실 것이요'(요일 1 : 9) 아멘! 이제 우리의 죄가 사하여졌고 모든 불의에서 깨끗해졌습니다."

⑤ 감사의 찬송

죄의 용서를 경험한 사람들이 기쁨으로 감사하며 하나님께 영광을 돌리게 된다. 죽어야 마땅한 죄인이 사면의 은총을 받았으니 얼마나 기쁘고 감격스러운 일인가? 기쁨으로 일어서서 감사의 찬송을 드려야 하는데 이 부분에서는 속죄의 찬양을 부를 수 있겠다. "이제 우리 모두에게 사죄의 은총을 주신 주님께 감사의 찬송을 드리겠습니다."

⑥ 대표 기도

기도 인도자는 개인의 기도가 아니라 예배를 드리는 사람들 전부를 대표하여 공동체가 함께 하나님께 기도드리는 것임을 알고 해야 한다. 그러므로 교인이 무엇을 기도하기를 원하는가를 찾아야 하고 교인은 그 기도를 나의 기도처럼 한마음 한뜻으로 드려야 한다. 일반적으로 기도는 찬양, 감사, 회개, 간구 등의 순서로 하지만 주일 예배의 기도는 회개 대신 사죄에 대한 감사를 드리는 것이 좋다. 방금 '죄의 고백' 순서에서 충분히 회개하고 사죄의 은총에 감격하여 찬양까지 드렸기 때문이다. 가능하면 원고를 준비하고 3분 이내 마칠 수 있도록 한다. 설교의 대상은 인간이지만, 기도의 대상은 하나님이신 것을 생각하면 기도는 설교 준비보다 결코 가볍지 않음을 알 수 있다.

하나님과의 만남
여기서 하나님은 성경과 설교를 통하여 우리와 대화를 하시고, 우리는 기도와 찬송과 봉헌으로 그 하나님 앞에서 그 말씀으로 책임 있게 살아갈 것을 고백하고 헌신한다. 사실 이 부분의 정점은 '성찬 성례전'이다. 성찬 성례전에 참여함으로 그리스도와 우리가 하나 됨을 확인하고, 또한 함께 떡과 잔에 참여한 예배자들이 하나 됨을 확인한다(고전 10 : 17).

① 성경봉독
개신교는 설교를 중요하게 생각하기 때문에 성경봉독은 설교하기 위한 예비 작업 정도로 생각하는 사람이 많은 것 같다. 그러나 우리가 기억할 것은 성경봉독 그 자체가 설교와 똑같이 하나님의 말씀을 선포하는 것이라는 사실이다. 성경은 하나님의 말씀이고, 성경의 중심은 그리스도이며, 그 그리스도를 말해 주는 책이 성경 중에서도 복음서이기 때문에 예배시간에 복음서가 봉독되었다. 신약은 구약 안에 감추어져 있고, 구약은 신약 안에서 나타나 하나님의 구원의 은총을 더 분명히 해 주기 때문에 구약도 읽어져 왔다. 그리고 예수님을 믿는 사람들이 그 말씀을 가지고 어떻게 살아왔는지를 알기 위하여 사도들의 서신을 읽기도 했다.

역사적으로 보면 초대교회 때부터 구약과 신약을 함께 읽어 왔지만, 4세기경에 이르러 신약을 복음서에서 한 곳, 서신서에서 한 곳을 읽기 시작하면서 예배시간에 성경을 세 곳이나 읽었다. 그리고 성경을 읽을 때에

"오늘 우리에게 주신 하나님의 말씀이 여기에 있습니다." 하고 읽기 시작했고 다 읽고 나면 교인은 "아멘." 하며 화답을 했다.

② 찬양대의 찬양

찬양대의 찬양은 우리 모두를 대표하여 하나님께 영광을 돌리는 시간이므로 최선의 화음과 선율로써 아름다움을 표현하여 하나님께 드려야 한다. 그러나 하나님은 영이시므로 기술적인 것보다 기도로 준비한다는 것을 잊지 말아야 한다. 교인은 그 찬양에 참여하여야 하기에 찬양의 중간이나 끝에 아멘으로 화답해야 한다.

③ 하나님의 말씀 선포 전 기도

성령께서 역사하지 않으시면 설교는 사람의 강연으로 끝나고 만다. 설교 전에 드리는 기도는 하나님의 말씀을 선포할 때 성령께서 말씀에 집중하게 하시고, 감동을 주시며, 순종하게 해 달라는 간구이다. 설교자가 간단하게 기도한다.

④ 하나님의 말씀 선포

사도행전 10 : 33 하반절 "이제 우리는 주께서 당신에게 명하신 모든 것을 듣고자 하여 다 하나님 앞에 있나이다"라는 말씀을 보면 하나님의 말씀 선포가 무엇이고 또 우리가 어떻게 하나님의 말씀을 들을 것인가를 알게 해 준다. 여기서 '주께서 당신(설교자)에게 명하신 모든 것'이 바로 하나님의 말씀 선포이다. 즉, 하나님의 말씀 선포는 설교자가 하고자 하는 말씀이나 교훈이 아니고 '하나님께서 교인에게 하시고자 하는 말씀'을 설교자에게 주어서 말하게 하신 것이다. 물론 '하나님께서 교인에게 하시고자 하는 말씀'은 성경에 있다. 그래서 정장복 교수는 설교를 성언운반(聖言運搬)이라고 했다. 그러므로 설교자는 봉독한 성경을 가지고 "하나님께서 이 성경구절을 통해서 교인에게 하시려는 말씀이 무엇인가?"를 찾아내고 "그 말씀을 어떻게 알아듣기 쉽게 전할까?"를 기도하며, 또 "어떻게 하면 이 말씀 앞에서 결단하고 실천할까?"에 대해 성령님의 도움을 청해야 한다.

  설교자도 중요하지만 설교를 듣는 사람도 중요하다. 옥토가 준비되지 않으면 열매를 맺을 수 없기 때문이다. 사도행전 10 : 33을 다시 보면 설교를 듣는 태도도 가르쳐 준다. '주께서 설교자에게 주신 그 주님의 말씀'을 듣기 위하여 지금 "다 하나님 앞에 있나이다."라는 태도를 취할 때 은혜를 받게 되고 성령님으로 충만하게 된다는 것을 알아야 한다(행 10 : 44). 고넬료는 '주께서 설교자에게 주신 그 말씀'을 듣는다는 생각을 했기 때문에 '친척과 가까운 친구들을 모아 기다리는'(행 10 : 24) 행동으로 보여 주었다.

⑤ 하나님의 말씀에 대한 응답의 기도

  설교 시간은 하나님께서 교인 각자에게 말씀하시는 시간이다. 설교자가 준비한 말씀은 하나의 말씀이지만 들려진 하나님의 말씀은 교인 모두가 같을 수 없다. 교인 각자에게 주시는 하나님의 말씀으로 들려지기 때문이다. 설교자의 간단한 기도로 끝내기는 많은 아쉬움이 있다. 교인 각자가 오늘 내게 주신 말씀에 대해 응답해야 한다. 은혜에 대해서 감사하고, 잘못에 대해서는 회개하고, 명령에 대해서는 그렇게 하겠다는 다짐과 주님의 도움을 구하는 기도가 있어야 한다. 기도 형태는 침묵으로 하든지 통성으로 하든지 간에 반드시 필요한 순서라고 생각한다.

⑥ 성찬 성례전

  흔히 성찬 성례전은 주님의 죽으심을 회상하고 기념하는 정도로 이해해 왔다. 그러나 첫째, 성찬 성례전은 구원받은 하나님의 백성들이 함께 한 식탁에 모여서 주님이 수난을 당하시고 대속의 죽임을 당하심으로 우리가 구속을 받았음을 생각하고 그 주님께 감사하고 찬양을 드린다. 둘째, 성찬 성례전에서 주님이 무덤 권세를 깨뜨리고 부활하심으로 우리에게 찾아오시고 우리와 항상 함께하심을 확인한다. 셋째, 성찬 성례전에서 주님의 살과 피가 우리 속에 들어감으로 그분과 우리가 하나를 이루며, 그분의 지체가 되어 살아가며, 함께 지체를 이루는 그리스도인이 그리스도의 몸을 이룬 공동체가 된다. 넷째, 이제 우리의 삶의 현장이 주님이 나타나시는 현장이 되게 한다. 다섯째, 성찬 성례전은 주님이 하나님의 나라를 완성하시기 위하여 영광 중에 다시 오신다는 것을 선언한다.

그러므로 성찬 성례전에 참여하는 사람은 이 복음의 도전에 분명하게 대답을 해야 한다. 주님이 나를 위하여 죽으셨기 때문에 내가 살아났는데 과연 나는 얼마나 감격하고 감사하며 영광을 돌리고 있는가? 나는 지금 주님의 지체로서 삶의 현장에서 주님을 드러내면서 살아가고 있는가? 주님께서 다시 오신다고 했는데 나는 항상 깨어 있는가?

⑦ 자신과 소유를 주님께 드리는 봉헌

동방박사들이 아기 예수께 황금과 유향과 몰약을 바쳤던 것같이(마 2 : 11), 베다니에서 마리아가 예수님의 발에 값비싼 향유를 부었던 것같이(요 12 : 3), 아리마대 요셉이 예수께 무덤을 바쳤던 것같이(마 27 : 57-61) 하나님의 말씀에 응답으로 나와 내 소유를 주님께 드리며, 주님께 헌신하겠다는 예배자의 신앙고백이다. 이 시간이 전체 예배에 있어서 절정을 이루는 부분이다. 감사와 영광을 돌리며 재헌신을 다짐하는 시간이기 때문이다. 그러므로 성경은 봉헌할 때 "각각 그 마음에 정한 대로 할 것이요 인색함으로나 억지로 하지 말지니 하나님은 즐겨 내는 자를 사랑하시느니라"(고후 9 : 7)고 말한다. 봉헌하는 동안 특송이나 몸 찬양을 할 수도 있다.

하나님의 보내심

① 결단의 찬송과 파송

예배는 하나님께서 우리를 부르시고, 만나서 우리를 회복시키고, 삶의 지혜와 능력을 주신 뒤에 다시 세상으로 파송을 한다. 그리스도인은 세상에서 살면서 소금으로, 빛으로, 복으로 살아야 한다. 여기서 새로워진 사람들이 하나님께 결단의 찬송을 부른 뒤에 '파송의 말씀'을 듣고 세상으로 나간다. 그날의 설교 내용을 한두 문장으로 요약해 주면서 하나님의 자녀로서의 삶을 살 것을 부탁한다.

② 강복선언(축도)

하나님은 믿는 자들과 동행하며(마 28 : 20), 능력을 주실 것을 약속하며 세상으로 보내는데 그것을 강복선언 또는 축도라고 한다. 강복선언은 세상이 마귀가 두루 삼킬 자를 찾아다니는 곳이지만 그 세상에서도 반드시 승리하며 주신 사명을 잘 감당할 수 있게 하겠다는 하나님의 복의 선포이다. 모세(출 3 : 12)와 예레미야(렘 1 : 8)는 이러한 말씀으로 승리하였다. 우리 교단에서는 두 가지 강복선언을 한다. 흔히 사용하는 고린도후서 13 : 13에 나오는 바울의 강복선언과 민수기 6 : 24~26에 나오는 아론의 강복선언이다. 칼뱅은 주일 예배 때 아론의 강복선언을 사용했다. 교인은 이 강복선언을 통해 믿음으로 받을 때 예배가 끝난 뒤 일주일 동안에 항상 하나님과 함께하는 것을 느끼면서 빛과 소금으로 승리하며 살게 된다.

목회에 있어 가장 중대하고, 가장 긴급하고, 가장 영광스러운 것은 예배이다. 예배는 교회 성장의 수단이 아니며, 단순히 하나님의 말씀을 듣는 행위도 아니다. 그리고 복음을 전하는 전도의 직접적인 행위는 더더욱 아니다. 오히려 예배는 하나님의 백성들이 하나님과 만나는 사건이고, 하나님 앞에서 함께 누리는 구원의 잔치이다. 예배는 신랑 되신 그리스도와 그의 신부인 교인과의 혼인잔치이며, 상호 간의 고백과 애정이 교환되는 사랑의 행위이다. 인간의 언어로 다 표현할 수 없는 이 신비함과 풍성함이 표현되고 경험되는 자리가 바로 예배의 자리이다. 주의 종은 매주 이런 예배를 기획하고 교인과 함께 드려야 한다. 그래서 예배자들이 하나님의 임재를 경험하고 삶의 현장을 변화시키는 세상의 빛과 소금이 되게 해야 한다.

2장

예배 계획 수립과 예배 준비

예배의 본질은 하나님과의 만남이다. 하나님이 예배를 통해 이 만남을 원하시고 또 찾으신다. 그러므로 예배 기획은 어떻게 하면 각각의 예배를 통해 하나님을 만나게 하는가에 대한 방법론의 문제이다. 필자는 예배 기획의 구체적인 3단계를 정리한다. 첫 번째는 기초 부분이다. 즉, 성경이 가르치는 예배의 원리이다. 두 번째는 원리를 담을 그릇이다. 즉, 예배의 원리에 의해서 기획을 할 때 택해야 할 예배의 형식들이다. 세 번째는 예배의 기획의 주체가 될 조직을 만들고 훈련함으로 예배를 구상하고 기획하는 단계이다.

1. 예배의 원리

오늘날 예배 기획은 너무 방법론적인 면에 치우쳐 있다. 예배 기획 단계에서 본질의 문제를 소홀히 할 경우 예배는 모래 위에 세운 집이 될 수밖에 없다. 아래에 나오는 8가지 예배의 원리는 현재 본향교회(www.bonhyang.or.kr)에서 실행하고 있는 것을 소개한 것임을 참고하기 바란다. 이것은 모든 예배 사역자들이 필수적으로 알고 또 추구해야 하는 교회의 예배 철학이기도 하다.

1) 하나님의 임재를 갈망하는 예배

하나님의 임재가 없는 예배는 예배가 아니라 인간만의 행사에 지나지 않는다. 예배 가운데 임재하시는 하나님과의 만남은 예배에 있어 가장 중요한 요소이다. 수많은 교인이 하나님의 임재 의식이 없이 예배를 드리는 일은 안타까운 일이다. 솔로몬은 하나님의 성전을 짓고 수많은 양과 소로 제사를 드리며 언약궤를 성전으로 옮겼다. 그리고 노래하는 레위 사람과 제사장들이 나팔을 불며, 찬송하며, 감사하며, 예배할 때 하나님의 전에 구름이 가득하며 여호와의 영광이 하나님의 전에 가득하였다. 성전을 아무리 멋있게 지어도 하나님의 임재가 없다면 아무런 의미가 없듯이, 아무리 예배를 우리가 아름답게 드려도 하나님의 임재가 없는 예배는 의미가 없다. 당신은 예배에 생명을 거는 최선을 다하는가? 하나님의 임재를 소망하며 예배하고 있는가? 늘 하나님의 임재를 소망하며 예배하자. 생명을 건 최선을 다하는 예배를 드리자(시 42 : 1 ; 사 40 : 31).

2) 표적이 나타나는 예배

예배란 하나님이 인간을 만나 주시는 현장이다. 또한 주님의 백성들이 영과 진리로 예배를 드리면 하나님은 교인 가운데 임재하시고, 하나님이 임재하시면 표적이 나타난다. 그러기에 성경에 보면 예수님을 만나는 사람들은 다 하나님의 역사를 체험하여 표적이 나타난 것을 볼 수 있다. 38년 된 중풍병자가 예수님을 만나니 치료의 표적이 나타났다(요 5 : 1-9). 간음하다 잡혀 죽을 수밖에 없었던 여인이 예수님을 만날 때 사죄와 구원의 은총을 받았다(요 8 : 1-11). 5,000명의 굶주린 사람들이 예수님을 만날 때 배부름의 표적이 나타났다(요 6 : 1-13). 심지어 죽은 지 나흘 된 사람이 예수님을 만날 때 살아남의 표적이 나타났다(요 11 : 1-44). 제대로 된 예배는 반드시 표적이 나타나게 되어 있다.

3) 잔치로서의 예배

잔치 예배(Celebration Worship)란 하나님 안에서 자유와 기쁨을 표현하는 것을 의미한다. 하나님 안에서 마음껏 찬양하고 기뻐하는 것이며, 성령님이 인도하시는 대로 반응하는 예배이다. 하나님께서는 당신의 사랑하는 자녀들에게 기쁨을 주시며 그 기쁨을 표현하기를 원하신다.

예배는 침울하거나, 애처롭거나, 고통스럽거나, 슬픈 것이 아니라 희망과 기쁨과 놀라움과 은혜를 주는 시간이기 때문에 예배는 잔치일 수밖에 없다. 로버트 웨버는 "매주 우리가 드리는 예배는 화려한 축하의 시간이라야 한다."고 말하면서 "예배는 우리를 구원하시고 세상을 구원하시는 그리스도이신 예수님의 삶과 죽으심과 다시 사심을 축하하는 것이기 때문이다."라고 말했다.

기독교의 예배는 잔치적 성격을 띠고 있다. 창조, 섭리, 구원의 계약, 그리스도의 십자가의 죽음, 부활, 성령님의 강림을 통해 나타난 능력 등을 찬양하고 감사하는 기쁨의 잔치였다. 하나님은 우리를 만나실 때 잔치하기를 원하시고(눅 15 : 22-25), 초대교회는 잔치의 예배를 드리는 교회였다(행 2 : 46-47).

4) 함께 드리는 예배

예배는 고립된 개개인의 행위가 아니라 교회 전체의 행위이다. 예배는 하나님의 계시에 대한 응답으로써 예배자들은 하나님께 드리는 공동의 행동 참여가 있어야 한다. 하나님은 예배자인 모든 교인이 주연이 되어 영광 돌리고 참여하는 예배를 원하신다. 초대교회에서 성령님의 임재를 경험했던 예배는 각자 흩어져서 드리는 예배가 아니라 마가 요한의 다락방(교회)에 함께 모여 한마음으로 성령님을 갈망하면서 기도하는 예배였다(행 1 : 12-15).

5) 선교적 행위로서의 예배

지글러는 선교와 예배의 연관성을 이렇게 주장했다. "복음 전도는 그것이 진정한 복음 전도가 되려면 그 원천을 예배에서 찾아야 한다. 복음 전도에서 예배를 분리시키는 것은 이단이다."라고 말하면서 "교회가 진정으로 예배드릴 때 그것은 선교적, 복음 전도적이 되지 않을 수 없다."고 했다.

예배는 하나님께 영광 돌리는 행위인데 성경은 하나님께서 가장 영광을 받으시는 것이 한 영혼이 회개하고 돌아오는 그때임을 보여 준다(눅 15장). 아무리 장로교 전통을 따르고 거창한 예배를 드려도 잃어버린 영혼을 찾지 못한 예배는 하나님을 기쁘시게 할 수 없다. 따라서 예배는 반드시 선교적인 행위가 나타나야 한다. 따라서 예배에 있어서는 불신자들을 고려한 순서가 반드시 포함되어야 한다. 대부분의 교회들은 하나님의 간절한 소망과는 달리 외양간 안에 있는 99마리의 양, 집 안에 있는 큰 아들에게 예배의 초점이 맞춰져 있지는 않은가? 반드시 우리가 드리는 예배에 잃어버린 양, 집을 떠난 탕자가 돌아올 수 있는 예배 형태와 설교가 준비되어야 한다.

6) 문화의 옷을 입는 예배

로버트 웨버는 "모든 피조물은 예배에 참여한다."고 하면서 "하나님은 말씀과 성찬 성례전과 기도 외에도 하나님을 만날 수 있는 경험의 방법으로서 공간(건축, 환경, 예술)과 소리(음악)와 예술(드라마, 움직임)을 주셨다."고 했다. 주승중은 "하나님의 은총 앞에 나아가 그분께만 최고의 가치를 돌려 드리면서 응답하는 행위인 예배는 항상 문화의 옷을 입고 표현된다."고 말한 바 있다.

하나님께만 최상의 가치와 영광을 드리는 응답의 행위라는 원칙만 분명하면, '문화'라는 옷을 입어야 된다는 뜻이다. 기독교는 어느 민족이나 문화권에 전파되든지 그 특유의 문화를 수용하면서 그 나라와 민족의 교회로 발전해 왔다. 그리고 그 문화를 수용하는 대표적인 표현이 바로 예배로 나타난다. 따라서 예배가 활성화되려면 각각 주어진 문화 속에서 자신들의 믿음과 신앙을 표현하는 예배의 방식은 다양해야 한다. 히브리서 기자는 "옛적에 선지자들을 통하여 여러 부분과 여러 모양으로 우리 조상들에게 말씀하신 하나님이"(히 1 : 1)라고 소개하면서 그 시대의 문화를 활용하여 말씀하시는 하나님을 증거한다. 바울 사도는 복음을 전하기 위해서 '종에게는 종의 모습으로, 유대인에게는 유대인처럼, 율법 아래에 있는 자에게는 율법 아래에 있는 자처럼, 율법 없는 자에게는 율법 없는 자처럼, 약한 자에게는 약한 자와 같은 모습'(고전 9 : 19-23)으로 행했다. 본질이 변해서는 안 되지만 본질을 담은 문화는 변할 수 있다. 오히려 당연히 그 시대의 문화를 활용하여 예배드리며 복음을 전해야 한다.

7) 삶에 직결되는 예배

로버트 웨버는 교인의 삶과 직결된 예배에 대해 "하나님은 그것이 아무리 극적이고 훌륭한 것이라도 인간의 살아가는 방법과 무관한 예배는 물리치신다."라고 말한다. 로마서 12 : 1 하반절을 보면 "너희 몸을 하나님이 기뻐하시는 거룩한 산 제물로 드리라 이는 너희가 드릴 영적 예배니라"는 말씀이 나온다. 진정한 예배는 우리의 전체 삶에서 분리될 수 없다. 교인은 예배를 통해 부활의 감격을 다시 한 번 온몸으로 채우면서 그 부활의 기쁜 소식을 가지고 왜곡된 역사의 현장으로 나아가 부활의 증인으로 살아야 한다. 바로 초기 기독교공동체의 모습이 이러한 모습이었다.

8) 철저히 준비된 예배

예배의 생명은 준비하는 데 있다. 준비한 만큼 예배를 드릴 수 있기 때문이다. 담임목사에 의해 적어도 한 달 전에 예배 주제가 나오고, 모든 예배 사역 팀은 그 주제를 가지고 예배에 대해 연구하고 자료를 수집하고, 기획하며, 기도로 준비해야 한다. 그리고 토요일에는 모든 예배위원들이 모여서 예행연습을 하고 기도하면서 예배를 철저하게 준비해야 한다. "마음을 다하고 뜻을 다하고 힘을 다하여"(신 6 : 5) 우리 하나님 여호와께 예배드리는 일에 최선을 다해 준비해야 한다.

연예인의 공연이나 학교, 관공서, 군부대 등의 행사를 보면 얼마나 매끄럽게 진행되는지 모른다. 수차례에 걸친 예행연습을 통해 그렇게 만들어진 것이다. 인간에게 보이는 행사도 이렇게 정성을 들이는데 주 여호와 하나님께 드리는 예배에는 과연 얼마나 준비하고 정성을 쏟고 있는가? 예배는 철저하게 준비하고 예행연습을 거쳐야 한다. 만약 기도자가 예행연습에 나오지 않으면 기도를 할 수 없도록 예배 규정을 정해서 실행해야 할 것이다.

2. 예배의 형식

하나님을 만나는 예배의 원리를 담아내기 위해서는 반드시 그릇이 필요하다. 본질이 없는 형식은 껍데기지만 형식 없이는 본질도 드러날 수 없다. 본질을 더욱 본질 되게 하는 것이 형식이기 때문이다. 교회 지도자들은 교인이 처한 환경과 문화, 상황과 언어에 따라 가장 적합한 예배 형식을 선택할 책임이 있다. 그렇다면 하나님을 만나는 예배를 담을 형식은 어떤 것들이 있는가?

1) 전통적인 예배

개신교 100년의 역사 동안 계속 이어져 온 최초 선교사들에 의해 고착된 예배의 형태를 의미한다. 대부분의 현대 한국교회의 예배는 100년 전 선교사들이 가르쳐 준 서구 예배의 형태를 그대로 답습하고 있다. 예나 지금이나 묵도로 시작해서 축도로 마치는 형태가 고착되어 그러한 형태가 아니면 잘못된 예배로 여기는 경우가 많다. 그러나 묵도로 시작해서 축도로 마치는 순서가 성경에 예시된 예배 형식도 아니고, 개혁주의적인 예배 형식은 더더욱 아니다. 단지 오랜 시간이 흐르면서 편의성에 의해 이런 형식이 굳어졌고 거기에 우리의 신앙적 경직성까지 겹쳐서 이를 절대화하게 되었다.

2) 예전적 예배

예전적 예배는 최근에 와서 시작된 급속한 사회 변동 속에서 갱신의 사회적 필요성을 느끼고 예배 형태의 적절한 변화를 요구하는 교인의 움직임에 대한 응답인 예전 갱신운동의 결실이라고 할 수 있다. 즉, 기존의 신학이 없는 설교 중심의 예배에서 탈피한 성경적·교회사적·신학적인 부분을 근거로 만들어진 예배의 형식이다. 설교의 비중이 큰 전통적인 예배에 관심이 많았던 우리 교단이 최근에 예전적 개혁에 관심을 기울이고 예배·예식서를 발간하여 예전성을 강화시켜 나가는 점은 고무적이다. 교단에서 예식서를 발행했다 해서 곧바로 개교회들이 의무적으로 사용하도록 강요하는 것도 아니고, 여전히 다양하고 자유로운 예배 스타일이 개교회 안에 많이 남아 있는 상황이지만 상당수의 교회가 예배·예식서에 관심을 갖고 있는 현실이다.

3) 은사적인 예배

은사적인 예배는 성령님의 역사를 갈망하고 그것에 목적을 두므로 각종 은사가 나타나 하나님을 체험하는 예배이다. 은사 예배의 특징은 다음과 같다. 첫째, 은사 예배는 한마디로 성령님의 역사로 이루어지는 예배이다. 둘째, 은사 예배는 교인의 자발적인 참여를 강조한다. 이것은 만인제사장설에 대한 보다 폭넓은 이해와 연관이 있다. 셋째, 은사 예배에 참여한 교인은 매순간 성령님의 이끄심을 분별하며 성령님의 충만함에 사로잡히기 위해서 성령님의 인도하심에 매우 민감한 예배를 드리려고 노력한다.

4) 찬양 예배

한국교회에 찬양 예배가 도입되기 시작한 지는 꽤 오래되었다. 찬양 예배는 경배와 찬양이라는 새로운 예배 형태를 통해 한국교회에 정착되고 있다. 이러한 예배로 성장한 교회의 모델로는 온누리교회를 말할 수 있다. 찬양 예배는 예배의 전 과정을 찬양을 중심으로 드리는 예배이다.

5) 구도자 예배

구도자 예배란 미국의 윌로우 크릭 교회와 새들백 교회에서 불신자 혹은 교회에 처음 나온 사람들을 위하여 특별히 기획한 예배이다. 이런 교회는 보통 주일 예배시간에 구도자만을 위한 예배를 드리고, 기존 신자들은 주 중에 예배를 드린다. 이 예배를 통해서 처음 교회에 나온 사람들이 편안한 분위기 속에서 자연스럽게 복음을 접하고 교회로 점차 가까이 다가오게 된다. 불신자들이 교회에 나와서 처음 대하는 것이 바로 예배이므로 이 예배가 그들을 효과적으로 이끌어 줄 수 있는 분위기와 내용을 만들어 주자는 것이 구도자 예배의 기본적인 신학이다.

그러나 미국에서는 구도자 예배가 서서히 그 한계점을 드러내게 되면서 새롭게 이머징 예배가 대두되었다. 모든 것이 청중의 '편의'라는 차원에서 기획되고 진행된 구도자 예배는 결정적으로 다음세대인 젊은이들에게 '체험'의 공간을 마련해 주지 못했다. 포스트모던 시대에 속한 젊은이들이 하나님에 대해 듣고 아는 것보다 스스로 하나님을 경험하고 느끼고 싶어 한다는 발견이 이머징 예배로 이어졌다. 경건한 분위기를 선호하고 예전과 영성 훈련 등에 보다 더 관심을 두는 젊은이들은 더 이상 구도자 예배에 만족하지 않기 때문이다. 결국 구도자 예배를 위해 십자가를 비롯한 기독교적 상징들을 모두 걷어 냈던 교회들이 다시 전통적 모습을 찾아가기에 이르렀다. 예배 기획자들은 이러한 변화 또한 간과해서는 안 될 것이다.

6) 멀티미디어 예배

멀티미디어 예배란 설교자의 모습을 화면에 비춰 주는 중계방송식 예배가 아니다. 멀티미디어 예배란 예배의 순서와 내용을 전하는 매체를 문자나 음성 미디어로만 하던 전달 방법에서 음성, 문자, 그림, 동영상, 조명 등의 미디어들이 복합적으로 사용되어 예배 내용과 메시지를 표현하는 방법을 사용하는 것이다.

본향교회의 경우, 1995년부터 멀티미디어 예배를 드려 오면서 기존의 예배가 주지 못하는 많은 장점이 있다고 한다. 예배의 순서를 화면에 비춰 주므로 주보가 필요 없고, 순서마다 인도자의 멘트 없이 예배가 매끄럽게 진행될 수 있다. 또한 찬송가 가사를 화면에 비춰 주므로 교인이 시선을 아래로 향하지 않고 앞을 보고 찬송을 부를 수 있으며, 손을 자유롭게 해 주므로 박수를 치거나 몸을 움직이면서 찬송을 부를 수 있게 해 주는 장점이 있다. 설교에서도 성경말씀, 관련 영상, 그림, 소제목, 중요 내용 등 여러 가지를 시각적으로 보여 줄 수 있으므로 들려주기만 하던 기존의 설교보다는 훨씬 효과적이라고 할 수 있다. 멀티미디어 예배의 핵심은 말로만 듣던 복음을 보여 준다는 데 있다. 보는 것이 듣는 것보다 훨씬 실감을 더해 줌으로 확신에 이를 수 있게 해 주기 때문이다.

7) 통합적 예배

여기에서는 일단 현대에서 행해지는 모든 예배들, 즉 전통적인 예배, 예전적인 예배, 은사적인 예배, 찬양 예배, 구도자 예배, 멀티미디어 예배 중에 성경적 장점을 가지고 예전적인 예배를 중심으로 통합된 하나의 새로운 형태의 예배를 통합적 예배(Integrated Worship)라고 정의한다. 우리가 가지고 있는 성경과 전통에 입각한 예배의 예전적 요소들, 즉 예배의 기본 정신의 구현을 위한 그러한 요소들을 현대 예배의 자리에서 동시대적이 아니고 전통에 맞지 않다고 하여 버리는 것이 아니라 우리가 가지는 동시대적 문화 요소를 통해 전통적이고 예전적인 요소들을 구현해 내는 예배를 뜻한다.

현대의 통합적 예배 유형은 다른 종류의 예배와는 다르게 그 대상에 있어서 어느 특정한 계층에 두지 않고 신앙인, 구도자, 비기독교인, 신세대와 구세대 모두를 그 대상으로 삼는다. 하나의 공동체 안에 있으면서도 세대가 다르고, 신앙의 질이 다르다는 이유로 여러 종류의 예배를 드리는 것에 비해, 통합적 예배는 교회 안의 다양한 계층의 사람들을 같은 형식의 예배 안에서 어느 저항감이나 불편함 없이 예배를 드릴 수 있게 하는 장점을 갖고 있다.

지금까지 언급한 예배 유형을 살펴보면, 각 유형마다 성경에 근거하고 각각의 특별한 장점이 있으므로 반드시 어떤 한 가지 전통에 속한 예배만을 고집하는 것은 바람직하지 못하다. 오히려 서로 간에 장점은 교류하면서 상호 보완을 할 때 예배가 훨씬 더 생동감이 넘치게 됨을 기억해야 할 것이다.

3. 예배 기획의 실제 : 본향교회

1) 조직과 역할

① 위원장 : 예배에 관한 모든 팀을 총괄하며 각 팀이 활성화되어 올바른 예배가 드려질 수 있도록 격려하고 섬긴다.

② 총무 : 위원회의 제반 사무적인 일과 각 팀의 활성화를 위해서 필요한 일을 섬긴다. 회원에게 회의 소집 통보를 하고 회의 내용을 기록·보관한다.

③ 팀코치 : 부목회자 담당이며 팀이 제 역할을 잘하도록 팀장과 팀원을 섬긴다.

④ 팀장 : 예배 활성화를 위해 팀에 주어진 사역을 팀원이 잘 감당할 수 있게 섬긴다.

⑤ 기획 팀 : 예배를 기획하고 점검하는 일과 진행을 돕는 일로 섬긴다.

⑥ 성례 팀 : 세례와 성찬 성례전 등 예식에 관한 일로 섬긴다.

⑦ 기도 팀 : 예배 시 기도자를 선정하며, 예배가 잘 드려질 수 있도록 예배시간 또는 평일에 기도하는 일과 중보 기도단이 사역을 잘 감당할 수 있게 섬긴다.

⑧ 찬양 팀 : 예배 시 찬양 사역을 담당한다. 주제에 따라 예배 찬양을 1개월별로 계획하고 찬양대 및 찬양단을 교육하며, 주일 찬양 예배를 계획하고 인도하며, 월 2회 특별 찬양을 주일 예배 때 올린다. 찬양대 찬양은 설교 메시지를 지지하는 것으로, 전달될 내용이 손상되지 않도록 미리 선곡된 곡의 가사와 내용을 설교자와 기획자가 함께 검토한다. 예외적인 경우이지만 설교자가 바뀌거나 설교 내용이 나오는 주말에 선곡을 바꿀 수 있을 정도로 관련된 곡을 숙지할 수 있게 대원들과 미리 준비한다. 선곡된 찬양은 최소한 한 달 전부터 미리 준비하고 해당 곡을 연습하여 충분히 숙지된 찬양을 부를 수 있게 한다.

⑨ 음향 팀 : 방송실의 음향 사역을 담당한다. 매주 토요일 주일 예배

진행 계획표에 따라 조명, 음향, 영상 기구 조작에 대한 계획을 수립하고 실행하면서 차후 영상 예배를 준비한다.

⑩ 영상 팀 : 예배 시 영상 사역을 담당한다. 매주 주제에 맞는 영상 자료를 준비하여 설교 전에 올리며, 설교 내용을 PPT나 동영상으로 준비하고 촬영과 편집 등을 맡는다.

⑪ 드라마 팀 : 예배 시 드라마 사역을 담당한다. 매월 주제에 맞는 1편의 드라마를 올린다.

⑫ 몸 찬양 팀 : 예배 시 몸 찬양 사역을 담당한다. 매월 2회 몸 찬양을 설교 후 봉헌 시간에 올린다.

⑬ 안내 팀 : 교우들이 편안하게 영접과 안내를 받을 수 있게 한 달 동안 봉사교육을 진행한다. 인사하는 법, 양손을 들어 방향을 지시하는 법, 상냥하게 말하는 법 등 실제적인 준비로 시작한다. 매주 예배시간 30분 전에 예배당에 모여 반복적인 훈련을 통해 실제 사역에 익숙하도록 봉사하게 한다.

⑭ 행정 팀 : 예배에 필요한 주보 준비와 사무적인 일로 섬긴다.

⑮ 준비 팀 : 각 팀이 맡는 일 이외의 예배에 필요한 모든 일을 준비한다. 예배위원의 임무를 교육하고, 예배 15분 전에 예배 장소에 도착하여 사역이 잘 이루어지게 점검하고, 세부 봉사 방법을 지시한다. 강단 장식, 성구 위치, 실내 환경 등까지 점검한다.

⑯ 자료 팀 : 담임목사의 설교 및 예배 자료와 매주 주제에 맞는 자료를 제공한다.

2) 예배 기획 기본 과정

이 부분은 이미 결정된 큰 그림과 예배 형식을 구체적으로 예배 현장에 적용하고 실현시키는 단계이다.

① 담임목사는 목회 방향 또는 교회력 등을 참고하여 예배의 주제 선정을 짧게는 1개월, 길게는 3개월 이전에는 이루어야 한다. 매주 주제를 선정해야 하는 목회가 된다면 실제 예배 기획은 담임목사로만 제한될 수밖에 없다.

② 기획담당자는 7개의 예배 형식을 참고로 해서 예배 형식을 정하고 초기 기획안을 마련하여 실무 팀에서 논의한 후 기본 기획안을 준비한다.

③ 기획담당자는 기획안을 담임목사와 최종 조절한 후 역할별로 준비한다. 먼저 교회력에 따라 7개의 예배 형식을 참고해서 예배순서가 정해지고, 그 순서에 따라 찬양 선곡, 몸 찬양, 스킷 드라마, 영상 제작 또는 준비, 광고 등을 해당 팀에 의뢰한다.

④ 기획담당자는 준비와 진행 상황 등을 담임목사에게 보고하여 최종 결정을 내린다.

⑤ 모든 예배순서 담당자들과 예배위원은 토요일 오후 4시에 예배당에

모여 리허설을 하고 기도회를 갖는다.

⑥ 주일 예배 때 실행한다.

⑦ 예배 후에는 다음 주일 예배의 기획 회의를 겸해 평가회를 갖는다.

3) 큐시트 제작

여기에서는 예로 든 본향교회의 주일 예배와 VIP초청주일에 드린 예배를 소개한다.

① 감사주일에 "감사"라는 주제로 예전적 예배와 통합적 예배의 틀로 준비한 큐시트이다.

순서	내용	시간	분	담당	조명	비고
찬양과 기도	나의 힘이 되신 여호와여	11:20~ 11:30	10	찬양단	3	예배를 위한 준비
예배로 부름	시편 117:1~2, 요한복음 4:24	11:30~ 11:33	3	인도자	2,3	
송영	성삼위 찬양			찬양대	2,3	
기원				인도자		
찬양의 찬송	23장 "만 입이 내게 있으면"	11:33~ 11:36	3	다 같이	2,3	일어서서
신앙고백	사도신경	11:36~ 11:38	2	다 같이		
참회의 기도	공동 기도 후 각자가 기도	11:38~ 11:42	4	다 같이	0	각자 기도할 때 "천부여 의지 없어서" 연주
사죄의 확신	요한복음 8:11			인도자	2,3	

감사의 찬송	257장 1, 3절	11:42~11:45	3	다 같이	2,3	사죄의 기쁨으로 찬양
기도와 주의 기도		11:45~11:49	4	맡은 이	4	앉아서
송 영				반주자		
성경봉독	데살로니가전서 5:18	11:49~11:51	2	맡은 이	1	권사가 맡는다.
찬양대 찬양		11:51~11:56	5	3부	3	
주제 영상		11:56~11:59	3	영상 팀	0	찬양대 하단하는 동안
말씀 선포	범사에 감사하라	11:59~12:19	20	담임목사	1	
성찬 성례전	잔치의 성찬	12:19~12:27	8		0	분병분잔 시 십자가와 부활에 대한 영상
응답의 기도		12:27~12:30	3	다 같이	0	주신 말씀과 성찬을 기억하면서 각자가 감사, 회개, 간구의 기도를 드린다.
목회와 봉헌 기도		12:30~12:33	3	담임목사	4	
봉 헌	몸 찬양	12:33~12:38	5	다 같이	0	몸 찬양 팀이 기쁨으로
감사의 찬송	331장 "영광을 받으신 만유의 주여"	12:38~12:41	3	다 같이	2,3	
파송의 말씀과 강복선언	민수기 6:24~26	12:41~12:44	3		1	
송 영						
교제와 광고		12:44~12:47	3		1	새가족, 방문자 환영
축복의 찬송		12:47~12:50	3		2,3	목사 찬송 부를 때 하단

② VIP초청주일에 "구원"이라는 주제로 구도자 예배의 틀로 준비한 큐시트이다.

순서	내용	시간	분	담당	조명	비고
찬양	환영과 축복	11:20~11:30	10	찬양단	3	화면에서 교회 소개, 가사는 자막으로
환영 인사		11:30~11:35	5	부목사	2,3	
찬송	563장 "예수 사랑하심은"			다 같이	2,3	찬양대원들과 함께
기도		11:35~11:37	2	장로	4	
찬양대 찬양		11:37~11:42	5		3	
간증		11:42~11:47	5	맡은 이	5	
특별순서	뮤지컬	11:47~11:57	10	청년부	0	구도자에게 감동적인 것
영상	주제 제기			영상팀	0	
성경봉독과 설교	디모데후서 3:15~17 내 인생의 등불	11:57~12:22	25	담임 목사	1	
결단의 시간	"주 예수 대문 밖에" 찬양 (남성독창자)	12:22~12:25	3		4	예수님 영접 기도와 축복 기도
축하순서	몸 찬양	12:25~12:30	5	16 여전도회	2,3	교우들은 봉헌
교제와 광고	환영송	12:30~12:35	5		1	
찬송	복을 주리라				2,3	
축도						

4) 예행연습과 기도회

예행연습에 참여할 대상은 각 팀장들, 순서를 맡은 모든 봉사자들과 중보 기도단이다. 상황에 따라 책임자만 참여할 수도 있다. 우선 예배를 지원하는 영상·음향 팀은 예배 영상과 예배 전체에 음향과 영상 중계 등의 역할을 담당함으로 필수적으로 참여해야 한다. 전체 예배를 진행하는 PD는 기획담당자가 맡아야 한다. 실제적으로 담당하는 부서나 봉사자가 순서에 따라 소개받기 전에 당황하지 않고 물 흐르듯 진행할 수 있게 준비시켜야 하기 때문이다. 예행연습을 마친 다음에는 모든 예배위원들이 합심하여 하나님 임재의 감격이 있는 예배를 위해서 기도한다.

이렇게 준비하며 드리는 예배와 준비 없이 그냥 드리는 예배의 차이는 무엇일까? 당신의 상상에 맡긴다. 충분히 준비된 예배에 특별한 일이 없다면 오히려 그것이 기적일 것이다.

2천 년 예배의 역사는 예배가 시대와 사람들에 따라서 그 표현 방법을 다르게 해 왔음을 말해 준다. 그러나 한국교회는 초기에 선교사들이 전해 준 예배 형태를 아직까지도 성경말씀처럼 고수하려고 한다. 분명히 예배는 오직 하나님께만 영광을 돌리는 하나님 중심의 예배라야 한다. 그렇다고 해서 믿음 없는 교인을 외면하면 안 된다. 하나님은 예배자가 억지로 괴롭게 예배하는 것을 원하지 않으시기 때문이다. 따라서 목사는 맡은 교인이 기쁨으로 하나님을 만날 수 있게 끊임없이 예배에 대해서 연구하고 기도한 다음에 하나님께서 영광을 받으시고 교인이 은혜받는 예배를 기획하고 준비해야 할 것이다.

3장
예배의 날로서 주일

종교개혁에서 칼뱅이나 부처가 중심이 되어 이룬 예배개혁의 전통은 주일 아침과 저녁 예배의 중요성을 강조한다. 개신교 전통에서 주일 예배는 세 가지 점에서 중요성을 갖는다. 첫째, 주일은 그리스도의 부활을 기념하는 날이며, 영원한 안식을 맛보는 시간이다. 그래서 성경은 이렇게 강조했다. "만일 여호수아가 그들에게 안식을 주었더라면 그 후에 다른 날을 말씀하지 아니하셨으리라 그런즉 안식할 때가 하나님의 백성에게 남아 있도다"(히 4 : 8-9). 둘째, 초대교회가 경험했듯이 주일은 그 자체로 영적인 힘을 가졌다. 이에 대해 요한계시록은 다음과 같이 증거했다. "주의 날에 내가 성령에 감동되어 내 뒤에서 나는 나팔 소리 같은 큰 음성을 들으니"(계 1 : 10, 비교 눅 24 : 1 ; 행 20 : 7). 마지막으로, 주일은 함께 모이기 위해 정한 시간이었다. 초대교회의 교인은 함께 모여 예배하며 하나님의 약속을 소망했다. "사도와 함께 모이사 그들에게 분부하여 이르시되 예루살렘을 떠나지 말고 내게서 들은 바 아버지께서 약속하신 것을 기다리라"(행 1 : 4,

비교 히 10 : 24-25 ; 마 18 : 20). 이러한 기본적인 인식 아래에서 현대 목회 현장에서 목회자가 놓치지 말아야 할 주일과 예배와의 관계성을 각각의 항목 아래 개념과 지침으로 나눠 구체적으로 살펴보면 다음과 같다.

1. 주일은 안식일과 연관되어 있다

1) 개 념

비록 주일과 안식일은 개념상에 있어서 큰 차이가 있지만, 하나님의 창조와 섭리 안에서 안식일은 기독교 주일의 원형이라 할 수 있다. 이스라엘 백성은 안식일을 현재와 미래가 공존하는 시간으로 보았다. 안식일에 이스라엘 백성은 현재적으로는 고통의 나눔을, 미래적으로는 영원한 안식과 평화의 도래를 동시에 기억했다. 유대교적 관점에서 안식일은 세 가지 의미를 갖는다.

첫째, 종교적 차원에서 안식일은 교인이 하나님의 창조와 권능을 묵상함과 동시에 시간과 공간의 제약을 받는 인간의 유한함을 깨닫는 시간이다.

둘째, 사회적 차원에서 모든 유대인들은 안식일에 노동이 착취되지 않도록 공평한 휴식을 누리는 권리를 갖는다. 그래서 성경은 "안식일을 기억하여 거룩하게 지키라 엿새 동안은 힘써 네 모든 일을 행할 것이나 일곱째 날은 네 하나님 여호와의 안식일인즉 너나 네 아들이나 네 딸이나 네 남종이나 네 여종이나 네 가축이나 네 문 안에 머무는 객이라도 아무 일도 하지 말라"(출 20 : 8-10)고 강조했다. 그렇기 때문에 현대인의 휴식과 달리, 안식일은 일을 위해 존재하지 않으며 일이 안식일을 위해 존재한다.

셋째, 영적인 차원에서 이스라엘이 안식일을 유지해 온 것이 아니라 안식일이 이스라엘을 유지해 왔다. 이날은 인간이 누리는 정신적 만족과 기쁨의 날이며, 사회적 약자들을 돌보고 함께 사는 공동체로서 하나님의 뜻을 실천하는 날이다. 이러한 안식일의 의미는 예수 그리스도의 사역에서도 반복적으로 강조되었다. 예수님은 안식일에 대한 거부보다는 의미를 회복하는 데 힘썼다. 예수님은 "너희가 도망하는 일이 겨울에나 안식일에 되지 않도록 기도하라"(마 24 : 20)고 언급하면서 안식일의 중요성을 오히려 강조했다. 그럼에도 불구하고 예수님은 사람이 안식일에 우선한다고 가르치면서 자신이 안식일의 주인으로 안식일이 갖는 의미를 온전하게 계승한다고 가르쳤다(막 2 : 27-28).

2) 지 침

안식일의 영성을 회복하기 위해 목회자는 주일에 대한 안식일적 개념들을 교인에게 가르쳐야 한다. 현대인은 사회적 구조의 변화나 직업군의 다양화로 인해 노동과 휴식의 전통적인 시간 개념을 잃어버리고 있다. 하루의 시간대에서도 밤과 낮이 구별이 없어지고, 주 중과 주말의 차이도 사라져 버렸다. 밤과 주말에 휴식을 취하는 자연적인 이치는 과도한 경쟁과 물질주의 사회에서 무의미해지고 있다. 목회자는 창조자 하나님이 세우신 '안식'의 의미를 교인에게 지속적으로 가르쳐야 한다. 하나님은 먼저 인간이 주일 예배를 통해 하나님과의 관계성을 회복하고, 하나님의 뜻을 되새기며, 적절한 노동과 휴식을 통해 자신의 생명을 온전하게 보존하고, 가족들과도 화목한 시간을 갖기를 원하신다. 목회자는 교인이 주일에 최소한으로 노동을 하도록 권고하고, 그들이 함께 어울려 휴식을 취할 수 있는 프로그램들을 개발해야 할 것이다. 마당이 있는 교회일 경우에는 함께 텃밭을 가꾸며 하나님의 창조 세계를 가족들과 경험하고, 교인의 여러 가족들이 함께 어울릴 수 있는 취미생활과 운동 시간도 마련해 줄 필요가 있다.

2. 주일은 그리스도의 부활을 기념하는 날이다

1) 개 념

　기독교의 시간은 형식적으로 일별(daily), 주간별(weekly), 절기별(yearly)로 구성되고, 내용적으로는 구원 사건을 중심으로 이루어져 왔다. 그런 면에서 그리스도의 구원 사건을 중심으로 이루어진 교회 캘린더는 그 자체로 '준(準)예식문서'(quasi-ritual text)이다. 안식일의 주인이라고 선언한 예수님은 실제로 기독교에서 일주일 그리고 일 년의 모든 순간에서 구원 역사의 주인공이 되었다. 예수 그리스도는 자신이 '안식일에도 주인'이라고 강조했다(막 2 : 28). 이 말에는 예수 그리스도가 온 주간의 주인이라는 뜻이 담겨져 있다. 한 주간으로 볼 때, 주일은 예배와 안식이 강조된 그리스도의 부활을 기념하는 날이었고, 주 중의 각 날들도 그리스도의 사건을 기념하는 의미들이 주어졌다. 예를 들어, 수요일은 주님이 배신당하신 날이고, 목요일은 제자들의 발을 씻기신 화해의 날이며, 금요일은 주님이 십자가에 달리신 날이다. 한국교회에서 금요 철야 기도회가 중요한 예배로 자리 잡은 배경에는 그리스도의 고난을 기념하는 한 주간의 과정 속에 있다고 볼 수 있다.

2) 지 침

　목회자는 일요일이 부활의 주인 되시는 '주의 날'임을 목회 안에서 지속적으로 강조해야 한다. 그렇게 할 때 주 중의 시간들이 주님과 함께하는 경건한 날들이 될 수 있을 것이다. 주일은 주말이 아니라 한 주간의 첫날이다(고전 16 : 2). 한 주간을 시작하면서 예배를 통해 하나님의 권고와 인도를 간구하는 일은 신앙인에게 당연한 것이다. 그리스도의 부활은 새로운 생명과 언약의 증거이기 때문에 교인은 주일 예배를 통해 한 주간을 새롭게 시작할 용기와 힘을 얻어야 한다. 목회자는 매 주일 목회 기도를 통해 부활하신 주님이 주일 예배의 주인공임을 인식시키며 교인에게 부활의 신앙과 소망을 심어 주어야 한다.

3. 주일은 교회력의 한 부분이다

1) 개 념

구약에서 하나님은 이스라엘 백성들에게 무교절기와 장막절기 등을 주셨고, 특별한 날로서 유월절, 나팔절, 속죄일 등을 주셨다. 기독교의 시간 개념 안에도 절기인 '대림절기', '사순절기'와 성탄절, 주현절, 성금요일, 부활절 등의 특별한 날 또는 주일날의 개념이 있다. 예를 들어 대림절 및 성탄절이 지나면 중세 유럽에서는 각종 지역 축제들이 성행했고, 얼마 후 부활주일부터 40일 전날인 '재의 수요일'(Ash Wednesday)로부터 사순절이 시작됐다. 각 지역적 축제 기간을 지낸 신자들은 사순절기가 시작되면 전년도 종려주일 때 사용했던 나뭇가지들을 태워 만든 재를 뒤집어쓰고 고백과 회개의 시간을 가졌다. 4세기 로마교회는 사순절기 동안의 회개를 의무적으로 실행했으며, 공개적으로 회개해야 할 사람들은 세족 목요일(Maundy Thursday) 때까지 교회 밖으로 격리(quarantine)되었다. 이 엄격한 전통은 6세기 이후에 사적인 전통으로 바뀌었지만, 사순절 기간에 신자들은 마태복음 6장을 따라 구제와 기도, 그리고 금식을 수행했다. 이와 같이 일 년의 매 주일은 그리스도의 오심, 그리스도의 구원 사건, 그리고 성령님의 역사를 기념하는 절기 중의 한 시점에 놓인다.

2) 지 침

목회자는 주일 예배를 준비하면서 교회력을 이해하고 그 주일이 교회력에서 어떤 의미를 갖는지 되새겨야 한다. 그렇지 않으면 교회가 창조와 구원, 그리고 성령님의 균형감 있는 신학의 틀에서 벗어나게 된다. 목회자는 매 주일 교회력에 맞춰 강단의 꽃을 장식하고, 가운의 스톨, 순서지에 교회력에 맞춘 색깔 등을 사용해야 한다. 참고로 검은색은 죽음을 의미하기 때문에 성금요일에 사용되고, 푸른색은 대림절에 사용되며, 녹색은 일상적 주일에 사용된다. 자주색은 사순절에 사용되고, 적색은 불을 상징하기 때문에 성령강림절기에, 흰색은 성탄절과 부활절에 각각 사용된다. 또한 예배 안에서도 사순절 기간에는 가급적 박수나 환호를 자제해야 하며, 찬송을 택할 때에도 영광송이나 기쁨의 찬양을 자제해야 한다. 이와 반대로 부활절이나 성탄절에는 기쁨을 표현하는 예배를 드려야 한다. 성찬의 경우에도 교회력에 맞는 분위기가 필요한데 모든 성찬을 제사 의식 분위기로 드리는 것은 옳지 않다.

4. 주일 예배는 말씀과 성찬을 통해 경험되어야 한다

1) 개 념

예수님의 부활이 주일 새벽이라는 점에서 주일은 아침이 중요하지만, 예수님이 부활 후 나타나신 사건들을 고려하건데 주일 저녁도 중요하다. 이것은 누가복음 24 : 28~35에 나오는 엠마오에서의 식사와 요한복음 20 : 24~29에서 의심한 도마에게 나타나신 사건을 보면 잘 알 수 있다. 그리고 성경에서 부활 후 예수님이 나타나실 때는 대개 식사로 연결되었다. 앞에 언급한 주일 저녁뿐만 아니라 요한복음 21장을 보면 일곱 제자에게 나타나 135마리의 물고기를 잡게 한 다음 조반을 드신 것을 보아도 잘 알 수 있다. 이러한 전통은 사도 바울이 초대교회에서 저녁에 성찬을 베풀었다는 사실과도 연결된다. 예를 들어 유두고를 살린 사건(행 20 : 7-12)에서도 사람들이 그날 모인 이유를 "그 주간의 첫날에 우리가 떡을 떼려 하여 모였더니"라고 7절에 기록되어 있다. 그뿐 아니라 말씀과 성찬의 전통은 이방 역사가 「플리니가 트라얀에게 보낸 편지」(*Pliny's Letter to Trajan*)에서도 발견된다.

> 약속된 날에 그들은 해가 뜨기 전에 모여 그리스도라는 신에게 응답 형식 또는 교송으로 찬양을 하는 습관을 가지고 있으며, 서약을 통해 서로 일체가 되었지만 그렇다고 어떤 범죄를 위함이 아니라 오히려 도둑질, 강도, 간음, 배교를 금하기 위함이었고 맡아 둔 것을 달라고 할 때 거부하지 않기 위함이었다. 이러한 예식이 끝나면 헤어졌다가 다시 만나 식사를 했다. 그 식사는 일반적이고 해가 없는 것이었다.

여기에서 '해가 없는 식사'란 당시 기독교인이 식사를 통해 사람을 먹는다는 소문이 잘못되었음을 알려 주는 대목이었다. 기독교인은 아침에 모여 말씀을 듣고 윤리적 가르침을 받았으며, 저녁에는 다시 모여 함께 일상적인 식사를 나누며 교제했다.

2) 지 침

한국교회에서 주일 예배를 말씀과 성찬으로 구성하는 데에는 몇 가지 문제점들이 있다.

첫째는 목회자와 교인이 성찬에 대한 신앙적 또는 신학적 편견을 갖고 있다. 이를 고치기 위해서는 교육적 차원에서 설교와 성경공부를 통해 지속적으로 성찬의 의미를 되새겨야 한다.

둘째는 교회에서 주일 아침 예배가 많아짐으로 시간적 여유를 갖지 못하고 있다.

셋째는 교회의 공간이 성찬을 하기에 적절하지 않은 구조로 되어 있다. 예를 들어, 교인석이 길어서 떡과 포도주를 나누기 힘들고, 아니면 교인이 성단(altar)으로 나와 받을 때에도 공간의 동선이 적절하지 않을 때가 많다. 이러한 문제들을 해결하기 위해 목회자는 주일학교교육에서부터 성례에 관해 일정 기간 교육하도록 의무화해야 하고, 한 달에 한 번씩 예배를 통합해서라도 충분한 시간을 가지고 성찬을 거행해야 한다. 성찬을 거행할 때에는 가급적 성찬의 의미를 새기는 간단한 설교를 해야 한다. 이외에도 초대교회의 전통에 따라 주일 예배 후 함께 식사를 하는 시간에도 목회자는 식사를 하기 전 감사 기도와 찬양을 나눈 후 교인이 교제하도록 인도해야 할 것이다.

5. 주일은 온종일 경건을 실천하는 예배의 날이다

1) 개 념

유대인의 안식일은 금요일 해가 질 때부터 토요일 해가 질 때까지이다. 이 말은 안식일의 시간이 24시간 지속된다는 뜻이다. 하지만 기독교의 주일은 대개 주일 아침부터 그날 저녁 또는 오후 예배까지로 인식된다. 하나님은 창조의 일곱 번째 날 하루를 특별한 날로 의미를 부여하셨다. 그래서 중세 기독교의 주일의 일과는 토요일 저녁 기도(vespers)부터 일요일 잠자기 전 기도(compline)까지의 기간으로 지켰고, 특히 주일 새벽에 드리는 예배들(matins와 prime)에는 긴 시편을 찬송했다. 이렇듯 현대교회에서도 주일의 시간 개념을 해가 뜨고 지는 하루의 일부분에만 적용할 것이 아니라 토요일 밤 잘 때부터 주일 잘 때까지로 확장해야 한다. 주일 예배는 특정한 시간에 행하는 예식이 아니라 온종일 경건을 실천하는 일상이어야 한다.

야고보는 경건에 대해 이렇게 강조했다. "하나님 아버지 앞에서 정결하고 더러움이 없는 경건은 곧 고아와 과부를 그 환난 중에 돌보고 또 자기를 지켜 세속에 물들지 아니하는 그것이니라"(약 1 : 27). 주의 날에 일주일을 시작하며 자신을 정결하게 하는 시간을 갖는 것은 세속에서 자기를 지켜 낼 중요한 힘이 될 것이다.

2) 지 침

현대교회는 점차적으로 예배시간을 사람들의 일정에 편리하도록 바꿔 가고 있다.

예를 들어 주일 예배는 새벽, 아침, 저녁 예배의 패턴에서 벗어나 요즘에는 아침 예배와 오후 예배로 정착화되었다. 그러나 저녁에 드리는 예배는 그 시간이 갖는 독특한 영성을 갖는다. 현재 주 5일 근무가 시행되고 있으므로 주일 하루를 온전히 하나님께 드리는 의미로 아침 예배와 오후 성경공부 또는 소그룹 활동, 그리고 저녁 예배의 순서가 필요하다. 그뿐 아니라 토요일 밤에는 다음날 주일을 준비하는 기도문이나 간단한 묵상 프로그램을 마련하여 교인이 토요일 자정이 지나고 주일이 시작됨을 깨닫게 하고, 주일을 미리 영적으로 준비하도록 한다.

6. 주일 예배는 성경적인 다양성과 균형감을 가져야 한다

1) 개 념

주일 예배는 새벽, 아침, 그리고 오후 또는 저녁 예배로 구분된다. 그런데 일반적으로 주일 아침 예배에는 대예배라는 약칭을 붙인다. 주일 아침 예배가 한 주일의 예배들 중에서 중요성을 갖는 이유는 부활을 기념한다는 점 외에는 없다. 그렇다면 오히려 주일 새벽 예배가 부활을 기념하는 시간대일 것이다. 주일 또는 주 중의 모든 예배는 동등한 가치가 부여되어야 한다. 사도행전 2 : 42~47에 의하면, 초대교회는 모여서 사도의 가르침을 받고, 서로 교제하고, 떡을 떼며, 기도하고, 구제하고, 하나님을 찬미했다. 우리가 생각하는 것과 달리 성경은 예배의 구체적인 형식을 알려 주지 않는다. 다만 기본적인 구성과 원리만을 알려 줄 뿐이다. 그럼에도 불구하고 교인은 특정한 형식이 성경적 전통이라고 오해하기도 한다. 사도 바울 역시 당시 드렸던 기본적인 예배의 내용을 "그리스도의 말씀이 너희 속에 풍성히 거하여 모든 지혜로 피차 가르치며 권면하고 시와 찬송과 신령한 노래를 부르며 감사하는 마음으로 하나님을 찬양하고"(골 3 : 16)라고 했다. 이 말씀에서 찾아볼 수 있는 예배의 기본 구성은 성경을 바탕으로 한 가르침, 기도, 공동체 교제와 식사, 구제, 하나님 찬미 정도임을 알 수 있다.

2) 지 침

한국교회에는 여러 예배가 많음에도 불구하고 그 내용과 형식 면에서 정체성을 확보하지 못하고 있다. 주일 아침 예배는 '대(大)예배'라고 규정함으로써 다른 예배들의 의미를 약화시키고 있으며, 본래 예수님의 부활을 기념하는 구원사적 의미를 잃어버린 채, 사람 모으기를 위해 수차례 예배를 드림으로써 성례를 약화시켰다. 목회자는 주일 아침 예배가 시간이 아니라 성령님이 이끄는 예배가 되도록 준비해야 하고, 오후 예배는 '찬양 예배' 또는 '헌신 예배'의 기본 개념이 의미를 갖도록 다양한 형식을 고안해야 한다. 또한 새벽 기도회는 이름에 맞도록 말씀과 묵상이 적절히 균형을 이루도록 기도를 위한 성경 텍스트와 묵상 방법들을 제시해야 한다. 금요일에 시행하는 '철야 기도회'는 본래 그리스도의 수난을 기억하는 '철야'(Vigil)와 '금식'의 의미가 퇴색되지 않도록 조심해야 한다. 교회의 다양한 예배들은 초대교회의 예배 원리들을 놓치지 않고, 현대 목회 프로그램에 조화를 이루도록 새롭게 시도되어야 한다. 예배의 기본적인 구성 원리는 다음과 같다.

① 예배는 교회력의 틀에서 구성되어야 한다.
② 성경은 체계적으로 읽혀야 한다.
③ 예배자는 참여의 기회를 가져야 한다.
④ 예배는 삼위일체의 성경적 신조의 전통이 유지되어야 한다.
⑤ 예배의 조건과 환경은 적절하게 사용되어야 한다(음악, 미술, 드라마 등).

7. 주일 예배는 공동체성을 확보해야 한다

1) 개 념

현대 목회에서는 주 중의 예배가 특정한 대상을 중심으로 한다거나 모임들이 특정 목적을 수행하도록 소그룹화되고 있다. 이에 반해 주일 예배는 모든 교인이 그리스도의 한 몸에 참예하는 기독교의 본질을 회복해야 한다. 하지만 주일 사역을 보면 어린이, 청소년, 청년 등이 분리되어 예배를 드리고 있다. 특히 열린 예배와 같이 특정한 목회적 프로그램으로서의 예배는 전도, 교육, 예배를 분리시키는 목회적 단절을 가져온다. 나이든 목회자는 청년들에 대한 목회를 젊은 부목회자에게 일임함으로써 영적인 권위를 스스로 제한하고 있으며, 목회의 연속성에서도 큰 문제를 발생시킨다. 교인을 세대와 성별에 따라 분리시키는 예배는 성경적이지 않다. 분리된 예배를 드리다 보면 각 예배가 선호하는 음악과 메시지가 달라지면서 함께 예배할 수 없는 상황에 처한다. 이런 방향이라면 교회의 뿌리가 되는 가정공동체에서 온 식구가 함께 예배드릴 수 없는 지경에 이를 것이다. 또한 현대 매스미디어의 출현으로 교인이 집에서도 텔레비전을 통해 예배를 드리고 설교를 들을 수 있게 되었다. 그러나 공동체성이 확보되지 않은 이러한 예배는 온전한 예배라 할 수 없다. 그래서 바울 또한 기독교 예배공동체의 본질에 대해 "너희는 유대인이나 헬라인이나 종이나 자유인이나 남자나 여자나 다 그리스도 예수님 안에서 하나이니라"(갈 3 : 28)고 강조했다.

2) 지 침

예배는 목회의 한 프로그램이 아니다. 특정한 그룹만을 위한 예배라든지 특정한 사역을 위한 방법으로써의 예배란 있을 수 없다. 오히려 예배는 다양성이 증가하는 현대사회에서 보편적 진리로서의 신앙을 고양시키는 방법이어야 한다. 목회자는 예배를 기획하면서 모든 사람들이 함께 드릴 수 있는 예배의 순서와 내용을 생각해야 한다. 목회자는 특별히 예배 안에서 장애우가 소외되지 않도록 배려해야 한다. 예를 들어, 순서지에 장애우를 배려해서 명령식이 아닌 권유형으로 일어서는 순서를 알려 준다든지,

장애우의 자리를 예배실 앞쪽에 배치함으로써 장애우의 시야를 확보해 주어야 한다. 또한 정기적으로 주일 예배 때 모든 세대가 함께 드리는 예배를 시도함으로써 세대 간의 영성을 통합시켜야 한다.

4장
삶으로서의 예배

　교회갱신협의회에서 목회자 4백 명을 대상으로 조사한 바에 의하면 오늘날 한국교회의 최대의 문제점은 신앙과 삶의 분리라고 한 바가 있다. 믿는 것과 실제 행하는 것이 다른 것이 우리의 문제라는 것이다. 이것이 시정되지 않는 한 우리 한국교회는 성장이 아니라 퇴보를 면치 못할 것이라고 내다보았다. 교회를 다닌다는 것과 신앙생활을 한다는 것은 차이가 있다.

　교회를 다니긴 하지만 신앙생활을 바로 못하는 사람들도 있다. 그런 면에서 "한국교회는 신앙생활은 있지만 생활신앙은 없다."고 지적한 어느 신학자의 말은 일리가 있다고 본다. 그렇다면 왜 예배와 삶이 분리되는지, 그리고 예배와 삶이 함께해야 할 이유와 실제적인 지침을 살펴보고자 한다.

1. 예배와 삶이 분리된 우리의 현주소

예배를 삶으로 연결해서 이해하려는 시도는 본질적인 예배를 삶의 현장으로 연결해 보려고 하는 새로운 패러다임이다. 한국교회 예배운동에서 주로 사용하던 대표적인 슬로건은 "하나님이 찾으시는 예배자" 혹은 "예배가 삶이 되고 삶이 예배가 되자" 등이 있다. 예배운동의 유행어처럼 사용되었던 이 슬로건은 예배와 삶을 분리해서 이해할 수 없다는 분명한 생각을 반영한 것이라 할 수 있다. 다시 말해 하나님이 찾으시는 예배자란 개념은 기존의 형식적인 예배모임에 익숙해져 있던 교인에게 예배하는 사람의 태도가 더 중요하다는 것을 인식하게 했다. 예배자의 정체성에 대한 새로운 인식은 교회의 건물에서 종교적인 형식을 따라 예배하는 사람을 말하는 것이 아니라 예배가 삶이 되고 삶이 예배가 되는 사람들에서 비롯된 것이기 때문이다.

본질적인 의미인 예배와 예배하는 사람인 예배자의 연관성은 결국 삶이라는 자리에서 함께 마주하게 된다. 분리될 수 없는 것들이다. 분리해서는 결코 이 두 가지 중 한 가지도 이해할 수 없는 것들이다. 그러나 우리의 예배가 무엇인지 아는 것도 중요하지만, 그 예배를 삶의 현장에서 어떻게 살아 내고 있는지에 대해 우리의 현주소를 알아보는 것도 매우 중요한 일이다.

> 첫째, 교회에 직분을 가진 사람으로 매 주일 예배 모임에 참석하고 있지만, 일상의 생활에서는 물질이나 명예나 인기 등의 자기만족에 더 많은 시간과 투자를 아끼지 않는 사람들.
> 둘째, 찬양 모임에서 뜨겁게 하나님을 찬양하고 있지만, 도대체 하나님을 찬양으로 예배하고 있는 건지 아니면 그 분위기를 예배하고 있는 건지 모르겠

는 사람들.
　셋째, 종교적인 신앙생활의 습관적인 예배는 있지만, 그저 몸짓에 불과하지 마음으로는 하나님을 멀리 떠나 있는 사람들.
　넷째, 월요일에서 토요일까지는 자기만족을 위한 삶으로 신앙과는 무관한 생활을 하다가 주일이 되어 종교적인 습관으로 예배 모임에 참석한 하나님을 향한 기대감이 없는 사람들.

　위의 모든 사람들은 예배의 감동을 잃어버리고 예배가 삶으로 이어질 수 없는 사람들의 모습이다. 과연 그 예배를 하나님께서 기쁘게 받으실 것인지에 대해서는 다시 한 번 생각해 봐야 할 것이다. 성경 속에서도 하나님을 금송아지의 형상으로 전락시켜 예배하는 모습들이나, 자기 방식대로 다른 불을 가져와 예배한 나답과 아비후의 예배 중의 죽음이나, 잘못된 제물이나 그릇된 태도로 예배하던 이스라엘 백성들을 향한 엄중한 경고에 지금도 우리는 귀를 기울여야 할 필요가 있다.

　"헛된 제물을 다시 가져오지 말라 분향은 내가 가증히 여기는 바요 월삭과 안식일과 대회로 모이는 것도 그러하니 성회와 아울러 악을 행하는 것을 내가 견디지 못하겠노라 내 마음이 너희의 월삭과 정한 절기를 싫어하나니 그것이 내게 무거운 짐이라 내가 지기에 곤비하였느니라 너희가 손을 펼 때에 내가 내 눈을 너희에게서 가리고 너희가 많이 기도할지라도 내가 듣지 아니하리니 이는 너희의 손에 피가 가득함이라"(사 1 : 13-15).

　그중에서도 "너희 손에 피가 가득하여 악한 행위로 살아가는 삶과 분리된 예배와 기도와 찬양을 기쁘게 받을 수 없다."고 말씀하신 하나님은 절대 경홀히 여김을 받으실 수 없는 분이시다.

2. 예배와 삶이 분리되는 이유

1) 예배에 대한 잘못된 개념

만약 우리가 예배를 주일마다 종교 형식으로 드리는 형식적인 예배로 배우지 않고 삶의 중심으로 나타나는 예배를 배웠다면, 오늘날 그리스도인과 한국교회는 어떻게 변해 있을까? 김진호는 '예배는 삶의 핵이며, 삶은 예배의 연장'으로 설명한 바 있다. 그는 본회퍼의 "신앙의 진리를 왜곡하는 종교적 분위기로부터 기독교를 구출해야 하며, 이러한 면에서 기독교는 철저하게 비종교화됨으로써 그 기반을 현실성 위에 세워야 한다."는 생각에 기초하여 기독교는 종교가 아니라 관계라고 설명하고 있다. 즉, 예배를 하나님과 이웃과의 관계적인 삶의 연장으로 이해하고 있다. 종교가 행위에 기초한다면, 기독교는 관계에 기초하고 있기 때문에 믿음과 소망과 사랑의 바른 태도를 가지고 예배하며 산다면 그 삶은 그리스도의 제자이자 예배자가 분명할 것이기 때문이다. 일반적인 예배에 대한 오해는 하나님과의 수직적인 관계로만 국한해서 이해하려는 경향이다. 그러나 예배는 하나님과의 수직의 관계를 이웃과의 수평 관계로 표출되어 이어지는 것이라고 정리한다면, 예배와 삶의 관계는 분명 매우 중요한 관계성을 가지고 있는 것이 된다.

2) 이원론적인 신앙 구조

사실 이렇게 신앙이 이원론화된 데에는 성경신학적인 배경이 있다. 이스라엘 백성들이 너무나 간절히 원하여 하나님께서 내키지 않으셨으면서도 허락하신 것이 두 가지가 있다. 먼저 왕이라는 제도와 성전 건축이다. 왜 하나님은 당신의 집인 성전을 짓겠다는 것을 기뻐하지 않으셨을까? 그것은 하나님의 백성들이 성전을 지어 놓은 후 하나님을 그 안에다 가두고 성전 밖에서는 딴짓을 할 것을 이미 내다보고 계셨기 때문이다. 그래서 하나님은 이사야 66 : 1에서 "하늘은 나의 보좌요 땅은 나의 발판이니 너희가 나를 위하여 무슨 집을 지으랴 내가 안식할 처소가 어디랴"라고 한탄하셨다. 다시 말해서, 온 우주와 하늘과 땅이 하나님이 거니는 처소인데 광대하신 하나님을 제한된 공간에다 가두어 놓겠다는 생각은 잘못된 생각이라고 말씀하신 것이다.

하나님께서는 참된 예배자 다윗의 소원에 응답하셔서 예루살렘 성전을 짓도록 마지못해 허락하셨다. 그러나 역시 하나님의 예언대로 이스라엘 백성은 성전에서는 화려한 제사를 드리면서도 성전 밖에서는 우상을 숭배하고, 고아와 과부를 압제하며, 저울 눈금을 속이며, 하나님의 공의를 저버리는 패역한 삶을 살았다. 이사야 선지자는 다음과 같이 하나님의 마음을 전달한다. "여호와께서 말씀하시되 너희의 무수한 제물이 내게 무엇이 유익하뇨 나는 숫양의 번제와 살진 짐승의 기름에 배불렀고 나는 수송아지나 어린 양이나 숫염소의 피를 기뻐하지 아니하노라 너희가 내 앞에 보이러 오니 이것을 누가 너희에게 요구하였느냐 내 마당만 밟을 뿐이니라"(사 1 : 11-12).

이 말씀을 통해 알 수 있는 하나님의 마음은 예나 오늘이나 당신의 백성들이 예배와 삶을 일치시켜 나가는 것을 원하고 계신다는 것이다. 그런데 오늘날 우리의 문제점이 무엇인가? 교회 안에서는 거룩하게 예배드리지만, 교회 밖에서는 예배를 떠난 이원론적인 삶을 사는 것이라 할 수 있다. 어느 교회에 부흥회가 열렸다고 한다. 마지막 날 그 교회 중직자 한 분이 이불을 싸 들고 교회로 왔는데 그 이유를 물었더니 그분이 다음과 같이 말했다. "우리 집사람은 집에서는 악마처럼 구는데 교회만 나오면 천사가 됩니다. 그래서 이제부터는 천사하고만 살려고 아예 교회에 와서 살려고 합니다." 그냥 웃고 지나칠 유머가 아니다. 교회 안에서와 세상의 삶의 자리에서 이중적인 모습을 갖고 사는 사람들이 깨달아야 할 교훈이다.

3. 예배와 삶이 함께 가야 할 이유

요한복음 4장에는 예배와 삶이 일치되고 있는 한 신앙인을 목도하게 된다. 수가 성 우물가에서 예수님과 대화를 나누던 사마리아 여인이다. 자신과 대화를 나누는 분이 그토록 기다리던 메시야임을 안 여인의 반응을 성경은 이렇게 증거한다. "여자가 물동이를 버려 두고 동네로 들어가서 사람들에게 이르되 내가 행한 모든 일을 내게 말한 사람을 와서 보라 이는 그리스도가 아니냐 하니 그들이 동네에서 나와 예수께로 오더라"(요 4 : 28-30).

사마리아 여인은 예수님 만나기 전 정오, 일부러 사람들이 안 나오는 시간을 골라서 물을 길러 올 정도로 자신의 삶을 수치스럽게 여겼지만, 생수의 근원이신 예수님을 만나고 변화된 모습을 통해 전혀 상상할 수 없는 결과를 가져왔다. 그녀는 물 길러 왔던 목적도 잊어버린 채 구원자 예수님을 만난 감격을 전하기 위해 동네로 뛰어 들어가고 또 사람들을 예수께로 인도하는 구령의 열정을 가진 모습을 갖게 되었다. 이 여인을 통해 도전받는 것은 우리의 예배가 예배당 안에서 끝날 수 없다는 사실이다. 그 은혜의 감격을 가지고 삶의 현장에서 그리스도를 증거하고, 그리스도를 선전하는 삶으로 이어지는 것이 예배의 결과라는 것이다. 따라서 진정한 예배는 공중 예배를 마치고 예배당 문을 나설 때부터임을 잊지 말아야 한다.

윤리학자 해리 포스딕은 그리스도인을 두 종류로 나누어 설명을 한다. 첫째는 심미적 그리스도인(Aesthetic christian), 둘째는 윤리적 그리스도인(Ethical christian)이다. 심미적 그리스도인이란 단지 교회에서 예배드리는 것으로 예배가 끝난다고 생각한다. 좋은 음악을 듣고, 찬송 부르고,

좋은 설교 듣고, 수양하고, 마음을 평안하게 하는 것이 목적이다. 단적으로 말하면 이 사람은 '감정 순화용 예배' 내지는 '교양의 수준을 높이는 예배'를 드리는 것이라고 할 수 있다. 좀 더 고상한 표현을 빌리면 '도덕적 향락주의용 예배'라고 말할 수 있다. 그러나 윤리적 그리스도인은 하나님 앞에서 예배를 드리면서 얻은 감격과 깨달음을 가지고 삶의 현장에 나가서 그대로 살려고 애쓰는 그리스도인을 말한다. 사랑하라는 말씀 앞에 미운 사람을 사랑해 보려고 애를 쓰고, 진실하라는 말씀 앞에 정직하게 살려고 애를 쓰는 사람이다. 공급해 주신 말씀의 힘에 대해 감격하고, 원수를 사랑하고, 믿는 바대로 행하려는 사람이 윤리적 그리스도인인 것이다.

앨리스 그레이가 엮어서 낸 「내 인생을 바꾼 100가지 이야기」라는 책을 보면 다음과 같은 글이 나온다.

> 내가 배고플 때 당신은 인도주의 클럽을 만들어 내 배고픔을 주제로 토론을 벌였습니다.
> 내가 헐벗었을 때 당신은 마음속으로 내 벗은 모습의 도덕성에 대해 논쟁을 벌였습니다.
> 내가 병들었을 때 당신은 무릎을 꿇고 당신이 건강한 것을 하나님께 감사드렸습니다.
> 내가 집 없이 떠돌아다닐 때 당신은 내게 하나님의 사랑의 은신처에 관한 설교를 해 주었습니다.
> 그러나 나를 집으로 데려다 주지는 않았습니다.
> 내가 외로울 때 당신은 나를 위해 기도하려고 나를 홀로 있게 했습니다.
> 당신은 너무나 거룩하고 하나님과 너무나 가까이 있지만, 나는 여전히 춥고 배고프고 외롭고 고통스럽습니다.

이 이야기는 신앙과 삶이 분리된 현실이 어떻게 나타나는지를 잘 보여주고 있다. 마태복음 25 : 31~46의 '양과 염소의 비유'를 통해 예수님은

"지극히 작은 자 하나에게 한 것이 곧 내게 한 것이고, 지극히 작은 자 하나에게 하지 아니한 것이 곧 내게 하지 아니한 것이니라."고 하신다. 성전 안에서 아무리 화려한 예배를 드려도 성전 밖에서 행해지는 삶이 없다면 그것은 주님께 상달되는 것이 아무것도 없는 것이 되고 만다. 그래서 에이든 토저는 "예배에는 하나님이 받으시는 예배가 있고 받으실 수 없는 예배가 있다."고까지 말했다.

우리가 성경의 지식을 아무리 많이 알고 있어도 실천하지 않으면 아무 소용이 없다. 진실로 중요한 것은 우리들 자신이 무엇을 얼마나 알고 있느냐보다는 그중의 한 가지라도 우리의 삶 속에서 행하고 있느냐 하는 사실이 중요하다. 그래서 예수님은 "나더러 주여 주여 하는 자마다 다 천국에 들어갈 것이 아니요 다만 하늘에 계신 내 아버지의 뜻대로 행하는 자라야 들어가리라"(마 7 : 21)고 하면서 입술 신앙을 경계하셨던 것이다. 우리의 신앙이 삶으로 드러나지 않는다면 그 믿음은 죽은 믿음일 수밖에 없다. 그래서 주의 형제 야고보는 "이와 같이 행함이 없는 믿음은 그 자체가 죽은 것이라"(약 2 : 17)고 말했다. 따라서 우리는 아는 만큼 예배를 드리는 것이 아니라 행하는 만큼 예배를 드리는 것이다.

4. 예배가 삶이 되고 삶이 예배가 된 성경적 모델

1) 구약 : 아브라함(창 22장)

성경에는 수많은 예배자들과 그들의 삶의 예배로 가득하다. 그들의 예배는 오늘날처럼 음악을 통한 감성적인 찬양과 낭만적인 경배보다는 대부분 하나님과의 관계에서 구체적인 사건을 배경으로 삶의 예배로 나타난다. 이 중에서 가장 먼저 삶의 예배를 실천한 예배자는 아브라함이다. 그 이유는 창세기 22장에서 '예배'라는 뜻을 가진 히브리어 단어 '샤하아'를 가장 먼저 알았던 사람이기 때문이다. 아브라함의 삶의 예배 시작은 다음과 같다.

> "그 일 후에 하나님이 아브라함을 시험하시려고 그를 부르시되(1절)…… 네 아들 네 사랑하는 독자 이삭을 데리고 모리아 땅으로 가서…… 그를 번제로 드리라(2절) 아브라함이 아침에 일찍이 일어나…… 그의 아들 이삭을 데리고 번제에 쓸 나무를 쪼개어 가지고 떠나 하나님이 자기에게 일러 주신 곳으로 가더니(3절)."

과연 아브라함과 하나님 사이인 1절과 2절은 얼마큼의 시간이 소요되었을까? 본문에는 나타나 있지 않지만, 그것이 시험이라고 생각할 수 없었던 아브라함에게는 하나님이 명령하신 예배에 대한 요청은 결코 단순하지 않은 문제였을 것이다. 아버지로서 아들을 자신의 손으로 죽여 각을 뜨고 불로 태워야 하는 삶의 예배가 과연 가능할 수 있을까? 아버지로서의 고뇌와 갈등, 그리고 순종을 통한 삶의 예배를 요구하시는 하나님을 향한 원망과 부르짖음을 능히 짐작할 수 있다. 그럼에도 불구하고 삼 일 후에 하나님이 일러 주신 곳에 도착한 아브라함은 "종들에게 이르되 너희는 나귀와 함께 여기서 기다리라 내가 아이와 함께 저기 가서 '예배'하고 우리가 너희에게로 돌아오리라"고 한다. 여기 창세기 22 : 5에 나오는 '예배'라고 쓰인 히브리어 '샤하아'는 구약에서 일반적으로 '예배' 혹은 '경배'라고 번역되는 단어이다. 본래 어떤 단어의 분명한 뜻을 이해하기 위해서는 그 단어가 사용된 상황을 살펴보는 것이 가장 중요한 것처럼, 아브라함이 보여 준 삶의 예배는 참된 삶의 예배가 무엇인지 가르쳐 주고 있다는 데에 큰 의미가 있다.

결과적으로 아브라함의 삶의 예배 특징은 하나님을 향한 믿음에 대한 순종의 예배였다. 창세기 22 : 3을 보면 아브라함의 3가지 특징적인 순종이 나타난다. "아침에 일찍이 일어나"에 나타난 즉각적인 순종, "번제에 쓸 나무를 쪼개어 가지고"에 나타난 준비성 있는 순종, 그리고 "종들에게 이르되 기다리라."고 하면서 순종의 방해 요소를 미리 제거하는 온전한 순종이다. 순종은 우리가 드릴 수 있는 가장 값진 제물이며, 하나님께서 가장 기뻐하시고 원하시는 뜻이다.

"주님께서 어느 것을 더 좋아하시겠습니까? 주님의 말씀에 순종하는 것이겠습니까? 아니면, 번제나 화목제를 드리는 것이겠습니까? 잘 들으십시오. 순종이 제사보다 낫고, 말씀을 따르는 것이 숫양의 기름보다 낫습니다"(삼상 15 : 22 새번역).

믿음에 대한 순종의 예배에 성공한 아브라함은 하나님으로부터 "내가 이제야 네가 하나님을 경외하는 줄을 아노라"(12절 하반절)는 음성을 직접 듣게 된다. 그리고 이미 아들 이삭을 대신하여 번제로 드릴 숫양을 준비해 놓으신 '여호와 이레'의 하나님을 알게 되는 놀라운 경험을 한다. 그리고 다음과 같이 온전한 순종으로 드린 예배에 따른 복을 얻는다.

"내가 나를 가리켜 맹세하노니 네가 이같이 행하여 네 아들 네 독자도 아끼지 아니하였은즉 내가 네게 큰 복을 주고 네 씨가 크게 번성하여 하늘의 별과 같고 바닷가의 모래와 같게 하리니 네 씨가 그 대적의 성문을 차지하리라 또 네 씨로 말미암아 천하 만민이 복을 받으리니 이는 네가 나의 말을 준행하였음이니라 하셨다 하니라"(창 22 : 16-18).

아브라함에게 주어진 삶의 예배에서 그가 성공한 비결은 하나님을 향한 믿음이었고, 전폭적인 하나님을 향한 신뢰였다.

2) 신약 : 예수 그리스도

신약에서 예배를 삶으로 살아 내는 데 성공한 분은 예수 그리스도이시다. 이 땅에서의 예배의 삶은 하나님의 영광을 드러내는 것이었고 세상에 속한 하나님의 영광을 아버지께로 가져오는 것이었다. 특별히 예수님은 열방이 하나님을 예배하지 못하게 하는 성전의 종교적 상업주의를 몰아내고 '내 집은 만민이 기도하는 집'이라고 했던 이사야의 말씀을 인용하시면서 이방인을 위해 만들어 놓은 성전의 뜰을 넘어서 이 집은 열방이 예배하는 집인 것을 선언하기도 하셨다. 하나님의 영광을 위해 사셨고, 모든 민족들이 하나님을 예배하는 일을 가능하게 하기 위해서 친히 자신이 제물이 되어 십자가를 지신 사건이야말로 예수님의 최고의 예배 사건이라고 할 수 있다. 예수님의 삶의 예배 중 가장 위대한 사건은 십자가 사건이다. 예수님의 삶의 현장은 이스라엘이었지만, 그 영향력은 모든 세계와 피조물들의 예배 회복을 위해 그 자체가 완전하신 분이셨다.

결과적으로 예수님의 삶의 예배 특징은 인간을 향한 사랑의 섬김의 예배였다. 주님께서는 이 땅에서 사명이 "인자가 온 것은 섬김을 받으려 함이 아니라 도리어 섬기려 하고 자기 목숨을 많은 사람의 대속물로 주려 함이니라"(마 20 : 28)고 말씀하심으로 그 자체가 예배자였으며 삶이 예배의 모델이었음을 확인시켜 주셨다. 특히, '섬기다'라는 뜻을 가진 구약의 '아바드'와 헬라어의 '랴트류오'는 제사장적인 섬김을 말할 때 사용하는 단어였다. 예수님은 인류 최고의 대제사장으로서 하나님과 인간의 다리 놓는 사람으로서의 섬김의 예배자이셨음을 알 수 있다. 뿐만 아니라 예수님이 제물이 되어 '영원히 단번에' 자신을 드리셨던 것처럼 우리도 '하나님께 드릴 향기로운 제물'이 삶의 예배의 제물이 되어야 한다.

하나님을 예배할 수 없는 죄인들을 예배하게 하시려고 자신을 내어 주어 십자가에게서 죽으심으로 인간을 섬기고 하나님의 뜻에 순종하신 예수님의 삶의 예배 그 자체가 놀라운 능력을 가지고 있다. "하나님의 인격을 섬기는 '예배'는 모든 '섬김'의 시작이고 모든 섬김은 예배의 연장이어야 한다."고 했던 박정관의 말에 전적으로 동의하면서, 삶의 예배 중심에는 섬김이 있어야 하고, 그 일을 위해 구별된 사람들이 바로 예배자임을 기억해야 한다.

5. 온전한 삶의 예배의 지침 사항

1) 삶의 예배가 무엇인지에 대한 개념을 파악하라

김진호는 그의 책 「(숨겨진 보물) 예배」에서 예배의 종류를 개인 예배와 교인 예배, 그리고 생활 예배로 말한다. 1980년대부터 일어난 한국교회의 영성운동 중에서 '말씀 묵상운동'은 경건의 시간인 개인 묵상을 강조했다. 하나님과 나와의 관계가 중심인 개인 예배는 말씀에 근거한 예배생활의 기반이 된다. 또한 '예배운동'에서는 찬양 모임이나 교회 예배 모임들을 강화하고 있다. 하나님과 우리와의 관계가 중심인 교회공동체의 교인 예배는 영감 있는 찬양을 통해 하나님의 임재를 경험하는 예배로 발전하고 있다. 그러나 이제 한국교회는 개인과 교인 중심의 개인적인 영성의 예배에서 삶의 예배로 그 중심이 이동되어야 하는 시대적 요청 앞에 직면해 있는 것이 현실이다. 그렇다면 생활 예배란 무엇인가? 그는 세상 안에서의 나와 교회공동체가 산제사로 하나님께 올려 드려지는 그 자체라고 설명했다. 즉, 삶 자체가 예배가 되는 것을 말한다. 구원의 목적은 예배이며, 구원받은 자의 삶의 모습은 다양한 삶의 현장에서 하나님을 예배하는 생활로 드려야 할 영적 예배라고 할 수 있는 것이다.

따라서 삶의 예배란 그 예배의 관계성이 수평적인 사람들과의 관계가 수직적인 관계로 드려지는 것을 말한다. 그 관계의 기초는 하나님을 두려워하게 되는 경외하는 마음이다. 하나님을 경외하는, 즉 예배하는 마음이 자신의 생활과 이웃과의 관계 안에 담겨질 때 그 예배는 하나님이 받으실 만한 살아 있는 예배가 될 것이다.

2) 하나님 임재 중심의 구심력 예배와 원심력 예배의 균형을 이루라

일반적으로 찬양과 경배를 통해 예배자가 추구하는 목표가 있다면, 그것은 하나님의 임재 안으로 들어가는 것이다. 시편 100편은 실제적으로 이스라엘 백성들이 예배하기 위해 산으로 올라가는 중에 드린 찬양이라고 한다. 그 본문에서 '감사'는 하나님의 임재 안으로 들어가는 문이다. 찬양은 하나님의 임재 안으로 들어가는 과정과도 같은 다리이다. 그리고 최종적인 목표점은 하나님이 어떤 분이신지를 발견하고 그 앞에 엎드려 경배하는 것으로 설명한다. 이처럼 하나님의 임재 안으로 들어가는 예배를 구심력적인 예배라고 말할 수 있다. 구심력적인 예배 사건을 통해 예배자가 누릴 수 있는 감격과 기쁨은 하나님을 얻은 만큼의 만족감이자 그분의 임재 안에서 경험하는 안정감이다. 예배 안에서 하나님의 영광과 아름다움의 매력에 마음을 빼앗긴 시편 저자는 "주의 궁정에서의 한 날이 다른 곳에서의 천 날보다 나은즉 악인의 장막에 사는 것보다 내 하나님의 성전 문지기로 있는 것이 좋사오니"(시 84 : 10)라고 노래한다.

구심력적인 예배는 하나님 임재의 자리에만 머물러 있지 않는데, 원심력적인 예배로 흩어져 가는 것이 영적인 원리이다. 원심력적인 하나님 마음의 중심에서 세상을 향한 하나님의 계획과 그 계획 가운데 자신이 포함되어 있다는 사실을 알게 되기 때문이다. 그 세상은 창조의 일반 세계뿐만 아니라 열방의 모든 민족들에게까지 나아가야 한다는 것을 알기 때문에 결코 그 자리에 머물러 있을 수 없는 것이다. 결국, 흩어지는 원심력적 예배는 구심력적인 예배의 결과라고도 할 수 있으며, 삶이 예배가 될 수밖에 없는 영적인 진리가 되는 것이다. 예배 가운데 위대하신 하나님을 누리며 하나님의 영광을 드러낸 피조 세계에 하나님의 통치 사명으로 발걸음을 옮기는 사람이야말로 하나님과 하나님이 허락하신 세상을 얻은 행복한 사람이 아닐까 생각한다.

3) 자신의 삶의 자리에서 영향력 있는 예배자가 되라

예배는 하나님과의 만남이며, 그 만남의 결과는 반드시 변화된 성품과 생활로 나타나게 된다. 예배하는 사람이 예배 중에 살아 계신 하나님을 만났는데 변화되지 않았다고 한다면 그것이야말로 오히려 기적과도 같은 사건이다. 그것은 불가능하기 때문이다. 살아 계신 하나님을 만나는 예배의 경험은 반드시 크고 작은 역사를 동반한다. 한마디로 말하면 '변화'이다. 변화한다는 것은 하나님을 만나 그분을 알게 되고 그분의 성품을 닮아 간다는 것이다. 그리고 자신의 삶의 자리에 영향력을 끼치게 된다는 것이며 그 자리가 세상을 변화시키는 출발점인 것이다. 말씀이 삶이 되고 삶이 예배가 되는 일상의 자리에서 삶으로 예배하는 법을 살펴보자.

친밀함의 예배가 있는 가정공동체
가정은 서로 사랑으로 살아가며 친밀감을 누리는 곳이다. 그 감정은 주님과의 예배 안에서 누릴 수 있는 깊은 친밀함과 유사하다. 예배자의 특징은 모든 관계 속에서 친밀함을 만들어 내는 사람이다. 예수님의 신부가 되는 우리가 평생토록 함께 관계하는 영원한 동반자인 것처럼 가족은 예배 공동체의 모델이라고 할 수 있다. 서로 간의 따스함이 묻어나는 가정 예배는 하나님이 기뻐 받으실 만한 삶의 예배의 행복한 장이 될 것이다. 가능하면 가족 간의 식사나 대화의 좋은 모임들을 만들어 삶의 예배에 영향력을 흘려보내는 것도 좋은 방법이다.

사랑으로 섬기는 예배가 있는 일터공동체

직장인의 일터는 하나님 나라를 사랑의 섬김으로 소명을 이루어 가는 곳이다. 오스 힐먼은 직업은 수입을 얻는 도구만이 아니라 우리의 삶과 일터와 도시와 국가를 하나님의 나라로 확장해 가는 '변화의 도구'로 정의하였다. 직장인에게 일터는 인생에서 가장 많은 시간을 보내는 곳이기 때문이며, 그 삶의 자리에서 땀을 흘리는 사랑의 수고가 다른 사람을 행복하게 하는 섬김의 예배공동체라 할 수 있기 때문이다. 특히, 노동은 신성한 것이며 하나님을 경배하는 뜻에서 유래했다는 점을 감안한다면 삶의 예배에서 거룩한 것이 아닐 수 없다. 하나님 나라의 아름다운 세상을 만들어 가기 위한 소명의 자리인 일터공동체는 하나님이 받으실 만한 섬김의 소중한 장이 될 것이다. 가능하면 서로 믿고 섬기는 공동체로 만들기 위해 다양한 시도를 추진해 보는 것도 좋은 방법이다.

예배의 감격을 누리는 교회공동체

그리스도의 몸인 교회는 예배자들의 삶 전부를 함께 나누는 곳이다. 초대교회는 본질적으로 예배하는 공동체였다. 그러나 그 공동체는 현대의 교회와는 분명한 차이가 있다. 건물과 조직과 교리에 기초한 공동체가 아니라 복음의 주체이신 예수님에 대한 공통된 신앙으로 모인 곳이라는 점과 진정한 의미에서 일상적인 삶의 나눔이 있는 공동체였다는 것이다. 사랑의 수고와 믿음의 역사와 소망의 인내로 살아가는 사람들이 함께 모인 공동체란 그 자체가 참된 예배를 배우며 삶의 예배를 나눌 수 있는 탁월한 예배 환경이다. 진정한 삶의 일상을 나누는 예배공동체로서의 교회는 하나님이 기뻐 받으실 만한 영적인 안식의 자리가 될 것이다. 삶의 예배라는 관점에서 예배가 단순히 교인의 예배 모임으로 끝나는 것이 아니라 교인 개인들의 삶의 예배가 공동체 안에서 함께 공유될 때 비로소 세상 속에서의 빛과 소금으로서 초대교회의 생명력을 갖게 될 것이다(행 2 : 42-47).

예배가 부흥으로 이어지는 도시공동체

도시는 인간에게 주신 문화 사명과 통치 명령이 실현되는 곳이다. 하나님께서는 땅에 충만하고 땅을 정복하라는 문화 명령으로 인간들이 다스리고 경작해야 할 도시에 대해 일찍이 말씀하신 바 있다. 그런 의미에서 도시는 세상의 얼굴과도 같은 곳이다. 사람과 사람들이 모여 관계를 맺고 살아가는 유기체적인 집합체이기도 하다. 결국 도시의 문제를 다루는 것은 세상의 문제를 다루는 것이요, 도시의 변화는 세상의 변화로 이어지는 것이라 할 수 있다. 그렇다면, 어떻게 도시를 하나님을 예배하는 공동체로 만들어 갈 수 있겠는가? 만약, 개인과 가정과 직장과 교회에 하나님을 향한 예배의 부흥이 일어난다면 그 자체는 도시적인 부흥으로 연결되는 흐름을 가지고 있다. 삶으로 드려지는 예배공동체들에 의해 도시라는 영적인 거인은 무력해질 수 있다. 구체적으로 도시의 변화를 위해 기도하는 사람들의 모임과 겸손한 지도자들의 연합은 도시의 강력한 견고한 진을 무너뜨릴 수 있다고 믿는다. 결국, 영적 각성운동을 통한 사회와 경제와 정치의 각 영역에서의 변화는 예배하는 도시공동체로 하나님의 축복을 누리며 복음의 확산에 큰 영향을 끼치게 될 것이다.

한국교회의 예배운동에서 우리는 오랫동안 예배의 개념과 성경적인 원리들에 대해 많은 관심을 가져왔던 것이 사실이다. 그러나 이제는 가정과 일터와 교회와 도시의 삶의 자리로 확장시켜 삶이 예배가 되며 예배가 삶이 되는 공동체들을 만들어 내어 삶으로 예배를 알아가는 하나님의 은혜가 필요하다는 사실을 기억해야 할 것이다.

4) 모든 예배 모임의 성공을 모든 삶의 예배의 성공으로 이어 가라

이스라엘 백성들에게 있어서 예배의 원리는 백성들의 모임과 그 가운데 자신을 계시하시는 하나님의 임재이다. 교회에서의 공적인 예배 모임은 바로 하나님이 임재하시기에 가장 적합한 환경이다. 하나님은 성경의 역사 속에서 다양한 방법을 통해 예배의 관계를 지속시켜 오셨다. 에덴동산을 시작으로 제사 제도와 성막과 성전과 회당을 거쳐 기독교의 오랜 전통과 성경을 근거로 하는 공(公) 예배모범이 만들어졌으며, 기독교의 교단마다 다양한 예배모범을 만들어 공 예배를 진행하고 있는 추세이다.

참된 예배의 중요성은 요한복음 4장에 나왔던 사마리아 여인과의 대화에서도 알 수 있듯이, 예배는 장소적인 면이나 형식적인 면보다 하나님에게 '영과 진리'로 영광 돌리는 것이 참된 예배이다. 그런 의미에서 전통적인 예배 모임이든지 아니면 찬양과 경배의 비교적 자유로운 예배 모임이든지 모든 예배에서 하나님과의 만남과 은혜를 경험한다면, 반드시 삶의 예배로의 연장이 가능할 것이다. 6일 동안의 삶의 예배가 공 예배의 모임 안에 담기고, 그 예배 안에서 얻는 하나님의 기쁨을 다시 삶의 예배 현장으로 가져간다면 주일만이 예배하는 날이 아닌 모든 날이 예배의 날로 확산될 것이다. 우리가 드리는 교인 예배가 개인적인 차원의 은혜를 받고 돌아가는 개인 예배로 축소되어서는 안 된다. 또한 모든 교인이 사회적인 지위나 빈부의 격차로 차별되는 공동체로 만들어서도 안 된다. 중요한 사실은 예배자가 있는 삶의 자리가 바로 공 예배 안에서 세상 가운데로 예배의 영향력을 펼쳐 나갈 장소로 인도되고 있음을 알아야 한다. 자신들이 위치한 사회적 환경 속에서 예배자가 되어야 한다는 뜻이다. 삶의 모습을 예배로 이어 가기 위해서는 자신이 예배자임을 잊지 말고 자신이 영위하고 있는 삶의 자리가 예배의 처소가 되도록 힘써야 한다. 예배의 가치는 우리 자신이 하나님 안에 늘 있음을 고백하고 하나님께 드려지는 현장이 되는 데 있다.

5) 세상 영혼들과 열방의 민족들이 하나님을 찬양하게 하라

예배자의 삶의 예배는 두 방향성을 가진다. 먼저 각 개인이 하나님을 영화롭게 하는 삶의 예배이며, 다른 한 가지는 세상과 열방이 하나님을 영화롭게 하도록 하는 삶의 예배이다. 이것이 삶의 예배자로서의 궁극적인 목표이자 반드시 잊지 말아야 할 지침 사항이다. 이 말은 한국교회의 예배 운동의 슬로건인 "열방을 예배하게 하라."로 말할 수 있는데, 우리가 드리는 예배의 방향이 불신자들의 영혼들을 향하며, 복음을 듣지 못한 민족들을 향해 원심력적인 예배가 활발하게 일어나는 것이다.

존 파이퍼는 「열방을 향해 가라」에서 예배와 선교와의 관계에 대해 다음과 같이 말한다.

> "교회의 궁극적 목표는 선교가 아니라 예배다. 선교가 존재하는 이유는 예배가 존재하지 않기 때문이다. 마지막에 남는 것은 선교가 아니라 예배다. 결국 사람이 아니라 하나님이 중요하기 때문이다. 이 세대가 끝나고 셀 수 없이 많은 구속받은 무리가 하나님 보좌 앞에 엎드릴 때, 선교는 더는 존재하지 않게 될 것이다. 선교는 잠깐 동안 필요하다. 하지만 예배는 영원히 지속된다. 그러므로 예배는 선교의 동력원이자 목표다. 그것이 목표인 이유는 우리가 선교할 때 단지 열방이 하나님의 영광을 충만히 누리게 하고자 하기 때문이다. 선교의 목표는 민족들이 하나님의 위대하심을 기뻐하는 것이다."

이제는 본질적인 의미에서의 예배와 선교가 각기 다른 것이 아니라 서로 깊은 연관성을 가지고 있는 것으로 이해되고 있다. 예배자 다윗은 찬양

받으시기 합당하신 하나님을 찬양하고 예배하는 일을 통해 선교가 필요함을 알고 있었다. 그가 알고 있던 선교는 모든 열방의 민족들이 주를 찬양하는 것이었다. 위대하신 하나님을 안다면 예배자는 결코 하나님을 자신만의 하나님으로 생각할 수 없는, 모든 민족들로부터 찬양받으셔야만 하는 분임을 알게 되기 때문이다. 그래서 다윗은 "하나님이여 민족들이 주를 찬송하게 하시며 모든 민족들이 주를 찬송하게 하소서 온 백성은 기쁘고 즐겁게 노래할지니"(시 67 : 3-4 하반절)라고 찬양했다. 결과적으로 선교의 완성은 예배이며, 예배의 완성을 위해 선교는 존재한다. 그래서 선교의 힘으로 반드시 예배를 완성시켜 나가지 않으면 안 된다.

5장
예배 공간과 성구 및 예복

1. 교회 건물과 성구(聖具)의 공간적인 의미와 신학

'예배와 공간' 문제와 관련하여 우리들은 스스로에게 "예배를 드리기 위해 정말 교회 건물은 꼭 필요한 것인가?"라는 질문을 던져 보게 된다. 실제로 초대교회에서는 개인 가정집을 개조하여 예배 장소로 사용하였으며, 정상적인 교회 건물은 소유하고 있지 않았다. 기독교 신앙공동체가 정말 필요로 한 것은 성경과 세례를 위한 소량의 물, 성찬을 위한 빵 덩어리와 포도주, 그리고 최소한의 공간만 있으면 예배드리는 데 문제가 없었다. 그러나 신앙공동체로서의 교회 건물은 하나님의 백성들의 모임에 편의를 제공할 뿐만 아니라 말씀이 선포되고 성찬과 세례가 집행되는 곳으로서 꼭 필요한 장소이다.

교회의 건축은 구약의 성막과 성전에 기초하여 오늘날에 이르기까지 오랜 세월 동안 시대와 교회의 신학적인 요청에 따라 다양하게 변화되어 왔다. 그러나 이와 같이 교회가 갖추고 있어야 할 전통적이고 기본적인 예배 공간에 대한 지식을 안타깝게도 근대 교회사에 있어서 괄목할 만한 빠른 성장을 보여 왔던 한국교회는 전혀 가지고 있지 않다. 그리하여 새로운 성전을 건축할 때도 교회 건물의 구조적, 시각적, 음향학적, 신학적인 고려 없이 해당 교회의 개별적인 취향에 따라 건축설계사에게만 맡겨 건축하고 있는 실정이다. 마찬가지로 예배당 내부의 성전 기구들인 설교단, 성찬대 등에 대한 구조나 배치에 대해서도 전혀 관심을 기울이지 않고 있다.

교회는 교회와 관련된 모든 분야에서 성경을 기초로 신학적인 해석과 적용을 하고 있으므로, 교회 건물과 예배 처소에 비치되는 모든 기구들에 대해서도 성경적인 근거와 신학적인 해석을 내려야 한다. 더불어 예배와 관련한 교회 건축과 성전 기구에 대한 기능과 의미도 숙지하여 예배에 적용시킬 수 있어야 한다. 이러한 측면에서 교회 건축과 성전 기구에 대한 한국 개신교회의 새로운 인식 전환이 요청된다.

세상의 건축물, 조형물, 실내의 조각품, 그림 등에 나름대로의 상징적인 의미가 부여된 것과 마찬가지로, 전능하신 창조주 하나님께 예배드리는 장소와 그 안에 위치한 눈에 보이는 모든 형상에도 당연히 상징적, 신학적 의미가 부여되어 있다. 그러므로 예배의 공간적인 구조 자체와 공간 속에 위치한 성구들은 그 자체로서 하나님과의 암묵적 대화를 가능하게 해 주며, 예배를 더욱 신성하고 풍성하게 이끌어 가는 중요한 매개 역할을 해 준다. 이러한 관점에서 교회 건축과 성구의 설치에는 반드시 성경에 근거한 신학적인 해석을 바탕으로 해야 한다. 신학적, 역사적 기준에 따라 교회를 건축하고 조형물과 성구들을 제작하여 배치한다면 그것들을 통해 예배의 의미와 구성을 보다 풍성하게 만들어 갈 수 있다. 만약 그와 같은 기준이 없이 건축하고 배치된다면 오히려 그것은 교인에게 어려움을 제공하는 걸림돌이 될 수도 있다. 교회 건축 내부의 시각적 효과를 고려하지 않아 기둥과 조형물들이 가로막혀 시야가 제한되고, 음향을 고려하지 않아 찬양대의 찬양이 부담스럽게 들리고, 함께 부르는 교인 찬송이 힘들어진다면 예배자들은 예배시간에 의도하지 않은 어려움에 직면하게 된다. 그리하여 하나님께 드리는 예배를 경건하게 드리지 못하는 결과를 초래하게 되는 것이다.

제임스 화이트는 "교회 건축은 기독교인의 예배 방법과 형태를 모두 반영할 수 있어야 하며, 동시에 정교하고 아름다워야 한다."고 말하였다. 그러므로 교회 건물은 하나님께 예배드리는 예배의 장소일 뿐만 아니라 하나님과 하나님의 백성들이 만나는 '만남의 집'이며, 세상에서 벗어나 하나님의 보호하심과 평안한 안식의 자리로 들어가는 '안식처'(쉼터)이기도 하다.

2. 교회 건축신학의 기초

1) 교회 건축의 성경적 근거

하나님께서는 성막의 식양을 모세에게 지시하실 때 성막의 방향을 해돋는 동편을 향하여 위치하도록 명령하셨다. 그런데 항상 성경의 말씀대로 실천하고자 하는 한국교회도 막상 교회를 건축할 때 교회 방향을 어느 쪽으로 할 것인가에 대해서는 무관심한 것 같다. 교회 건물은 성막과 성전의 경우처럼 동쪽을 향하도록 건축되어야 한다. 하나님께서 성전(교회) 입구를 동쪽으로 향하여 짓도록 명령하신 이유는 하나님의 영광이, 즉 하나님께서 성전의 동쪽으로 들어오시기 때문이다.

> "이스라엘 하나님의 영광이 동쪽에서부터 오는데 하나님의 음성이 많은 물 소리 같고 땅은 그 영광으로 말미암아 빛나니 그 모양이 내가 본 환상 곧 전에

성읍을 멸하러 올 때에 보던 환상 같고 그발 강가에서 보던 환상과도 같기로 내가 곧 얼굴을 땅에 대고 엎드렸더니 여호와의 영광이 동문을 통하여 성전으로 들어가고 영이 나를 들어 데리고 안뜰에 들어가시기로 내가 보니 여호와의 영광이 성전에 가득하더라"(겔 43 : 2-5).

2) 교회 건축의 신학 이론

교회 내부는 예배에 참여한 인도자, 교인, 찬양대가 서로 잘 보이고 잘 들리는 위치에 배치되어야 한다. 교회 내부의 시설물들은 시각적으로 어느 방향에서든지 선명하게 잘 보이도록 배치해야 할 뿐만 아니라 예배 참여자들의 예배의 행위 또한 모두가 잘 보이는 곳에서 이루어져야 한다. 그리고 예배 진행에 불편함을 주지 않도록 예배 진행자들을 포함한 교인이 성경봉독, 공중 기도, 봉헌 등의 모든 순서에서 이동이 용이하도록 교인의 편의를 함께 고려하여야 한다.

제임스 화이트가 제시한 교회 건축의 기준은 첫째로 '효율성'이다. 아름답고 멋있는 건축물로서의 교회도 중요하지만 무엇보다도 기능적으로 '효율성'이 있어야 한다. 즉, 모든 예배 참여자끼리 가려지는 곳 없이 서로 볼 수 있어야 하고, 성찬, 세례 등 모든 예배 행위가 시각적으로 방해를 받는 일이 없어야 한다. 청각적인 관점에서도 예배순서의 모든 소리가 잘 들릴 수 있도록 설계, 건축되어야 한다.

둘째로 '단순성'이다. 과도한 비용을 들여 화려한 건축물과 비품, 기구들을 번잡하게 비치하는 것보다 3~4개의 교회 성구만 비치되는 단순한 형태의 공간을 유지하는 것이 필요하다.

셋째로 '융통성'이다. 현재만이 아니라 미래를 생각하며 다양성의 공간을 할애해야 한다.

마지막으로 친밀감을 유지하고 발전시키는 건축 형태가 필요하다. 초대교회의 가족 분위기를 연출할 수 있도록 하며, 예배의 방관자가 아니라 적극적인 참여자로서의 역할을 담당하고 있음을 느낄 수 있게 해 주어야 한다.

헤롤드 다니엘스도 화이트가 제시한 '단순성'과 '융통성', 그리고 환영받는다는 느낌이 들 수 있도록 안락한 분위기를 연출하는 교회 건축의 '친밀감'을 주장하였다. 그러므로 오늘날의 예배 공간은 중세의 교회처럼 교인이 주눅 드는 장소가 아니라 하나님의 품에 안겨 있는 것처럼 편안하고 안락한 느낌을 갖도록 건축하여야 한다.

3) 교회 건물의 사회적 책임

예배 공간은 교인이 함께 모여 기도하고 찬송하는 장소이며, 말씀이 선포되고 말씀을 듣는 장소이며, 하나님의 신비로운 역사를 회상하고 다시금 인간의 역사 속에서 이를 기념하는 장소이다. 하나님의 몸 된 교회는 주위의 모든 공동체를 향하여 열려 있어야 한다. 그러므로 교회는 신체적, 사회적인 정상인들만의 장소가 아니라 오히려 가난하고, 병들고, 소외받고, 정신적·신체적으로 부자유한 모든 이들이 자유롭게 출입할 수 있도록 정신적으로 편안함을 제공할 뿐만 아니라 실제적으로 출입에 불편함 없이 드나들 수 있는 장소여야 한다. 교회를 건축할 때에는 무엇보다도 이러한 부분을 최우선적으로 고려하여야 한다.

3. 교회 건축의 변천사

초대교회는 가정교회에서 출발한다. 가정교회는 성찬을 위해 두 개의 방을 합쳤고 세례를 위한 방이 따로 분리되어 있었다. 기독교가 공인된 후, 교회는 로마의 공회당 법정으로 사용하던 한쪽 끝이 반원형으로 돌출한 직사각형 형태의 바실리카 건물을 양도받았고, 결국 이러한 바실리카 건축 양식이 오랫동안 교회 건축의 기준으로 자리 잡았다. 재판장석이 있던 자리에 감독 혹은 교회의 장로였던 목사가 자리했으며, 의자가 없었던 교인은 선 채로 예배를 드렸다. 동방교회에서는 정사각형의 본당 위에 하늘이 보이고 채광이 가능한 둥근 돔으로 덮여 있어 이 땅에서의 예배가 천국에서의 예배를 연상시키는 구조를 갖추었다. 또한 집례자와 교인과의 관계를 보다 가깝게 하기 위하여 성찬대를 중심에 배치하였다.

중세 이후 수도원공동체가 늘어나면서 교회 건물의 구조가 영향을 받게 되었다. 수도원공동체 구성원들 대부분은 예배를 드릴 때 찬양대원의 직분도 담당하였기 때문이다. 찬양대석이 교회의 공간을 많이 차지하게 되었고, 중세 후기에는 십자가 형태의 좌우 날개 부분에 교창(화답송)이 가능하도록 두 개의 찬양대석을 위치시켜 교인석에서 고립되기 시작하였으며, 어떤 지역에서는 찬양대석이 강단의 후미진 곳(Apse) 깊숙이 위치함으로 교인석과 완연히 분리되는 형태가 나타났다.

교회 건물이 전문화됨에 따라 교구 교회들 중에서는 성직자와 영주의 가족을 위해 커튼으로 가리는 별도의 공간을 마련하게 되었고, 그 결과로 교회의 내부 구조가 균형을 잃게 되었다. 14세기에 들어서면서는 교인을 위한 의자가 비치되기 시작하였는데, 이것은 교인이 장시간 편안하게 예배드릴 수 있다는 것과 동시에 한편으로는 교인의 움직임이 더 이상 용이하지 않다는 것을 의미하기도 하였다.

종교개혁 이후 개신교회는 교회 건축에 대한 신학적 해석이나 적용 없이 다양한 형태의 교회들을 많이 건축하였다. 그러나 만인제사장신학을 설명하고 실천하기 위해서 중앙 집중식 형태의 교회가 많이 지어졌으며, 찬양대석이 축소되거나 아예 사라지게 됨으로써 교인의 공간이 많이 확대되었다. 그러나 19세기 영국의 옥스퍼드 운동은 중세교회 건축 형태를 추구하여 찬양대석을 강단 안쪽으로 위치시켰다. 또한 미국의 부흥운동은 찬양대와 합주단을 함께 배치하였고, 설교단을 강조하였으며, 한국에 파송된 미국 선교사들의 영향으로 한국교회에도 권위주의적인 설교단이 도입되어 오늘에 이르게 되었다. 20세기에 와서는 1962년 제2차 바티칸 공의회의 영향으로 교회 건축에도 많은 변화가 일어났으며, 다시금 이전의 중앙 집중식 교회가 많이 건축되고 있다.

4. 예배 공간에 비치된 상징물의 변천사

십계명에서 피조물의 어떤 형상이라도 만들지 말 것을 명령하신 것과는 달리 성막의 법궤는 하나님의 현존을 그대로 상징하는 것이었다. 진설병상, 금촛대, 분향단, 지성소와 성소를 구분하는 휘장, 제사장의 예복 등은 제사와 직접적으로 연관된 대표적인 상징물로 기록되고 있다. 신약 시대의 예수 그리스도는 하나님의 현존 그 자체이시며, 예수께서 보여 주신 빵과 포도주, 세례를 위한 기름과 물은 초대교회 당시에 그리스도 현존의 상징으로 사용되었다. 3세기경까지 교회는 상징물을 만드는 데 적극적이었으며 물고기, 빵 덩어리, 키로 모노그램 등이 지속적으로 사용되었다. 콘스탄티누스 황제가 기독교를 공인한 이후에는 교회의 건축과 상징물은 엄청난 속도로 발전하였으며 모습도 화려하게 변하였다. 초대교회의 역사학자 유세비우스가 "(교회에서) 우리의 눈이 보는 증거만으로 귀를 통한 지식을 불필요한 것으로 만들고 있다."라고 표현할 정도로 교회의 상징물은 급격하게 늘어났다.

8세기에는 예수 그리스도, 삼위일체 하나님, 성모 마리아, 성자들의 성상인 아이콘에 대한 논쟁이 뜨거웠으며, 결국 두 번째 니케아 공의회(AD 787)에서 성상이 하나님과 동일시되는 경배의 대상이 아니라는 전제하에 성상 숭배가 가능하도록 결정되었다. 이후 중세에 이르기까지는 천국의 상징적인 예술품이 계속적으로 등장하기 시작하였으며 그림, 조각, 색유리 등에서 성경의 이야기와 인물을 표현하였다. 부자와 권력을 가진 자 이외에는 쉽게 성경을 소유할 수 없었던 시대에 살았던 가난한 교인이 교회의 상징 예술품만 보고도 성경의 내용을 알 수 있을 정도로 교회는 풍부한 상징물로 장식되어 있었다. 중세학자들은 이들 상징물을 '가난한 자들의 성경'이라 칭하기까지 하였다. 재미있는 것은 서방교회에서는 주로 입체 아이콘을 비치하는 반면, 동방교회에서는 입체 아이콘을 철저히 배격하고 오로지 평면 아이콘만을 교회에 비치하는 것을 허락하고 있다.

종교개혁 이후로 개신교회에서는 모든 것이 변화되었다. 영국 국교회와 루터교회는 교회의 상징물을 유지하고 보존하였으나, 칼뱅 개혁교회, 재세례파, 복음주의교회, 근본주의자들은 교회의 상징물들을 강력하게 부정하였고 이러한 전통이 오늘에까지 이르고 있다. 그러나 최근에는 개신교에서도 가톨릭교회와 마찬가지로 성경적 상징물들인 성찬대, 설교단, 세례대와 부수적인 상징물인 배너, 성의, 가구, 색유리 등에도 적극적인 관심을 나타내고 있다. 결국 이와 같은 교회의 조형물, 조각, 기구, 그림, 깃발(旗), 성의, 색유리 등 교회의 시각(視覺) 예술품은 교인으로 하여금 영적인 눈을 통하여 하나님의 현존과 임재를 경험하도록 도와주고 있는 것이다. 이는 마치 사진을 보면서 가족을 생각하며 사랑의 징표를 보면서 연인을 떠올리는 것과 마찬가지로, 교회의 상징물을 보면서 하나님을 생각하는 것은 너무나 자연스러운 것이다.

5. 교회 건축과 음향

예배가 하나님의 계시와 그에 대한 하나님 백성들의 응답이라고 할 때,

하나님께서는 인간의 언어와 행동을 통해 계시하시고, 또한 인간은 인간의 언어와 행동으로 하나님께 응답한다. 그러므로 이러한 말과 행동은 잘 들리고 잘 보여야 하는 것이 필수적인 조건이다. 즉, 예배 공간은 가시성과 함께 가청성을 확보하여야 한다. 가청성의 경우에 있어서 가장 이상적인 상태는 육성을 기계적으로 증폭하지 않는 것이다. 설교와 기도, 성경봉독의 경우는 최신 마이크와 스피커를 사용하는 것이 소리의 전달에 있어 음향학적으로 문제는 없다. 그러나 교인 찬송과 찬양대 찬양을 위해서는 실내외 음향을 고려하여 건축하지 않으면 안 된다. 교회 건물 자체가 하나님을 찬양하는 하나의 악기라는 관점에서 실내 음향과 외부 음향을 신중하게 고려하여 건축되어야 한다. 참고로, 교인 찬송의 경우에는 교인이 하나가 되어 하나님께 찬양을 드리는 것이므로 어느 특정한 한 사람이 마이크를 사용하여 찬송하는 것은 교인 찬송의 의미를 희석시키는 것이다. 그렇기 때문에 예배에서 교인 찬송을 부를 때에 인도자가 마이크를 사용하는 것은 지양되어야 한다.

예배의 중요한 요소인 말씀과 찬양을 비롯한 대부분의 예배순서는 소리를 통해 전달되므로, 교회 건축의 기본적인 원칙으로 좋은 소리가 울릴 수 있도록 건축하는 것을 최우선 과제로 선정하여야 한다. 소리가 없는 예배란 있을 수 없기 때문이다. 즉, 예배의 소리(sound)는 예배 진행에 있어서 결코 무시할 수 없는 중요한 부분이므로, 교회는 예배당 건물 자체가 하나님을 찬양하는 하나의 악기라는 관점에서 실내 음향과 외부 음향을 신중하게 고려하여 건축해야 한다. 이런 관점에서 파이프오르간이나 오르간 설치는 교회 건축 설계를 할 때부터 같이 시작하여야 한다. 이처럼 음향학 기준을 고려하여 건축한 예배당은 그 자체가 하나의 악기통이므로, 좋은 악기통 안에서 찬양하는 또 하나의 악기인 교인은 보다 정숙하고, 거룩하고, 장엄한 예배를 드릴 수 있게 되는 것이다. 음향을 고려하지 않은, 소리가 죽은 공간은 결국 교인의 예배 참여도마저 떨어뜨리게 된다.

1) 잔 향

아름다운 소리의 예배 환경을 위한 가장 적당한 기준은 잔향이 제공한다. 잔향(殘響, reverberation)이란 발성체로부터 떠난 소리가 반사 물체에 부딪혀 튀어나와 공기 중에 체류하는 시간을 말한다. 이상적인 예배 환경을 위한 가장 알맞은 잔향은 교인이 채워진 상태에서 2~3초가 적당하다. 그러므로 예배에 적합한 잔향을 유지하기 위해서는 교회 건물의 실내 음향을 고려하여 설계하고 건축하여야 한다.

이를 위해서는 먼저 교회 건물의 부지 선정을 할 때부터 주변 부동산 시세보다 주위의 소음을 우선적으로 고려한다. 즉, 교회 건물 부지는 주위에서 발생할 수 있는 자동차 소음, 철도, 공항, 소방서, 경찰서, 공장, 유락 시설 등의 소음을 고려하여 선정한다. 실내 건축을 할 때에도 전기 설비, 난방 기구, 에어컨, 선풍기 등의 실내 설비 소음을 최소한으로 감소하도록 설계·시공한다. 세계에서 제일 큰 고딕 양식인 뉴욕 맨해튼의 성 요한 성당은 외양의 웅장한 아름다움과 훌륭한 내부 음향으로 잘 알려져 있지만, 성당 아래로 지나가는 뉴욕 지하철로 고통받고 있다는 사실을 아는 사람은 그리 많지 않다.

2) 반 향

위에서 언급한 알맞은 잔향을 위해서는 적당한 반향(反響, resonance)이 요구되는데, 이에 영향을 미치는 요소는 공간의 크기(폭과 높이)와 각도, 사용되는 자재 등이다.

공간의 크기와 각도
공간이 넓고 천장의 높이가 높을수록 잔향은 길어진다. 상가 건물과 같이 천장이 낮은 예배 처소는 잔향이 짧을 수밖에 없으므로 찬양을 부르는 사람이나 듣는 사람이 모두가 힘들게 된다. 그리고 천장의 볼록한 면은 소리를 너무 분산시키며, 반면에 오목한 모양의 돔(dome)형태로 만들어진 공간 내부에서는 반사된 소리가 집중되는 장소가 생기게 되는데 이러한 곳을 '핫 스팟'(hot spots)이라 한다. 이는 음향학적으로 바람직하지 않은 장소이므로, 이를 방지하기 위하여 오목한 면에 볼록한 음향 자재를 붙여 소리 반사의 방향을 조절하도록 한다. 음악당 내부의 벽면이나 천장에 볼록하게 튀어나온 음향판을 붙이는 이유도 이와 같은 '핫 스팟'을 방지하여 실내의 모든 위치에 균등하게 소리를 분배시키기 위함이다.

자 재

교회 건축 자재를 선정할 때는 다른 건축의 조건들과 함께 특히 음향을 고려하여 선정되어야 할 것이다. 물질 특성에 따라 소리가 반사, 흡수, 통과하는 정도가 다른데 소리를 너무 많이 흡수해 버리는 자재는 소리의 에너지를 없애 버린다. 반대로 과도하게 반사하는 경우는 소리의 에코 현상이 생기므로 적당한 반향을 고려한 실내 건축용 자재를 선정하여야 한다.

1㎡당 소리 흡수율

자 재	흡수율	자 재	흡수율
대리석	1%	콘크리트 블록	31%
광택 타일	1%	페인트 칠한 콘크리트 블록	6%
테라조	1%	직물류(커튼)	55%
붉은 벽돌	2~3%	카 펫	60%
석고면	3%	소리 흡수용 (음향) 타일	70%
두꺼운 유리	4%	사람이 앉은 의자	75%
나 무	17%		

바닥용으로 대리석은 너무 비싸고 광택 타일은 교회용으로 적합하지 않으므로 가격도 저렴하고 흡수율도 비슷한 테라조를 사용하는 것이 좋다. 경제적 여건이 된다면 벽면은 시각적으로도 훌륭한 붉은 벽돌을 사용하는 것이 좋겠지만, 비용이 부담된다면 콘크리트 블록에 페인트칠을 하는 것도 과히 나쁘지 않다. 천장은 높을수록 좋으며 전기 설비를 위해 소리 흡수용 음향 타일을 사용하지 말고 천장의 공간을 비워 두도록 한다. 도표에서 보듯이 커튼과 같은 직물류 사용은 음향에 치명적이다. 발자국 소리를 줄이기 위해 복도에 얇은 값싼 카펫을 까는 것은 좋으나 강단 위의 커튼과 두꺼운 카펫은 절대 금물이다. 창문용 커튼은 색유리로 대신하도록 한다.

모범 사례

앞에 언급한 이상적인 예배 환경을 위한 잔향 유지의 실내 음향 기법을 고려하여 1950년경에 건축된 미국의 한 교회는 600명 이상이 모였어도 아무런 증폭 장치 없이 육성 설교 청취가 가능하였다고 한다. 교회 건물을 준공하고 난 뒤에 카펫 등을 이용하여 에코 현상을 줄이기는 쉽다. 그러나 잘못 설계 시공된 실내 음향 때문에 잔향의 시간을 늘리는 것은 추가 건축 비용이 많이 소요될 뿐만 아니라 근본적인 문제점을 고치는 것조차 용이하지 않은 경우가 많다. 실제적으로 한국교회 건물 중에는 잔향이 너무 많아 걱정하는 경우는 거의 없으므로 설계 초기부터 가능한 한 천장을 높게 하고, 소리를 흡수하지 않고 반사가 잘되는 자재를 선택하고, 내부 장식을 위해 카펫이나 커튼, 푹신한 의자 등은 가급적 피해서 잔향의 길이를 길게 하도록 설계한다.

6. 예배 공간과 성전 기구

1) 설교단

설교단(說敎壇, Pulpit)은 성경봉독과 말씀 선포, 강복(降福) 선언이 행해지며 성경이 항상 비치되어 있는 곳이므로 성찬대와 더불어 거룩하고 고귀하게 다루어져야 한다. 초대교회 때에는 설교자가 성찬대 뒤의 감독의 자리에 앉아 설교를 하였고, 중세 말기 탁발 수도승들이 설교할 때에는 설교단이 교인석 벽 쪽에 위치하였다. 그러나 종교개혁 이후 개신교 전통에서는 성찬대와 세례대를 제쳐 놓고(가린 채) 교인을 정면으로 바라보는 위치인 정(正)중앙 높이의 설교단을 둠으로써 성찬 중심의 예배에서 말씀 중심의 예배로 옮겨 가게 되었다.

설교단은 성찬대와 같은 높이에 강단 쪽에서는 오른쪽, 교인석에서 볼 때에는 왼쪽에 둔다. 오른쪽은 전능하신 하나님의 능력과 권위의 상징이며 제사장의 위임과도 연관이 있기 때문이다.

> "모세가 잡고 그 피를 가져다가 아론의 **오른쪽** 귓부리와 그의 **오른쪽** 엄지손가락과 그의 **오른쪽** 엄지발가락에 바르고"(레 8 : 23).

한국어 의미상 오른쪽은 옳은(발음상 '오른') 일과 연관 있으며, 영어인 'right'(오른쪽)도 '옳은'의 뜻이 있다. 중동 팔레스타인 지역에서는 음식을 먹을 때 수저 대신 오른손을 사용한다. 화장실에서는 음식 먹는 오른손을 사용하지 않고 왼손을 사용하기 때문에 악수도 왼손이 아니라 오른손으로만 하는 것이 중동의 예절이다. 성경에서도 왼쪽은 그릇되고 우매하며 실패와 수치를 의미하고, 오른쪽은 올바르고 지혜로우며 권력과 성공을 상징한다. 이처럼 우리의 일상생활과 마찬가지로 하나님의 말씀도 하나님의 권능의 상징인 오른쪽에서 선포되어야 함을 성경이 증언하고 있다.

"지혜자의 마음은 **오른쪽**에 있고 우매자의 마음은 **왼쪽**에 있느니라"(전 10 : 2).
"그들이 자기 칼로 땅을 얻어 차지함이 아니요 그들의 팔이 그들을 구원함도 아니라 오직 주의 **오른손**과 주의 팔과 주의 얼굴의 빛으로 하셨으니 주께서 그들을 기뻐하신 까닭이니이다"(시 44 : 3).
"여호와의 오른손이 높이 들렸으며 여호와의 **오른손**이 권능을 베푸시는도다"(시 118 : 16).

이에 따라 하나님의 계시의 말씀이 강단의 오른쪽에서 선포된다면, 하나님 백성의 응답인 찬양대 찬양은 왼쪽에서 부르는 것이 어울린다.

설교를 잘 듣기 위한 교인의 위치는 일자형이나 왼쪽 혹은 오른쪽으로 치우치는 것보다는 설교단을 중심으로 부채꼴 모양으로 펼쳐져 있는 것이 가장 이상적이며, 강단의 높이는 앉아 있는 교인의 눈높이에 맞춰 2~3개 정도의 계단이 적당하다. 찬양 인도자와 예배 인도자 등이 사용할 보조 설교단이 필요한 경우에는 기존 설교단과 상충이 되지 않도록 하며, 교인에게 잘 보이고 잘 들리는 곳에 배치한다. 일부 예전적인 교회에서는 두 개의 설교단을 비치하여 교인석에서 볼 때 사복음서와 말씀이 선포되는 왼쪽을 '복음서 방향'(Gospel Side), 구약성경과 신약의 사도서신서를 낭독하는 오른쪽을 '서신서 방향'(Epistle side)이라 부르기도 한다. 이 경우 왼쪽을 봉독대(lectern), 오른쪽을 설교단(pulpit)이라 칭하기도 한다.

2) 성찬대

성찬대(聖餐臺, Lord's Table)는 교회가 준비할 수 있는 가장 아름답고 고

귀한 성구로서 예배공동체가 함께 참여하는 주님과의 식탁이다. 그곳은 집례자가 서서 빵과 포도주를 준비하고 성찬 기구를 비치하는 곳이다. 성찬대는 상징적인 거룩한 성구로서 성찬에 관련된 성찬집기와 빵과 포도주, 예식서 이외의 어떤 것도 두어서는 안 된다. 꽃이나 성경, 헌금바구니 등을 올려 두면 성찬의 목적이 모호해질 수 있으므로 주의하여야 한다. 또한 성찬대는 고정시킬 필요는 없지만 어떤 방향에서든지 접근이 용이하게 위치하여야 하고, 성찬예식 행위가 예배 공간의 모든 곳에서 볼 수 있도록 시야가 확보되어야 하므로, 주변에는 성찬 집례와 진행에 방해가 되는 촛대나 꽃꽂이 등을 가까이 두지 않는다.

사각형 모양을 기본으로 하는 성찬대는 집례자가 감당할 수 없을 정도로 너무 길거나 커서도 안 되며, 집례자의 손이 닿을 수 있을 정도의 크기면 좋다. 그리고 말씀과 성찬의 연합을 상징할 수 있도록 성찬대와 설교단의 재료는 동일한 것을 사용하는 것이 바람직하다.

집 안에서 온 가족이 식탁에 둘러앉아 식사를 함께할 때 하나의 가족임을 실감하는 것처럼, 성찬대를 중심으로 주의 만찬에 참여하는 것은 예수 그리스도 안에서 한 가족임을 나타내는 중요한 예식이다. 그러므로 성찬대도 집안의 식탁처럼 편안한 식탁의 느낌을 줄 수 있어야 한다. 예수께서 제자들과 함께 만찬을 베푸시던 장면을 기록한 구절에서 성찬대의 가장 오래된 용어인 '식탁'(table)을 찾아볼 수 있다는 점에서도 이를 잘 알 수 있다.

"그들과 함께 음식 잡수실 때에(When he was at the **table** with them, NIV) 떡을 가지사 축사하시고 떼어 그들에게 주시니"(눅 24 : 30).

또한 예수께서 하늘나라에서의 제자들의 직책을 설명하시는 장면에서도 '식탁'(床, 상)이란 용어가 사용되고 있다.

"너희로 내 나라에 있어 내 **상**에서 먹고 마시며 또는 보좌에 앉아 이스라엘 열두 지파를 다스리게 하려 하노라"(눅 22 : 30).

초대교회에서 성찬대는 벽에 붙어 있지 않은 아주 간단한 식탁이었는데, 소규모 예배에서는 교인이 식탁 주위에 모여 빵과 포도주를 나누며 주님의 죽음과 부활을 기념하였다. 하지만 중세에 들어오면서 식탁의 개념을 점점 '제단'(altar)이라 부르면서 규모도 커지고 장식도 화려하게 변하였다. 그 크기가 5미터 가까이 이르는 것도 있었으며, 기둥이 세워지고 차양을 달아 작은 집처럼 만든 장식이 그 위를 가리기도 하였다. 또한 열두 제자와 성인, 성경의 내용들이 조각되었으며 화려한 천과 십자가와 촛대로 장식되었다. 제단은 벽 쪽을 향해 놓였으며 결과적으로 교인과 점점 멀어지게 됨에 따라 교인 중심에서 집례자 중심의 권위적인 형태의 예배로 변형되고 말았다.

종교개혁 이후 개신교회는 이러한 제단 형태의 성찬대를 치워 버렸다. 그리고 단순하고 자그마한 식탁이 종교개혁의 상징인 설교단 밑에 놓였다. 권위의 상징이었던 제단이 치워진 것까지는 좋았으나 아쉽게도 개혁의 중심이 된 설교단이 부각되어 예배에 있어 새로운 권위의 상징으로 떠오르게 되었다. 결과적으로 권위의 중심이 성찬대에서 설교단으로 옮겨갔다고 하겠다.

오늘날에 이르러서는 가톨릭교회와 개신교회 공히 초대교회 때와 같이 말씀과 성찬의 균형을 찾으려고 노력하고 있다. 그 결과 가톨릭교회에서는 성찬에 교인이 용이하게 참여하고 진행할 수 있도록 벽 쪽에서 교인석 앞으로 옮기게 되었으며, 개신교회에서는 말씀과 성찬의 통일성과 중요성이 시각적으로 표현될 수 있도록 성찬대가 성단의 가운데로 옮겨지고 있다.

3) 성찬기

성찬기(聖餐器)는 포도주를 담는 잔인 성배(聖杯, chalice)와 빵을 담는 접시인 성반(聖盤, paten)으로 구성된다.

성배와 성반의 크기와 모양은 따로 정해진 것은 없지만 성찬과 관련한 다음 구절을 참고하는 것이 좋다.

> "우리가 축복하는 바 축복의 잔은 그리스도의 피에 참여함이 아니며 우리가 떼는 떡은 그리스도의 몸에 참여함이 아니냐 떡이 하나요 많은 우리가 한 몸이니 이는 우리가 다 한 떡에 참여함이라"(고전 10 : 16-17).

이 말씀에 따르면, 성찬의 잔과 떡은 하나의 잔에 담긴 포도주를 나누어 마시고 하나의 떡을 떼어 먹는 것이 그리스도로부터 한 피를 받아 한 몸을 이룬 예수공동체를 드러내는 행위이므로, 그리스도의 몸에 참여하는 성찬은 하나의 성배에 담긴 포도주와 하나의 성반 위에 놓인 떡에서부터 시작하여야 한다. 이런 맥락에서 보면, 교인의 편의를 위해서 일인용 잔을 사용하거나 미리 빵을 쪼개어 준비하는 것은 예수께서 제정하신 성찬의 의미에 부합되지 않는다. 가능한 대로 성찬위원을 많이 세워서라도 교인으로 하여금 성찬대 앞으로 걸어 나와 예배 현장에서 한 잔을 나누고, 한 떡을 떼어 나누어 주는 것이 진정한 의미의 성찬을 실행하는 것이다. 그러므로 성배와 성잔의 크기는 지교회의 규모에 따라 교인이 마시고 먹을 만한 적당한 크기로 준비하는 것이 좋다. 가능하면 금속 종류보다는 우리나라 자기와 도기 종류의 잔이나 접시를 사용하는 것이 바람직하며, 성찬 부속 도구로서 포도주를 담아 놓고 성배에 부을 수 있는 도자기 주전자도 비치하는 것이 좋다.

4) 세례성구(洗禮聖具)

세례는 성삼위 하나님의 이름으로 물을 가지고 우리의 죄를 씻음으로 교회공동체(고백공동체)의 일원이 됨을 공포하는 기독교 예배의 가장 중요한 예식 중의 하나이다. 그런데 실제적으로 세례를 위한 공간은 대부분 예배 중심에서 소외되고 있다. 일견 교회 내부를 살펴보아도 실제로 세례가 행해지고 있는 장소가 어디인지 알 수 없는 경우가 대부분이다.

초대교회의 새신자는 물웅덩이나 강에서 세례를 받았다. 그리고 기독교 공인 후 자체 교회 건물을 소유하게 되면서부터 세례를 베푸는 장소를 따로 마련하기 시작하였고, 차츰차츰 그 중요성이 부각되기 시작하였다. 처음에는 별도의 건물이나 본당에서 떨어진 곳에서 세례를 베풀었다. 그러다가 세례가 죄를 씻는 의미일 때는 로마의 욕조 형태를 취하다가, 죄에 대한 죽음과 그리스도 안에서의 새로운 생명으로의 부활이라는 의미에서는 관(棺)의 모양으로 바뀌었으며, 나중에는 육각형 혹은 팔각형 모양의 무덤 형태의 침례조(浸禮槽)로 만들어졌다.

중세 후기에는 별도의 분리된 침례조가 더 이상 설치되지 않았으며 단지 조그마한 세례정(洗禮井)이 교회 안에 위치하였다. 그리스도를 통한 죄에 대한 죽음이라는 세례의 상징적인 의미가 약화되기 시작하면서 세례 장소가 교회 입구 쪽으로 옮겨지게 되었다. 특히 유아세례를 베풀 때에는 통상 세례정의 물을 뿌리거나 붓는 것이 관례가 되었다.

종교개혁 이후 개신교에서는 세례 장소가 거의 사라지게 되었는데, 칼뱅 개혁교회에서는 휴대용 쟁반으로 된 세례대(洗禮臺)를 사용했으며, 성공회와 루터교에서는 자그마한 세례정을 교회 입구에 설치하였다. 침례교에서는 침례를 베풀 때 이외에는 보이지 않도록 강단 근처에 별도로 침례조를 설치해 두었다. 근래에 와서는 다시금 그리스도와 함께 죄에 대하여 죽고 그리스도 안에서의 새로운 삶으로의 부활을 상징하는 초대교회 당시 세례의 의미를 되살리기 시작하면서 별도의 세례 장소가 설치되고 있는 추세이다. 세례정, 세례대, 혹은 침례조이든 세례를 위한 장소로 특정하게 정해진 형태는 없으며 단지 교인이 볼 수 있고 쉽게 참여할 수 있는 장소에 설치하는 것이 중요하다.

5) 예배 공간과 기타 상징물

최근 들어 예배에서 빔 프로젝트를 이용하는 순서가 많아지고 있는데 그렇다고 해서 이와 같은 전자 영상 매체가 예배순서를 주도해서는 안 된다. 예를 들어 설교 시간에 설교자를 화면에 비추는 것은 교인이 말씀에 집중하는 데 방해가 된다. 찬양대가 찬양할 때에는 찬양 가사를 잘 알아듣지 못하는 경우가 많으므로 가능하다면 찬양 가사를 띄워 주도록 한다. 영상 매체를 통해 찬양 가사를 띄운다면 교인은 음악과 더불어 내용에 은혜를 받으므로 찬양대와 함께 동참하는 찬양이 될 것이기 때문이다. 꽃꽂이로 하나님의 강단을 아름답게 장식하는 것도 중요하나 꽃꽂이를 한 사람의 작품 능력을 뽐내는 것이어서는 안 되며, 너무 커서 시각적으로 다른 조형물을 가리는 일이 있어서도 안 된다.

한국교회 실내 건축의 문제점 중 하나는 설교단과 강대상의 높이, 강대상 의자 등이 권위적인 요소를 내포하고 있다는 점이다. 강대상 높이는 앉아 있는 교인의 눈높이에 맞춰 2~3개의 계단이 적당하며 굳이 강대상과 설교단을 높일 필요가 없다. 너무 권위적인 느낌을 주어서도 안 되지만 그렇다고 과소평가되어서도 안 된다. 강대상 의자(Cathedra)도 꼭 필요한 것은 아니다. 원래 강대상 의자는 초대교회 당시 감독(현재 총회장 혹은 노회장)이 지역교회를 순회할 때 특별히 제공되었던 의자에서 유래하였다. 이것은 감독이 없을 때에는 의자가 비치되지 않았다는 것을 의미한다. 성당(Cathedral)의 어원이 감독의자(Cathedra)에서 기원하였다는 것도 새겨볼

만한 일이다. 집례자도 예배 참여자의 한 사람이라는 관점에서 집례자가 앉을 의자도 신중하게 고려하되 예배를 집례하는 인도자로서의 역할을 편안하게 수행하는 것에 초점을 맞춰 배치한다. 지출된 비용이 하나님 앞에서의 참된 예배자의 자세를 평가하는 기준이 되는 것은 아니지만, 사오만 원 정도의 비용으로 제작한 어느 시골교회의 설교단과 수백, 수천만 원을 지출한 기성교회의 설교단 중 과연 어느 것이 하나님 마음에 흡족하실지를 한국교회는 심각하게 재고해 보아야 한다고 생각한다.

7. 집례자 및 예배위원의 예복

하나님의 백성이 진정으로 두렵고 떨리는 마음으로 예배의 자리에 나아가며, 하나님께서 명령하신 예배의 규례와 법도를 최소한도로 지키기를 원한다면, 집례자와 찬양대원을 비롯하여 강단 가까이 나아가 예배를 도우며 인도하는 기도 인도자, 성경봉독자, 헌금위원 모두는 세속적인 옷 대신 성결되고 구별된 예복(가운)을 입고 예배를 집례하고 도와야 한다.

"여호와께 그의 이름에 합당한 영광을 돌리며 **거룩한 옷**을 입고 여호와께 예배할지어다"(시 29 : 2).

하나님께서는 모세에게 명령하여 아론을 최초로 대제사장의 직무를 수행하게 하고 그 아들들에게 제사장 직분을 맡기면서 그들이 입을 예복에 관한 규례를 명령하셨다.

"너는 무릇 마음에 지혜 있는 모든 자 곧 내가 지혜로운 영으로 채운 자들에게 말하여 아론의 옷을 지어 그를 거룩하게 하여 내게 제사장 직분을 행하게 하라"(출 28 : 3).
"건축자가 여호와의 성전의 기초를 놓을 때에 제사장들은 **예복**을 입고 ……"(스 3 : 10 상반절).

예복은 비단 제사장에게만 해당되는 것이 아니라 오늘날의 찬양대원인 성전음악가, '노래하는 자'들이 그들의 직무를 행할 때마다 예복을 착용하였음을 성경은 증거한다.

"레위 사람의 지도자 그나냐는 노래에 익숙하므로 노래를 인도하는 자요 다윗과 및 궤를 멘 레위 사람과 노래하는 자와 그의 우두머리 그나냐와 모든 노래하는 자도 다 **세마포 겉옷**을 입었으며 다윗은 또 **베 에봇**을 입었고"(대상 15 : 22, 27).
"백성과 더불어 의논하고 노래하는 자들을 택하여 거룩한 **예복**을 입히고 군대 앞에서 행진하며 여호와를 찬송하여 이르기를 여호와께 감사하세 그의 인자하심이 영원하도다 하게 하였더니"(대하 20 : 21).

예복을 착용하는 규례 중에서 주의할 점은 구별된 예복(가운)을 입고 개인 용무로 교회 바깥을 다녀서는 안 된다는 것이다. 성경에는 제사장들이 바깥뜰에 나갈 때에 평상복으로 갈아입고 나갔음을 보여 주는 구절이 있다.

"제사장은 세마포 긴 옷을 입고 세마포 속바지로 하체를 가리고 제단 위에서 불태운 번제의 재를 가져다가 제단 곁에 두고 **그 옷을 벗고 다른 옷을 입고** 그 재를 진영 바깥 정결한 곳으로 가져갈 것이요"(레 6 : 10-11).
"제사장의 의복은 거룩하므로 제사장이 성소에 들어갔다가 나올 때에 바로 바깥뜰로 가지 못하고 수종드는 **그 의복을 그 방에 두고 다른 옷을 입고** 백성의 뜰로 나갈 것이니라 하더라"(겔 42 : 14).

이처럼 말씀에서 보듯이 성전 뜰이나 바깥에 나가기 전에는 성전 내부에 있는 구별된 방에 반드시 예복을 벗어 두어야 함을 알 수 있다. 그렇다면 현재에서도, 예를 들어 가운을 입은 채로 화장실에 들어가 용무를 보는 일은 없도록 해야 할 것이다.

집례자의 예복은 학위 가운을 상징하는 검정색보다는 예수 그리스도의 순결과 부활을 상징하는 장백의(長白衣, alba), 또는 총회 가운연구위원회에서 제안한 성령의 두루마리를 상징하는 비둘기색을 사용하도록 한다. 예복을 입는 것은 세속적인 모습을 감추기 위한 목적이 있기 때문에 박사학위를 표시하는 예복은 지양하도록 한다. 찬양대원은 다양한 디자인의 예복을 입어도 무방하지만 너무 화려하게 차려입지 않도록 주의한다.

집례자는 성직자 깃을 사용한 셔츠를 착용하도록 하고, 찬양대원을 비롯한 모든 예배위원들 중 남성은 넥타이와 정장을 착용하는 것을 원칙으로 하며, 여의치 않을 경우에는 잠바, 청바지 이외의 단정한 복장 위에 가운을 착용하도록 한다. 여성은 가운의 목 부분 위로 머플러를 걸치거나 긴 칼라가 가운 위를 덮지 않도록 주의하고, 가능한 한 목 부분이 긴 계통의 옷은 삼가야 할 것이다. 또한, 긴 머리카락을 가운 앞으로 늘어뜨리지 않도록 유의하여야 한다. 특히 여성 예배위원의 경우, 지나치게 짙은 화장이나 노출이 심한 옷, 화려한 액세서리 등을 착용하지 않으며, 신발은 운동화나 샌들 종류 대신 정장에 맞는 신발을 신도록 한다.

찬양대원 중에서 간혹 지휘자나 관현악 대원들이 공연장에서 입는 연미복 등의 연주복을 착용하고 예배에 임하는 경우가 있는데, 이는 예배의 찬양을 연주음악으로, 예배당을 공연장으로 착각하고 있는 모습이라 하겠다. 예배는 사람을 위한 공연이 아니라 하나님을 향해 존귀와 영광을 올려드리는 시간이라는 것을 잊지 말아야 한다. 하나님께 예배드리는 하나님의 백성은 신령한 마음과 정성으로 규례에 맞는 예복을 입고, 하나님을 경외하는 마음, 즉 두렵고 떨리는 마음으로 예배에 임해야 할 것이다.

8. 영대, 제대, 교회력 깃발

　예복 위에 두르거나 걸치는 천을 '영대'(領帶, stole)라고 하며, 성찬대나 설교단 위에 걸치는 천은 '제대'(祭帶)로 부르도록 한다. 찬양대의 가운 위에 걸치는 천은 관례상 후드(hood)로 불러도 무방하다. 그리고 교회력에 따라 벽에 걸거나 붙이는 깃발은 입에 익은 '배너'(banner)로 부르는 것이 좋다고 생각한다.

　영대, 제대, 배너는 모두 교회력에 따른 색깔을 맞추어야 하고, 영대와 제대의 상단에는 교단 표식을, 하단에는 그 절기의 상징(십자가, 가시면류관, 비둘기 등)을 사용하도록 권장한다.

　찬양대원의 예복은 가운 전체를 색깔에 따라 맞출 필요 없이 가운은 흰색에 가까운 밝은 색 계통으로 하고, 후드만 앞뒤 색깔이 다른 두 종류를 구비하면 된다. 이렇게 하면 적은 비용으로도 얼마든지 교회력에 맞춘 찬양대원 예복을 착용할 수 있다. 현재 사용하는 예복을 갑작스럽게 바꿀 필요 없이 가까운 장래에 가운을 교체할 계획이 있을 때에는 이러한 사항을 참고하여 생동감 있는 예배 분위기를 이루어 나가는 일에 찬양대가 앞장설 수 있도록 한다.

　참고로 교회력에 따른 색깔을 구분하면 다음과 같다.

① 보라 : 대림절기(대강절), 수난절기(사순절)
② 흰색 : 성탄절과 성탄절기, 예수님 수세주일, 산상변모주일, 부활절과 부활절기, 성삼위일체주일, 그리스도 왕주일
③ 빨강 : 종려주일과 고난주간, 성령강림절, 추수감사절
④ 초록 : 주현절 후 보통절기, 성령강림절 후 보통절기

6장
예배순서에 대한 이해

　우리 인간은 자신들이 갖고 있는 내용이나 의미를 어떤 형식을 통해서 표현하게 된다. 그러므로 형식 없이는 내용을 담거나 표현할 수가 없다. 예배 역시 마찬가지로, 예배에서 사용하는 형식은 기독교의 복음과 신앙을 담고 표현하는 그릇과 같다. 즉, 눈에 보이지 않는 복음(신앙)의 내용과 의미를 눈에 보이는 형식에 담아 표현하는 것이 바로 예배(형식)인 것이다.

　따라서 기독교 예배에서 사용되는 모든 순서에는 각기 고유한 의미가 있다. 하나님께 예배하는 자들은 이 순서들을 통해서 하나님께서 주시는 은혜와 계시를 받으며, 하나님께 감사와 응답을 하게 된다. 예배를 인도하는 사람이나 예배에 참여하는 사람들은 예배에서 사용되는 순서 하나하나의 의미를 바로 알고, 그 순서에 정성을 다해 임해야 한다. 지금부터는 2008년에 발간된 「대한예수교장로회 예배·예식서(표준개정판)」에서 "예배순서에 대한 이해"의 내용을 중심으로 하면서 예배의 각 순서가 갖는 의미와 그 진행이 어떻게 되는지 살펴보도록 하겠다.

1. 예배를 위한 준비

예배를 위해서 예배 인도자와 교인은 미리 준비를 하는 것이 바람직하다. 교인은 조용한 묵상 가운데 예배를 준비하며, 인도자는 자신과 예배드리는 교인을 위해서 기도하면서 준비해야 하는데, 조용한 음악이 연주되는 가운데 할 수도 있다. 이 순서는 예배 인도자가 먼저 강단에 올라가 기도하면서 준비할 수도 있겠고, 예배 중 입당 순서가 있는 경우는 예배 준비실에서 조용히 기도하면 될 것이다. 만일 예배위원들이 함께 입당을 한다면 위원들과 준비실에서 같이 기도하고 입당을 할 수 있을 것이다. 참고로 동방정교회에서는 예배를 시작하기 전에 사제가 혼자서 예배를 준비하는 의식을 갖고 난 다음 교인과 함께 예배를 드린다.

2. 예배 선언

예배가 시작되는 것을 교인에게 알리는 순서이다. 예배 인도자는 그날의 예배가 갖는 특별한 의미나 절기를 먼저 언급하면서 예배의 시작을 알리면 된다. 예를 들어 "오늘은 부활절 두 번째 주일입니다. 이제 우리 마음과 뜻과 정성을 모아 하나님께 예배를 드리겠습니다."라고 하면서 예배를 시작하면 된다. 예배 선언을 하기 전에 특별히 소개를 해야 할 사람이 있을 경우 소개를 할 수도 있고, 예배 인도자와 교인 혹은 교인 간에 간단한 인사를 한 후에 예배 선언을 할 수도 있다. 이는 하나님께 예배드리기 전에 형제자매와 화목을 이룬다는 의미를 갖는다.

3. 예배로 부름

예배의 주도권은 인간에게 있는 것이 아니다. 하나님께서 우리를 예배하도록 부르셔서 우리는 그분 앞으로 나아와 예배하는 것이다. 이 순서는 하나님께서 우리를 예배의 자리로 부르시는 것이며, 인도자는 예배와 관련된 간단한 성구를 사용하는 것이 좋다. 예배와 무관한 성구나 너무 긴 내용은 사용하지 않는 것이 좋겠다. 예배로 부름이 끝난 후에는 간단한 응답송을 찬양대가 하거나 아니면 반주로 할 수 있다.

4. 기 원

여기서의 기원은 예배와 관련된 내용이며, 주된 내용은 성부 · 성자 · 성령 성삼위 하나님께서 이 예배 가운데 임하셔서 영광을 받아 주실 것과 또한 예배하는 무리들 위에 은혜를 내려 주실 것을 기원하는 것이다. 어떤 경우에는 여기서부터 예배와 관계없는 세세한 내용들을 길게 말하면서 기도를 하는데, 이것은 삼가야 한다. 그런 내용은 다른 기도에서 얼마든지 할 수 있음을 알고, 이 순서에서 예배 인도자는 예배를 위해 간단히 기도해야 한다.

5. 경배의 찬송

예배를 위한 기원이 끝나면 예배하는 전체 교인이 오늘 예배를 받으실 하나님께 찬양과 경배의 찬송을 드린다. 모든 교인의 마음을 온전히 모아 하나님을 찬미하는 것이므로 이때에는 온 교인이 일어서서 찬양을 드리는 것이 좋다. 경배의 찬송에 사용되는 찬송은 찬송가 제목 분류에서 '경배'(8-17장)와 '찬양'(18-41장) 중에서 선택하며, 가능하면 성부·성자·성령 성삼위 하나님을 찬양하는 곡을 택하는 것이 바람직하다고 본다.

6. 성시 교독

종교개혁 이후 츠빙글리나 칼뱅 등을 따르는 개혁교회는 시편 말씀으로 하나님을 찬미했는데, 그것을 시편송이라 부른다. 시편송을 불렀던 주된 이유는 하나님께 드리는 찬송도 인간의 말이 아니라 '하나님의 말씀'으로 하자는 열망에서였다. 근대 이후로는 찬송가가 발전하면서 대부분 개신교 예배에서 시편송은 사라지게 되었고, 그 대신 현재는 시편을 교독하는 형태를 취하고 있다. 또한 현재 사용하는 교독문에는 시편 이외의 다른 성경 내용들까지도 포함되어 있다. 예배에서 교독문을 하게 될 경우에는 다음의 내용을 참고하면 된다.

1) 교독문 순서를 따라서 처음부터 계속 진행해 나간다.
2) 특별한 절기에는 각 절기에 맞는 내용을 선택한다.
3) 예배의 내용이나 설교의 내용에 따라서 적절한 교독문을 선택한다.

7. 참회의 기도

하나님 앞에 서는 자는 죄를 안고서 예배할 수 없다. 하나님은 죄를 미워하시기 때문이다. 하나님이 거룩하시니 예배하는 우리도 거룩해야 한다(레 11:45). 그러나 우리 인간은 죄 속에 빠질 수밖에 없는 연약한 존재다.

그러므로 우리는 하나님 앞에 예배하면서 먼저 자신의 죄를 고백하고 용서를 받아야 한다. 참회의 기도는 바로 이것을 위해서 하는 순서이며, 방법은 다음과 같다.

1) 개인적으로 조용하게 죄를 고백하는 방법
2) 공동고백 기도문을 작성하여 함께 고백하는 방법(이때 기도문을 순서지에 실어 놓는다.)
3) 먼저 공동고백의 기도를 한 후 개인의 고백을 하는 방법

참회의 기도가 장로교회의 예배에서 사용되는 것은 교회가 전통적으로 사용했던 자비를 구하는 기도(자비송), 즉 키리에 엘레이손(Kyrie eleison, 주여 우리를 불쌍히 여기소서.)을 대체한 것으로 보면 된다. 지금도 가톨릭교회 등에서는 키리에(자비의 찬가)를 하고 있다.

8. 사죄의 확신

죄를 고백한 무리들을 하나님은 용서하신다. 따라서 참회의 기도 후에는 하나님께서 죄를 고백한 사람들을 용서하셨음을 말씀을 통해 선포해야 한다. 이때 사용되는 성구는 죄의 용서와 관련된 내용으로 하면 된다(요일 1:9; 사 1:18; 시 103:8-12 등).

9. 영광송

죄를 용서해 주신 하나님의 은혜를 기억하면서 교인은 하나님께 영광을

돌린다. 여기서는 성부 · 성자 · 성령 하나님께 영광을 돌려 드리는 간단한 찬송을 부른다(2장 "찬양 성부 성자 성령", 3-4장 "성부 성자와 성령", 7장 "성부 성자 성령" 등).

10. 기 도

교인을 대표하여 드리는 이 기도는 공적인 것이어야 하며 그 내용은 하나님께 대한 공경(전능하신 하나님, 거룩하신 하나님, 은혜와 자비가 한없으신 사랑의 하나님 등), 베풀어 주신 은혜에 대한 감사, 고백, 간구(교회와 교인, 모인 교인, 나라와 민족, 세계 평화와 복음화 등)의 순서로 하는 것이 좋다. 개신교 전통에 따라 그날의 말씀과 설교자를 위해서 기도하는 것도 포함된다. 칼뱅은 예배 중 '성경봉독과 설교' 전에 성령님의 임재를 위한 기도(Collect for Illumination)를 하도록 해서 말씀 속에 성령님이 역사하시도록 간구하였다. 공중 기도를 하면서 몇 가지 고려할 것은 다음과 같다.

1) 기도가 너무 길지 않도록 정해진 시간을 지켜야 한다(3분 내외 정도). 너무 긴 기도는 예배를 돕는 것이 아니라 오히려 예배를 방해할 수 있다는 사실을 기억해야 한다.
2) 자신의 감정에 치우친 기도는 삼가야 한다(목소리를 지나치게 높이는 것, 지나치게 떨리는 목소리나 울먹이는 소리 등). 특별한 경우를 제외하고 모든 예배 중의 언어는 절제된 감정의 상태에서 진행되어야 한다.
3) 듣는 사람들을 가르치려 드는 식의 기도는 삼가야 한다. 기도는 인간에게 들으라고 설교하는 것이 아니라 하나님께 아뢰는 것이다. 기도가 무엇인지를 바로 알고 기도에서 설교를 하지 않도록 주의해야 한다.
4) 기도에서 지나친 문학적 수식 등은 조심해야 한다. 하나님께 드리는 기도

는 문학이 아니라 우리의 진실된 마음에서 우러나오는 것임을 잊지 말아야 한다.

11. 성경봉독

개신교 예배에서 말씀과 관련된 순서는 매우 중요한 부분이다. 무엇보다 성경봉독은 하나님의 기록된 말씀을 직접 듣는 시간이며, 이어질 설교 역시 기록된 성경말씀에 근거해서 전해지는 것이다. 그러므로 성경을 봉독하는 사람이나 듣는 사람들은 성경을 읽을 때 주의를 기울여야 한다.

성경을 읽을 때는 먼저 "오늘 우리에게 주시는 하나님의 말씀은 (성경책 이름) ( )장 ( )절에서 ( )절까지입니다."라고 한 후 본문 말씀을 읽는 것이 좋다. 읽은 후에는 "하나님께서 이 말씀을 통해 은혜 주시기를 원합니다." 라고 한다. 특별히 교인 참여를 염두에 둔다면 남·여 평신도가 참여해서 성경을 읽게 해도 된다.

12. 찬 양

하나님의 말씀을 듣기 전에 교회는 전통적으로 하나님께 대한 찬양과 함께, 교인으로 하여금 그 마음을 하나님과 하나님께서 주실 말씀으로 향하도록 하는 뜻에서 찬양을 드렸다. 특별히 찬양대를 통해서 이 부분이 이루어지는데, 찬양대가 주의할 사항은 다음과 같다.

- 먼저 이 찬송을 할 때 그것이 신앙에서 우러나온 것이 되어야 한다.
- 신앙과 함께 적절한 음악적 능력을 갖추고 찬양하도록 준비해야 한다.
- 주의할 것은 지휘자나 반주자, 찬양대원들 역시 지나친 기교에 빠지지 않도록 해야 한다.
  최근 들어 지휘자의 지나치게 과장된 지휘 동작, 반주자의 지나친 기교 등은 전문적 측면에서는 좋을지 모르지만, 하나님 앞에 드리는 예배에서는 주의해야 한다. 지휘자나 반주자, 찬양대원 모두는 예배를 돕는 자라는 사실을 잊지 말아야 하며, 교인의 초점이 찬양대가 아닌 하나님께 향하도록 해야 한다. 예배에서 드러나야 할 분은 사람들이 아니라 하나님이라는 사실을 예배순서를 담당하는 모든 사람들은 잊지 말아야 한다.
- 찬양의 내용은 가능하면 그날의 설교 내용과 일치하도록 한다.

13. 설교 전 기도

설교자는 설교하기 전 그날의 말씀과 말씀을 듣는 사람, 그리고 말씀을 전하는 설교자에게 하나님의 성령께서 임재하셔서, 그 말씀을 잘 전하고 잘 듣고 깨달을 수 있도록 간단히 기도한다.

14. 설 교

설교자는 설교를 통해서 하나님의 말씀을 전달하고, 교인은 설교를 통해서 하나님의 말씀을 듣게 된다. 그러므로 설교자는 최선을 다해 그날 선택한 본문에서 하나님이 말씀하고자 하시는 바가 무엇인지를 전해야 하며, 교인은 그 말씀을 통해서 하나님께서 자신들에게 주시는 음성을 들어야 한다. 즉, 설교는 '하나님의 말씀'이기에 전하는 자나 듣는 자 모두가 최선을 다해 전하고, 최선을 다해 들어야 한다는 것이다. 설교와 관련하여 설교자가 고려해야 할 사항은 다음과 같다.

1) 설교는 그날의 본문에 최대한 충실해야 한다

설교자는 그날의 본문에서 하나님이 무엇을 말씀하고자 하는가를 기도하고, 묵상하고, 깊이 연구해서 그 말씀을 중심으로 하여 설교를 전개해야 한다. '본문 따로 설교 따로'가 아니라 그날의 설교는 그날의 본문에서 나오고, 그 본문에 최대한 충실해야 한다.

2) 설교는 '하나님의 말씀'을 전하는 것이다

설교는 인간(설교자) 자신의 사상이나 생각, 주장을 말하는 시간이 아니다. 설교자는 하나님께서 성경을 통해서 말씀하시고자 하는 그 말씀을 전해야 한다. 설교자 자신의 사상이나 생각을 주장하기 위해서 성경을 이용해서도 안 되며, 설교자는 성경말씀(본문)의 지배자가 아니라 봉사자라는 사실을 잊지 말아야 한다.

3) 설교는 예화의 진열장이 아니다

어떤 설교자의 경우 예화 몇 개를 가지고 그야말로 '설교 시간을 때우는' 사람이 있다. 설교에서의 예화는 그날 설교를 듣는 교인이 그 말씀의 내용을 보다 쉽게 이해하고 삶의 현장에 적용할 수 있도록 하기 위해 보조적으로 사용하는 수단이다. 예화가 설교의 주가 되어서는 안 되며, 예화는 그날 설교자가 전하는 말씀을 보다 잘 이해하도록 하기 위하여 사용되는 것임을 언제나 기억해야 한다.

4) '~축원합니다, ~기원합니다, ~소원합니다, ~부탁합니다' 등의 용어는 사용하지 않는다

설교는 내가(설교자) 청중들에게 복을 빌어 주거나(축원), 기도해 주거나(기원, 소원), 부탁을 하는 것이 아니라 '하나님의 말씀을 전달하는' 시간이다. 그러므로 설교자는 하나님께서 하신 말씀을 전하는 전달자이지 설교 시간을 통해서 청중들에게 복을 빌어 주는 시간이 아니라는 것을 기억해야 한다. 복을 빌거나 기도하는 것은 축도나 기도순서에서 하면 된다.

5) 설교와 관련 없는 쓸모없는 말이나 이야기를 설교 전이나 도중에 하지 말아야 한다

설교 시간에는 자신이 준비한 메시지만 전하면 되지 설교와 관련 없는 불필요한 이야기나 진부한 발언들을 해서는 안 된다. 절제되고 정선된 언어와 설교의 내용은 듣는 사람들로 하여금 하나님의 말씀에 더욱 집중할 수 있도록 할 것이다. 존귀한 하나님의 말씀이 설교자로 인해서 '잔소리'가 되지 않도록 주의해야 한다.

15. 설교 후 기도

설교 후에 설교자는 그날 하나님께서 주신 말씀이 교인의 가슴에 잘 전달되어 그 열매가 맺어지도록 기도한다. 주의해야 할 것은 설교했던 내용을 또다시 설교하며 교인이 들으라는 식으로 기도해서는 안 된다. 하나님께서 교인에게 힘을 주시고 능력을 주셔서 그 말씀대로 살 수 있도록 해주시고, 삶에서 열매가 맺어질 수 있도록 하나님께 기도해야 한다.

16. 신앙고백

교회는 전통적으로 예배 중에 하나님께 대한 신앙을 함께 고백하였다. 물론 신앙고백이 예배 중에 들어오게 된 것은 신앙공동체인 교회가 믿는 신앙의 내용이 무엇인지를 스스로 확인하고 이를 하나님께 고백하는 데에 있었다. 이는 잘못된 신앙이나 사상을 교회가 배격하고, 온전한 신앙을 지키고 계승하고자 하는 뜻을 포함한다. 교회의 신앙고백은 '사도신경'과 '니케아 신경'을 쓰고 있는데, 개신교회는 주로 사도신경을, 가톨릭교회는 주로 니케아 신경을 사용한다. 참고로 신앙고백의 순서는 예배 중 다음과 같이 세 부분에 올 수 있다.

1) '죄의 고백'(참회의 기도)이 있을 경우 영광송을 부른 후에 신앙고백을 한다. 이는 죄를 용서해 주신 하나님께 대한 신앙을 함께 고백한다는 의미가 있다.
2) 설교 후에 신앙고백을 할 수 있는데, 이는 말씀을 주신 하나님께 우리의 신앙을 함께 고백한다는 의미가 있다.
3) 마틴 부처나 칼뱅 등은 성찬을 할 경우 시작 부분에서 사도신경으로 신앙고백을 하고 있는데, 이는 주님의 몸과 피를 받기 전 먼저 하나님께 교회 공동체가 함께 신앙을 고백하고 성찬을 받는다는 의미를 가진다.

17. 응답 찬송

말씀을 주신 하나님께 교인은 감사와 함께 그 말씀으로 살겠다는 의미에서 주신 말씀에 대한 응답의 찬송을 함께 부른다.

18. 봉 헌

교회는 전통적으로 예배 중에 하나님께 대한 봉헌을 하였는데, 이 전통은 구약 시대로부터 지금까지 이어져 오고 있는 것이다. 예배 중 봉헌을 하는 중요한 의미는 하나님이 주신 은혜에 대한 감사와 함께 그 예물을 통해서 우리 자신을 하나님께 드린다는 헌신의 의미가 있다. 따라서 온 교인은 이런 감사와 헌신의 마음으로 하나님께 정성스러운 예물을 드려야 한다. 특별히 교회는 교인이 헌금을 강요가 아니라 자발적으로 드리도록 해야 하며, 강요된 헌금은 하나님께 대한 예배를 부담스럽게 한다는 사실을 잊지 말아야 한다. 참고로 칼뱅은 교회의 예배시간에 구제헌금(alms)을 드리게 해서 가난하고 병든 이웃들을 돌보는 데 사용하였다. 오늘날 한국교회가 지역사회에 대한 관심과 함께 드려지는 예물을 어떻게 사용해야 할 것인가를 깊이 생각하게 하는 대목이라고 본다.

19. 파송의 말씀

예배를 마치면서 목사는 이제 세상으로 교인을 파송하게 된다. 이때 오늘 주신 하나님의 말씀을 기억하고 세상에 나아가 그 말씀대로 살면서 승리하도록 교인을 격려한다. 그리고 그리스도의 증인된 삶을 살도록 부탁

한다.

20. 축 도

예배를 마치고 세상으로 나아가는 교인에게 하나님께서 주시는 은혜와 복을 비는 기도를 하게 된다. 교회는 전통적으로 두 가지 축도, 즉 아론의 축도(Aaronic Blessing)와 사도의 축도(Apostolic Blessing)를 사용한다. 종교개혁 당시 루터와 칼뱅을 비롯하여 현재 개혁교회의 예배는 대부분 민수기 6 : 24~26에 나오는 아론의 축도를 사용한다.

"여호와는 네게 복을 주시고 너를 지키시기를 원하며 여호와는 그의 얼굴을 네게 비추사 은혜 베푸시기를 원하며 여호와는 그 얼굴을 네게로 향하여 드사 평강 주시기를 원하노라."

장로교와 미국의 침례교 일부에서는 고린도후서 13 : 13에 나오는 사도의 축도를 애용한다. 참고로, 본 교단은 총회에서 사도의 축도를 할 경우 끝에 "축원하옵나이다."를 사용하도록 결의한 바 있다.

"주 예수 그리스도의 은혜와 하나님의 사랑과 성령의 교통하심이 너희 무리와 함께 있을지어다."

축도를 할 때에는 위의 축도문에 지나친 수식을 더하거나 또다시 기도를 하는 것은 가능하면 삼가야 한다. 축도는 축도로 끝나는 것이 좋다.

21. 성찬 성례전

1) 성찬 초대

집례자가 성찬 성례전을 시작하면서 교인을 성찬의 자리로 초대하는 말을 하는 것이나 그 내용은 우리 주님께서 우리를 주님의 몸과 피를 받는 성찬의 자리로 초대하신다는 것이다. "십자가에서 우리를 위해 몸이 상하시고 피를 흘리신 주님께서 우리를 위해 성찬의 자리를 예비하시고, 우리를 초대하신다."는 내용 정도로 하면 된다.

또 하나의 방법은 간단한 초대사와 함께 성구를 읽는 방법으로, 또는 성구를 읽고 간단한 초대사를 하는 방법으로 진행할 수 있다(눅 13 : 29 ; 마 11 : 28-29 ; 요 6 : 35 등).

2) 성찬 기도

교회는 전통적으로 성찬을 하면서 기도하는 순서를 가졌다. 하나님의 창조와 구속의 은총에 대해서 감사하고, 주 예수 그리스도의 수난과 희생을 기억하면서 우리로 하여금 성찬을 받게 하심에 대해서 감사를 드린다.

3) 성찬 찬송

성찬과 관련된 찬송(227-233장)을 교인과 함께 부른다.

4) 성찬 제정사

성찬은 우리 주님께서 제정하신 것이다. 집례자는 주님께서 성찬을 제정하시고 이를 기리도록 하는 고린도전서 11 : 23~26(또는 23-29절) 등을 봉독한다.

5) 권 면

성찬 제정사를 봉독한 후 집례자는 이에 근거해서 성찬의 의미와 성찬을 통해서 주시는 하나님의 은혜를 간단하게 전한다. 특별히 주의할 것은 권면의 내용이 너무 교리적이거나 훈계식이여서는 안 되며, 성찬을 통해 주시는 주님의 은혜를 전하는 내용이 주가 되도록 해야 한다.

6) 성령 임재의 기원

성찬은 우리 인간의 의식이 아니라 성령님의 역사하심 속에서 이루어지는 의식이다. 따라서 집례자는 떡과 잔 위에, 그리고 온 교인과 성찬의 자리에 성령님이 임재하시도록 기도한다. 참고로 화체설을 믿는 가톨릭교회나 동방정교회는 이 시간에 사제의 축성 기도(Epiclesis, 성령님의 임재를 위한 기도)로 떡과 포도주가 실제 주님의 살과 피인 성체와 성혈로 변화된다고 믿는다.

7) 분병례(떡을 뗌, 잔에 포도주를 부음)

성령 임재의 기원이 끝나면 집례자는 먼저 빵을 들어서 쪼개는 의식과 잔에 포도주를 부어서 우리 주님의 상하신 몸과 흘리신 보혈을 온 교인이 함께 주목하여 보도록 한다. 이때 사용되는 떡과 잔은 집례자를 위해서 별도로 준비돼 있어야 한다.

떡과 잔을 따로 분배하게 될 경우는 먼저 떡을 떼는 의식을 집례자가

한 후 교인에게 떡을 분배하고 이어서 잔에 포도주를 붓는 의식을 거행한 후 교인에게 잔을 분배한다. 떡과 잔을 함께 받게 될 경우는 집례자가 떡을 떼고 잔에 포도주를 붓는 의식을 한 후 교인이 앞으로 나와 떡과 잔을 함께 받도록 할 수 있다. 일반적으로 성찬위원이 집례자를 도와서 함께 행하는 순서이다.

중세교회에서나 가톨릭교회에서는 이 의식을 성체분할(fraction)이라고 한다. 주의할 점은 집례자가 떡을 떼고 잔에 포도주를 붓는 의식에서 너무 과장되거나 인위적인 동작과 음성을 사용하지 않고 자연스럽고 경건한 자세로 해야 한다는 것이다.

8) 성찬 참여

성찬 참여 방법은 장로교회가 하는 전통적 방법, 즉 성찬위원들이 앉아 있는 교인에게 떡과 잔을 전달하는 방법이 있고, 교인을 성찬대 앞으로 나오게 하여 받는 방법도 있다. 교인의 숫자가 적고 공간이 허락될 경우는 교인이 둘러서거나 둘러앉아서 받도록 할 수 있는데, 이때에는 집례자가 직접 교인에게 다가가서 떡과 잔을 전한다. 수난주간이나 사순절 기간 등에는 주님의 수난을 기리면서 겸손히 무릎을 꿇고 받는 방법으로 진행할 수 있을 것이다.

성찬을 받는 방법도 다양한 방법이 있다는 것을 기억하면서 집례자가 절기나 교회의 환경, 분위기 등에 따라서 적절한 방법을 사용할 때 훨씬 의미 있는 성찬 성례전을 이룰 수 있을 것이다.

9) 성찬 후 감사 기도

성찬을 받게 하신 주님의 은혜에 감사하면서, 이제 우리도 그 주님을 모시고 주님을 위해서 몸과 마음을 바쳐 살겠노라는 감사와 결단의 기도를 드리면서 성찬을 마친다.

교회는 예배를 통해 개인과 공동체의 신앙을 하나님께 표현하며, 바른 예배는 교회의 바른 신앙을 보존하고 계승하게 한다. 목회자는 무엇보다 하나님께 드리는 예배에 최선을 다하여 준비하고 집례할 수 있어야 한다. 이를 위해서 예배에서 사용되는 순서 하나하나에 대한 정확한 이해를 가지고 거기에 적절한 방법으로 예배를 진행할 수 있어야 한다. 예배를 집례해야 하는 목사부터 예배의 순서에 대한 이해가 바로 되어 있지 않다면 그날의 예배가 어떻게 되겠는가?

순서 하나하나에 대한 역사적, 신학적 이해를 바로 하고, 이를 바탕으로 모든 예배순서에 정성을 다할 때 하나님께서는 그 예배를 기뻐 받으시고, 예배에 참여하는 교인 역시 예배를 통해 큰 은혜를 받는 감격을 예배시간마다 경험하게 될 것이다.

7장
성찬 성례전

1. 성찬 성례전의 영역과 관련한 현장 이해

1) 현재 한국교회의 성찬 성례전

칼뱅의 예배 정신을 토대로 이어 온 우리 교단 역사에서 예배목회 분야를 돌아볼 때 참으로 안타까운 것이 있다면 성찬 성례전 분야라고 할 수 있다. '흙 속에 감춰진 보석'과 같은 소중함을 잃어버리고, 초대교회로부터 종교개혁 시대를 이어 온 '성찬 성례전이 있는 예배에 대한 인식'이 점점 약화되어 가고 있다. 예배에 있어서 그 중요성에 대한 인식 부족과 체계적인 교육 부족, 그리고 단지 설교(말씀) 중심의 예배로만 국한하는 관계로 나타나고 있기 때문이다

기독교 예배는 기본적으로 말씀의 예전과 성례전으로 구성되어 있다. 성례전은 그리스도께서 친히 제정하신 예전으로서 말씀과 함께 예배의 구

심점을 이룬다. 그리스도인이 그리스도의 지체가 되어 살아가는 필수적인 과정으로 주님에게 연접된 자신의 정체성을 확인하는 예전이다. 이 예전에서 그리스도인은 하나님의 은혜를 직접 목격하고 경험한다. 이러한 성례전은 세례와 성찬으로 분류된다.

2) 성찬 성례전의 명칭

교회 역사 속에 성찬 성례전을 위한 명칭은 다음과 같이 환경과 상황에 따라 다양하게 사용돼 왔다.

① 주님의 만찬(Lord's Supper) : 바울이 고린도 교회에 보낸 편지에서 고린도 교인의 성찬 성례전에 대한 잘못된 이해를 설명하면서 사용되었다.
② 성체성사(聖體聖事, Eucharist) : 이 명칭은 원래 '축복' 또는 '감사'의 의미를 내포한 것으로, 마태복음 26 : 26~27의 "떡을 가지사 축복하시고"와 "잔을 가지사 감사 기도하시고"에 근거한다.
③ 성찬(聖餐, Holy Communion) : 이 명칭은 성찬의 본질적인 면을 일컫는 것으로, 성찬을 통해 주님과 참여자, 그리고 참여자 스스로가 하나의 공동체를 형성해 가는 것을 의미한다.
④ 최후의 만찬(Last Supper) : 유월절 만찬(Passover Supper 또는 Passover Meal)과 같은 의미로서 주님이 제자들과 마지막 가지셨던 만찬 자체를 가리킨다. 이 명칭은 역사적 차원의 성찬 성례전을 언급할 때 많이 사용되었으며, 예수께서 잡히시기 전날 밤에 있었던 유일회(唯一回)적인 것으로서 예수님과 그 제자들이 함께했던 마지막 만찬을 가리킨다.
⑤ 희생의 봉헌(Offering of Sacrifice) : 성찬 성례전의 신학적 초점을 예수 그리스도의 희생에 맞추는 데서 비롯된 것이다.

3) 성찬 성례전의 중요성

성찬 성례전은 매 주일 거행된 성례전으로서 교인의 신앙과 생활에 새로운 활력소를 불어넣었고, 자신들의 생명을 그리스도와 연접시키어 살아 있는 신앙의 경험을 계속해 왔었다. 이러한 전통은 오늘의 교회가 조금도 소홀히 할 수 없는 부분이며, 더욱 진지한 예전으로서의 성찬 성례전이 집례되어야 함을 가르쳐 준 것이라고 본다. 최근에 이르러 한국교회에서는 월 1회 또는 연 6회씩 성찬 성례전을 거행하는 교회가 증가하고 있다. 그러나 아직도 절대다수의 교회는 성찬 성례전을 연중 2회 또는 4회의 기념적 예전으로 끝내면서 그 이상의 뜻을 발굴하려는 노력마저 기울이지 않고 있는 실정이다. 그 결과 불완전한 성찬 성례전이 교회 안에 난무하고 있다. 실질적으로 성찬 성례전의 참된 의미는 성찬 성례전을 제정하신 주님의 말씀과 행위에서 이것을 무슨 뜻으로 어떻게 주셨는지 깨닫는 데 있다. 그리고 제자들의 행위를 통해 그들은 무엇을 어떻게 받았으며, 훗날 이것이 어떻게 발전되었는지에 대한 깊은 이해가 오늘의 집례자와 교인에게 반드시 있어야 한다. 이는 결코 의식적(儀式的) 표준 없이 마음대로 성찬 성례전을 집례할 수 없기 때문이다. 비록 각 교회가 가지고 있는 전통에 따라 어려운 점이 있더라도 초대교회와 같이 말씀과 성찬 성례전이 균형을 이루고 성령님의 주권적인 역사에 의존하는 겸허한 자세의 예배로 나아가야 한다. 이러한 성찬 성례전의 중요성은 오늘뿐만 아니라 개신교가 탄생하던 종교개혁 때까지도 가장 핵심적인 예배의 초점이 되어 왔다. 여태껏 예배에 있어 단 하나의 주안점으로만 여겨 오던 성찬 성례전에, 말씀이라는 새로운 구심점을 강조함으로써 개혁교회는 말씀과 성찬 성례전이라는 두 개의 본질적 요소를 우리의 예배 속에 지켜 올 수 있었기 때문이다.

그러나 불행하게도 츠빙글리의 과격한 개혁 의지는 지금껏 말씀과 성찬 성례전이 조화를 이루었던 기독교 본래의 예배 전통에 심각한 불균형을 초래하였다. 그는 설교가 성찬 성례전을 몰아내는 방향을 취하면서 매 주일 성찬 성례전이 없는 예배를 시도했고, 제네바의 의회에까지 영향을 끼치게 되었다. 그 결과 연 4회로 예배에서 성찬 성례전을 집례하게 된 것이 개혁교회의 전통처럼 되어 버린 것은 비극적인 사실이 아닐 수 없다. 한국교회 또한 그토록 소중한 성찬 성례전을 1년에 2회로 지키는 전통 아닌 전통을 유지하게 되었다. 그리하여 말씀과 성찬 성례전이라는 두 요소를 함께 갖추어야 했을 우리 교회가 어느 나라의 개혁교회보다 성찬 성례전과의 접촉을 가장 멀리한 채 오직 말씀만을 강조한 모습으로 남게 되었다.

2. 성찬 성례전의 기원과 목회신학적 이해

1) 기 원

성찬 성례전은 예수 그리스도께서 잡히시던 밤에 친히 제정하신 예전이다. 예수님은 자신의 사역을 마치시고 십자가의 고난을 스스로 맞이하시기 전에 제자들과 마지막 식탁에서 이 예전을 세우셨다. 그 시간은 유대인들이 출애굽 사건을 회상하는 유월절이었으나 그 의미와 대상은 새로운 차원의 것이었다. 예수 그리스도께서 인류의 죄를 담당하여 주신 구속 사건의 내용이 담겨졌으며, 그리스도의 부활과 승천 후 바로 사도들에 의하여 철저히 매 주일 준수된 예전이었다. 즉, 초대교회가 예배의 핵심으로 지켜 온 존엄한 예배 예전이었다.

2) 목회신학적 이해

이것은 그리스도인을 위해 하나님께서 행하셨던 일, 즉 죄로부터 구속하시고, 믿음을 주시고, 성화시키는 은혜에 대하여 감사하는 예전이다. 이 예전은 그리스도의 구속사를 새롭게 회상(anamnesis)하며, 하나님의 백성 가운데 임재하시겠다는 그리스도의 약속을 보증한다. 그리하여 그리스도인은 성부 하나님께 감사하고, 예수 그리스도의 희생을 회상하며, 성령님의 임재를 기원한다. 이는 성령님이 오셔서 성찬을 받는 자를 그리스도뿐 아니라 지금까지 있어 왔던 모든 그리스도인과 하나 되게 하여 그리스도의 충만에 이르도록 그 몸과 피의 의미를 통해 양육시키는 예전이다. 그리하여 이 예전은 그리스도와 화해한 본을 따라 교인의 교제를 이루게 하며, 그리스도인 간의 갈등과 분쟁을 화해시켜 하나님과 그리스도인, 나아가 온 세상의 이웃을 사랑하고 섬기는 일에 헌신할 것을 다짐하는 예전이다. 우리는 성찬 성례전을 통해 하나님 나라에서 있을 어린양의 혼인잔치를 전하고 의와 화평을 이루도록 보냄을 받게 된다.

3. 성찬 성례전의 실천적 지침

1) 인식에 관한 지침

① 세례 성례전을 통해 교회의 일원이 된 교인은 성찬 성례전에서 나타난 하나님의 말씀으로 성장해 나가게 된다. 예수께서는 최후의 만찬에서 새 언약의 표로서 떡과 잔을 나누셨으며 성령 임재를 통해 자신을 나타내신다.

② 예수께서는 성찬 성례전을 제정하시면서 이 예전을 행할 때마다 주님이 십자가에 흘리신 보혈을 생각하고 기념(회상, 재현)하라고 하셨고, 재림할 때까지 계속 행하라고 하셨다. 교회는 이 말씀을 따라 초대교회 때부터 현재까지 성찬을 신령한 예전으로 지켜 오고 있다.

③ 이 예전은 십자가에 달려 죽으시고 부활하신 주님과 함께 연합하는 증표이다. 교회는 하나님의 창조와 구속과 믿음과 성화시키시는 은혜에 대해 감사하고, 그리스도의 삶, 죽음, 부활, 재림의 약속을 기억하고, 성령님의 임재를 기원한다. 또한 그리스도 안에서 세례받은 모든 교인과 함께 교제하고, 하나님 나라 백성의 즐거운 잔치와 어린양의 혼인잔치의 기쁨을 미리 맛보는 예전이다.

④ 이 예전의 집례는 그리스도의 최후의 만찬(마 26 : 26-29 ; 막 14 : 12-26 ; 눅 22 : 15-20)과 바울을 통해 기록한 만찬(고전 11 : 23-29)의 유형을 따라야 한다. 말씀과 성례전은 절대적 관계를 갖고 있기 때문에 성찬 성례전이 집례될 때마다 말씀을 읽고 선포하는 일이 선행되어야 한다.

⑤ 이 유형에 따라 먼저 성찬의 성물은 떡과 포도즙으로 한다. 준비된 성찬대 앞에서 성령 임재를 위한 기도를 드린 후 집례자는 떡을 손에 들고 "이것은 너희를 위한 내 몸이니 너희는 이것을 행하여 나를 기념하라."는 말씀을 한다. 떡의 분배는 집례자, 분병위원, 교인의 순서로 한다. 이어서 집례자는 잔을 손에 들고 "이 잔은 내 피로 세운 새 언약이니 이것을 행하여 마실 때마다 나를 기념하라."는 말씀을 전하도록 한다.

⑥ 참여자들은 준비된 성물을 나누는 가운데 주님의 말씀과 성별(聖別)의 기도 속에 영적으로 임재하신 주님을 뵙는 경험을 갖도록 한다. 그리하여 주님의 새 언약에 참여한 자로서 기쁨과 감사와 소망을 가지고 살도록 하며, 죄를 해결하고 겸손한 마음으로 참여하도록 해야 한다. 집례하는 목회자는 그리스도의 명령을 받아 집례하게 된 자신의 막중한 사명을 깨닫고 먼저 몸과 마음을 깨끗하게 해야 한다.

⑦ 이 예전은 우리의 제한된 언어로 다 표현할 수 없는 역사가 이뤄지는 순간이므로 그때마다 성령님의 도우심으로 우리 주님의 깊으신 사랑과 풍성하신 은혜를 경험하도록 준비한다.

⑧ 세계 개혁교회의 예배에서는 매주 성찬 성례전의 실행을 기본으로 하고 있으나 개교회별로 그 횟수는 자율적으로 조정하고 있는 실정이다. 그러

나 가능한 한 자주 거행하여 예수님의 죽으심과 부활을 회상하면서 이 예전에 참여하도록 해야 한다.
⑨ 형태는 다양한 방법으로 거행하여 늘 신선한 감각을 불러일으키는 게 좋다. 분병 분잔위원이 가져다주는 방법만 고수하기보다는 교인이 앞으로 나와서 받게 하거나 또는 앞으로 나와서 무릎을 꿇고 두 손으로 받는 방법들을 활용하여 성찬의 의미를 깊게 하는 것도 필요하다.
⑩ 성물의 준비는 정결한 몸과 마음을 가지고 성스럽게 준비해야 하며, 집례자 역시 이 일을 위하여 함께 준비하는 정성이 필요하다.
⑪ 이 예전은 당회가 결정하고 나면 적어도 1주일 전에 교인에게 알려 마음의 준비를 시킨다. 성물인 떡과 포도즙은 목사의 책임하에 미리 준비하되 가급적 일반적인 상품은 사용하지 않는 것이 좋다.

2) 훈련에 대한 구체적인 적용 지침

비전 만들기(Envisioning)

변화 의식을 심어 주는 단계이며, 성찬공동체로서의 교회의 본질과 이론적 기초를 바탕으로 하여 주님의 몸 된 교회가 이 예전을 회복하지 않으면 안 되는 당위성과 중요성을 제시한다. 또한, 교회 예배 활성화를 위해서라도 꼭 필요한 하나님의 방법임을 주지시킨다. 중·장기적으로 목회 방향과 정책 수립, 설교, 세미나, 조사, 타 교회 방문 등으로 진행할 수 있다.

① 목회 방향과 정책 수립

목회 방향 수립을 위해 '교회 예배의 활성화를 위한 성찬 성례전의 회복의 당위성과 목회 방향의 비전'을 제시하고, '성찬 성례전을 통한 예배 활성화 방안'을 위해 실행위원회를 구성하여 연구하기로 한 정책을 수립, 결의하여야 한다.

② 설교를 통한 비전 제시

비전을 만들기 위해 가장 효과적인 힘은 설교에 있다. 설교는 사람이 하는 일을 주관하시는 하나님의 능력이 나타나는 시간이기 때문이다. 교인은 설교를 통하여 은혜를 받고, 깨달음을 체험하고, 의지적인 결단을 내리는 지정의(知情意)의 형성에 직접적인 영향을 받는다. 그래서 낮 예배시간을 통하여 성찬 성례전을 통한 예배 회복의 활성화 방안의 당위성과 비전 제시를 염두에 둔 체계적인 설교를 여러 번에 걸쳐 실시한다. 혹은 '성찬 성례전의 전(前) 이해를 위한 예배 학교'라는 이름으로 설교를 실시해 보도록 한다. 성찬에 대한 중요성을 급하게 논하기보다는 먼저 예배와 이 예전의 중요성에 대한 이해를 높이는 것에 중점을 둔다. 그런 다음, 성찬 성례전에 대한 공감대 형성을 효과적으로 높여 나가되 예배에 맞는 주제의 설교를 계획하고 실행한다.

구체적으로는 "예배인가 집회인가?"라는 제목으로 설교하면서 우리의 예배 현실을 허심탄회하게 나누거나 "예배란 무엇인가?"라고 하면서 예배의 분명한 의미를 강조할 수 있다. "예수 그리스도와 예배"라는 제목으로 예수님이 가르쳐 주신 예배의 주요 강조점을 살펴볼 수 있으며 "신약성경과 초대교회의 예배"라는 제목으로 기독교 예배의 원형에 대한 내용을 강조할 수도 있다. "종교개혁기의 예배"에서는 개혁교회의 뿌리가 되는 종교개혁기의 예배를 통하여 개혁교회의 정체성을 확인하는 기회를 가질 수도 있다. "미국 서부 개척기의 예배 전통"에서는 처음에 한국에 유래되었던 미국 서부 개척기의 예배 전통의 내용과 문제점에 대해서 알아보는 기회를 가질 수도 있다. 이 외에도 설교 때마다 성찬 성례전을 통한 예배 회복의 활성화에 대한 내용을 말해 줌으로 교인과 비전을 함께 나눌 수 있다.

③ 세미나를 통한 비전 제시

위원회를 포함한 전 교인을 대상으로 주일부터 주일 오후 찬양 예배시간을 통하여 성찬 성례전의 이해를 위해 몇 차례에 걸쳐 다음과 같은 주제로 세미나를 실시하는 것이 효과적이다.

"성찬 성례전이란 무엇인가?" : 리마 예식서의 신학적 의미를 중심으로 한 성찬의 주요 내용
"왜 성찬인가?" : 성찬 성례전을 해야 하는 이유, 근거, 본질 등에 대한 구체적인 나눔
"한국교회의 성찬 실태" : 현재 한국교회의 성찬 성례전 상황과 앞으로 나아가야 할 길

이상과 같이 세미나를 통해 전 교인과 함께 생각하고 배울 수 있는 시간을 가질 수 있다.

그 외에도 여러 차례 성찬 성례전을 통한 예배 회복의 활성화를 위해 예배에 관한 주제와 성찬에 관한 주제를 가지고 비전 형성을 위한 강의를 해 나가는 것이 바람직하다.

실행위원회 구성 및 교육

① 실행위원회 구성

당회나 제직회를 통해 "성찬 성례전을 통한 예배 회복의 활성화"라는 목표하에 위원회 구성을 결의하여 본격적인 준비를 한다. 위원장 1명, 총무 1명, 회계 1명, 위원은 형편에 맞게 두며, 주보에 기재를 한 다음 주일 예배 광고 시간에 전 교인들에게 공포한다.

② 교육 및 훈련

이 준비를 위해서는 국내·외 교회를 탐방하거나 전문가를 초청할 수 있다. 국내 교회 탐방지로는 대한성공회, 한국정교회, 명동성당을 들 수 있다. 본 교단 소속 교회로 성찬 성례전을 모범적으로 실행하는 곳은 서울 종로구에 위치한 안동교회이다. 1993년도부터 11개의 성찬 성례전의 순서 내용이 담겨 있는 소책자를 발행하여 예배시간에 활용하고 있는 것으로 알려져 있다.

미국 쪽 교회로는 시카고의 윌로우 크릭 교회, 대표적인 장로교회인 제4장로교회, 트리니티 교회가 있다. LA의 새들백 교회, 모자이크 교회, 수정교회와 샌프란시스코의 그레고리 오브 닛사 교회와 뉴욕의 성 패트릭 성당 등이 있는데 이곳을 탐방해 보면 다양화된 성찬 성례전의 세계를 직접 경험할 수 있는 기회를 가질 수 있다. 물론 탐방하고 연구한 내용을 그대로 적용할 수는 없지만 목회자가 어느 부분에서는 새로우면서도 놀라운 경험을 할 수 있는 기회인 것은 분명하다. 그것을 바탕으로 교회 현장에서 직·간접적으로 적용하거나 교육할 수 있는 것만으로도 충분한 유익이 있다.

가. 설교를 통한 교육

여기에서는 위원회 위원들을 대상으로 하여 다음과 같은 주제의 설교를 할 수 있다.

- "예배의 신앙과 정신": 진정한 예배 신앙과 정신에 대한 말씀
- "예배의 원리들": 하나님 중심, 교회 중심, 종말 중심적인 예배 원리를 강조
- "구약 시대의 예배": 시내 산 시대, 성막과 성전 시대, 회당 예배, 주요 절

기 등을 연관시킴.
- "신약성경과 초대교회의 예배": 신약성경과 초대교회 시대의 예배의 원형에 관한 내용
- "감격과 소망 가운데 성숙한 3~4세기의 예배": 그 시대의 교인이 믿음과 사랑과 소망의 신앙을 가진 채 감격과 소망으로 성숙한 예배생활을 하고 있었음을 강조
- "칼뱅의 예배 의식": 장로교회 예배의 뿌리와 신앙의 뿌리, 그리고 무엇보다도 말씀으로 돌아가야 한다는 당위성하에 성찬 성례전의 중요성을 통한 하나님의 은혜 방편 등의 내용을 소개

나. 세미나를 통한 훈련

교회의 주요 직분을 맡은 평신도 지도자에 대한 교육이 반드시 필요하다. 예배에 대한 전(前) 이해가 없는 예배 갱신의 시도는 오해와 거부감의 벽에 부딪힐 위험성이 있으므로 먼저 평신도 지도자들의 예배 의식부터 갱신되어야 하기 때문이다. 따라서 그들의 호응과 협력을 얻기 위해서는 성찬 성례전에 대한 강의를 적어도 세 번에 걸쳐 교육, 훈련하고 세미나를 실시해야 한다.

- "성찬 성례전의 상황" 세미나: 현재의 상황, 교회의 상황, 이상적 상황, 도전과 질문에 대한 내용을 중점적으로 다룸.
- "성찬 성례전의 본질" 세미나: 성경적 근거, 역사적 근거, 신학적인 이해, 실제적인 문제들과 리마 예식서(BEM)의 성찬 예배순서를 비롯하여 초대교회, 동방교회, 서방교회, 종교개혁 시대(루터, 칼뱅)의 성찬 성례전에 대한 예배순서들을 구체적으로 다룸.
- "성찬 성례전의 타개책" 세미나: 그동안 직·간접적으로 설교, 교육된 것

> 을 상기하면서 비전 확인, 실행위원회 점검, 계획 및 실천, 규범화, 평가에 이르기까지 전체적인 내용을 허심탄회하게 나눔.

계획과 실천

① 일반 계획

가. 교인 : 성찬 성례전이 있는 주일에는 우선적으로 예배 참석을 원칙으로 하고, 직전 금요일에는 성찬 성례전 준비를 위한 금요 기도회에 참석하여 만반의 준비를 한다.

나. 횟수 : 1년에 6회 혹은 12회를 원칙으로 하고, 매월 첫 번째 주일 혹은 홀수 월(1월, 3월, 5월, 7월, 9월, 11월)의 첫 번째 주일 대예배에 하는 것으로 한다.

다. 참여방법 : 교인에게 가서 분병 분잔을 하되 성금요일 예배나 특별한 경우는 예외로 해서 앞으로 나가서 받게 한다.

라. 세례식 : 성찬 성례전 주일과 같이하여 수세자들이 세례를 받는 날에 성찬 성례전에 먼저 참여할 수 있게 한다.

② 위원회의 역할

가. 예배시간 30분 전에 교회에 출석하여 제반 맡겨진 역할을 수행한다.

나. 성찬용품을 안전하게 본당으로 이동하여 성찬대를 완전하게 준비하는 역할을 수행한다. 또한 분병 분잔위원은 가운 및 장갑을 착용할 경우 예배 전에 한다.

다. 담당자는 하루 전에 성찬용품을 보관 장소에서 꺼내어 깨끗한지 확인·점검을 하여 준비한다. 그리고 성찬 성례전 예배가 끝나고 나면 성물을 수거하고 성찬 기물을 깨끗하게 정리하여 성찬기 보관 장소에 다시 잘 보관하는 일을 수행한다.
라. 담당자는 성찬 성례전 예배가 있는 주일과 금요준비 기도회에 참석하여 당회원을 보좌하고 기도준비에 최선을 다한다. 그리고 제반 준비 사항에 대해 관심을 갖고 점검한다.
마. 담당자는 성찬 성례전 예배를 드리는 주일 한 주 전에 주보 광고를 통해 홍보하며, 직전 주간의 금요 기도회 준비 기도회까지 잘 준비한다. 담임목사는 준비된 성찬기를 확인하고 떡과 잔을 해당 주일 1시간 전까지 준비 완료하는 일을 수행한다.

3) 성찬을 받는 순서 지침

본 교단의 예배모범 및 신조와 치리의 근원은 스코틀랜드 장로교가 주도했던 웨스트민스터 성회에서 결정된 사항과 그 맥을 함께한다. 스코틀랜드 장로교는 칼뱅의 신학과 예배모범을 주축으로 개혁을 하였으며, 오늘날 세계 장로교회의 원조 역할을 담당하고 있다. 칼뱅은 성찬 성례전을 매 주일 실행할 수 없는 안타까운 현실을 보면서 "이것은 곧 악마의 농간이다."라는 과격한 표현을 했을 정도로 성찬 성례전의 집례 과정에 남다른 관심과 깊은 연구를 했다. 그 결과 제네바 예식을 만들어 바른 교회의 틀을 세우는 데 심혈을 기울인 바 있다. 그는 특히 성찬을 받는 순서에 대하여 남다른 관심을 보이면서 정확한 질서를 지켜 줄 것을 강조하였다.

이에 비해 한국교회는 그 절차에 별로 큰 관심이 없는데, 가톨릭교회와 성공회 신부들이 성찬 집례 연습을 수백 번 넘게 한 후에 서품을 받는다는 사실과 비교하면 얼마나 부끄러운 일인지 모른다. 성찬 성례전에서 성물을 받는 순서를 정확하게 배운 바가 없기 때문에 집례자가 원하는 대로 실행하고 있는 실정이다. 일반적으로는 세례교인과 입교인이 먼저 성물을 받은 다음 돌아온 분병 분잔위원들이 성물을 받고, 집례자 자신은 마지막으로 받는 순서를 흔히 볼 수 있다.

이것은 칼뱅의 가르침과는 전혀 상반된 순서이다. 칼뱅은 집례자가 주 예수 그리스도의 명령에 따라 성찬을 집례하는 신분으로서 먼저 스스로 들게 한다. 그리고 분병 분잔위원들이 파송을 받아 나가기 전에 성찬에 참여하여 한 몸이 되게 한다. 그런 다음에 그 파송받은 신분으로서 교인을 찾아가 전해 주도록 하는 절차를 강조하고 있다. 칼뱅이 제시한 순서는 매우 타당성이 크다. 동방정교회나 가톨릭교회, 그리고 개신교에서도 특히 성공회와 루터교에서는 일찍부터 그러한 순서로 시행하고 있다. 우리 주님이 성찬을 제정하실 때에도 사도들이 먼저 성물을 받았고, 그 성찬에 먼저 참여한 사도들이 교인들을 성찬으로 참여하게 하여 성물을 주었다는 순서는 칼뱅이 행한 순서와도 일치한다. 이것이 성경적이라는 사실까지 증명한다. 사도적 전통을 가지고 있는 오늘날 개혁교회는 이러한 부분까지도 섬세한 주의를 기울여 바르게 실행해야 할 것이다.

4) 성찬 성례전 참여 형태 지침

이 형태는 당시 종교개혁가들에 의해서 크게 세 가지로 나누어 볼 수 있다. 먼저는, 극단적 개혁자였던 츠빙글리의 방법이다. 그는 당시 가톨릭교회의 방법을 거의 거부하였기 때문에 이 예전의 참여 형태도 정반대의 형태를 취하였다. 그것이 바로 오늘날 한국교회에서 마치 성경의 가르침처럼 알고 지키고 있는 형태이다. 즉, 앉아 있는 자리에서 위원들이 가져다준 떡과 잔을 받는 형태이다. 둘째는 칼뱅의 방법이다. 그는 성찬을 교인석에서 앉아서 받는 것은 주님의 살과 보혈을 받는 데 경건성의 표현이 약하다고 지적하면서, 세례교인은 모두 일어서서 경건히 받도록 하는 방법과 성찬대 앞으로 모두 나와서 무릎을 꿇고 받는 방법 등을 말하였다.

셋째는 스코틀랜드 장로교회의 방법인데, 긴 성찬대나 찬양대석에 사도들의 숫자처럼 12명씩 나와 앉아서 받도록 하는 것이었다.

이처럼 성찬에 참여하는 형태는 다양하였지만 어떤 것이 성경적이냐는 논쟁은 전혀 없었다. 어떻게 하면 보다 더 성스럽게 주님의 희생을 재현하고 거기에 참여하는 형태가 될 것인가라는 이론을 전개할 뿐이었다. 동방정교회, 가톨릭교회, 성공회 등을 탐방해 보면, 적어도 그들의 성찬 성례전의 참여 형태는 교인이 서서 앞으로 나와 무릎을 꿇는 자세를 한다. 그러면 집례자가 교인의 입에 넣어 주든지 또는 두 손으로 받게 하는 형태를 취하고 있었다. 그대로 받아들이자는 게 아니라 다양한 참여 형태를 통해서 좀 더 신선하고 성스러운 성례전을 예배 현장에 도입할 필요가 있다는 것이다. 초기 선교사들이 전해 준 한 가지의 형태만을 가지고 진리처럼 여기고 전통이라고 생각하는 관습을 이제는 서서히 바꿀 때가 되었다. 본 교단의 「예배·예식서」에서 자주 성찬 성례전을 갖도록 제시한 것은 그러한 인식의 전환과 발전이 되었음을 나타내는 증거이기도 하다.

5) 남은 성물의 처리 지침

이것은 집례자의 현실적인 문제로, 기독교 초창기부터 안고 있던 심각한 사안이며 논란이 되어 온 문제이기도 하다. 역사적으로 개혁교회를 제외한 동방정교회, 가톨릭교회, 성공회에서는 성찬 성례전에서 성물을 성찬대에 봉헌한 다음 '성령 임재를 위한 기도'를 드리는 바로 그 순간부터 주님의 살과 피가 된다는 화체설을 신봉하므로 그 처리를 엄격하게 관리한다.

초창기 시대의 예배에 대한 기록을 잘 보존한 히폴리투스의 「사도전승」에 나오는 지침은 다음과 같다.

"교회는 불신자나 쥐나 다른 짐승이 성체(주님의 몸을 상징하는 떡)를 먹는 일이 없도록 유의할 것이며, 성체의 어떤 것도 떨어뜨리거나 잃어버리는 일이 없도록 할 것이다. 왜냐하면 성체는 모든 신자가 받아야 할 그리스도의 몸이므로 천시해서는 안 된다. 그리고 하나님의 이름으로 잔을 축성할 때에 너는 그 잔으로부터 그리스도의 피를 받게 된다. 잔을 쏟아 이질적인 영이 그것을 핥게 되는 일이 없도록 조심할 것이다. 그렇지 않으면 하나님께서는 이를 경멸한 너를 거슬러 분노하실 것이다. 또 너는 속량된 그 값을 업수이 여겼기 때문에 그리스도의 피에 대한 죄인이 될 것이다."

이러한 가르침을 따르기 위해서 당시 집례자는 많은 고민을 했고, 한 때는 남은 성물을 모두 땅에 묻기도 하였으나 짐승이나 벌레가 먹게 된다는 것 때문에 중지하기도 했다. 어떤 경우에는 남은 성물을 버릴 수 없어 집례자가 다 먹다 보니 알코올 중독자가 되기도 했다. 그러다가 트렌트 공의회(AD 1545-1563)에서 공인한 것이 성찬대 위쪽에 감실을 설치하게 한 것인데 화체설을 따르는 교회에서는 이후로 더 이상 고민을 하지 않아도 되었다.

문제는 개혁교회의 경우인데, 화체설을 따르지 않기 때문에 그렇게까지 신성시하여 모시고 그 앞에 절을 하는 행위를 거부한다. 그렇지만 함부로 버리거나 나누어 먹는 것은 그 신성함을 절하시키는 행위라고 본다. 그래서 개혁교회에 속한 수도원 같은 데서 만든 성찬 떡은 장기 보관이 가능하므로 잘 간수하였다가 필요할 때마다 다시 사용할 수 있도록 한다. 성찬에 사용한 일반 빵이나 떡의 경우는 남은 포도주와 함께 교회의 안수받은 직분자가 예배 후 목회자와 함께 앉아 애찬을 갖는 심정으로 남은 성물을 처리할 것을 권하고 있다. 물론 이때는 잡담하면서 먹는 일반 음식의 분위기가 아니라 성찬 성례전의 감정과 몸가짐을 지속하면서 그러한 시간을 가져야 한다고 조언한다. 만약 남은 성물의 양이 적으면 집례한 목회자 혼자 앞에 말한 자세와 마음으로 처리하는 것도 가능하다. 참고로, 성물의 양과 맛은 식욕을 자극하지 않도록 소량이어야 하고 맛이 없어야 한다는 사실이다. 주님의 거룩한 희생을 재현하여 기념하는 현장에 인간의 식욕이 수반되지 않도록 특별한 주의를 기울여야 할 것이다.

6) 준비 기도 지침의 예

"사랑의 하나님! 우리 앞에 성찬을 베푸시고 주님과 함께 나눌 수 있도록 허락해 주심을 감사드립니다. 이 귀한 성찬을 통하여 우리로 하여금 주님의 지체가 되게 하시고 형제자매와 이웃을 사랑할 수 있도록 마음을 내려 주소서. 부디 이 성찬에 임하셔서 우리 모두 주님을 친히 뵙는 감격을 맛보게 하소서. 주님의 거룩한 살과 피를 대하는 우리의 떨리는 손길이 이제 평화를 얻게 하시고 우리의 두려움이 주님이 허락하신 기쁨으로 변하게 하소서. 우리 위해 몸과 피를 내어 주신 예수 그리스도의 이름으로 기원합니다. 아멘."

7) 제정의 말씀에 대한 지침

고린도전서 11장이나 복음서 말씀(마 26장 ; 막 14장 ; 눅 22장) 중 어느 것이나 봉독할 수 있다. 제정의 말씀을 읽어야 하는 것은 현재 행하고 있는 성찬 성례전이 단순히 집례자의 권위가 아니라 주님의 명령으로 제정된 것임을 교인에게 알려 주기 위함이다. 뿐만 아니라 이 예전은 주님이 제정하시고 명령하신 것으로서, 기독교의 가장 존엄한 전통으로 이어지고 있음을 알리는 의미이다. 주님의 희생의 실재를 새롭게 경험하고 재현하여 기념하는 의미를 선포하는 것이므로 말씀의 해석과 적용을 간결하게 해야 한다.

8) 성령 임재를 위한 기도 지침

동방정교회나 가톨릭교회처럼 화체설을 신봉하지는 않지만, 개신교에서도 성령님의 임재 아래서 성찬 성례전의 신비한 의미와 역사를 기원하는 것은 너무나 당연하고도 중요하다. 이 기도의 내용은 오직 성령님이 이 자리에 임하여 달라는 것과 임재한 성령님의 역사를 통하여 성찬에 참여한 자들의 가슴에 새로운 변화의 역사가 일어나기를 간구하는 것이어야 한다. 성령님의 역사 없이 인간의 단순한 언어와 연출만으로는 그 깊고 오묘한 진리를 깨닫기가 힘들기 때문이다.

9) 성체분할과 분병 분잔 이론과 실제에 관한 지침

'성체분할'이란 집례자가 떡을 들어 떼는 것과 잔을 드는 성례 전 행위를 일컫는 말이다. 주님께서 '떡을 떼시고, 잔을 들고' 제정의 말씀을 하신 것을 그대로 따라 행하는 것이다. 성체분할은 성찬 성례전에서 오랫동안 지속해 온 부분으로서 가장 극적이고 존엄한 순서로 지켜 오고 있던 부분이다. 심지어 웨스트민스터 신앙고백(제29장 3항)에 명시될 정도로 중요한 의식의 형태였다. 최근에 와서는 대부분의 목회자가 이러한 성체분할의 중요성을 인식하게 되면서 주님의 살이 찢기고 보혈이 흘려지는 '극적인 상징성'을 재현하고 있다. 집례자는 큰 보리빵 정도를 들어 축사하고 두 부분으로 뗄 때에는 다음과 같이 말하면서 진행한다.

---

① 주님께서 잡히시던 밤이었습니다.
② 우리 주님은 사랑하는 제자들과 같이 마지막 유월절 식사를 하셨습니다.
③ 그때에 떡을 들어 축사하셨습니다.

④ 그리고 떡을 떼시면서 말씀하십니다.
⑤ 이것은 너희를 위하여 상하고 찢긴 내 몸이다.
⑥ 받으라 먹으라 우리 주님이 명령하셨습니다.
⑦ 이제 주님의 명령대로 주의 떡을 함께 받겠습니다.

그 다음의 의식은 더욱 진지함을 갖고서, 집례자는 포도주가 담긴 큰 잔을 높이 들어 축사하는 장면을 엄숙하게 보여 준다. 그리고 떡을 뗄 때에도 다음과 같이 말하면서 진행한다.

① 우리 주님은 식후에 잔을 들어 축사하셨습니다.
② 그리고 그 잔을 사랑하는 제자들에게 주시면서 말씀하십니다.
③ 이것은 너희를 위하여 흘리는 내 피다.
④ 너희와 나 사이에 맺어진 새 언약의 피다.
⑤ 받으라 마시라 명령하셨습니다.
⑥ 이제 주님의 말씀대로 이 잔을 받겠습니다.

칼뱅과 같은 개혁자들은 떡과 잔을 나누어 주기 전의 '성체분할' 의식을 매우 중요하게 여기고 시행하였다. 그리고 잔을 들어 축사한 다음에는 주님이 하신 말씀을 반복하는 것을 원칙으로 하였다. 여기서 교인은 자신을 위해 주님의 그 귀하신 살이 찢기고 상하였음을 회상하고, 그 보혈이 자신과 어떤 관계가 있는지를 확인하는 엄숙한 의미를 전달받게 된다.

이 순간은 성찬 성례전의 절정을 이루는 시간이며, 개혁교회의 전통을 이어받은 목회자들에 의해 매우 성실하게 이어져 내려온 순서이다. 가장 바람직한 것은 목회자가 성체분할을 할 때 충분히 위의 내용을 숙지하여 보지 않고도 자연스럽게 할 수 있도록 준비하는 것이다. 처음에는 어색하고 어려울 수 있으나 기도하며 충분하게 집중하여 준비하면 은혜로운 집례가 가능하며, 한 번 외워 두면 계속하여 집례할 때마다 많은 도움이 된다는 점을 기억하면서 준비하기 바란다.

10) 성찬 후 감사 기도 지침

이 순서는 죄로 죽을 수밖에 없는 죄인이 주님의 고결한 희생에 의하여 구원받아 자녀가 된 사실에 대해 끝없이 감사드리는 부분이다. 게다가 주님의 살과 피를 받아 그렇게 되었음을 확인하는 예전을 마치면서 감사를 드리고 결단의 찬송을 부르는 것은 너무나 자연스러운 행위이다. 여기에서는 감사의 기도를 예배순서지에 적어 성찬공동체로서 함께 기도드리는 것이 효과적이다. 그리고 마음과 뜻과 정성을 모은 결단을 적절한 찬송으로 표현하는 것도 바람직하다.

11) 가장 기본적인 성만찬이 있는 주일 예배 지침

기본 구조	첨가할 수 있는 순서들
예배로 부름	
경배의 찬송	
참회의 기도	
사죄의 확신	
영광송	
	성시교독
목회 기도	
구약의 말씀	
신약의 말씀	

설 교	찬 양
	결단을 위한 초청
신앙고백	
세 례	
	응답의 찬송
공동체를 위한 중보 기도	
평화의 인사	
봉 헌	
	봉헌송
성찬 초대	
제정의 말씀	
성령 임재를 위한 기도	대감사 기도(Great Thanksgiving)
주기도문	
성체분할(떡과 잔을 나눔)	
감사의 기도	
감사의 찬송	
파송의 말씀	

4. 성찬 성례전의 실제

1) A 유형

성만찬예식 선언 ·· 집례자
"주님의 피로 말미암아 부활의 생명을 입은 사랑하는 회중 여러분! 이것은 그리스도를 기념하여 그의 재림하실 때까지 그의 죽으심을 기억하게 하는 거룩한 예식입니다. 자기 백성에게 힘을 주사 죄를 대적하게 하고 모든 고난에서 저희를 견고하게 하심과 저희를 강하게 하며 마음의 평안함과 영생의 소망을 확신하게 하는 데 무한한 유익이 되는 예식입니다. 조용히 기도

하면서 겸허한 마음으로 임하시기 바랍니다."

찬송가 ·················· 229장 "아무 흠도 없고" ················· 다 같이
    (일어서서 1, 2절만 부른다.)

제정의 말씀 ············· 고린도전서 11 : 23~29 ············· 집례자
    (봉독 후 간략하게 설명한다.)

떡을 뗌 ·· 집례자
    "주님께서 잡히시던 밤이었습니다. 우리 주님은 사랑하는 제자들과 같이 마지막 유월절 식사를 하셨습니다. 그때에 떡을 들어 축사하셨습니다. 그리고 떡을 떼시면서 말씀하십니다. 이것은 너희를 위하여 상하고 찢긴 내 몸이다. 받으라 먹으라 우리 주님이 명령하셨습니다. 이제 주님의 명령대로 주님의 떡을 함께 받겠습니다."

잔을 부음 ·· 집례자
    "우리 주님은 식후에 잔을 들어 축사하셨습니다. 그리고 그 잔을 사랑하는 제자들에게 주시면서 말씀하십니다. 이것은 너희를 위하여 흘리는 내 피다. 너희와 나 사이에 맺어진 새 언약의 피다. 받으라 마시라 명령하셨습니다. 이제 주님의 명령대로 주님의 잔을 함께 받겠습니다."

분병 분잔 ·· 집례자
    (성찬위원들에게 떡과 잔을 나눠 줌.)

성령 임재를 위한 기도 ·· 집례자
    "하나님, 오늘 뜻깊은 이날 하나님의 말씀에 의지하여 거룩한 떡을 받겠습니다. 참된 양식이시오, 생명으로 오신 주님을 기억하며 떡을 받으오니 이 떡이 신령한 양식이 되어 우리의 신앙에 은총을 입혀 주시옵소서. 하나님, 이제 말씀하신 주님의 보혈의 잔을 받으려 합니다. 우리를 위하여 흘리신 이 피로 모든 사람의 죄를 용서하셨으매 이 잔을 받고 그 사랑을 본받아 우리도 서로 용서하고 사랑하게 하여 주옵소서. 성령님 이곳에 임재하여 주시옵소서. 그리스도이신 예수님의 이름으로 기도하옵나이다. 아멘."

성찬 참여 ··· 다 같이
    ※ 회중이 자리에서 일어나 앞으로 나와 질서 있게 받는다. 떡을 받을 때

분병위원이 "주님의 몸입니다."라고 말하면 한 손으로 집으며 "아멘."
으로 화답한다. 잔을 받을 때 분잔위원이 "주님의 보혈입니다."라고 하
면 떡을 준비된 포도즙에 적시면서 "아멘."이라 화답한 후 입에 넣고
자리로 돌아간다.

감사 기도 ··· 집례자
"하나님, 감사드립니다. 우리를 이처럼 사랑하셔서 주님의 귀한 몸과 보
혈에 참여하게 하시고 우리의 허물과 부족을 채워 주시니 감사드립니다. 우
리를 위로하시고 은총을 주시니 감사합니다. 오늘 주신 이 감격, 이 감동을
잃어버리지 않고 언제나 주님의 은총 아래 누리는 삶을 살게 하옵소서. 그리
스도이신 예수님의 이름으로 감사의 기도를 드립니다. 아멘."

주기도문 ··· 다 같이
만찬 후 선언 ··· 집례자
　　(주님께서 만찬 후 찬미하며 감람 산으로 가셨음을 선언한다.)
찬송가 ················· 229장 "아무 흠도 없고" ···················· 다 같이
　　(일어서서 3, 4, 5절을 부른다.)
봉 헌 ·· 다 같이
　　(봉헌은 물질만을 드리는 것이 아니라 몸과 마음까지 드려야 함을 일깨워
　　준다.)
봉헌 기도 ··· 집례자
교회소식 ··· 집례자
찬송가 ············· 501장 "너 시온아 이 소식 전파하라" ············· 다 같이
　　(일어서서 1절만 부른다.)
파송의 말씀 ·· 집례자
강복선언 ··· 집례자

2) B 유형

성만찬예식 선언 ·· 집례자

"주님의 피로 말미암아 부활의 생명을 입은 사랑하는 회중 여러분! 이것은 그리스도를 기념하여 그의 재림하실 때까지 그의 죽으심을 기억하게 하는 거룩한 예식입니다. 자기 백성에게 힘을 주사 죄를 대적하게 하고 모든 고난에서 저희를 견고하게 하심과 저희를 강하게 하며 마음의 평안함과 영생의 소망을 확신하게 하는 데 무한한 유익이 되는 예식입니다. 조용히 기도하면서 겸허한 마음으로 임하시기 바랍니다."

찬송가 ·············· 304장 "그 크신 하나님의 사랑" ·············· 다 같이
   (일어서서 1, 2절만 부른다.)
제정의 말씀 ················ 요한복음 6 : 53~58 ················ 집례자
   (봉독 후 간략하게 설명한다.)
떡을 뗌 ··· 집례자
   "주님께서 잡히시던 밤이었습니다. 우리 주님은 사랑하는 제자들과 같이 마지막 유월절 식사를 하셨습니다. 그때에 떡을 들어 축사하셨습니다. 그리고 떡을 떼시면서 말씀하십니다. 이것은 너희를 위하여 상하고 찢긴 내 몸이다. 받으라 먹으라 우리 주님이 명령하셨습니다. 이제 주님의 명령대로 주님의 떡을 함께 받겠습니다."

분병을 위한 성령 임재의 기도 ································· 집례자
떡을 받음 ··· 다 같이
   ※ 집례자-분병위원-회중의 순서대로 떡을 받는다. 이때 집례자는 세례자와 입교자에 한해서 떡을 받아야 할 것을 말해 준다. 회중이 떡을 받는 동안 관련 성경 구절을 조용히 봉독한다.

잔을 부음 ··· 집례자
   "우리 주님은 식후에 잔을 들어 축사하셨습니다. 그리고 그 잔을 사랑하는 제자들에게 주시면서 말씀하십니다. 이것은 너희를 위하여 흘리는 내 피다. 너희와 나 사이에 맺어진 새 언약의 피다. 받으라 마시라 명령하셨습니다. 이제 주님의 명령대로 주님의 잔을 함께 받겠습니다."

분잔을 위한 성령 임재의 기도 ································· 집례자
잔을 받음 ··· 다 같이

※ 분병 때와 같이 집례자-분잔위원-회중의 순서대로 잔을 받는다.
감사 기도 ·· 집례자
"하나님, 감사드립니다. 우리를 이처럼 사랑하셔서 주님의 귀한 몸과 보혈에 참여하게 하시고 우리의 허물과 부족을 채워 주시니 감사드립니다. 우리를 위로하시고 은총을 주시니 감사합니다. 오늘 주신 이 감격, 이 감동을 잃어버리지 않고 언제나 주님의 은총 아래 누리는 삶을 살게 하옵소서. 그리스도이신 예수님의 이름으로 감사의 기도를 드립니다. 아멘."
주기도문 ··· 다 같이
만찬 후 선언 ·· 집례자
찬송가 ············· 304장 "그 크신 하나님의 사랑" ················· 다 같이
(일어서서 3절만 부른다.)
봉 헌 ··· 다 같이
봉헌 기도 ·· 집례자
교회소식 ··· 집례자
찬송가 ············· 501장 "너 시온아 이 소식 전파하라" ·········· 다 같이
(일어서서 1절만 부른다.)
파송의 말씀 ·· 집례자
강복선언 ··· 집례자

5. 성찬 성례전 회복을 위한 유의사항

예배가 예수 그리스도의 전 생애를 나타내는 것이라면, 성찬 성례전에서 그 절정에 도달해야 하는 것이 참된 기독교 예배이다. 이것이 역사적으로 나타난 기독교 예배의 전통이었고, 성찬 성례전이 없는 예배는 절름발이 예배요, 미완성의 예배이다. 초대교회의 예배는 '말씀'과 '성찬'이 균형 있게 자리 잡고 있었고, 그 안에서 주님을 만나는 기쁨을 누리는 온전한

예배였다. 약화된 성찬 성례전을 회복하기 위해 기억해야 할 사항은 다음과 같다.

1) 성찬 성례전은 주님께서 제정하신 것이며 예배의 절정이라는 사실이다

말씀과 성찬은 예배의 핵심 요소이며, 상호 보완의 관계이다. 성찬은 설교의 부족함을 채울 수 있고, 설교는 성찬의 부족함을 채울 수 있다.

2) 성찬 성례전신학을 재정립해야 한다

칼뱅의 사상을 이어받은 장로교회가 성찬 성례전에 있어서는 츠빙글리의 신학을 받아들여 왔기 때문이다. 바른 성찬 성례전신학을 재정립시켜 교인에게 가르쳐서 바른 전통과 실행을 위해 노력해야 한다.

3) 철저한 준비를 해야 한다

집례자는 집례자대로, 참여자는 참여자대로 준비된 마음으로 참여해야 한다는 뜻이다.

4) 시행 횟수를 늘려야 한다

초대교회공동체는 모일 때마다 성찬 성례전을 행하였고 그렇게 하면서 주님이 주시는 힘을 얻어 나갔다. 칼뱅이 성찬 성례전이 자주 시행되어야 한다고 강조했던 사실을 다시 한 번 되새기면서 점차적으로 그 횟수를 늘려 가야 할 것이다.

8장
세례 성례전

　세례는 기독교의 역사와 함께 변함없는 전통과 깊은 의미를 가지고 있는 하나의 성례전이다. 이 성례전은 종교개혁의 숱한 논쟁 가운데서도 수정이나 반대를 받지 않고 예배 가운데 그대로 지속되어 온 특별한 순서이다.
　그러나 오늘의 그리스도인은 그들이 받았던 세례의 참의미와 가치를 상실하고 시간의 흐름에 따라 무뎌진 감각 속에 묻어 둔 채 살아가고 있다. 그 직접적인 원인은 세례와 함께 가졌던 자신의 결단과 감각을 또다시 되새겨야 할 세례 성례전이 하나의 요식행위(要式行爲)로 예배 가운데 등장하고 있기 때문이다.
　이러한 현실을 감안하여 세례 성례전의 실제를 중심으로 살펴보도록 하겠다.

1. 교인의 구분 : 대한예수교장로회(통합) 헌법 제2편 정치 제1장 제14조

1) 교인은 원입교인, 유아세례교인, 세례교인(입교인)으로 구분한다

① 원입교인 : 예수님을 믿기로 결심하고 공동 예배에 참석하는 자

② 유아세례교인 : 세례교인(입교인)의 자녀(2세 미만)로서 유아세례를 받은 자

③ 세례교인(입교인) : 유아세례교인으로서 입교한(15세 이상) 자 또는 원입교인(15세 이상)으로서 세례를 받은 자

2) 세례교인

① 세례교인은 유아세례교인이나 원입교인으로서 교회생활과 신앙생활을 잘한 다음, 만 15세 이상 된 자는 당회에서 문답을 받는다.

② 당회에서 그를 세례교인(입교인)으로서 가합하게 여기면 교회에서 신앙고백과 서약을 한 다음 당회장 목사에게 세례를 받고 완전한 교인이 된다.

3) 유아세례교인

① 유아세례란 부모의 신앙에 따라 자녀들에게 세례를 받도록 하는 예

전으로서, 입교인의 자녀로서 2세 미만 된 자를 부모 중 한편이 세례교인이면 그 자녀에게 유아세례를 줄 수 있다(웨스트민스터 신앙고백 제28장 4항).

② 유아세례는 구약 시대에 아브라함의 자손이 할례를 받을 특권이 있었던 것과 같이 복음의 은혜 아래 있는 교인의 자손에게 이 예전을 행하는 특권이 있다.

4) 입교인

① 입교는 유아세례받은 교인이 만 15세 이상이 되면 부모의 서약으로 유아세례를 받은 이들이 믿는 가정과 교회에서 신앙으로 자라 각자가 당회 앞에서 자기 신앙고백을 하여 서약식을 함으로 주의 성찬에 참여하기를 허락하는 예전이다.

② 입교란 유아기에 부모의 신앙에 의해 받은 세례에 대하여 장성한 다음 자신의 의식과 신앙으로 직접 예수님을 구세주로 영접함과 동시에 여타의 신앙적 내용을 고백하는 예전을 말한다.

2. 세례교인의 기준과 권리 및 의무에 대한 지침

1) 세례교인은 유아세례교인이나 원입교인으로서 교회생활과 신앙생활을 잘한 다음 만 15세 이상 된 자는 당회에서 문답을 받는다.

2) 세례교인은 당회에서 그를 세례교인(입교인)으로 가합하게 여기면 교

회에서 신앙고백과 서약을 한 다음 당회장 목사에게 세례를 받고 완전한 세례교인(입교인)이 된다.

3) 세례교인이 되면 성찬에 참여하게 된다.

4) 세례교인은 완전한 교인으로서 교회의 전체적인 공동의회 회원이 되고 교회의 일을 결정할 권리가 있다.

3. 세례의 정의와 의미

1) 세례의 기원

세례는 고대 종교 의식에서도 발견되나 기독교 세례와 관련해서는 유대교에서 그 기원을 찾게 된다. 유대교에는 하나님께 나아갈 때 부정한 것을 씻기 위해 행해졌던 정결 의식과 개종자들에게 요구했던 세례 의식이 있었다. 유아에게 행하였던 할례 의식도 기독교 유아세례에 정당성을 뒷받침하는 하나의 근거가 된다(창 7 : 7-14 ; 행 2 : 39 ; 골 2 : 11-12).

세례는 부활하신 예수께서 승천하실 무렵 "그러므로 너희는 가서 모든 민족을 제자로 삼아 아버지와 아들과 성령의 이름으로 세례를 베풀고"(마 28 : 19)라고 하신 때부터 시작하였다.

2) 세례의 기본적인 이해와 신학적인 의미

① 세례는 깨끗하게 씻음을 받았다는 상징의 증거로 주님이 주신 것이다(막 7 : 4).

② 세례는 구원의 약속으로 받는 것이다(막 16 : 16).

③ 세례는 교인으로 하여금 예수 그리스도의 죽음과 부활에 참여하게 함으로 교인의 죽음과 부활에 대한 하나님의 약속의 보증이 된다(롬 6 : 3-11 ; 골 2 : 12).

④ 세례는 죄에 대해 죽고 새 생명으로 다시 산다는 뜻이다(골 2 : 9-13).

⑤ 세례는 그리스도와 연합하는 사건이다(롬 6 : 3-5).

⑥ 세례는 중생, 곧 새 생명을 받는 사건이다(딛 3 : 5).

⑦ 세례는 그리스도이신 예수님의 사람이 되는 결정적 사건이다(갈 3 : 27).

4. 세례 성례전의 교육 지침

1) 초대교회의 경우

세례를 받기 위해 준비교육 과정에 있는 사람들에게 충분히 반복적으로 가르쳤으며 또한 그 가르침의 내용이 그들의 삶에서 실천되는지를 면밀히 살펴본 후에 세례를 주었다. 「사도전승」을 보면, 당시 로마교회에서의 세례 준비 기간이 3년이었으며, 후보자의 열심에 따라 그 기간은 다소 조정되었다고 나온다. 당시 세례교육 대상자는 3년 동안 매일 일터에 나가기 전에 교회에 와서 말씀을 듣고 가르침을 받아야 했으며, 3년이 경과한 후

심사를 거쳐서 사순절 초입에 세례 후보자 명부에 이름을 올린 다음 사순절 기간 내내 또다시 교육과 축마(逐魔, 마귀를 쫓아냄.)를 받아야 했다.

세례를 받을 때는 분명하게 사탄에 대한 단절과 삼위일체 하나님에 대한 충성의 서약을 공개적으로 해야 했다. 주후 3세기 무렵에는 세례 예비자라는 신분이 공개되면 세례를 받기도 전에 순교하는 일이 발생하기도 했는데, 그런 사람은 순교당할 때 흘린 자신의 피로 세례받은 것으로 간주되었다. 초대교회에서는 세례를 받기까지의 과정이 매우 길고 엄격했다. 이 과정에서 세례 후보자는 예수님을 마음으로 믿는 것뿐만 아니라 진실로 그리스도 중심적인 삶의 변화를 가져왔을 때에만 세례를 받을 수 있었다. 물론 이때에 공개적인 신앙의 고백은 필수적이었다.

2) 목회 현장의 현실

이와 같이 철저했던 초대교회와는 달리 요즘 우리의 목회 현장을 둘러보면 너무나 많이 다름을 알 수 있다. 한동안 시행했던 학습 과정도 생략한 채로 세례가 이루어지고 있는 실정이다. 그러므로 한국교회도 세례를 주기 전에 후보자들에게 이러한 사항들을 충실히 가르치면서 그들의 삶에 있어서 참된 변화를 유도해야 한다. 그리하여 세례 전에 자연인으로서 그들이 가졌던 세속적 가치관을 그리스도 중심적 가치관으로 변화시킨 후에 물세례를 줌으로써 세례가 명실공히 거듭나는 새로운 삶과 성령님의 인도 아래 생겨난 사건으로 다시 자리 잡도록 해야 한다.

5. 세례 성례전의 실제 지침

1) 교회가 '물'을 사용하여 성부와 성자와 성령의 이름으로 목사의 집례

로 시행하는 기독교 성례전이다.

2) 이 예전은 전통적으로 사순절 기간의 훈련을 거쳐서 부활절에 행하여졌다. 주일에 거행하는 것이 원칙이나 사람들이 모인 다른 공적 예배에서도 시행할 수 있다.

절기와 관련해서는 부활절과 더불어 세례의 의미를 잘 살릴 수 있는 성령강림주일, 주님의 수세주일, 그리고 교회 창립기념주일 등에 행하여지는 것도 적절하다.

3) 이 예전은 전통적으로 침수(immersion or submersion, 몸 전체를 물속에 담그는 방식), 관수(pouring, 물을 머리에 붓는 방식), 살수(sprinkling, 물을 머리에 뿌리는 방식)의 세 가지 방법으로 행해졌다. 이 세 가지 방식은 교단 특성이나 교회 상황에 따라 적절하게 사용될 수 있고, 모두 세례의 본질을 훼손시키지 않는 것이다. 본 교단의 경우 물을 세 번 뿌리는 살수 방식을 주로 사용하고 있다.

4) 전통적으로 다음과 같은 순서가 포함된다.

① 세례에 관련된 성경봉독
② 성령 임재를 구하는 기도
③ 악에 대한 부정
④ 성삼위 하나님에 대한 신앙고백
⑤ 물에 대한 감사 기도
⑥ 세례받은 사람들이 하나님의 자녀로 교회의 일원이 되었음을 선언하는 순서

이 외에도 성령의 은사(성령세례)를 상징하는 안수나 기름 부음(anointing), 그리고 성유식(chrismation)과 같은 방법을 더하게 되면 예전을 더욱 풍요롭게 할 수 있다.

5) 이 예전은 교회공동체와의 연합과 교제를 의미하므로 교회의 공적 예배에서 시행되어야 한다. 임종 및 환자 방문과 같은 특별한 경우에는 당회의 결의를 거쳐 개별적인 세례를 시행할 수 있다.

6) 초대교회에서는 세례 성례전이 수세 후보자와 집례자가 함께 각각 금식을 하면서 준비할 정도로 매우 중요한 의식이었다. 따라서 현대교회에서도 철저하고 엄숙한 준비를 통하여 세례 성례전을 준비할 필요가 있다.

7) 세례 후보자 선정을 한다.

8) 교회는 연간 성례전 계획을 세우고 최소한 한 달 전까지 세례 후보자가 신청할 수 있도록 주보나 해당 부서 광고를 통하여 교인에게 알린다.

9) 세례 후보자가 세례의 의미를 충분히 알 수 있도록 일정 기간 교육을 통하여 설명한다. 또한 세례 성례전의 전(前) 주일부터 설교 가운데서 언급하는 것이 바람직하다.

10) 유아세례식만을 할 경우에는 예배의 전체 흐름상 설교 전에 미리 거행하여 예식이 끝난 후 유아들과 부모가 유아실로 가서 예배하도록 배려한다.

11) 유아세례를 베풀 경우 대략적으로나마 유아가 낯가림을 하지 않을 나이에 맞추는 게 좋으며, 집례자가 안아서 할 때에는 주의하도록 하고, 미지근한 물을 사용하여 유아가 놀라지 않게 한다.

12) 수세자 숫자가 많을 때에는 집례자가 각각의 이름을 정확히 호명하기 위해서 가슴에 이름표를 미리 부착한다.

13) 집례자는 예식 전 과정을 충분히 숙지하여 책에 의존하지 않고도 할 수 있어야 한다.

14) 집례자는 교단의 「예배·예식서」를 사용하여 수세자들이 문답서약을 하게 한다.

15) 세례를 준 다음 집례자는 참석하여 지켜본 교인들에게 수세자를 교회공동체 일원으로 받아들일 것인지 그리고 신앙의 계속 성장을 위해 보살펴 줄 것인지를 반드시 질문하고 약속을 받아야 한다.

16) 모든 문답의식이 끝나면 집례자는 수세자가 본 교회의 일원이 된 것을 성삼위의 이름으로 선포해야 한다.

17) 세례 성례전은 어떤 경우에서라도 반드시 목사가 집례해야만 한다.

6. 유아세례예식의 실제

세례받을 어린이 호명 ·· 집례자

(집례자가 유아의 이름을 부르면 부모 혹은 보호자는 유아를 안고 앞으로 나와 선다.)

성경봉독 ·················· 마가복음 10 : 13~16 ················· 집례자
권 면 ··· 집례자

"이 예식은 그리스도께서 세운 것이니 믿음으로 의롭다 하심을 얻은 인증입니다. 구약 시대에 아브라함의 자손이 할례를 받을 특권이 있었던 것과 같이, 복음의 은혜 아래 있는 교인의 자손에게 이 예식을 행하는 특권이 있습니다. 그리스도께서 만국 백성에게 명하사 세례를 받으라 하셨고, 유아들에게 축복하사 천국의 백성은 이와 같아야 한다고 하셨습니다. 복음의 허락은 교인과 그 집안에 미친다 하셨고, 사도들도 이와 같이 집안 세례를 베풀었습니다. 우리의 성품도 죄과로 더럽게 되었으므로 부득불 그리스도의 피로 씻으며 성령님의 권능으로 성결함을 얻어야 할 것입니다. 그러므로 부모들은 하나님의 말씀으로 자기의 자녀를 가르치며, 신·구약성경에서 가르친 거룩한 종교의 원리대로 가르쳐야 합니다. 자녀를 위하여 기도하며 친히 그 자녀와 함께 기도하며, 그 어린이에게 충성과 겸손한 신앙생활의 본을 보이고, 하나님이 주시는 힘을 얻어 힘써 주님의 성품과 훈계 안에서 자라게 할 것입니다."

서 약 ·· 집례자와 부모

   1. 문 : 여러분은 이 자녀를 예수 그리스도의 피로 씻음과 성령님의 새롭게 하는 은혜를 받아야 할 것을 믿습니까?

      답 : 예, 믿습니다.

   2. 문 : 여러분은 지금 완전히 이 자녀를 하나님께 바치고 겸손한 마음으로 하나님의 은혜를 의지하며, 친히 경건한 본을 보이기를 힘쓰며, 그리스도 안에서 믿음으로 양육하기로 서약합니까?

      답 : 예, 서약합니다.

세 례 ··· 집례자

"주 예수님을 믿는 이 (부모 이름)의 자녀 ○○○에게 내가 성부와 성자와 성령의 이름으로 세례를 주노라. 아멘."

기 도 ·· 집례자
"자비하신 하나님, 감사와 영광을 받으소서. 교인의 가정에 귀한 자녀를 주셨고, 부모들로 하여금 그 자녀들의 신앙을 위하여 힘쓰게 하심을 감사하나이다. 오늘 세례받은 어린이 위에 하나님의 축복과 보호하심이 항상 함께 하셔서 모든 위험과 시험에 빠지지 않게 하시고, 하나님과 사람 앞에서 귀여움을 받는 어린이가 되게 하여 주소서. 예수 그리스도 이름으로 기도드립니다. 아멘."

선 포 ·· 집례자
"오늘 세례받은 어린이 (이름을 불러줌.)는 본 ○○교회 유아세례교인이 된 것을 성부와 성자와 성령의 이름으로 선포하노라. 아멘."

회중과의 서약 ·· 집례자
"사랑하는 교인 여러분, 여기 이 어린이(들)는 이제 주님의 교회의 한 지체가 되었습니다. 여러분은 이 어린이가 주님 안에서 성령님의 인도하심에 따라 장성한 분량에 이르도록 자라날 수 있도록 기도하며 돌보아 주시겠습니까?"

회중의 응답 ··· 다 같이
("예.", 또는 "믿음으로 양육하며 기도로 돕겠습니다."라고 응답한다.)

세례 후 기도 ··· 집례자
"자비하신 하나님, 감사와 영광을 받으소서. 교인의 가정에 귀한 자녀를 주셨고, 부모들로 하여금 그 자녀들의 신앙을 위하여 힘쓰게 하심을 감사하나이다. 오늘 세례받은 어린이 위에 하나님의 축복과 보호하심이 항상 함께 하셔서 모든 위험과 시험에 빠지지 않게 하시고, 하나님과 사람 앞에서 귀여움을 받는 어린이가 되게 하여 주소서. 예수 그리스도 이름으로 기도드립니다. 아멘."

환 영 ·· 다 같이
(유아세례증명서 또는 선물을 줄 때 온 회중이 환영한다.)

7. 입교예식의 실제

입교 후보자 호명 ··· 집례자
    (예배 시작 전에 앞자리에 순서대로 앉힌다.)
입교예식 선언 ··· 집례자
    "사랑하는 교우 여러분, 오늘 입교예식을 거행하려고 합니다. 입교예식은 부모의 서약으로 유아세례를 받은 이들이 믿는 가정과 교회에서 신앙으로 자라, 지금 각자가 당회 앞에 신앙고백을 하였으므로 주의 성찬에 참여하기를 허락하는 예식입니다. 성삼위의 하나님께서 이들의 마음속에 함께하시기를 기도하오며, 여러 교우들은 이들을 도우며 지도하여 주시기 바랍니다."
성경봉독 ······················· 로마서 10 : 8~10 ························· 집례자
    ※ 디모데전서 4 : 12, 디모데후서 1 : 3~10 등도 가능
권 면 ·· 집례자
서 약 ·· 집례자와 입교 후보자

  1. 문 : 여러분은 유아세례를 받을 때에 부모님들이 대신하였던 신앙고백과 서약을 이제는 장성하였으니 자기의 것으로 확신합니까?
     답 : 예, 확신합니다.
  2. 문 : 여러분은 전능하사 천지를 창조하신 하나님을 믿으며, 그 독생자 우리 주 예수 그리스도와 그의 구원하여 주심을 믿고 성령님을 믿음으로 삼위일체 되신 하나님을 확실히 믿습니까?
     답 : 예, 믿습니다.
  3. 문 : 여러분은 예수 그리스도를 구주로 믿을 뿐만 아니라 그의 가르침과 생활의 모범을 따라 살기로 서약합니까?
     답 : 예, 서약합니다.
  4. 문 : 여러분은 교인으로서의 의무와 권리를 바르게 행사하며, 교회의 관할과 치리를 복종하고, 교회에 덕을 세우는 데 힘쓰기로 서약합니까?
     답 : 예, 서약합니다.

기 도 ·· 집례자
　　"주여, 은혜로 이들을 도우사 영원토록 주님을 섬기며 날마다 성령님 안에서 자라나 하나님의 영원한 나라 백성으로 인 쳐 주시기를 예수 그리스도의 이름으로 기도드립니다. 아멘."
선 포 ·· 집례자
　　(입교인 이름을 호명하며) "이들은 하나님과 온 교우들 앞에서 성실히 서약하였으므로 본 ○○교회 입교인이 된 것을 성부와 성자와 성령의 이름으로 선포하노라. 아멘. 이제부터는 교회가 베푸는 성찬에 참여할 것이며, 주님의 특별한 보호와 축복이 있기를 바랍니다."

8. 성인세례예식의 실제(1) : 살수세례

세례 후보자 호명 ··· 집례자
　　(세례 후보자의 이름을 부르면 세례 후보자는 앞으로 나와 선다.)
세례예식 선언 ·· 집례자
　　"세례는 우리를 그리스도에게 합하는 표가 되며 인을 치는 예식입니다. 그리하여 세례를 받아 교회에 입교하기를 원하는 이들을 당회가 그 신앙을 살펴보아 '너희는 가서 모든 민족을 제자로 삼아 아버지와 아들과 성령의 이름으로 세례를 주라.'고 하신 주님의 분부대로 순종하여 교인의 공동체에 참여시키는 예식이니 모든 교우들은 감사와 기쁨으로 임하시기를 바랍니다."
성경봉독 ···························· 로마서 6 : 3~6 ························· 집례자
　　※ 요한복음 3 : 1~8, 사도행전 2 : 38~42 등도 가능
기 도 ·· 집례자
　　"지극히 거룩하신 하나님, 간구하옵기는 이들이 이제 거룩한 세례를 받으려 하오니 저들의 몸과 마음을 먼저 받으사 물과 성령님으로 거듭나게 하시고, 또 하늘의 은혜를 베푸사 그리스도의 거룩한 지체가 되고, 하나님의 자녀가 되게 하여 주소서. 예수 그리스도 이름으로 기도드립니다. 아멘."

서 약 ·· 집례자와 세례 후보자
　　1. 문 : 여러분은 하나님 앞에 죄인인 줄 알며, 그 진노를 면치 못할 줄
　　　　　알고 오직 그의 크신 자비하심에서 구원 얻을 것을 믿습니까?
　　　　답 : 예, 믿습니다.
　　2. 문 : 여러분은 그리스도께서 하나님의 아들 되심과 죄인의 구주가 되심
　　　　　을 믿으며, 복음에서 말하는 바와 같이 구원하실 이는 오직 예수
　　　　　님뿐이라고 알고 믿으며, 오직 그에게만 의지하기로 서약합니까?
　　　　답 : 예, 서약합니다.
　　3. 문 : 여러분은 지금 성령님의 은혜만 의지하고 그리스도를 따르는 자
　　　　　가 되고, 모든 죄악을 버리고 그의 가르침과 본을 따라 살기로 서
　　　　　약합니까?
　　　　답 : 예, 서약합니다.
　　4. 문 : 여러분은 교회의 관할과 치리에 복종하고 교회에 덕을 세우는
　　　　　일에 힘쓰며, 교인으로서의 의무와 권리를 바르게 행사하기로
　　　　　서약합니까?
　　　　답 : 예, 서약합니다.
세 례 ·· 집례자
　　"예수 그리스도를 구주로 믿는 ○○○에게 내가 성부와 성자와 성령의 이
　름으로 세례를 주노라. 아멘."
　　※ 살수세례이므로 집례자는 세례 후보자 머리에 물을 세 번 뿌릴 때 각각
　　　"성부와 성자와 성령의"라고 말하면서 거행한다.
선 포 ·· 집례자
　　(수세자들을 호명하며) "이분(들)은 오늘 거룩한 세례를 받아 ○○교회의
　세례교인이 된 것을 성부와 성자와 성령의 이름으로 선포하노라. 아멘."

9. 성인세례예식의 실제(2) : 침수세례

지금까지 본 교단은 주로 살수세례를 베풀어 왔다. 1999년 제84회 총회

시 교단 헌법 '예배와 예식' 2-2-2-3에서 "……세례 의식에서 성부, 성자, 성령의 이름으로 세례대의 물을 한 번 또는 세 번 뿌리거나 또는 흐르는 물에 잠글 수도 있다."를 통과시킴으로 예수께서 요단강 흐르는 물에 침수세례를 받으신 것과 같은 세례 또한 허락하고 있다. 침수세례의 모든 순서는 기존 세례식과 동일하게 진행하면 된다. 다만 장소는 형편에 맞게 달리할 수 있다.

1) 장소 지침

침수세례조

예배당 내 강단(개폐식) 아래 또는 강단 뒤쪽에 설치하여 교인이 볼 수 있도록 설치한다.

전통적으로는 사각형, 육각형, 십자가 모양이 있었지만, 부활 신앙을 상징하는 팔각형 모양이 바람직하다. 물의 깊이는 가슴과 배꼽 사이가 되도록 하며, 온수를 사용할 수 있게 설치한다. 교회 뜰에 세례조를 만들 경우에는 날씨와 관계없이 수시로 할 수 있고 주일 예배 시에도 가능한 장점이 있다.

하 천

날씨에 영향을 받으며 수질오염으로 장소를 찾기가 쉽지 않다는 현실적 문제가 있다.

하지만 날씨와 적절한 곳을 찾을 경우에는 전 교인이 야외로 나가 함께 참여함으로 신앙공동체를 형성할 수 있다는 장점이 있다.

바 다

바다도 가능하나 입수 가능한 장소가 대체로 사람들에게 개방된 장소이다 보니 집중과 경건성이 떨어지고 염분으로 인해 상쾌하지 않다.

2) 준비 지침

① 수세자의 침수세례 가운과 속옷(물에 젖었을 때 속살이 드러나지 않는 속옷과 가운)

② 집례자의 가운과 장화(집례자가 세례 후 계속 예식을 집례해야 하므로 젖은 옷을 빠르게 탈의하고 예배 현장에 복귀할 수 있도록 한다. 필요에 따라 가슴까지 방수되는 장화를 신고 겉에 가운을 입어 장화가 보이지 않게 한다.)

③ 뜰채(세례조에서 여러 명에게 계속해서 침수세례를 시행하다 보면 부유물이 발생할 수 있는데 그것을 건져 낼 수 있는 자루 길이 2m 정도의 것)

④ 옷 수납 바구니와 수건(탈의실로 지정된 장소에 각자의 옷을 수납할 수 있도록 수세자 이름이 적힌 바구니)

3) 예상되는 문제에 대한 지침

① 계절에 따라 물 온도를 조절할 수 있어야 한다.

② 탈의실과 샤워실이 있어야 한다.

③ 물 때문에 바닥이 미끄럽지 않도록 준비한다.

④ 물에 대한 두려움이 있는 수세자를 위해서 보조자가 필요하다.

⑤ 수세자의 동선에 안내자를 배치해야 한다.

⑥ 만약의 경우, 당일 몸 상태에 따라 물에 들어가지 못하는 수세자를 위해서 살수세례도 함께 준비한다.

⑦ 물에 대한 공포가 있는 수세자를 위해 미리 안심할 수 있도록 충분히 설명하고, 가능하면 예행연습을 한다.

⑧ 세례조는 다수가 이용하므로 미리 목욕하고 깨끗한 옷을 입고 오도록 안내한다.

⑨ 갈아입을 여벌의 옷을 가져오게 한다.

4) 침수세례 실제에 대한 지침

물에 잠겨서 거행하는 다음의 순서를 제외하고는 살수세례예식과 동일하다.

① 물을 위한 감사 기도를 드린다.

② 집례자는 세례조 속에 먼저 입수하여 세례자를 맞이한다.

③ 세례자는 집례자 앞에 선다.

④ 세례자가 침수하는 방법은 대체로 두 가지를 사용한다.

가. 수직으로 입수시키는 경우

집례자가 왼손으로 수세자의 두 손을 잡고 오른손을 수세자 머리 위에 얹고 "예수 그리스도를 주로 고백하여 하나님의 자녀가 된 ㅇㅇㅇ에게 내가 성부와 성자와 성령의 이름으로 세례를 주노라."고 하면서 눌러 입수를 시킨다. 이때 수세자의 머리 끝부분까지 완전히 입수하도록 한다.

나. 뒤로 넘어뜨려 입수시키는 경우

수세자로 하여금 오른손으로 코를 잡게 하고 왼손으로 집례자의 왼손을 잡게 한다. 집례자는 오른손으로 수세자의 목 뒤를 받친다. 집례자는 수세자의 손을 잡은 왼손으로 수세자가 뒤로 입수하도록 밀어 준다. 집례자는 오른손으로 수세자의 목 뒤를 받쳐 완전히 잠기게 한 다음 일으켜 세운다. 이처럼 물에 잠김과 일으킴은 예수 그리스도의 죽으심과 부활을 체험하게 하는 상징적 의미가 있다.

⑤ 침수세례 이후 수세자는 세례조에서 탈의실로 이동하여 샤워하여 옷을 갈아입은 다음 예배당으로 돌아와 앉는다.

⑥ 침수세례가 끝난 후 집례자는 선포식을 하고 교인과 서약식을 한 후 축하 시간을 가진다. 교회 측에서 미리 준비한 십자가 목걸이를 걸어 주며 "하나님의 자녀와 주님의 제자로 평생 변치 않는 믿음으로 동행하십시오."라고 말하거나 다른 교인이 준비한 화환이나 선물을 전하게 한다.

과거 한국교회는 세례 성례전을 일 년에 1회 혹은 2회 정도로만 거행해 왔다. 그러나 앞으로는 세례 후보자들이 있을 때마다 좀 더 자주 거행하며, 새 가족의 정착과 양육이 용이하도록 인도하려는 자세가 필요하다. 세례를 받는 과정에 구원의 확신과 기본적 그리스도인의 소양을 갖추도록 일정한 양육 과정을 운영하면서, 훈련을 마쳤을 때 함께 세례를 받게 하는 것도 하나의 좋은 대안이 될 것이다. 본 교단의 경우 대부분 살수세례만을 베풀어 온 것이 사실이다. 그러나 좀 더 적극적인 자세로 상황을 조절하여 침수세례를 시도해 본다면 세례 성례전을 통해 세례 후보자만이 아니라 전 교인들이 자신들의 세례를 회상하며 함께 결단할 수 있는 감동을 경험할 수 있으리라 생각한다.

9장
교회력에 따른 예배

교회력(Church Calendar)은 교회가 신앙을 전수하는 매우 중요한 도구 중 하나이다. 예배의 공간이 의미를 전달하듯이 그렇게 예배의 시간 또한 신앙의 매우 중요한 의미를 그리스도인에게 전달한다. 교회는 교회력을 통해 이 세상을 창조하시고 운행하시는 하나님을 기억해 왔으며, 이러한 기억 속에서 그리스도인은 자신이 하나님의 피조물이며 유한한 존재라는 자신의 정체성을 확인하곤 하였다. 다음으로, 그리스도인은 하나님께서 인간의 몸을 입으시고 인간의 시간 속으로 들어오신 놀라운 사건들을 기억해 왔다. 전능하고 영원하신 하나님은 절대로 인간의 시간 안에 예속되지 않으시지만, 그러나 끊임없이 인간의 시간 안으로 들어오시는 분으로 이해되었다. 그리스도인은 그분이 인간의 시간 속에 들어와 하신 일이 무엇이며, 그 결과 우리가 어떤 희망을 갖게 되었는지를 기억해 왔다. 이렇듯 교회력은 그리스도인의 정체성을 말해 주며, 그들이 무엇을 중요하게 생각하고, 무엇을 바라며, 무엇을 기대하고 있는지를 잘 표현해 준다. 여기에서는 교회력에 따른 예배 계획 중심으로 서술해 나가고자 한다.

1. 교회력의 주기

교회력은 어떤 방식으로 그리스도인의 정체성을 확인시켜 주고 하나님께서 시간 속에 들어오신 사건들을 기억하도록 만들어 주는 것일까? 전통적으로 교회력에서 하나님을 기억하고 그리스도인의 정체성을 확인하기 위하여 사용한 주기는 매일의 일(日) 주기(Daily Cycle), 일주일의 주(週) 주기(Weekly Cycle), 그리고 일 년을 단위로 하는 연(年) 주기(Annual Cycle)이다. 이 세 가지 시간 구조를 통해 교회는 하나님께서 무엇을 하셨는지, 하고 계시는지, 그리고 하시기로 약속하셨는지를 기억해 왔다. 각 주기별로 간단히 살펴보면 다음과 같다.

1) 일(日) 주기

아침에 일어나면서부터 잠자리에 들 때까지의 하루의 일과를 통해서 하나님을 기억하고 자신의 정체성을 확인하는 가장 기초적인 교회력이다. 새벽에 일어나 새로운 생명을 허락하신 하나님께 감사하는 일이 첫 시작이다. 식사를 할 때마다 양식을 공급하시는 하나님을 찬양하는 것도 매우 중요한 과제이다. 잠자리에 들기 전, 하나님이 주셨던 시간을 정리하면서 하나님의 창조 안에서 만족함을 누리며 기도하는 것 역시 이 주기의 과제 중 하나이다. 그리스도인은 이 주기의 교회력을 통해서 만물을 창조하시고 다스리시는 창조주 하나님을 기억하게 된다. 하나님께서 창조하신 피조물로서의 자기 정체성을 다시 확인하고 하나님의 공급하심과 도우심을 간절히 구해야 하는 자신의 한계를 늘 기억하도록 하는 것, 그리고 매일 아침과 저녁을 보내면서 작은 부활과 작은 죽음을 끊임없이 맛보며 자신을 겸손하게 만드는 것이 바로 일(日) 주기가 우리에게 제공하는 유익이라 할 수 있다.

2) 주(週) 주기

구약의 이스라엘 백성들은 하나님께서 세상을 창조하신 칠 일을 기초로 하여 일주일을 나누고 그 마지막 날을 안식일로 지켜 왔다. 위에서 설명한 일(日) 주기와 마찬가지로 성부 하나님, 창조주 하나님과 인간의 관계를 기억하는 의미가 있었다. 하지만 신약 시대에 이르러 일주일 단위의 주(週) 주기는 새로운 관점으로 바뀌게 된다. 사도 시대부터 그리스도인은 주님의 날(the Lord's Day)을 안식일과 구별하여 지키게 되었는데, 이 날이 그리스도께서 죽은 자들 가운데서 다시 살아나신 날이기 때문이었다. 당시 초대교회는 주님의 날이 휴일이 아니었음에도 불구하고, 또한 당시에 유대교가 지키고 있었던 가장 강력한 예배일인 안식일이 있었음에도 불구하고, 부활을 증거하는 날인 주일(主日)을 예배일로 바꾸는 것을 주저하지 않았다. 그렇게 함으로써 그리스도인은 자신들이 유대인들과 다르다는 정체성을 분명하게 드러내게 되었다. 따라서 '주일'은 언제나 작은 부활절(Little Easter)로서 그리스도인은 그들이 주일에 모일 때마다 주님의 죽음과 부활을 증언하며 그들이 무엇을 감사하고 소망하는지를 확인하곤 하였다.

3) 연(年) 주기

이 주기는 일 년을 단위로 하여 하나님께서 우리를 위해 무엇을 하셨는지를 분명히 보여 주는 구속사적 관점을 가지고 있다. 교회는 절기를 통하여 하나님의 인간을 위한 사랑과 예수 그리스도를 보내심, 그리고 그분의 죽음과 부활, 보혜사 성령님의 강림 등을 기억하면서 하나님의 구속의 전 과정을 묵상하고 기억하는 교육적인 역할을 수행하고 있다. 본격적으로 연(年) 주기와 관점을 알아보자.

2. 교회력의 연(年) 주기와 예배 계획

1) 대림절(Advent) 예배

의 미

대림절은 거대한 긴장의 시기이다. 대림절은 서구의 상업주의가 유도하여 온 것처럼 성탄절에 부속된 준비의 기간이 아니다. 진정한 대림절의 관심은 예수 그리스도를 통한 구속사 전반과 더불어 종말과 관련되어 있다. 즉, 대림절은 예수 그리스도의 초림과 재림에 소망과 기대를 표현한다. 여기에 역설이 있다. 대림절의 첫 번째 주일은 교회력의 시작이라고 불린다. 그러나 이는 우리를 즉시 그리스도가 육체로 오셨다는 '이미'와 마지막 때에 그리스도 안에서 모든 것이 완성될 '아직' 사이의 긴장으로 던져 넣는다. 즉, 대림절은 시간의 어느 한 시점을 기념하는 절기가 아니라 예수님께서 이 땅에 오신 초림에서부터 마지막 날 재림하시는 종말에 이르는 하나님의 구속의 전 과정을 묵상하고 기도하는 절기이다.

대림절은 과거에 우리에게 주셨던 그리스도의 선물에 대하여 우리가 감사하는 시간이며, 동시에 주님의 재림에 대하여 기대하는 기간이다. 이러한 이유 때문에 교회의 전통은 대림절기에 크리스마스 캐럴이나 성탄 본문과는 구별되게 특별한 대림절 찬송들과 "보라, 그가 구름을 타고 오시리라"나 "광야에 외치는 소리가 있어"와 같은 본문을 부르거나 낭독함으로써 대림절의 특별한 신학을 반영하여 왔다.

주 제

대림절기의 주일 예배를 준비할 때에 우리는 대림절 말씀이 이미 일어났던 그리스도의 탄생에 대한 기대뿐 아니라 통치하시고, 심판하시며, 구원하시기 위하여 그리스도께서 오실 것을 표현하고 있다는 점을 인식할 필요가 있다.

이러한 점에서 주기도문의 "아버지의 나라가 오게 하시며, 아버지의 뜻이 하늘에서와 같이 땅에서도 이루어지게 하소서."라는 종말적인 탄원은 분명히 대림절과 조화를 이룬다. 따라서 대림절기 중에는 종말을 향해 가는 인류를 향한 예언적인 말씀의 선포가 적절하다. 즉, 악한 권세의 파괴, 하나님의 공의와 정의, 그리고 온 세상을 향한 하나님의 평강의 도래—이러한 소망은 이미 그리스도의 초림을 통해 확인, 강화되었다—에 대하여 설교할 필요가 있다. 그러므로 이 대림절 기간 동안의 우리의 설교와 기도, 찬양과 복음의 축제는 이러한 풍성하고 힘 있는 종말적 관점을 빼앗기지 말아야 한다.

대림절 화관과 촛불 점화

이는 전통적으로 널리 퍼져 있는 교회 관습 중의 하나이다. 대림절 첫 번째 주일에 보라색(혹은 짙푸른 색) 예복으로 바꿔 입거나 스톨을 사용하는 것과 더불어 전체 교인에게 대림절 도래를 표시하는 가장 가시적인 표징이다. 대림절 화관(Advent wreath)은 전통적으로 나무 모양을 보여 주기 위하여 천장이나 아치에 매달려 있으며, 4개의 보라색 초와 중앙에는 흰색의 커다란 그리스도의 초로 구성되어 있다. 몇몇 전통에서는 세 개의 초를 보라색이나 짙푸른 색으로 하며, 다른 한 개의 초(대강절 세 번째 주일에 점화) 색깔은 기쁨을 상징하는 분홍색 장밋빛으로 준비하기도 한다. 물론 대부분의 전통은 네 개의 초 모두를 보라색으로 하고 크기도 동일하게 할 것을 추천하지만, 실제적으로 색상이나 크기에 대한 규정은 엄격하게 지켜지지는 않는다.

일반적으로 특별히 지정된 가정이나 평신도가 대림절의 첫째 주일에 촛불을 켠다. 그리고 4개의 초가 모두 켜질 때까지 각 주일마다 한 개씩 더 켜게 된다. 마지막으로 성탄절 이브나 성탄절의 첫 번째 예배 때에 가운데 놓인 흰 초가 켜진다. 초를 켜는 의식을 위해 몇 가지 가능한 방법이 있는데, 성소로 화관을 옮긴 후 정해진 가족의 일원이 초에 불을 켜고 그동안 다른 가족들은 다음의 개회 찬송과 성구집의 말씀을 따라 정해진 말씀 본문을 인용하거나 읽는다.

성탄 전야나 성탄절 아침에 빛의 (불을 켜는) 사제나 성직자들은 개회 찬송과 행렬 때에 그리스도 촛대를 포함하여 모든 촛불을 켜게 될 것이다. 또 초를 켜는 것에 대한 응답으로 후렴을 부르는 교인과 찬양대와 함께 각 주일마다 다른 말씀을 읽으면서 교창의 형태를 사용하는 것도 가능하다. 의식을 거행하는 사람들은 개회 기도와 본 기도 이후 즉시 대림절 화관의 위치를 옮긴다. 촛불이 켜지는 동안에 본문의 말씀이 낭송된다.

2) 성탄절 예배

의 미

원래 주현절에 포함된 절기였는데, 4세기 전반에 로마에서부터 나뉜 것으로 보인다. 성탄절(Christmas) 이브에서 시작되어 주현절로 이어지는 성탄절기의 가장 중요한 의미는 무엇보다 성육신하신 예수 그리스도를 찬양하고 감사하는 것이며, 성육신 사건을 교인이 기억하고 회상하게 함으로써 구원에 대한 기독교 신앙의 확고한 기초를 마련하는 데 있다.

주 제

이 절기에는 '하나님께 영광, 땅에서는 하나님이 기뻐하신 사람들 중에 평화'(눅 2 : 14)를 선포하는 메시지가 필요하며, 독생자를 아낌없이 주신 하나님의 사랑이 분명히 선포되어야 한다. 그리고 성탄의 첫 소식을 들을 수 있었던 목자들의 '청빈한 마음'과 우리를 찾아오신 주님이 머무실 수 있는 마음의 방이 준비되었는지, 임마누엘의 깊은 뜻을 깨닫게 하는 메시지가 있어야 한다.

성탄절의 장식은 소란하고 휘황찬란하게 하는 것보다, 말구유를 통하여 이 땅에 오신 주님의 친근감을 나타내기 위해 서민적인 분위기로 꾸미는 것이 좋다. 실내장식이나 스톨, 깃발에는 흰색이나 금색을 사용하는 것이 좋으며, 구유, 천사들, 목자들, 평화의 별 등을 사용하여 성탄의 이미지를 살리는 것도 좋겠다.

성탄 나무

이 풍습은 일찍이 11세기에 교회에서 연출되었던 신비한 유희(plays)에 기반을 둔다. 소위 '천국 유희'(paradise play)에서부터 우리는 천국 나무의 풍습을 발견할 수 있다. 이것은 에덴동산을 상징할 뿐 아니라 이와 연합함으로 그리스도께서 우리의 구속을 위하여 십자가에 달려 돌아가신 나무, 즉 생명의 나무를 상징했다. 이 때문에 처음의 상징으로 사용된 천국 나무는 사과와 오렌지, 작고도 흥미롭게 구운 빵과 과자, 사탕, 그리고 소위 성탄절 결합문자라고 해서 성경의 이름이 새겨진 문자 등의 다양한 물건들을 포함하고 있었다.

또 다른 은유는 종종 예수님의 가계의 기원이 되는 이새의 나무이다. "이새의 줄기에서 한 싹이 나며 그 뿌리에서 한 가지가 나서 결실할 것이요"(사 11 : 1)라는 이사야 선지자의 말씀은 우리에게 이 나무의 형상을 떠올리게 한다. 성탄절 결합문자와 더불어 다양한 상징들은 그리스도께서 인간의 역사 안으로 오셨음을 우리에게 상기시켜 주는 이 나무 위에 덧붙여지게 된다. 몇몇 형상은 이스라엘의 홀인 다윗의 열쇠와 같이 구약에 있는 그리스도의 유형들이며, 반면에 다른 것들은 노아의 방주나 모세에게 주신 율법이 새겨진 돌판, 아브라함의 칼, 야곱의 사다리, 그리고 세례 요한의 옷과 신발 등의 다양한 예언자들과 유대 경전에 있는 다른 인물들을 상징한다.

성탄 나무(Christmas Tree)는 대림절 기간 초반에 장식하여 예수님의 전 삶의 이야기를 회상하게 하거나 또는 성탄 전야에 예수님의 생일을 축하하는 의미로 장식될 수 있다. 이 예배를 기획하는 위원회가 있다면 성탄 나무 장식을 위해 좀 더 주의 깊게 계획할 필요가 있다. 기도와 찬양과 더불어 다양한 상징을 포함하고 있는 성경의 본문들을 읽으면서 성탄 나무 장식을 한다면 더욱 은혜로운 성탄절기를 보낼 수 있을 것이다.

3) 주현절 예배

의 미

주현절(Epiphany)은 성육신하신 예수 그리스도에 관한 다양하고도 풍성한 이미지를 제공하는 날이다. 그리스도의 현현(manifestation)을 기억하는 이 절기는 서구교회가 지키고 있는 성탄절기의 12일(12월 25일-1월 5일) 기간과 맞닿아 있으며, 성탄절과 더불어 교회력 중에서 요일에 관계없이 날짜에 맞추어지는 특징을 가진 두 절기 중 하나이다. 대부분의 교회력 절기는 주일에 위치하고 있으며, 재의 수요일, 세족목요일, 성금요일과 같이 날짜와 관계없이 특정 요일에 지키게 되지만 성탄절과 주현절은 날짜에 맞추어 지키고 있으므로 세상력에 의하면 평일이 되는 경우가 많이 있다. 실제로 우리나라에서 성탄절은 공휴일이라 큰 문제가 없지만, 주현절은 평일에 예배를 드려야 하는 어려움이 존재한다.

주현절은 흔히 동방교회의 크리스마스로 알려지기도 하는데 이것은 서구교회가 예수님의 탄생을 12월 25일에 맞추는 반면, 동방교회는 1월 6일에 맞추는 것과 관련이 있다.

교회력의 흐름에서 본다면 12월 25일에 시작된 12일간의 성탄절기는 1월 6일 주현절을 만나면서 끝나게 된다. 그래서 학자들은 이 절기를 하나로 보고 성탄-주현절(Christmas-Epiphany)이라고 하며, 예전 색깔도 성탄절과 같이 흰색을 사용한다.

서구교회의 입장에서 성탄절이 아기 예수님의 특별한 탄생을 기념하고 축하하는 것이라면, 주현절은 하나님의 말씀이신 예수께서 육신을 입고 현현하신 성육신의 사건을 축하하며, 이 땅에 오셔서 시작하신 첫 번째 사역을 기억하는 것이라고 할 수 있다.

주 제

이 절기에는 기독교 신앙에서 중요하게 다루고 있는 세 가지 사건이 주로 다루어지는데, 첫째로 동방박사들이 별의 인도를 받아 아기 예수님을 경배한 이야기, 둘째로 예수께서 가나 혼인잔치에서 물로 포도주를 만드시는 첫 이적을 베푸신 이야기, 그리고 마지막으로 예수님의 요단강 세례 이야기이다. 서구교회는 이 주제 중에서 '예수님의 세례'를 가지고, 주현절 후 첫 번째 주일을 특별히 '주님의 수세주일'로 지키며 특별한 의미를 부여한다. 따라서 주현절에는 동방박사들을 통하여 경배를 받으신 것을 기억하며 예수께서 모든 나라와 민족으로부터 감사의 예배를 마땅히 받으실 분이라는 사실을 기억하는 일과 예수께서 가나 혼인잔치에서 물로 포도주를 만드신 사건을 기억하며 인간의 작은 필요까지도 채우시는 그분께 감사하는 일이 예배의 중심에 들어갈 필요가 있다.

주현절은 '예수님의 수세'와 '가나 혼인잔치의 포도주' 이미지 때문에 세례 성례전과 성찬 성례전을 행할 수 있는 적절한 절기가 된다. 하지만 주님의 수세주일이 바로 이어지므로 세례 성례전을 생략하고 성찬 성례전만을 행할 수도 있다. 평일에 오는 주현절을 제대로 지키지 못하는 교회의 경우라면, 주현절 후 첫 번째 주일인 주님의 수세주일에 주현절의 의미를 모두 담아서 세례 성례전과 성찬 성례전을 행하는 것도 바람직할 것이다.

준 비

주현절은 교회력 중에서 가장 화려한 분위기의 절기이다. 동방박사들이 금과 예물들을 드리는 모습과 즐거운 축제 분위기의 혼인잔치를 상상해 보면 무슨 뜻인지 잘 알 수 있을 것이다. 따라서 이날 예배 환경은 가장 즐겁고 화려한 질감으로 흰색과 금색이 포함된 화려함이 표현되는 것이 좋겠다. 이 땅에 태어나신 왕자님(하나님의 아들)을 환영하고, 취임식 혹은 즉위식(수세)을 축하하고, 그의 첫 번째 사역(가나 혼인잔치의 이적)을 감사하며 즐겁고 화려한 분위기로 예배를 인도한다면 더욱 의미가 있을 것이다.

4) 주님의 수세주일 예배

의 미

주현절이 지나면 특별한 몇 주간이 시작되는데 그 시작이 바로 '주님의 수세주일'(Baptism of the Lord)이고 그 마지막이 '주님의 산상변모주일'(Transfiguration Sunday)이 된다. 그리고 주님의 산상변모주일이 지나면 바로 재의 수요일과 더불어 사순절기가 시작된다. 주님의 수세주일과 주님의 산상변모주일 사이의 주일들은 흔히 '일반절기(ordinary time)의 주일'로 여겨지며 녹색을 그 상징색으로 사용하는 것이 보통이다. 이처럼 그 기간을 '일반주일'로 지킬 수 있지만, 동시에 이 기간을 주현절기와 연결하여 지킬 수도 있다. 그런 경우에는 주일 찬양이나 찬송, 말씀 등을 주현절기에 맞추는 것이 바람직하다. 정리하면, 주현절 이후에 주님의 수세주일이 있고 일반절기의 주일이 진행되다가 주님의 산상변모주일이 있은 다음 사순절이 시작된다.

'주님의 수세주일'과 '주님의 산상변모주일'은 여러 가지 면에서 동일한 맥락에 서 있다. 전자가 주현절과 연접하여 있고 후자가 사순절과 연접하여 있는 것이 그 하나이다. 다음으로는 주님의 수세주일과 주님의 산상변모주일에 사용되는 예전 색상이 흰색으로 동일하다는 점이다.

준 비

주님의 수세주일 예배는 두 가지 강조점을 가질 수 있다. 첫 번째는 회개에 초점을 두는 것으로, 세례 요한과 예수께서 말씀하신 것처럼 "회개하라 천국이 가까이 왔느니라"(마 3 : 2, 4 : 17)에 집중하는 것이다. 회개와 더불어 세례를 받게 되는 패러다임을 강조하는 것인데, 이 경우에는 이미 잘 알려진 존 웨슬리의 '언약 예배'(Covenant Worship)와 같은 형태가 적당할 수 있겠다. 하지만 대부분의 한국교회에서는 이러한 예배를 '송구영신 예배'(혹은 야성회, Watch Night Service)에서 사용하고 있으므로, 같은 형태의 예배를 주님의 수세주일에 다시 드리는 것은 의미의 혼란을 줄 우려가 있음에 유의해야 할 것이다.

두 번째는 예수님의 수세에 초점을 두는 것이다. 이때에는 성경에 나오는 물의 상징을 요약하고 예수님의 세례를 기억하거나 세례 성례전 예배를 드릴 수도 있다. 물론 전통적으로 기독교에서는 사순절부터 세례자 교육을 시작하여 부활절 새벽에 세례를 베풀었지만, 충분히 의미를 살린다면 주님의 수세주일 또한 세례를 줄 수 있는 적당한 절기가 될 수 있을 것이다.

5) 사순절주일 예배

의 미

사순절은 재의 수요일에서 시작되어 부활절 전날 성토요일까지의 46일간을 말한다. 사순절(四旬節)은 말 그대로 40일간의 절기라는 뜻임에도 불구하고 46일이 되는 것은 6번의 주일을 포함하기 때문이다. 이것은 교회가 오랫동안 사순절을 지켜 오면서 그 안에 주일을 포함시키지 않았다는 것을 의미한다. 교회가 오랫동안 사순절에 주일을 포함시키지 않은 이유는 사순절이 가진 신학적 초점과 주일이 가진 신학적 초점이 서로 달랐기 때문이었다.

초대 교인은 주일을 작은 부활절이라고 생각했기 때문에 사순절의 의미와 서로 맞지 않는다고 생각했다. 그런 의미에서는 「공동성서일과」(Common Lectionary)에 나오는 '사순절의 주일들'(Sundays of Lent)이라는 표현은 적절하지 않다. 전통적인 교회의 표현으로는 '사순절 안에 있는 주일들'(Sundays in Lent)이 올바른 것이다.

신학적 초점

여기에는 사실상 두 가지 중요한 신학적 초점이 팽팽하게 긴장하고 있는 특별한 주일들이라는 것을 인정해야 한다. 첫째, 이날은 회개와 더불어 주님의 고난을 생각하는 '사순절'(Lent)의 배경 가운데 있다는 점이다. 둘째, 이날은 주님의 부활을 감사하는 '주일'이다. 따라서 사순절 안에 있는 주일들은 사순절의 의미를 적절하게 살리는 동시에 주님의 부활의 의미를 살려야 하는 어려움을 안고 있다.

준 비

앞부분에 회개의 순서를 강조하여 주님의 자비를 구하는 찬송으로 예배를 시작하도록 하여 다른 절기의 예배가 활기찬 찬송으로 시작되는 것과는 상당히 차별적으로 만든다. 예배 뒷부분에는 '승리의 확신'이라는 순서를 넣어 '사순절 안에 있는 주일 예배'는 여전히 부활의 신앙과 승리에 대한 희망을 표현하도록 한다. 참고로, 사순절 기간에는 "할렐루야"(alleluia)라는 후렴이나 그러한 내용이 들어 있는 찬송은 전통적으로 부르지 않았다는 사실을 기억하는 것도 예배를 인도하는 데 도움이 될 것이다.

6) 수난/종려주일 예배

의 미

종려주일은 대조(Irony)를 이루는 날이다. 먼저 우리는 종려주일을 통해 주님의 이름으로 오시는 예수께 충성하는 기쁨의 충만함을 체험한다. 그러나 그러한 호산나 기쁨의 외침은 예수님이 못 박히신 십자가의 그늘 아래 있어야 한다. 따라서 종려주일 예배는 다음 주간과 구별되는 명백한 대조의 모습을 구체화해야 한다. 실제로 그러한 대조는 교인이 그리스도의 죽음과 부활의 신비의 절정에 도달하는 전체 사순절의 기간 동안에 계속적으로 인식할 수 있어야 한다. 우리는 서로 대조되는 주님의 승리와 주님의 고난에 직접 참여하는 모호함에 직면하게 된다.

준 비

찬양 시간에는 금관악기를 포함하여 다른 악기를 연주함으로 대조적인 주제를 반영할 수 있어야만 한다. 만약 오르간을 사용한다면 모이는 장소를 교회 건물 안에서 벗어나 열린 문을 통하여 오르간 소리를 들을 수 있는 거리로 정하여 예배를 시작할 때 보다 나은 예배의 효과를 기대할 수 있을 것이다. 예배의 여는 부분에서는 찬양대가 거리를 둔 다음 행진하면서 찬양을 시작하고, 그런 다음 모든 교인이 짧은 화답송을 부를 수 있다.

예배의 두 번째 부분은 말씀 선포에 중점을 두는데, 본질적으로는 그 연도에 주어지는 수난 이야기를 포함한다. 교인이 예배의 이러한 측면을 이해할 수 있도록 돕고 말씀의 극적인 요소가 밝게 비춰질 수 있는 다양한 방법을 연구하는 것에 특별한 주의를 기울이는 것이 요청된다.

주의사항

목회자가 직면해야 하는 현실적인 부분에 관한 것이다. 수난/종려주일에 참석하는 교인 중 대부분은 부활절 때까지 수난주간 동안 있을 매일의 예배에 참석하지 않거나 무관심할 것이다. 즉, 종려주일 예배만 참석하여 예수님의 영광스런 예루살렘 입성만을 경험하고 돌아간 교인이 다음 주일에 교회에 와서 그냥 부활주일을 맞이하는 것이 태반이다. 주님의 수난과 주님의 십자가에 의한 구체적인 경험 없이 부활의 기쁨으로 갑자기 이동하는 것이 되는데, 이것은 복음에 대한 경험을 빈곤하게 하는 결과를 초래한다. 고난과 십자가 없이 면류관과 승리를 얻을 수 없기 때문이다. 따라서 종려주일 예배는 이러한 요소들을 감안하여 주님의 영광스런 입성과 고난이라는 두 주제를 소화하여 교인들이 깨달을 수 있게 하는 것이 중요하다는 것을 목회자는 기억해야 한다.

7) 부활절 전야 예배

의 미

부활절을 가리키는 'Easter'라는 용어는 비교적 후대에 생긴 것으로, 영국의 튜튼족(Teutonen)의 새벽여신의 이름 '이스터'(Easter)에서 차용한 것이다. 초대교회에서는 주로 부활절을 가리키는 용어로 '파스카'(Pascha, 유월절)를 사용했는데, 이것은 예수님의 부활이 구약의 유월절과 상당한 연관이 있다는 그들의 신념 때문이었다(마 26 : 5, 17-19, 27 : 15 ; 고전 5 :

7-8 참고). 즉, 구약의 출애굽을 기념하는 유월절은 이제 그리스도이신 예수님 안에서 새롭게 완성되었음을 나타내고자 하였다. 유월절이 '애굽에서의 해방'을 말한다면, 부활절은 '그리스도를 통한 죄와 죽음에서의 해방'을 말한다는 것이었다. 따라서 부활절 전야(새벽, the Great Vigil of Easter) 예배의 중심 주제는 3가지로, 우리 인간들이 노예의 상태에서 자유를 얻은 것, 죄에서 구원을 얻은 것, 그리고 죽음에서 생명으로 옮겨 간 것에 관한 것이라고 말할 수 있다.

부활절 전야 예배의 네 부분

먼저, 초대교회가 이러한 부활절 전야 혹은 유월절 전야(Easter Vigil or Paschal Vigil) 예배를 지킨 기록은 여러 곳에서 발견할 수 있다. 특별히 주후 383년경의 상황을 반영하는 이제리아(Egeria)의 기록에 상당히 자세한 내용이 나온다. 이러한 기록을 참고하여 볼 때, 부활절 전야 예배는 전통적으로 다음과 같이 크게 네 부분으로 구성되었던 것으로 보인다.

> ① 빛의 예전 : 부활의 초를 점화함.
> ② 말씀의 예전 : 창세기부터 하나님의 구속 역사와 관련된 말씀을 낭독함.
> ③ 세례 성례전 : 일 년에 유일하게 받을 수 있는 세례의 기회
> ④ 성찬 성례전

대부분의 서구교회도 이러한 전통에 따라 '빛의 예전-말씀의 예전-세례 성례전-성찬 성례전'의 구조로 부활절 전야 예배를 드리고 있다. 특별히 '말씀의 예전'에서는 다른 예전에서 찾아보기 힘든 특징을 발견하게 되는데, 그것은 성경의 여러 말씀을 낭독한다는 것이다. 창조의 이야기로부터 출애굽 등 성경에 나타난 하나님의 구원의 역사를 차례로 낭독함으로

써 이러한 모든 하나님의 구속 활동이 예수 그리스도와 어떠한 연관이 있는지를 깨닫도록 하여 준다는 것이다. 이러한 말씀의 낭독 순서야말로 '빛'(light)과 '물'(water), 그리고 '하늘나라의 잔치'(heavenly banquet)의 강한 상징성과 함께 부활절 전야 예배의 독특한 특징이라고 할 수 있을 것이다. 따라서 이 예배야말로 그리스도인이 자신의 삶에서 드리게 되는 예배 중에서 가장 복음적이며, 가장 성경적이고, 가장 성례전적이면서도 예전적인 예배라고 말할 수 있을 것이다.

서구교회의 부활절 예배는 대부분 새벽이 아니라 부활절 밤(전야, 前夜)에 시작된다. 성공회와 가톨릭을 비롯하여 대부분의 서구교회는 성토요일(Holy Saturday)에 해가 진 후에 거행되는 부활절 밤(Easter Vigil) 예배를 시작으로 부활절을 지켜 왔다. 이때 드리는 부활의 첫 예배는 성토요일에 해가 진 후부터 부활주일 아침 해 뜨기 전 사이의 적당한 시간에 지키게 된다. 한국 성공회 등에서는 이날을 '부활의 밤 예배'라고 번역하여 부르고 있다. 이날 밤은 전통적으로 '부활의 위대한 밤'(the Great Vigil of Easter) 혹은 '유월절 밤'(Paschal Vigil)이라고 부르는데 흔히 '교회절기의 어머니'(mother of feasts)라고 할 정도로 교회의 가장 중요한 절기로 취급해 왔다.

한국교회의 상황

한국교회의 부활절은 전통적으로 새벽 예배로 시작되곤 하였다. 동이 트기 전 이른 새벽에 손에 등불을 들고 교인이 교회와 교파를 초월하여 함께 모여 예배를 드리는 일은 한국교회가 자랑할 만한 아름다운 전통임에 틀림없다. 한지로 둘러싸고 그 위에 십자가를 그리거나 '축 부활'이라는 글자 등을 써서 만든 초롱을 들고 삼삼오오 부활절 새벽 예배를 드리러 나서던 모습은 참으로 아름다운 부활절 풍경으로 오늘까지 기억되고 있다. 한국에서 1896년 발행된 「부활주일 예배」라는 자료에 의하면, 초기 한국교회는 부활절 새벽에 모화관, 남문안, 새문안, 곤당골 인성부재, 연못골, 피마병문 등의 교회가 함께 모여 예배를 드렸음을 알 수 있다. 이렇듯 한국교회의 부활절은 새벽에 모였던 연합 예배가 그 특징이라고 할 수 있다.

최근 한국교회의 부활절 새벽 예배는 예전만큼 많은 사람들이 모이지 않는 듯하다. 연합으로 예배를 드리는 일이 서먹한 일이 되었고, 그저 부활절 아침에 주일 예배를 드리는 것으로 만족하려는 편의주의적 사고가 팽배한 까닭일 것이다. 또한 밤에 활동하는 인구가 늘어나면서 새벽에 일어나 예배를 드리는 일에 어려움을 표하는 사람들이 늘어나고 있는 것도 사실이다.

이러한 상황에서 부활절 전야 예배는 어쩌면 한국교회가 부활절을 보다 의미 있고 엄숙하게 지킬 수 있는 좋은 대안이 될 수도 있을 것이다. 초대교회에서부터 내려오는 정통성을 유지하면서도 실제로 실현 가능한 의미 있는 부활절 예배가 될 수 있을 것이기 때문이다. 송구영신 예배를 드리듯이 밤 11시경이나 12시경에 모여 부활절 전야 예배를 드린다면 보다 의미 있는 예배가 될 것이다.

주의해야 할 점은 이 예배를 드리는 것에 익숙하지 못한 교인이 자칫 지루하고 길게 느낄 수 있다는 사실이다. 그리고 한국교회가 부활절 아침 예배 때에 부활절 칸타타와 더불어 성찬 성례전을 거행하는 경우가 있는데, 그럴 때에 성찬 성례전을 두 번 드리게 되는 경우가 생겨서 교인을 어색하게 만들 수도 있다는 점이다. 따라서 개교회의 사정에 맞춰서 부활절 전야 예배에서는 빛의 예전과 말씀의 예전, 세례 성례전만을 행하고, 부활절 아침 예배에 부활절 칸타타와 더불어 성찬 성례전을 하는 것으로 진행하는 것도 대안이 될 수 있을 것이다.

8) 부활절기(Eastertide) 예배

의 미

"예수님이 부활하셨습니다!"(Christ is risen!)

"정말 부활하셨습니다!"(Christ is risen indeed!)

지금도 동방정교회를 비롯한 세계 여러 교회에서 부활절마다 집례자와 교인이 화답하는 위의 형식은 기독교 예배의 핵심이 무엇인지를 잘 보여 주고 있다. 일반 종교만이 아니라 유대교 예배와도 구별되는 독특성은 기독교의 예배가 예수님의 부활을 기념하고 선포한다는 데 있다.

초대교회에서부터 예배의 중심에는 언제나 '예수님의 부활 사건'이 자리 잡고 있었다. 초대교회가 처음에는 안식일에 예배를 드리다가 점차 안식 후 첫날, 즉 8일째 되는 날인 주일(主日)에 예배를 드리게 된 데에는 예수님의 부활 사건을 보다 강력하게 증거하려는 의도가 숨겨져 있었다. 주일은 언제나 주님께서 부활하신 사건을 기념하는 날로서 하나의 '작은 부활절'이었다.

부활 신앙과 주일 예배

이러한 부활 신앙은 기독교 예배의 여러 정황에서 드러나고 있다. 예를 들어 세례를 거행하는 초대교회의 세례대(Baptismal Font)를 8각형으로 만든다거나 또는 예배를 드리는 장소로 지하 공동묘지인 카타콤을 사용했던 사실 등이 바로 그것이다. 일반적으로 초대 시대 교인이 박해를 피해 카타콤에서 예배를 드린 것으로 알려져 있으나, 실제로는 그 이상의 이유가 있었다. 지하에 널려 있는 시신들과 함께 그리고 주검들 앞에서 "주님께서 부활하셨다!"고 큰 소리로 외치고 있는 초대 시대의 교인을 상상해 보라! 그들은 예수님의 부활 사건을 보다 극명하게 보여 주고 선포하기 위해서 의도적으로 지하 묘지인 카타콤을 예배 장소로 선택한 것이었다. 이렇듯 예수님의 부활 사건은 기독교 예배의 핵심이었으며, 특별히 주일 예배는 이러한 기독교의 중심 신앙인 부활 신앙을 선포하고 기념하는 역할을 감당하는 것이었다.

하지만 이러한 '부활'을 기억하고 감사했던 주일로서의 원래 기능은 교회가 일 년에 한 번 부활절을 지키게 되면서 도리어 그 기능을 상실하게 되었다. 초대교회는 사순절 기간 중에도 주일만큼은 부활의 의미를 유지하기 위해 40일의 기간 안에 주일을 포함시키지 않았다. 그만큼 주일은 주님의 부활을 선포하는 중요한 시간이었다. 하지만 오늘 우리의 예배 현장에서 주일마다 주님의 부활에 대해 감사하고 찬양하는 것을 본다는 것은 쉽지 않은 일이 되고 말았다. 예수님의 수난과 관련된 찬송들은 사순절 기간 동안 줄곧 부르는 것과는 대조적으로 부활절 찬양은 부활절주일 하루만 부르는 것이 그 예이다. 매 주일마다 강조되어야 할 주님의 부활 사건이 도리어 수난과 죽음에 가려지고 만 것이다. 물론 예수님의 수난과 죽음이 가벼이 다루어져서는 안 될 것이다. 하지만 이제 우리는 교회의 가장 중요한 신앙의 내용인 부활 신앙에 대해서 적어도 초대교회가 생각했던 것만큼 그 중요성을 다시 인식할 필요가 있다.

기쁨의 50일(The Great Fifty Days)

주일마다 주님의 부활을 감사하고 선포하는 것이 가장 좋겠지만 당장 시행할 수 없는 상황이라면, 우선적으로 초대교회에서도 특별하게 주님의 부활에 대해 의미를 부여하고 예배하였던 부활 이후의 50일간의 절기부터 의미 있게 보내는 것도 바람직하다.

실제로 초대교회는 부활절 이후부터 성령강림절까지의 50일 동안 부활의 완전한 기쁨 속에서 승리를 축하하며 보내곤 하였다. 이 절기는 대림절이나 사순절보다 더 오래된 교회의 절기로 주후 3세기까지 교회가 지켰던 유일한 연(年) 주기의 절기였다. 흔히 오순절과 혼용되기도 한 이 절기는 부활 후 50번째의 날을 지칭하는 것이 아니라 50일 동안의 전 기간을 의미하는 것으로서 흔히 '파스카(Pascha) 절기'라고 불러 왔다. 초대교회는 부활주일부터 성령강림주일까지의 50일 동안을 하나의 잔치같이, 혹은 하나의 큰 주일처럼 기쁨과 즐거움으로 보내곤 하였다. 즉, 초대 교인에게 주일 이외에 주님의 부활을 기념하는 날은 부활절만이 아니라 부활절 이후의 기쁨의 50일 기간이었다. 이 기간을 흔히 '부활절기'로 부르기도 했는데, 교회는 금식과 아울러 슬픔과 회개의 표현으로 무릎을 꿇는 것을 금하였으며, 오직 예수 그리스도의 부활에 대한 최고의 기쁨을 표현할 수 있도록 격려하였다.

준 비

초대교회는 성목요일 저녁부터 시작된 3일 동안의 금식과 회개의 시간인 '파스카 성삼일'(Pascha Tridumm or Easter Tridumm)을 보낸 후 부활절 전야 예배를 통해 부활의 신비(Paschal Mystery)를 선포하고 축하하곤 했다. 또한 교회력 중에서 가장 거룩한 날(the Feast of Feasts)로 여겨졌을 만큼 중요한 날이었다. 그리고 해가 떠오르면 거룩한 부활절을 시작으로 기쁨의 50일간의 부활절기가 시작되었는데, 교회는 이 기간 동안 예수님의 부활 이후의 행적을 돌아보며 부활하신 주님을 확인하였다.

도마의 이야기(둘째 주일), 엠마오로 가는 제자들과 나누신 식탁에 대한 이야기(셋째 주일), 주님의 승천 이야기(40일째, 혹은 일곱 번째 주일) 등은 교회가 기쁨의 50일 동안에 중요하게 다루어 왔던 주제들이었다. 그리고 이러한 기쁨의 절기는 50일째 날인 성령님의 임재와 강림을 기념하는 성령강림절(Pentecost)로 끝을 맺게 된다.

이러한 기쁨의 50일인 부활절기는 한국교회에 지금까지 거의 알려지지 않았던 것이 사실이다. 하지만 요즈음 몇몇 예배학자를 통해 초대교회에서부터 지켜 왔던 이 절기를 새롭게 조명해 보자는 논의들이 일어나고 있다. 기독교 역사상 오랫동안 지켜 왔던 귀한 절기임에도 불구하고 한국교회는 교회력을 단순화하였던 청교도들의 영향으로 이 절기를 모르고 지내 왔던 것이 사실이다. 40일 동안 주님의 수난과 죽음에 대해 깊은 묵상을 하면서도 주님의 부활에 대해서는 부활절 단 하루만 기억하고 축하한다면, 상대적으로 교회가 전통적으로 그토록 중요하게 생각하고 기념하여 왔던 부활에 대한 확신과 선포가 교회에서 너무 약화되었던 것은 아닌지 되묻지 않을 수 없다.

9) 성령강림주일 예배

의 미

이날은 부활절에서부터 성령강림절까지 이어지는 기간 중 가장 정점에 위치한다. 이 주일에 교회는 예수 그리스도를 통하여 제시된 하나님의 약속이 완성된 것을 기억하고 축하하게 된다. 예수 그리스도의 죽음으로부터 시작되어 부활, 그리고 그의 승천을 거쳐서 성령께서 보혜사로 오심으로 예수님의 약속이 완성되었다는 개념이기 때문이다.

준 비

이날의 예배는 성령님의 오심과 더불어 우리의 사역을 위해 하나님께서 우리에게 주신 하나님의 명령과 하나님의 각종 은사들을 주제로 드릴 수 있다. 또한 교회력의 절기 중 특별한 절기이므로 특별한 예배를 준비하거나 성만찬과 같은 공동체의 식사 등을 예배 안에 포함시킬 수 있다. 또한 전통적으로 이날에 세례 성례전이나 입교식 등이 거행되었는데 이는 부활절에 미처 세례를 받지 못한 사람들을 배려한 것이었다.

방언을 통해 하나님의 의사소통이 선물로 주어진 점을 부각하여 특별히 이민교회 등에서는 다른 언어를 사용하는 교회와 서로 연합하여 함께 예배를 드리는 것도 의미 있는 일이 될 것이다. 그리고 성령님의 강림과 더불어 제자들이 담대하게 복음을 전파하였던 점을 부각하여서 주제를 선교 등으로 정하여 예배를 드릴 수도 있을 것이다.

치유 예배

성공회를 비롯한 서구의 일부 교회에서는 이날에 병자들을 위한 치유 예배(Healing Service)를 드리기도 하는데, 이는 성령님의 각종 은사의 일부로서 치유의 능력이 제자들에게 선물로 주어졌기 때문이었다. 종교개혁자들이 기독교의 성례전을 성만찬과 세례로만 국한하고 병자를 위한 예배(ministration to the sick)를 성례전으로 인정하지 않는 과정에서 병자를 위한 예배는 개신교에서 무시되거나 사라져 버렸다. 특히 한국교회의 경우, 병자를 위한 예배가 교회의 주일 예배 중에는 전무한 상태이며, 병자는 치유를 위해 산이나 기도원으로 가야 하는 상황이 계속되고 있는 것이 사실이다. 물론 오순절 교단 등에서는 병자를 위한 예전이 예배 중에 포함되어 있다. 하지만 여전히 장로교회를 비롯한 대부분의 교회는 병자를 교회의 공식적인 예배 안으로 끌어들이지 못하고 있는 실정이다. 따라서 성령강림주일에 병자를 위한 치유 예배를 드리는 것은 매우 필요하면서도 적절한 시도라고 생각한다.

삼위일체주일 예배(Trinity Sunday)

오순절 후에 이어지는 일반절기 주일 중에서 첫 번째와 마지막 주일은 특별한 주제를 가지고 있는데, 삼위일체주일과 왕이신 그리스도주일(Christ the King or Reign of Christ)이 바로 그것이다. 오순절 후 주일의 예전 색깔은 성장을 상징하는 녹색이지만 이 두 주일만 흰색을 사용하면서 특별한 절기와 일반 주일을 나누는 경계의 역할을 하고 있다. 이 두 주일은 전통적인 교회력의 절기로 지켜지지는 않지만 서구교회에서는 나름대로 특별한 의미를 가진 주일로 지켜지고 있다.

삼위일체주일은 거룩하신 삼위일체로 존재하시는 하나님의 신비를 기억하고 경축하는 절기이다. 일반적으로는 예배와 설교를 통하여 삼위일체의 신학을 설명하고, 해석하고, 강조하게 되는데 삼위일체의 신학과 의미를 교인에게 전달할 수 있는 좋은 기회가 된다. 종종 삼위일체주일은 한 걸음 더 나아가서 삼위이신 하나님의 일체(一體, 한 몸) 되심을 통하여 인간의 한 몸 됨을 강조하기도 한다. 예를 들어, 한 몸을 이루는 '가정공동체', 그리고 그리스도를 머리로 하는 '교회공동체'를 주제로 삼아 부각시킨다. 하나님께서 삼위일체의 존재 양식으로 존재하시듯이 우리 인간들도 서로 다르지만 한 몸을 이루며 살아갈 것을 이 예배를 통해 다짐하게 된다면 보다 의미 있는 예배가 될 수 있을 것이다. 특별히 삼위일체를 표현할 수 있는 상징을 사용할 수도 있다. 예전색은 흰색과 더불어 금색이 함께 사용되기도 하며, 삼각형 혹은 세 개의 원이 만나는 형태 등의 상징들이 목회자의 스톨이나 교회의 드림천 등에 표현될 수 있고, 특별한 장식으로 표현할 수도 있다. 또한 세례 성례전을 베풀 수 있는 기회이기도 하다. 전통적인 세례 성례전은 항상 삼위이신 성부와 성자와 성령을 부르는 방식(formula)을 포함하고 있기 때문에, 세례 성례전이 포함된 예배를 드리는 것도 삼위일체주일을 의미 있게 지내는 또 다른 방법이 될 것이다.

10) 일반 주기 주일 예배

흔히 많은 사람들이 오순절기로 알고 있는 오순절 이후의 주일들과 주현절 이후에 이어지는 몇 번의 주일들은 일반절기에 있는 일반주일이며, 예전 색깔은 녹색이다. 일반주일들은 앞에서 언급한 것처럼 다음과 같이 크게 두 기간으로 나눌 수 있다.

첫 번째 기간은 주현절 이후 주일로 흔히 불리는데 1월 6일의 주현절 이후 시작되어 재의 수요일까지이다. 주님의 수세주일은 이 기간의 첫 번째 주일이 되고, 주님의 산상변모주일은 마지막 주일이 된다. 다만, 음력인 부활절 날짜 때문에 이 기간은 4주에서 9주까지 달라질 수 있다. 두 번째 기간은 오순절을 따라 시작되어 대림절까지 이어진다. 삼위일체주일이 그 기간의 첫 번째 주일이 되고, 왕이신 그리스도주일은 마지막 주일이 된다.

일반주일들은 대개 1년의 교회력 절기 중 거의 절반 이상을 차지하는데, 그 말이 의미하는 대로 특별한 절기가 아닌 일반 주기이다. 이 기간 동안 교회는 특별한 절기들을 지내면서 미처 하지 못하였던 주제들을 다루게 되는데, 대부분은 교회의 성장 혹은 교회생활과 관련한 주제들을 다루게 된다. 유의해야 할 것은 작은 부활절로 지켜 온 일반 주기를 기본 축으로 해서 교회력의 여러 특별절기가 위치했다는 사실이다. 이름처럼 보통주일이 아니라 가장 중요한 의미를 가진 일반절기이자 주일임을 기억해야 할 것이다.

3. 목회력에 따른 예배 계획

전통적인 교회력 절기는 아니지만 현재 한국교회 현장에 적용할 수 있는 의미 있는 예배에 대해 살펴보기로 하겠다.

1) 추수감사 예배

추수감사주일은 1620년에 영국에서 미국으로 건너간 102명의 청교도들이 1년 동안 거의 절반에 가까운 사람들의 목숨을 잃는 악조건 속에서 농사를 지어 이듬해 첫 번째 수확을 하나님께 드린 데서 유래하였다고 전해진다. 미국을 포함한 북미(北美)에서는 이 추수감사절(Thanksgiving Day)을 설날(New Year's Day)과 더불어 가장 큰 명절 중의 하나로 지키고 있다. 미국의 경우, 추수감사절은 11월 셋째 주 목요일에 시작되는데, 이는 1938년 루스벨트 대통령이 이날을 감사절로 지정한 데서 유래한다. 영국의 경우에는 추수의 의미를 제거한 감사주일(Thanksgiving Day)이 18세기경 11월 셋째 주 목요일에 지켜지고 있었는데, 하나님의 다스림에 대한 감사, 왕을 주신 것에 대한 감사 등이 들어 있는 것이 특징이었다.

최초의 추수감사 예배는 1901년 정화 지역에서 7월 21일에 드린 것으로 알려져 있다. '정화 지역'과 '상원 지역'의 교인이 그날 자신들이 수확한 보리와 밀 등을 감사의 예물로 바쳤다는 기록이 있다. 같은 해인 1901년에 미국의 '선교사 공의회'는 추수감사일을 공휴일로 지킬 것을 결의하였고 그 날짜는 11월 10일로 하였다. 이후로 추수감사일은 여러 번 바뀌게 되는데, 11월 19일(주일), 11월 셋째 주 수요일, 11월 둘째 주일을 지키다가 1920년대에 와서 11월 셋째 주일로 정착되었다. 한 가지 재미있는 점은 보리와 밀을 수확하는 북쪽 지역과 쌀을 수확하는 남쪽 지역의 추수일이 다르다는 이유로 두 개의 추수감사주일이 출현했다는 사실이다. 그리하여, 한국의 북쪽 지역에서는 보리와 밀을 수확하며 지냈던 감사절을 '맥추감사절'이라고 부르게 되었고, 서구 선교사들의 영향을 받아 지키게 된 11월 셋째 주일의 감사절은 '추수감사절'이라고 구별하여 부르게 되었던 것이다. 추수를 감사하며 드리는 예배라는 한 가지 의미를 담고 있었지만, 한국교회는 오랫동안 이 두 개의 감사절을 모두 지키는 혼란스런 상황이 상당히 오랫동안 지속되어 왔다.

오늘같이 도시화되고 산업화된 사회에서 문자 그대로 곡식 추수의 의미만을 담아 추수감사절을 지키는 것은 직장인들이나 공장에서 일하는 사람들에게 있어 다소 멋쩍은 일이 될 수 있다. 그보다는 하나님에 대한 감사와 찬양에 초점을 맞춰 추수감사주일을 드리는 것이 더욱 적절할 수 있다.

참고로, 가톨릭교회나 성공회, 루터교 등에서 성찬예식 때마다 드리는 '감사의 기도'(The Great Thanksgiving)를 활용할 수 있다. 그 기도 내용을 보면 창조주 하나님에 대한 감사와 하나님의 섭리와 선택에 대한 감사, 예수 그리스도의 오심과 사역에 대한 감사, 성령님의 역사에 대한 감사 등이 들어 있다. 추수감사주일에 이러한 감사의 기도를 채용하여 예배를 드리는 것도 좋을 것이라 생각된다.

2) 송구영신 예배

한국교회의 초창기부터 지켜 내려오는 전통적인 예배이며, 최초로 1887년 12월 31일에 서울의 정동교회(현 새문안교회)와 베델교회(현 정동감리교회)가 연합하여 드렸다. 본래 송구영신 예배는 감리교의 전통으로 존 웨슬리에 의해 소개되었고 '언약 예배', '언약갱신 예배'(Covenant Renewal Worship), 혹은 '야성회'라고도 불렸다. 지나간 1년을 뒤돌아보며 하나님께 용서를 구하고 새로운 해를 맞이하면서 하나님 앞에서 언약을 세우는 순서가 포함되어 있었다.

장로교 전통에 없었던 이 예배가 1887년 처음 언더우드 선교사와 아펜젤러 선교사에 의해 드려짐으로써 한국 장로교회에도 전파되었고, 지금은 한국 장로교회에서도 거부감 없이 자연스럽게 드리는 예배로 자리 잡았다. 예배순서는 대략 6개, 즉 '경배-감사-고백-언약-침묵의 기도-축복'으로 되어 있으며, 언약 예배의 원정신을 유지하면서도 한국교회의 상황에 맞게 드려지는 것이 무엇보다 중요하다. 이러한 맥락에서 볼 때 성만찬 예전을 함께하는 것이 더욱 의미 있는 송구영신 예배를 드리는 방법이다. 시간이 길어질 수 있으나 언약을 갱신하는 의미를 더 잘 살릴 수 있을 뿐 아니라 새해 첫 예배에서 성만찬을 행함으로써 예배에 있어서의 성만찬의 중요성을 강조할 수도 있기 때문이다.

지금까지 살펴본 것처럼, 교회는 언제나 시간 속으로 들어오신 하나님의 아들 예수 그리스도를 시간의 흐름 안에서 기억하면서 그들의 신앙을 확증해 나갔다. 특히 주님께서 부활하신 안식 후 첫날은 새로운 예배일로서 안식일을 넘어 주님의 날인 주일이 되었으며, 교회력의 가장 기초가 되었다. 또한 매일 주님의 말씀을 읽으며 주님께 기도하는 일(日) 주기의 예배는 창조주이신 하나님과의 관계성을 기억하면서 매일매일 작은 죽음과 부활을 경험하게 하는 교회의 가장 기초적 신앙 훈련의 틀이었다. 이와 같이 그리스도인은 교회력을 통해 그들의 신앙을 성장시키며 새롭게 해 나갔다고 할 수 있다. 교회력 활용을 통하여 교회는 통합적이고 교회 연합적인 틀 안에서 교인에게 신앙의 전수를 할 수 있을 뿐 아니라 하나님 나라의 진리를 치우침 없이 공평하게 전달할 수 있게 된다. 이러한 교회력의 사용을 통하여 한국교회가 더욱 성숙하게 발전할 수 있게 되기를 바란다.

10장 현대 예배

1. 현대 예배 변화의 동향

"새 포도주는 새 부대에 넣어야 둘이 다 보전되느니라"(마 9 : 17 하반절)는 말씀처럼 급변하는 사회 변화에 따른 현대교회의 예배 변화가 20세기 중반에서부터 뚜렷이 나타나고 있다. 변화의 양상은 다양하고 때로 정반대적인 모습도 보이고 있다. 더욱 예전을 강조하는 예배가 있는가 하면 이와는 반대로 현대 문화를 적극적으로 반영하는 예배도 나타나고 있다. 이러한 현상 이해를 위해 필요 항목별로 나눠서 간단히 설명해 보면 다음과 같다.

1) 교회일치운동

이 운동에서 공통으로 강조하는 요소는 첫째, 성례전 특히 성만찬 예전의 회복이다. 둘째, 초대교회에 대한 관심의 증가다. 셋째, 보편적 교회에 대한 관심과 하나의 온전한 교회에 대한 기대감이 커지고 있다. 넷째, 자발성을 강조하는 예배 구조에 대한 관심이다. 다섯째, 표징과 상징에 대한 적극적 이해이다. 한때는 우상화될 염려 때문에 위험한 것으로 여겼으나, 점차 내적이고 영적인 의미를 이해하고, 예배자가 진리를 찾는 데 있어 도움을 주는 것으로 이해한다.

2) 은사적 갱신운동

20세기 초에 시작된 이 운동은 1960년대에 기성 교단에 영향을 미치면서 신오순절주의로 나타났다. 이 운동의 가장 큰 특징은 '자발성'이다. 미리 계획된 순서가 없어도 누구든지, 어느 때든지 예배에 참여하며 공헌할 수 있다. 이에 따른 특징을 정리해 보면 다음과 같다.

① 시편과 성경 구절로 된 찬송의 강조, ② 경배와 찬양을 위한 음악, ③ 다양한 악기 사용, ④ 찬양 인도자에 따라 부르는 교인 찬송, ⑤ 예배 춤의 사용, ⑥ 드라마와 팬터마임의 사용, ⑦ 찬양사역자의 예언적 역할에 대한 강조, ⑧ 손을 들고 찬양, 팔짱 끼는 것, 예배 참여자 누구나 예배에 공헌할 수 있다는 것 등이다.

3) 경배와 찬양 예배

이 예배는 1960~1970년대에 기존 전통 예배가 현대 문화를 반영하지 못하는 한계를 느끼고 시작된 운동으로, 성령님의 즉각적 임재와 친밀감에 큰 관심을 두었고, 비공식성과 특히 현대 대중음악에도 관심을 두었다.

가장 큰 특징은 감정적인 측면으로 인간의 느낌과 감정에 집중한다는 점이다. 그렇다고 해서 단순히 감정주의적 예배나 내용과 성경적 기초가 부족한 예배라고 할 수는 없다. 또 다른 특징은 신·구약성경에서 발견되는 찬양의 회복을 추구한다는 점이다. 예배에서 하나님을 찬양하는 것이 최우선순위가 되어야 하고, 그 다음에 다른 요소들이 와야 한다고 주장한다. 이 예배의 공통된 특징은 찬양에 있으며, 말씀의 선포가 아닌 말씀을 가르침, 중보 기도, 치유의 시간이 있다. 특별한 형식이 없기 때문에 말씀을 가르친 후 교인의 질문을 받거나 토론을 하기도 하고, 중보 기도도 자발적으로 한다. 중보 기도 후에는 교인이 여러 장소로 흩어져서 특별한 은사를 받은 이들로부터 안수 기도를 받는다.

4) 이머징 예배

이머징 예배는 1990년대 후반부터 뉴질랜드, 호주, 영국, 미국 등지에서 시작된 교회갱신운동에 참여한 교회가 지닌 신학과 실천을 표현하고 있는 예배를 말한다. '대안 예배'(alternative worship), '포스트모던의 예배', '유기적 예배'(organic worship), '단순한 예배'(simple worship)라고도 불린다.

이 예배는 신학적인 것과 문화적인 것을 구분하여 다음의 몇 가지 특징을 지닌다. 신학적으로는 성육신적 신학을 표현하는 예수님의 삶과 가치관을 강조하는 메시지, 선교적 메시지, 때로는 성례전을 강조한다. 문화적으로는 기존의 복음주의교회가 잃어버린 예배 공간과 문화 유산을 발굴하여 심미적 감각을 활용하여 사용한다. 따라서 고대의 유산을 미래적 감각으로 되살려 내려는 시도들이 보인다. 기존의 현대 예배보다 참여적이고, 유기적이며, 다감각적이고, 공동체적인 특징이 있다. 이머징 예배의 유형에 따라 다르지만 예수님의 임재에 초점을 맞추는 예전과 상징 활용, 따라서 성찬과 교회력의 적극적 도입, 개인 기도보다 공동체 기도를 중요하게 여긴다. 창조적인 음악, 미술, 무용 등으로 교인의 참여를 권장하며 초의 사용만이 아니라 때로는 향(香)의 사용까지도 시도한다.

5) 세대 통합 예배

이 예배는 세대를 구분하지 않고 어린이에서 노인까지 온 세대가 주일마다 함께 모여 드리는 예배를 뜻한다. 특별한 행사가 있을 때만 모여 드리는 예배와는 그 목적과 내용에 있어 완전히 다르다. 점점 세분화시켜 세대별로 따로 드리는 예배의 문제점과 한계를 극복하기 위한 예배다. 가장 중요한 점은 가족 예배의 성격이 아니라 교회공동체적인 이해가 전제되어야 한다는 점이다. 가족 예배는 혼자 나오는 어린이나 미혼(未婚)과 비혼(非婚) 교인에게 소외감을 줄 수 있기에 세대 통합 예배라는 용어를 택한다. 세대 통합 예배에서 모든 세대의 평등한 참여가 전제이나, 참여 세대의 숫자는 고려한다.

세대 통합 예배는 교회론적, 예배학적, 기독교교육적 이해를 실천하려는 것으로, 모든 예배자가 그리스도와 한 몸(one body)의 지체임을 확인하고, 하나님 나라의 백성공동체에 임하신 삼위일체 하나님의 현현 사건으로서 예배를 이해하고 경험하여, 세대에 걸친 통합적 신앙 성장 발달 기회를 제공하려는 것이다. 세대 간의 잠재력이 예배를 역동적으로 만들 뿐 아니라 일생의 여정에서 배우는 순례자적 신앙이 표현될 수 있다. 성경 인물들의 세대 차이와 문화 차이를 아우르는 하나님의 백성공동체의 삶을 표현하고 배울 수 있으며, 세대 간의 갈등의 경험이 오히려 성경의 깊은 진리로 이끌 수 있다. 중요한 것은 성경에 나타난 하나님 백성공동체가 추구하는 예배는 현대 문화의 요구에 친절히 응하면서도 예배의 공동체적 성격, 성육신적 성격, 만남의 광장으로서의 성격, 그리고 사건적 성격을 잃지 말아야 한다. 세대 통합 예배의 공동체성은 교회공동체적이어야 하고, 교회학교 예배를 대체하는 것이 아니라 함께 병행해야 하는 것이라서 미래 교인을 생각하며 장기적으로 계획할 때 회복될 수 있을 것이다.

　이 예배를 시도할 때 많은 어려움이 있을 것이지만, 무엇보다 실현 가능성은 성령님의 임재와 활동하심, 스토리텔링, 예술적 표현, 예전의 활용, 멀티미디어의 적절한 사용, 신체 언어를 얼마나 적절히 사용할 수 있는가, 또 예배 기획과 진행에까지 교인이 참여할 수 있도록 하는가에 달려 있다. 이 예배는 어린이, 청소년을 예배순서에 참여시킴으로 인해 어린 시절부터 공동체 신앙의 틀이 형성되는 것을 기대할 수 있다. 주일 저녁에 각 가정의 가족 모임과 병행하는 것도 한 방법이다. 낮에는 온 가족이 함께 예배하고, 주일 오후에 교회학교 부서별로 교육과 훈련을 실시하며, 저녁엔 각 가정에서 온 가족이 함께 시간을 갖는다. 이때 가족 모임을 위한 프로그램은 교회에서 제공해야 한다.

2. 현대 예배 이해와 지침

　1) 현대 예배는 기존의 예배를 전통 예배라고 부르면서 생긴 명칭으로 청년 예배나 구도자 예배처럼 복음성가와 자유로운 현대 문화와 예술적 표현을 다양하게 포함하는 예배를 말한다.

　2) 현대 예배도 예배의 사중 구조(하나님의 임재로 들어감-말씀을 들음-감사로 응답-흩어짐.)를 유지한다.

　3) 예술적 표현에 있어서 다양한 장르를 수용한다. 즉, 예배 공간의 구조와 배치, 색의 조화와 상징과 사인의 사용, 기도문과 성경봉독, 설교에서 문학과 드라마의 접목, 성례전에서 멀티미디어의 효율적인 사용, 예배 춤의 도입 등이다.

4) 현대 예배는 CCM 같은 음악은 물론이고 미술, 음향, 조명, 멀티미디어를 적극적으로 사용하는데, 다른 한편으로 교회력이나 성찬처럼 전통적 요소들을 소중히 여겨 역사적 교회와의 연대감을 유지한다.

5) 현대 예배가 자유롭고 자발적인 분위기를 유지하면서도 예배 인도자에 의해 좌우되는 산만하고 경박한 예배의 위험성을 방지하기 위해서는 순서와 진행에 있어서 예전적 예배보다 더욱 철저히 계획하고 준비해야 한다.

6) 스크린 사용에 있어서 스크린의 위치와 크기, 스크린 내용과 사용 시기에 관해서는 예배 전체의 분위기와 내용에 적절한지를 살펴서 결정한다.

7) 예배 찬송으로서 복음성가의 선택과 사용 문제는 교인의 음악적 성향과 교인의 연령뿐 아니라 교회력이나 계절의 일치에 대해서도 점검한다.

3. 예배와 현대 문화

이 부분은 복음이 복음으로 나타나려면 문화의 옷을 입어야 하며, 예배가 참된 예배로 거듭나려면 현대 문화의 옷을 입어야 한다는 것을 의미한다. 우리에게 주어진 두 가지 과제는 다가오는 현대 문화를 어떻게 수용할 것인가와 다른 하나는 어떻게 예배를 갱신할 것인가이다. 이러한 문화 수용 문제는 곧 예배 갱신과 연결이 되면서 한국교회 예배의 갱신 가능성을 묻게 되기 때문이다.

1) 현대 문화 이해

예술 문화의 분야로는 음악, 미술, 연극, 문학, 조각, 무용 등이 있는데, 내부적으로는 각각 전통 예술과 대중 예술이 서로 긴장 관계를 이루고 있다. 대부분의 교회에서 미술적 표현의 경우 음악보다 관심이 적지만 교인에게 미치는 영향은 음악 못지않게 크다. 예배당 안의 커튼, 십자가, 강대상 위의 카펫, 벽면의 플래카드, 방석의 색깔 등이 미적인 조화를 이루도록 연구하고 검토하는 게 필요하다. 부적절하고 자극적인 색깔은 음악의 불협화음처럼 시각을 거슬리고 예배자의 마음과 정신을 산만하게 할 수 있기 때문이다. 매우 혁신적이라 생각되는 드라마나 무용의 경우, 성경봉독을 할 때 입체낭독이나 간단한 드라마 형식으로 대신하거나, 설교 전이나 후에 잘 준비된 연극으로 대신할 수 있다. 예배의 시작을 입례 행렬로 시작하는 교회에서는 예전 무용단이 그 행렬에 참가할 수도 있는데, 이렇듯 다양한 형태의 참여가 있을 때 예배의 각 요소의 의미가 강화될 것이다.

2) 현대 문화 수용 시 유의사항

예배에서 현대 문화의 수용이 불가피하다고 해서 모든 문화가 정당성을 갖는 것은 아니다. 현대 문화에 있어 다음과 같은 요소들은 예배에 해를 끼칠 수 있으므로 경계해야 할 것이다.

① 문화적 저급성을 경계해야 한다. 저급한 문화는 예배의 가장 큰 방해꾼이다. 저급한 문화는 하나님께서 주신 재능을 교인들이 최선을 다해 사용하는 것을 가로막는 역할을 하기 때문이다. 또한 하나님에 대한 아름다움의 이미지가 파괴되므로 하나님께 불경을 저지르는 게 될 수 있다. 여기

서 저급한 문화를 정확히 규정짓기는 어려운 일이지만 대개 창조성과 아름다움이 결여된 예술과 인식이라고 정리할 수 있겠다.

② 지나친 개인주의를 경계해야 한다. 포스트모더니즘의 특징 중의 하나가 개인의 고유한 개성 인정과 즐거움, 그리고 자유를 강조하는 것이지만, 공적 예배인 주일 예배에서는 공동체성을 유지하는 것이 필요하다.

③ 소비주의를 경계해야 한다. 현대 문화의 창조성과 예술성이라는 이름으로 소비주의를 합리화해서는 안 된다. 문화를 실용적 입장에서만 보려는 실용주의를 경계해야 하는 것처럼 문화라는 이름으로 사치와 향락을 정당화하려는 소비주의도 경계해야 한다.

④ 세속화된 악의 개념을 경계해야 한다. 예배자가 가장 혼돈하기 쉬운 부분이 문화라는 이름으로 가장한 악의 모습이다. 사랑이라는 이름으로 동성애주의자에 의해 새롭게 형성되고 있는 부부(夫婦), 신(新)가족 개념이나 혼전 섹스 등은 현대 문화의 주류를 이루고 있다고 해도 수용할 수 없는 개념들이다.

⑤ 컴퓨터의 발달로 나타나고 있는 사이버 교회(cyber church)도 경계해야 한다. 어떤 사람들은 이 교회가 공동체에 대한 신개념이라고 예언적으로 설명하지만, 끝까지 거부해야 할 악의 개념이다. 사이버 교회가 장점으로 내세우는 무시간성이야말로 공동체가 함께 모여 드리는 예배에 담겨 있는 시간성의 중요함을 상실한 것이다. 예배에서 선포되는 설교는 듣고 싶을 때 꺼내 들을 수 있는 것이 아니라 함께 한자리에서 들을 때 이해되고 살아 있는 하나님의 말씀이 되는 것이다. 성찬 또한 함께 한자리에서 나눌 때 비로소 주님의 임재를 확인하고 의식할 수 있는 것임을 기억해야

한다.

3) 현대 문화 수용 시 강조사항

현대 문화를 바르게 또한 적극적으로 수용하기 위해서는 역설적이지만 다음 요소가 더욱 강조되어야 한다. 만일 현대 문화를 수용할 때 다음 요소들이 약화된다면 그 예배는 교회 전통의 아름다운 유산을 잃어버리게 된다는 점을 유념하기 바란다.

① 과거 교인과의 연합이다. 그리스도의 몸의 지체인 교인은 과거 교인과도 한 몸이라는 것을 확인하는 것은 예배의 현장에서이다. 과거 교인과의 연합 강화를 위해서는 예복과 교회력을 충실히 따르면서 현대 문화를 수용해 나가는 지혜가 필요하다. 최근 들어 복음송의 무분별한 도입으로 인해 과거 교인이 즐겨 불렀던 찬송가를 도외시하는 일이 있어서도 안 된다. 과거 교인의 기도를 발굴하고 소개하는 것도 좋은 방법이 될 것이다.

② 공동체성을 유지한다. 현대 문화의 특징 중의 하나가 연령과 이해에 따른 소그룹화 현상으로 인해 공동체성 유지가 점점 어려워지고 있다는 것이다. 교회가 대형화되면서 오히려 소그룹화가 교회의 역동성 유지에 필수적인 것으로 인식되고 있기도 하다. 그러나 본질적이고 영속적인 신앙의 가치들은 소그룹화된 공동체보다는 연령과 이해와 관심을 초월한 더 큰 공동체적 예배에서 확인되고 전달된다는 것을 기억해야 한다.

③ 전통적 말씀 형식을 유지한다. 수사학의 변화나 컴퓨터의 발달로 기존의 일방적 말씀의 전달 방식과는 다른 전달 방식들이 요청되고 있지만, 설교와 성찬을 통한 말씀의 전달이 약화되거나 변형되어서는 안 된다. 이

는 아무리 시대와 문화가 변화한다고 해도 변할 수 없는 예배의 두 축이기 때문이다.

4. 예배에서의 현대 문화 적용 지침

1) 예배와 멀티미디어

멀티미디어를 사용하려면 전문성과 예술성을 유지할 수 있어야 한다. 멀티미디어는 현대 문화의 유행에 접해 있으므로 전문적인 이해와 준비가 없을 때에는 경박하고 조잡한 내용에 엮이기 쉽다. 이를 위해서는 전문적인 훈련을 받은 교인으로 사역 팀을 구성할 필요가 있다. 그들로 하여금 건축가나 실내 장식가가 예배당을 꾸밀 때처럼 탁월성과 예술성, 그리고 창조성이 드러나는 작업을 하도록 격려하는 것이 필요하다.

2) 예배와 공간

① 교회의 건물은 어떤 면에서든지 그리스도가 나타나야 한다. 그리스도가 나타나야 한다는 말은 다음의 두 가지 의미가 있다. 즉, 그리스도의 임재를 표현하는 것과 그리스도의 말씀을 증거하는 것이다. 그리스도의 임재를 표현하기 위해서는 성례전적 성격을 지닌 구조와 분위기를 유지하는 것이 중요하다. 이것이 유지된 다음에, 교인의 자발적 신앙 표현인 찬송이나 기도 등을 위한 현대적 분위기를 고려하도록 한다.

② 교회의 건물은 종말론적 긴장감을 담고 있어야 한다. 종말론적 긴장감이란 복음에 나타난 하나님 나라에 대한 대망과 실현 과정의 분위기다.

이것이 교회 건물에서 구조적으로 표현이 되어야 한다. 강단에서 선포되는 세상의 종말과 교회의 영원성에 대한 메시지에 부합하는 공간과 분위기가 되어야 할 것이다. 현대 교인의 현실감 있으면서도 역동적인 참여를 충분히 염두에 두고서 고전 미술관이나 박물관에서 느끼는 초시간성의 감각의 극대화가 이루어질 수 있도록 설계한다면, 복음의 메시지를 입체적으로 경험할 수 있을 것이다. 이것은 예배당 안에서의 악기 사용, 대형 스크린의 설치 및 사용, 또한 극장식의 편안한 의자 설치를 할 때에 질문해 보아야 할 중요한 요소이다. 교회 건축에서 현대화, 선교화, 고급화, 교인의 문화적 코드를 적용하기에 앞서서 그리스도의 임재의 표현이나 복음의 종말론적 긴장감의 표현을 위한 진지하면서도 지속적인 연구가 행해져야 한다.

3) 예배 공간의 구성 요소(1) : 설교단, 성찬대, 세례대, 찬양대, 교인석

① 설교단(Pulpit)의 위치와 높이, 크기이다. 강단 위의 설교단 외에 인도자석이 따로 있는 경우, 교인석에서 강단을 향해 볼 때 오른쪽이 인도자석이고 왼쪽이 설교단이다. 영미 교회들을 방문해 보면, 왼쪽 설교단의 높이와 크기가 인도자석보다 높은 것을 많이 보게 되는데 그것은 말씀의 계시를 크게 강조한 개혁교회 전통과 청교도 전통의 유산이다.

② 성찬대(Lord's Table)의 위치이다. 가톨릭교회에서는 제2차 바티칸 공의회 이전까지는 성찬대를 벽에 붙여서 사제는 교인을 등지고 집례했으나, 공의회 이후로 성찬대를 바닥에 내려 앞에 두고 교인을 바라보며 집례하고 있다. 개신교회의 경우 강단 위에 인도자석과 설교단을 따로 둘 경우에는 성찬대를 그 중앙에 두고 있고, 인도자석과 설교단을 함께 사용하는

교회는 그 아래에 성찬대를 둔다.

③ 세례수를 담은 세례대(Baptismal Font)의 위치이다. 성공회나 루터교를 제외한 개신교회에서는 일반적으로 세례대 대신 필요할 때만 들고 나오는 세례수 그릇을 사용한다. 그러나 세례대가 갖는 신학적 의미가 매우 중요함으로 적극적으로 세례대의 위치를 정해 두거나 교회 전통에 맞춰 예술적이고 상징성이 풍부한 세례대를 두는 것이 필요하다. 그것만으로도 교인에게 주는 예배적 의미와 교육적 효과가 클 것이다. 세례대의 위치는 신앙의 시작을 의미하므로 예배실의 입구에 두거나 성찬대 옆에 둘 수 있다.

④ 찬양대의 위치는 교단의 전통에 따라 크게 다르다. 가톨릭교회의 경우, 성소(강단) 위 양 통로에 있거나 교인석의 위층 발코니에 두어 천사들이 부르는 찬송 분위기를 연출한다. 침례교회는 설교자 뒤에 두고 있으며, 그 이외의 개신교에서는 설교단을 중심으로 좌우에 찬양대석을 두고 있다. 이때 찬양대 위치는 인도대 쪽이어야 하며, 강단과 교인석을 골고루 볼 수 있는 위치에 두는 것이 자연스럽다.

⑤ 교인의 공간과 좌석이다. 교인석을 만들 때 가장 중요한 것은 가운데 통로를 확보하는 일이다. 십자가를 향해 입례하는 예전적 예배를 위해서는 필수적인 것이다. 전통적인 교회는 성당처럼 교인석이 직사각형으로 길게 되어 있는데, 그리스도의 한 몸 의식을 확인하는 예전적 효과를 위해서는 가능하면 원형에 가까운 배열이 바람직하다. 어느 정도 서로를 바라볼 수 있는 위치가 된다면 공동체 예배의 역동성을 강화하는 효과가 있기 때문이다. 교인 중에 장애인이 있을 때에는 접근이 편리하도록 설계하거나 특히 중간중간 휠체어가 의자 대신 들어갈 수 있도록 장의자의 한쪽을

짧게 제작하는 것과 같은 세심한 배려도 필요하다.

4) 예배 공간의 구성 요소(2) : 빛, 색, 소리

예배 공간을 결정짓는 또 다른 요소인데, 이것에 따라 예배의 의미와 효과가 달라진다. 음식으로 비유하면 맛, 향기, 색깔에 해당한다.

① 실내 조도(照度)에 대한 계획이다. 조도는 자연광과 전기 조명에 의해 결정되는데 특히 자연광 효과를 고려하는 것이 중요하다.

② 분위기를 결정짓는 것이 색깔이다. 강단의 벽면, 천장 색, 바닥 카펫의 색, 의자 색의 결정에 있어서는 전문가의 참여가 필수적이며 건축 책임자가 일방적으로 결정하도록 해서는 안 된다.

③ 예배당의 소리다. 설교의 소리와 찬양의 소리에 적합한 공간이 되도록 한다. 침묵의 시간을 효과적으로 하기 위해서 예배당 안이 방음 가능하도록 계획한다.

5. 예배와 언어

1) 예배 언어는 폐쇄적 언어가 아니라 포용적 언어이어야 한다.

2) 예배 언어의 성격은 상업적 언어가 아니라 예술적 언어이어야 한다.

3) 예배의 언어에서 나타나는 추상적 혹은 신학적 언어가 교인의 삶에

까지 영향을 주기 위해서는 은유적 언어로 설명되어야 한다.

  4) 예배 언어는 모방적 언어가 아니라 창조적 언어이어야 한다.

  5) 예배 언어는 운명적 언어가 아니라 예언적 언어이어야 한다.

  6) 예배 언어는 어떤 경우에도 상처를 주는 언어가 아니라 치유적 언어가 되어야 한다.

11장
멀티미디어 예배

　주일이 되어 예배를 드리려고 교회에 들어섰을 때 교인의 눈에 보이는 것은 바로 현관 입구에 설치된 대형 프로젝션 TV를 통한 교회 소개 영상, 목사의 설교 방송, 혹은 실시간으로 본당에서 찬양 인도를 하는 모습이며 이것이 낯설지 않은 시대가 되었다. 한국교회의 강단 또한 변화되고 있다. 예배당 전면에 설치한 대형 스크린, 설교자 반대편에 있는 모니터용 대형 TV, 곳곳에 설치된 카메라와 촬영기사, 교회 크기와 상관없이 2층에는 이 모든 것을 컨트롤할 수 있는 방송실 등. 그렇다면 교회들이 이처럼 대형 스크린과 최소한 2대 이상의 카메라를 예배당에 설치하는 이유는 무엇일까? 그 해답을 찾기 위해서 필요한 것이 바로 멀티미디어 예배(Multimedia Worship)에 대해 주목해야 하는 이유이기도 하다. 정보화 시대가 도래하게 되면서 현대교회는 이러한 새로운 문화에 적응해야만 하는 시대적 요청에 직면하게 되었고, 그것이 멀티미디어 예배라고 하는 새로운 종류의 예배 형태와 만나면서 폭발적인 호응을 얻게 되었기 때문이다.

1. 멀티미디어와 멀티미디어 예배

1) 정 의

미디어(media)란 매개체란 뜻으로 특히 인간 상호 간에 감정이나 의사 내지는 정보를 전달하는 수단을 말하며, 멀티(multi)는 다중(多重)의 뜻이므로 '멀티미디어'(multimedia)란 '다중매체'(多重媒體)란 뜻이다. 다시 말해서 멀티미디어란 문자(텍스트), 그림이나 사진(그래픽), 소리(오디오), 움직이는 그림이나 움직이는 사진(애니메이션, 동화상) 등의 미디어를 둘 이상 동시에 사용하여 인간 상호 간에 감정이나 의사 그리고 정보 등을 전달하는 수단을 일컫는다. 이런 맥락에서 볼 때 '멀티미디어 예배'란 예배에서 진행되는 모든 순서인 찬양, 기도, 설교, 친교 등을 다양한 멀티미디어인 음향, 영상, 조명 장비와 다양한 멀티미디어 자료를 사용하여 표현하고 전달하는 예배라고 말할 수 있다.

2) 멀티미디어 사용이 필요한 이유

첫째, 종합예술적인 예배에 대한 갈구 때문이다. 과학과 기술의 발달로 오늘날의 교회 건물을 살펴보면 과거의 단순한 건물형 교회의 차원을 넘어 현재 지어진 교회 그리고 미래를 위해 짓고 있는 대부분의 교회는 한마디로 종합 예술관의 기능을 가진 복합 건물로서의 교회를 추구하고 있다. 최첨단 음향과 영상 시설은 기본이고, 다양하고 멋진 분위기 연출을 위한 특수 조명 장치의 도입도 이제는 일상이 되었다. 그렇기 때문에 교회는 주요한 멀티미디어인 음향, 영상, 조명 장비의 활용에 관심을 가지고 귀를 기울여 단순히 듣는 예배가 아니라 보고 느끼는 종합예술적인 예배에 대한 시대적 요청을 더 이상 외면해서는 안 될 것이다.

둘째, 메시지의 효과적 전달을 도와주기 때문이다. 현대는 영상 매체의 멀티미디어 시대이다. 영상 시대의 교인은 생각이나 개념을 이미지나 영상을 통해 이해하는 데 익숙해져 있다. 즉, 보는 현상을 통해 전달될 때 쉽게 이해한다. 또한 영상 시대의 교인은 정보를 연속적으로 받지 않고 충격과 감각에 의해, 다시 말해서 시각적 또는 청각적인 감성 이미지에 의해 메시지를 받아들이는 것이다. 그래서 오늘날 교인에게는 합리적이고 논리적으로 일목요연하게 잘 만들어진 설교보다는 충격과 깊은 인상을 남겨주는 이미지가 있는 설교에 더 감동하고 가슴 깊이 기억하게 된다.

셋째, 다감각적인 차원까지 예배에 활용할 수 있기 때문이다. 멀티미디어를 예배에 활용하려고 하는 이유가 단순히 예배 실황을 전송하여 예배 공간을 확대하거나 보완하기 위해서만은 아니다. 그보다는 오히려 울산감리교회(www.usmc.or.kr)의 경우에서 알 수 있듯이 예배에서 느낄 수 있는 감각의 차원을 확대하기 위해서이다. 다시 말해서, 기존의 예배가 주로 설교를 듣는 것에 중심한 청각 의존적 예배라면, 멀티미디어 예배는 여기에서 더 나아가 시각적 차원을 확보할 뿐 아니라 심지어는 촉각, 후각, 미각의 차원까지도 활용하려는 목적을 갖고 있는 예배이다. 이처럼 정보화 사회의 도래에 따른 시대적 변화에 민감하게 발맞추려는 시도 중의 하나가 바로 멀티미디어 예배이다.

2. 성공적인 멀티미디어 예배를 위한 멀티미디어 환경 요소

1) 기본 요소 : 음향과 영상 장비에 대한 이해

교회 음향과 영상은 동일하게 입력과 출력이라는 같은 구조로 이루어져 있다. 그림에서 보는 바와 같이 그 방향을 간단하게 표로 정리해 보자면 다음과 같다.

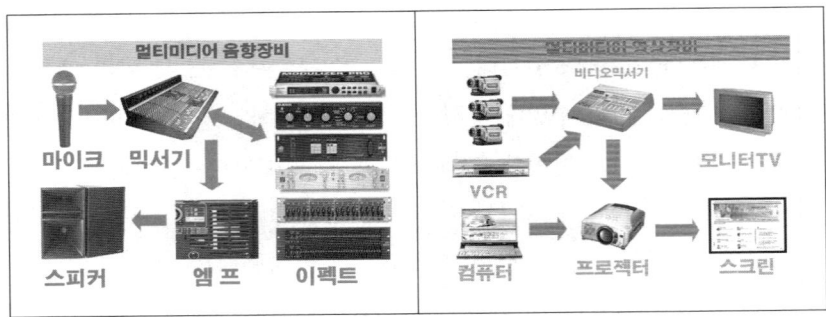

구 분	입력 ⇒	변환장비 ⇒	출력 ⇒	교인의 귀와 눈
음향의 흐름	마이크, CD, MP3	오디오 믹서기, 이펙트	스피커	
영상의 흐름	캠코더, VCR, PC	비디오 믹서기, 프로젝터	스크린	

멀티미디어 예배의 가장 기본은 음향과 영상이다. 이를 알지 못하면 교인과의 좋은 커뮤니케이션을 만들어 나갈 수 없다. 좋은 소리는 사람의 마음과 정서를 움직이게 하고, 깨끗하고 좋은 화질의 화면(영상)은 사람의 눈(시각)을 통해 또 다른 세계를 경험하게 한다. 교회는 교인이 하나님과 만나게 되는 사건의 장소이다. 다른 무엇보다도 이상적인 음향과 영상은 교인을 하나님께로 인도하는 아주 적절한 도구가 될 것이다. 결국 교인의 귀와 눈을 통해 마음의 변화를 이루어 내기 위해서는 좋은 소리와 멋진 영상을 만들어 내야 하는 부분을 간과할 수 없다는 의미이다.

2) 중요 요소 : 다양한 성경적 콘텐츠

아무리 좋은 소리와 멋진 영상을 구현할 수 있는 장비가 마련되어도 내용이 없다면 비록 교인의 눈과 귀는 즐겁게 할 수 있을지 몰라도 교인의 마음까지 움직일 수는 없다. 멀티미디어 예배 활용의 가장 중요한 요소가 바로 복음을 적절하게 표현하고 전달할 수 있는 다양한 콘텐츠—사진, 그림, MP3, 영상 등—이다. 이러한 콘텐츠 확보를 위해서는 다양한 방법과 노력이 필요하다. 직접 사진을 찍거나 이미지나 영상을 제작하는 방법, 혹은 정보의 바다인 인터넷 검색을 통해 얻는 방법 등이다. 이렇게 준비된 사진, 이미지, 영상 자료를 적절히 편집하여 예배에 적용하고 활용하는 것 또한 아주 중요하다. 멀티미디어 자료를 준비해서 확정할 때에는 예배의 주제나 교인의 연령대, 시간, 장소 등 다양한 부분을 고려하여 각 분야에 맞게 적절하게 사용해야 한다.

3. 멀티미디어에 대한 이해와 진행 시 주의사항

이 예배는 다양한 멀티미디어의 활용에 초점을 맞추고 있으므로 이에 대한 올바른 이해와 인식이 없다면 오히려 역효과를 가져올 수 있음을 기억해야 한다. 멀티미디어 예배를 기획하고 운영할 때 반드시 알아야 할 주의사항은 다음과 같다.

> 1) 예배의 보조 수단 : 멀티미디어 활용은 예배를 돕는 도구이지 예배의 전부가 되어서는 안 된다.
> 2) 예배의 주제와 일치 : 예배의 주제에 맞는 멀티미디어 요소를 잘 선정해야 한다.
> 3) 철저한 준비와 숙달된 진행 : 사용하고자 하는 멀티미디어의 철저한 준비와 숙달된 진행에 대한 연습 과정과 예행 시간을 반드시 가져야 한다.

> 4) 진행의 단순성 : 교인이 시각적으로 부담감을 가져서는 안 된다.
> 5) 예배의 자연스러움 : 멀티미디어를 사용하는 순서의 진행은 물 흐르듯 자연스러워야 한다.
> 6) 교인의 참여 유도 : 교인의 참여를 자연스럽게 이끌어 내야 한다.
> 7) 전문 사역자 양성 : 교회는 영상, 음향, 조명, 콘텐츠 개발 등 멀티미디어 분야에 대한 전문 사역자를 양성하고 견문을 넓혀 나가야 한다.

4. 멀티미디어 예배 기획과 사전 점검사항

이 예배는 무엇보다 철저한 기획과 준비, 그리고 숙달된 진행을 필요로 한다. 다양한 멀티미디어인 음향, 영상, 조명의 활용으로 인해 예배가 풍성해지고, 생동감을 갖고 감동을 전해 줄 수 있지만 잘못하면 본질적 예배의 중심을 잃어버린 이벤트나 콘서트가 되어 버릴 가능성이 많기 때문이다. 멀티미디어 예배를 기획할 때는 이 한 가지 사항만을 기억하라. 멀티미디어는 전통적 장로교 예배의 중심을 잡아 주는 도구로 사용되어야 하며, 장로교 전통적 예배의 순서와 요소를 배제해서는 안 된다는 점을 말이다.

1) 기획을 위한 사전 점검사항

멀티미디어 예배 기획에 들어가기에 앞서 반드시 미리 점검해야 하는 사항들이다. 아래 사항을 살펴본 다음 일부라도 부합되어 가능성을 발견하게 된다면 멀티미디어 예배를 기획하여 시도해 볼 수 있을 것이다.

① 교회는 멀티미디어 요소를 얼마나 갖추고 있는가?

(음향, 영상, 조명, 멀티미디어 콘텐츠, 전문 인력 중에서 확인할 것)

② 교회의 목회자는 멀티미디어 활용에 대한 의지와 노력이 분명한가?
(멀티미디어 활용의 주체가 바로 메시지를 전하는 목회자이기 때문)

③ 교회는 멀티미디어 활용에 따른 비용을 기꺼이 감당할 수 있는가?
(다양한 콘텐츠의 꾸준한 업데이트를 위해 비용이 발생할 수 있음.)

④ 교인은 멀티미디어 환경(특히 영상, 조명 활용)에 긍정적인가?

⑤ 멀티미디어 예배를 시도했을 때 긍정적인 효과를 기대할 수 있는가?

2) 기 획

기획에 들어가기에 앞서 먼저 말했던 '멀티미디어에 대한 이해와 진행 시 주의사항'을 반드시 참조한 다음 제시된 순서대로 해 나가기 바란다.

예배의 주제와 대상, 절기에 따른 예배 형태 정하기

예배에 멀티미디어 요소를 적용하기 위해서는 예배의 주제(감사, 기쁨, 사랑 혹은 절망, 죽음, 위로, 이별 등) 또는 총회에서 정한 특별주일(신년주일, 가정주일, 창립주일 등)이나 교회력에 따른 절기(사순절, 성탄절, 대림절, 주현절, 부활절) 등이 중요하다. 또한 예배의 주된 구성원이 장년(노년, 중년)인지, 청년인지, 학생인지, 어린이인지를 먼저 파악해야 한다. 그래야 각 대상에 맞는 음향, 조명, 그리고 순서에 사용할 이미지와 영상 자료를 알맞게 준비할 수가 있다.

예배의 전체적인 순서 정하기

예배의 순서와 요소는 장로교의 전통적 예배에 기초를 두고서 시간과 장소, 대상을 고려하여 정해 나가는 것이 바람직하다. 예를 들어, 예배의 도입에서 장년을 대상으로 예배를 드린다면 조용한 음악을 배경으로 해서 경건과 준비의 시간을 주어 말씀을 미리 읽거나 묵상하도록 하는 것이 좋다. 그때에 관련 이미지나 동영상을 스크린으로 미리 보여 주는 것도 좋을 것이다. 청년 중심의 예배는 뜨거운 찬양과 기도로 힘차게 나아가는 것이 좋다. 중·고등부나 아동부 대상의 예배라면 주제와 관련 있는 영화나 연극을 보여 주며 기대감을 주는 도입을 시도하는 것도 좋은 방법이 될 것이다. 이처럼 예배의 순서를 적절히 정하는 것이 멀티미디어 활용에 있어서 매우 중요하다. 따라서 대상이 되는 교인의 영적 흐름을 잘 파악하여 활용한다면 교인의 변화와 결단을 촉구하는 데 있어서 보다 극적인 효과를 가져올 수 있게 된다는 점을 유념하기 바란다.

예배순서에 따른 구성 요소 정하기

정해진 예배순서에 멀티미디어 요소를 적용하는 부분이다. 순서에 따른 음향의 고조, 조명의 밝기, 화면에 비출 이미지나 영상, 그 이미지 위에 나타날 텍스트, 예배순서를 맡은 설교자, 찬양자, 기도자, 워십 팀, 연극 팀 등의 위치와 동선과 같은 요소가 적절하게 사용될 때 교인은 안정감을 찾고 예배에 몰입할 수 있다. 예배 조명의 경우, 기본적으로 강단과 교인석의 밝기를 다르게 하여 강단에서 행해지는 모든 순서에 교인이 집중할 수 있게 해야 한다. 설교자가 강단에 설 때 설교자에게 조명이 집중되면 교인도 쉽게 집중해서 말씀의 전달력이 더 높아지게 될 것이다. 교인이 보게 되는 스크린의 이미지나 밝기 정도도 충분히 고려되어야 하며, 보기에 시각적인 부담감이 전혀 없으며 쉽게 인식이 가능한 이미지, 폰트, 색상이 적용되어야 할 것이다.

멀티미디어 예배 기획 시트의 예 : 광주 본향교회(www.bonhyang.or.kr, 2013. 2. 3)

목 표	① 하나님께만 영광 돌리는 예배 ② 치유와 문제 해결과 필요가 채워지는 예배 ③ 은혜와 기쁨이 충만한 예배 ④ 교인과의 교제가 있는 예배 ⑤ 삶의 현장과 연결되는 예배

| 순 서 | 주일 낮 예배 |||| 조 명 | 찬양 예배 | 수요 예배 | 비 고 |
	1부	2부	3부	4부				
	○○○ 목사	○○○ 목사	○○○ 목사	○○○ 목사		8남 선교회 헌신 예배		
	주제 : 오늘							
예배 전 찬양	목마른 사슴		다시 복음 앞에 목마른 사슴 진리의 성령님		SET 1 7번	연합 찬양단	수요 찬양단	
예배의 부름	시편 43 : 3~4				SET 1 SET 3 (40%) 7번	부흥 성령님이여 마지막 날에 비전	전심으로 두 손 들고 호산나 사명	
영광송	찬양대(3장)							
기 원	인도자							
경배의 찬송	27장					찬양대		
신앙고백	사도신경							
참회의 기도	다 같이				참회 기도 후 SET 1 OFF 7번			
사죄의 확신	인도자				SET 1 ON 7번			
감사의 찬송	258장(1, 4절)							
기 도	○○○ 목사	○○○ 권사	○○○ 장로	○○○ 청년	7번 OFF 9번 ON	○○○ 집사	○○○ 집사	
주님의 기도	주기도문							
찬양대 찬양		호산나	할렐루야		SET 3 7번(OFF)		5교구 찬양대	
화답송	아버지 사랑합니다							

			시편 23 : 1~6	룻기 1 : 14
성 경	히브리서 3 : 12~14(신약 356쪽)	SET 1		
설교 전 영상	영상 팀	SET 1 OFF		
설 교	스크린은 설교자를 보여 주는 것이 아니라 이미지와 문자 등을 보여 주며 설교의 보조 자료로 사용한다.	SET 1		
설교 후 기도		SET 1 7번		
성찬예식	찬송 229장, 마가복음 14 : 22~25, 기도, 분병 분잔			
결단의 찬송	약한 나로 강하게	SET 1 7번		
합심 기도 (말씀의 응답)	각자가 자신에게 주신 말씀에 의해 감사하고 회개하고 결단하며 기도한다.	SET 1 OFF 7번		
특 송	몸 찬양팀		8남선교회	401장
봉헌 및 기도		SET1 7번		
파송의 찬송	330장			
파송의 말씀				
축 도				
교제 및 소식				
폐회송	620장			
다음 주일 예배 담당자	– 주일 낮 1부 : ○○○ 목사 – 주일 낮 3부 : ○○○ 권사 – 주일 밤 찬양 : ○○○ 집사	– 주일 낮 2부 : ○○○ 장로 – 주일 낮 4부 : ○○○ 청년 – 수요 예배 : ○○○ 집사	주제 2/10 승리 2/17 보호 2/24 헌신 3/3 애국	

5. 예배의 차별화를 위한 멀티미디어 활용

오늘날 교회 안에는 전통적 예배, 예전적 예배, 찬양 예배, 은사 예배, 구도자 예배, 멀티미디어 예배, 그리고 이를 하나로 만들어 가는 통합적 예배 등 많은 형태의 예배가 드려지고 있다. 매 주일 드리는 다양한 예배 안에 얼마나 다양한 멀티미디어의 활용이 가능할 것인가? 이것이 바로 장차 차별화된 예배를 만들어 가기 위해 목회자가 고민해야 할 또 하나의 과제이다.

멀티미디어 예배는 또 다른 예배의 형태가 아니라 예배를 더욱 풍성하게 만드는 하나의 접근 방법이라는 것을 먼저 이해하는 것이 무엇보다 필요하다.

목회자는 이 점을 기억하면서 차별화된 멀티미디어 활용으로 자신만의 전문적이면서도 독특한 예배를 이끌어 가기 위해 노력해야 할 것이다. 다음은 실제로 적용 가능한 멀티미디어 활용의 예이다.

1) 멀티미디어 설교

목회자의 설교 메시지를 다양한 멀티미디어 요소인 이미지와 영상을 주로 활용하여 나눈다. 주의할 점은 지나치게 영상이나 이미지를 의존하고 사용하여 설교자의 중요한 메시지가 약해져서는 안 된다는 것이다. 도움을 주는 대표적인 사이트로는 인포처치(www.infochurch.net), 주알리기(www.jualligi.net), 파이오니아21연구소(www.pioneer21c.com), 팻머스(www.ipatmos.com), 로고스데일리(www.logosdaily.com) 등이 있다.

2) 영화 감상

성경의 주제를 영화 속에서 찾아 짧게 편집한 영화를 감상한 후 나눈다. 영화 예배를 드리고자 할 때 도움을 받을 수 있는 곳은 열린사역연구소(www.ivydream.com)가 있다.

3) 성경 드라마

성경의 내용을 연극이나 영상으로 보여 줌으로 말씀을 읽는 것보다 더욱 실감나고 확실하게 전달할 수 있다. 단, 이를 전담하는 드라마 팀 운영과 전문 사역자가 필요하다.

4) 뉴스 영상

한 주간 국내 안팎의 이슈를 영상화하여 뉴스 보도처럼 시청한 후 말씀과 함께 나눈다. 사전에 인터넷 사진과 영상 등을 편집해야 하며, 아나운서가 보도하는 것에 대한 사전 촬영이 필요하다.

5) 상담 치료극

현대인의 많은 고민들—가정문제, 폭력문제, 자녀문제, 이혼, 도박, 문화 등—을 주제로 한 드라마를 가지고 말씀과 연결하여 나눈다. 전문 역할극 상담사가 있다면 더욱 좋으며, 조명과 음향을 잘 활용하면 더 많은 이들의 공감대를 만들어 갈 수 있다.

6) 성경 퀴즈쇼

주일 예배시간에는 힘들겠지만 주일 오후나 수요 예배 혹은 특별교육 시간에 활용한다면 보다 유익하면서 유쾌한 시간을 갖게 될 것이다. 특히 교회학교에서 활용할 때 더욱 큰 효과를 낼 수 있으며, 온맘 퀴즈(www.onmam.com/quiz), 은혜와진리교회(www.quiz.gntc.net) 등을 참고하기 바란다.

7) 기타 멀티미디어 활용

예배순서 PPT와 자막, 찬양 가사 PPT, 광고 안내 PPT, 성찬식이나 세례식의 배경 영상 등으로 활용하는 경우이다.

이처럼 멀티미디어의 바른 활용은 하나님과 인간 사이의 인격적 만남을 방해하거나 부정적으로 간섭하는 것이 아니라 긍정적인 효과가 나타나도록 하는 것이다. 기도할 때 울려 퍼지는 잔잔한 음악이 하나님과의 인격적 만남을 방해하는 것이 아니라 더욱 강화시켜 주는 것처럼, 제대로 된 멀티미디어 활용의 연구와 적용을 통하여 하나님과의 소통을 더욱 강화시켜 주는 멀티미디어 활용법을 찾아야 하는 것이다.

예배에 있어 멀티미디어 활용의 당위성을 부정할 목회자는 없을 것이다. 앞으로의 문제는 교회가 드려지는 예배 속에서 얼마나 효과적으로 멀티미디어를 활용하느냐에 있다. 이는 다음 세대를 위한 교회의 요청이자 시대적 요청이다. 이제 한국교회는 바람직한 멀티미디어의 활용을 연구하지 않으면 안 된다. 나아가서 각 교회 목회자와 사역자가 충분히 활용할 정도의 멀티미디어 콘텐츠인 영상, 이미지, 텍스트 개발이 그 어느 때보다 절실한 지금이다. 많은 목회자가 이러한 콘텐츠 확보에 열을 올려 적지 않은 비용을 들이고 있는 현실을 감안할 때 무엇보다 총회 차원에서 멀티미디어 콘텐츠 개발이 이루어져서 모든 목회자가 비용 부담 없이 목회에 적극 활용할 수 있도록 하는 것이 보다 시급한 과제라고 하겠다.

12장
예배 음악
(찬송가, 복음성가, 국악)

1. 예배에서 음악의 위치

예배에서 음악의 중요성은 전체 예배에서 음악이 적어도 1/3의 시간을 차지하는 것을 보면 잘 알 수 있다. 교인이 예배에서 은혜를 경험하는 것이 주로 설교와 찬양을 통해서라는 점도 그 중요성을 더해 준다. 예배 중에 음악을 통해 표현되는 것은 다양하다. 하나님의 말씀 선포, 기도, 신앙적 결단, 권면, 하나님의 성호를 찬양, 봉헌, 간증 등 예배의 모든 요소에 다 해당된다.

그런데 이처럼 설교, 기도, 헌금, 광고와 같은 예배의 각 요소가 이미 있음에도 불구하고 음악을 다시 사용하여야 할 필요가 있는지, 있다면 과연 그 이유가 무엇인지 성경적이고 신학적인 근거를 설명하면 다음과 같다.

1) 음악 고유의 특성

예배에서 사용되는 언어는 세 가지 형태인 말, 침묵, 노래로 구성되어 있으며, 각자 고유한 특성을 가지고 교인에게 영향력을 끼친다. 말과 침묵은 사람의 사고 체계에 영향을 주는 데 비해, 음악은 마음과 감정에 작용을 한다. 브래번트는 "예배는 단순한 표현적 기능만이 아니라 암시적 혹은 감명적 기능을 포함하고 있다."고 했다. 예배의 각 순서는 이러한 두 가지 기능 모두를 기대하지만, 설교나 기도, 신앙고백 등이 언어의 표현적 기능에 더욱 의존한 것이라면, 음악을 포함한 모든 교회 예술은 암시적 또는 감명적 기능에 더욱 의존한 것이라 하겠다. 즉, 전자가 진리를 서술하고 설명하는 것을 강조한다면, 후자는 예배자로 하여금 진리로 향하게 하고 마음을 예비하게 한다는 의미이다.

2) 성화 과정에 있는 예배자의 믿음을 적절하게 표현

그리스도인과 찬송은 불가분리의 관계를 지닌다. 하나님의 백성이라는 존재에 대해 이사야 선지자는 "이 백성은 내가 나를 위하여 지었나니 나를 찬송하게 하려 함이니라"(사 43 : 21)고 전하고 있다. 따라서 그리스도인은 찬송을 통해서 하나님의 뜻을 성취하며, 성경 중에서 특히 시편에서 나타나고 있는 것처럼 그들의 삶의 상황을 반영한 노래를 통해 하나님과의 관계를 확인한다.

2. 예배에서 음악의 역할

예배에서 음악은 이미 없어서는 안 될 중요한 요소가 되었다. 주일 예배의 경우 1시간의 예배시간 중에서 전주와 후주, 교인 찬송, 송영, 찬양대 찬양, 기도송 등으로 20분에서 25분 정도를 음악이 차지하는 것을 보면 그 중요성을 능히 짐작할 수 있다. 예배에서 음악이 구체적으로 어떤 역할을 하기에 이렇게 큰 비중을 차지하고 있는 것인지 살펴보도록 하자.

1) 하나님의 계시와 행하심에 대한 교인의 독립적 응답이다

음악은 예배의 다른 요소를 돕는 보조 수단이 아니라 설교나 기도처럼 자체적으로 완전한 요소이며 하나님의 계시와 행하심에 대한 응답이다. 예배 음악은 예배순서 사이를 부드럽게 하는 배경음악이나 은혜로운 분위기 조성을 위한 것이 아니라는 점을 알아야 한다. 입례송, 송영, 기도송, 성만찬 예전에서 분병 분잔을 할 때의 연주와 성찬 찬송 등도 독립적인 예배순서이며 그 자체에 온전한 의미가 담긴 순서이지, 각 순서 간의 부드러운 연결을 위한 것이 아니라는 것이다.

2) 곡조 있는 기도

예배의 역사에서 예배 구성의 세 가지 요소를 말할 때 말씀, 성찬, 기도라고 하는데 이때 기도는 찬송을 포함한 것이다. 곡조 있는 기도가 바로 찬양이기 때문이다. 따라서 찬양, 감사, 탄원, 죄의 고백과 신앙고백의 가사가 담긴 찬양을 부르는 것은 기도를 하나님께 드리는 것이다.

3) 하나님 사랑과 이웃 사랑을 표현

찬송은 하나님의 백성으로 마땅히 지키고 행해야 하는 하나님과 이웃을 향한 믿음, 소망, 사랑의 내용을 담아 나타낸다.

3. 예배에서 음악의 위험성

지금까지 말한 것처럼 이전에 갖고 있던 음악에 대한 잘못된 이해를 극복했다고 해도 모든 음악이 예배에 선한 영향력만을 끼치고 예배를 풍요롭게 하는 것은 아니다. 때로는 예배를 위협하는 큰 걸림돌이 될 수도 있기 때문에 그 위험성이 무엇인지를 알고 예배에서 음악의 역할 한계를 규정할 필요가 있다.

1) 음악은 예술적 미의 성취가 목적이 되어서는 안 된다

레이몬드 압바는 "예배에서 음악은 완전의 미 또는 예술적 미를 통해 성결의 미를 구하는 것"이라고 했는데, 실제로 그러한 예술적 미를 성취하려고 하다가 정작 성결의 미를 놓치는 때가 있다. 일찍이 어거스틴은 이러한 위험성에 대해 다음과 같이 경고한 바 있다.

> 나의 신앙 초기에 있어서 찬양에 의해 감동을 받아 흘렸던 눈물을 기억할 때 맑은 음성과 적당한 억양으로 불릴 때, 그 노래의 소리에 의하여서가 아니라 노래로 불리고 있는 그 일들에 의하여 감동되고 있는 것을 알게 될 때 나는 이 찬양의 유용함을 깨닫게 된다. 그러나 노래로 불리는 그 일보다는 노래 자체에 의하여 감동될 때에 나는 비통스럽게도 죄를 짓고 있음을 인정하며 그러한 때에는 노래를 듣지 않았었다면 하고 생각하지 않을 수 없게 된다.
> -「참회록」中

이러한 두 가지 미적 추구를 엄격하게 구분하기는 어렵지만 예배에서 음악으로 무언가를 표현하려고 할 때마다 스스로 어거스틴처럼 질문하면서 관찰하지 않으면, 음악의 예술적 성격 때문에 단순히 예술적인 미에만 안주하려는 위험에 처할 수 있음에 주의해야 한다.

2) 음악이 주는 정서적 감동을 영적이고 도덕적인 발전으로 혼동해서는 안 된다

음악을 통해 기쁨이나 환희, 간절함 등을 느꼈다고 해서 그것만으로 영적으로 성장했다거나 도덕적인 행동 능력이 향상되었다고 생각해서는 안 된다.

3) 어떤 음악 속에 예측 가능한 감동과 힘이 있다고 확신해서는 안 된다

아무리 그때의 곡과 내용이 좋고 은혜스럽다고 해도, 그 음악 자체에 그런 감동과 힘이 담겨 있는 것은 아니다. 하나님께 드리는 그리스도인 공동체의 예배에 있어 결과 예측이 가능한 음악을 가지고 인위적으로 활용하는 것은 궁극적으로 예배의 본질을 크게 훼손하는 것이다.

4) 음악이 예배와 예배자를 인도하는 것은 아니다

음악이 믿음과 감격을 가져오는 것이 아니라 이미 우리 속에 있는 믿음과 감격을 음악을 통해 표현하는 것이다. 이에 대해 헤롤드 베스트는 다음과 같이 적절히 말한 바 있다.

> 음악이 우리를 감동시키느냐의 여부와 상관없이 성령님은 언제나 자유롭게 우리의 예배를 인도한다. 음악으로부터 오는 감동이 하나님을 향해 본래 가지고 있던 열정과 연결될 때 우리는 진실로 감동하게 된다. …… 이 모든

것의 배후에는 와서 예배를 계속하라는 주님의 끊임없는 초대가 있다. 하나님은 모든 사람이 하나님을 예배하기를 원하신다. 음악, 예술, 연극, 무용, 건축, 분위기, 환경 같은 모든 부수적 감동 뒤에는 으뜸가는 감동 제공자가 있는데, 주님의 조용한 부르심과 상기시키심은 그 어떤 감동적인 예술품보다 더 많은 것을 말해 준다.

이같이 음악과 예배의 우선순위가 전도되는 상황 진단을 위해서는 바로 "음악 없이도 예배할 수 있는가?"라는 질문이 필요하다. 이렇게 질문해야 하는 이유는 예배자가 음악 없이도 예배할 수 있을 때 비로소 음악을 올바로 사용할 수 있는 것이기 때문이다. 음악이 우리의 예배 분위기를 돋우는 것이 아니라 우리가 표현하고 싶은 마음을 음악과 함께 표현하는 것이다.

4. 예배에서 음악의 수용 기준

1) 성경적 근거와 신학적 정당성

성경적 근거가 있어야 한다는 의미는 문자적인 것이 아니라 성경의 정신을 말한다. 찬양 가사는 하나님 찬양은 물론 기도와 간구에서부터 하나님께서 우리와 이 세상을 향해 행하신 것을 선포, 고백, 권면, 결단하는 내용에 이르기까지 다양하다.

2) 교회의 공동체적 공감대

아무리 은혜스러운 음악이라고 해도 그것이 모두에게 은혜스러운지를 따져 봐야 한다. 교인 찬송은 물론이며 찬양대의 연주 및 찬송의 경우에도 해당된다.

3) 예술적 탁월성

여기에서 예술성이란 부조화, 조잡함, 천박함, 적당주의, 무질서의 반대를 말한다. 또한 세속 유행에 따라 움직이는 상업성을 뛰어넘는 것을 말하며, 경쟁적이거나 모방이 아닌 진정성을 추구하는 음악이어야 한다. 다른 영역의 음악에 대한 예술성에 대해 따지는 대신 선호하는 음악의 예술성부터 먼저 따져 봐야 한다.

4) 다양한 음악 형식에 대한 개방성

예배 음악은 고전음악 형식이나 대중음악 형식을 모두 포함할 수 있어야 한다. 즉, 찬송가, 중세 음악, 떼제 음악, 복음송, CCM, 한국 전통 음악 등 모두가 해당된다. 음악에 대한 편협한 자세를 보일 때 선택된 음악의 종류에 따라 예배자의 마음이 분열된다. 예를 들어, 고전음악 형식을 선호하는 예배자는 대중음악 형식을 선호하는 예배자를 모방적, 세속적, 상업적, 감정적이라고 보는 반면에, 후자는 전자를 형식적이고, 고지식하며, 감격을 느끼지 못한다고 보는 경우이다. 다양한 음악적 가치의 우열을 가리기는 사실상 불가능하므로 열린 마음으로 다른 음악일지라도 서로 존중하려는 마음가짐이 필요하다.

5. 찬양대

어떤 교회에서는 찬양대 대신 찬양 팀이 음악 순서와 찬양을 하는 경우도 있지만, 거의 대부분의 교회에서는 찬양대가 그러한 역할을 담당하고 있다. 여기에서의 '찬양대'는 찬양 팀을 포함한 찬양대임을 참고하기 바란다.

1) 찬양대에 대한 이해

역 할

① 교인으로 하여금 찬양을 들음으로 참여하도록 한다. 정성껏 준비한 음악을 교인이 듣는 것은 설교를 들음으로 은혜를 받는 것과 같은 열매를 맺게 한다. 이는 교인 중에서 한 사람이 기도를 준비하여 전체를 대신하여 기도하는 것이나 목사가 말씀을 준비하여 설교하는 것과 같을 정도로 중요하다.

② 예배의 진행을 돕고 교인 찬송을 적극적으로 인도하는 역할이다. 예전적인 예배는 물론이고 현대 예배에서도 찬양대가 높은 음악성을 유지하면서 교인을 아름다운 찬송으로 이끌 수 있다.

자세와 기준

① 예술성으로 참된 아름다움을 추구한다. 예배 음악은 실용적이기보다 예술적 가치가 있어야 한다. 현대 문화를 반영하되 천박성, 조잡함, 문화적 저급성에 대해서는 경계하는 자세가 필요하다.

② 창조성과 독창성을 유지한다. 창조성은 하나님의 속성이며 예배 음악은 모조나 모방이 아니라 각자의 다양한 달란트를 수용하려는 정신이

유지되어야 한다.

③ 탁월성을 위해 노력한다. 탁월한 음악이란 어느 한 사람에 의한 인위적이고 조작된 음악이 아니라 자연스러운 것이다. 지휘자, 연주자, 찬양인도자, 찬양대원은 최선의 준비와 연습으로 탁월한 '찬송의 미'를 위해 가꾸어 나가야 한다.

④ 보편성으로 교인이 공감하도록 한다. 찬양의 형식과 곡은 교인과 공감대를 가져야 한다. 음악 전문가에 의한 일방적인 선곡이 아니라 눈높이를 교인에 맞추고 여기에 예술적인 감각을 더해 문화 선도적으로 교인을 이끌어 나가려는 섬세한 노력이 필요하다.

자 격

기본적인 자격을 세례교인으로 한정하는 교회가 많을 것이다. 사실상 그보다 더욱 중요한 것은 하나님을 알려고 애쓰는 마음이다. "나는 인애를 원하고 제사를 원하지 아니하며 번제보다 하나님을 아는 것을 원하노라"는 호세아 6 : 6 말씀처럼 힘써 여호와 하나님을 알려고 애쓰는 마음이 예배의 기본이기 때문이다. 무엇이 세속적인 노래이고 무엇이 찬송인지를 구별할 수 있는 것은 음악의 장르나 가사가 무엇인지에 달려 있는 것이 아니다. 자신의 가창력으로 부르는 것이면 세속적인 노래가 되는 것이고, 하나님의 계시와 은혜에 대한 응답으로 부르는 것이면 찬송이 되는 것이다.

2) 찬양대 지침

① 모든 찬양대원은 그날 예배의 말씀과 성경 본문에 대해 깊이 묵상

한다.

② 은혜를 앞세워 음악성을 소홀히 하지 말아야 한다.

③ 교인 찬송, 찬양대 찬송의 선곡에 있어 우선순위는 교인과의 공감이다.

④ 예배 찬송과 찬양 내용은 찬송가에 제시된 여러 가지 주제 중에서 선택할 수 있다.

⑤ 목회자나 예배부 담당 목사는 찬양의 장르(전통 찬송가, 복음송가, 국악 찬송 등)와 악기 사용, 곡목 선정을 할 때에는 찬양대 지휘자, 찬양 팀 인도자, 악기 연주자 등과 함께 열린 대화를 통하여 모두 한마음으로 자발적인 찬양을 할 수 있는 환경이 되도록 한다.

⑥ 찬양대 복장이나 움직임과 필요한 동작은 예배를 드리는 교인의 취향과 분위기, 이해 정도 등을 배려하여 지혜롭게 하도록 한다.

⑦ 주일 예배(예배 성격)와 찬양집회(공연 성격)를 구별하여 곡목 선정, 찬양 팀 인도자나 찬양대 지휘자의 멘트와 동작 등을 준비한다. 주일 예배의 경우 찬양 인도자는 설명이나 간증 없이 찬양으로만 인도하면서 교인이 자발적으로 응답할 수 있는 분위기를 조성하는 것이 좋다.

13장 장례예식

장례는 모든 사람에게 닥치는 일이며, 장례예식은 끊임없이 문화와 대화하며 변화해 나가고 있다. 생활양식의 변화, 경제 수준의 변화, 의료 시스템과 노년 의료 서비스의 변화, 노년 복지의 변화 및 법률의 변화 속에서 장례 문화는 이 순간에도 급변하고 있는 것이 사실이다. 실제로 이전에 없던 예식이 생기기도 하고, 과거에 드려 왔던 예식이 없어지기도 한다. 여기에서는 목회 현장에서 가장 빈번하게 사용할 수 있는 장례예식의 실제를 제시해 보도록 하겠다.

1. 위로예식의 실제

위로예식은 입관예식과 같은 장례예식 외에 장례가 발생했을 때 수시로 목회자와 교우가 조문하면서 드릴 수 있는 예식을 말한다.

개식 선언 ………………………………………………………… 집례자
　"우리는 지금 하나님의 부르심을 받은 고(故) ○○○님과의 이별을 아쉬워하며 고인을 하나님께 위탁 드리는 예배를 시작하고자 합니다."
　"내가 그들에게 영생을 주노니 영원히 멸망하지 아니할 것이요 또 그들을 내 손에서 빼앗을 자가 없느니라"(요 10 : 28). "너희는 마음에 근심하지 말라 하나님을 믿으니 또 나를 믿으라 내 아버지 집에 거할 곳이 많도다 …… 내가 너희를 위하여 거처를 예비하러 가노니"(요 14 : 1-2).
찬송가 ……………… 479장 "괴로운 인생길 가는 몸이" ……………… 다 같이
　　※ 493장 "하늘 가는 밝은 길이"도 가능
성경봉독 ………………… 히브리서 11 : 1~3, 13~16 ………………… 집례자
설 교 ……………………… 더 나은 본향이 예비된 삶 ……………………… 집례자
　"인간은 누구나 이 세상에서 살다가 죽게 되어 있습니다. 문제는 마지막에 하나님 앞에 어떻게 가느냐입니다. 그가 세상에서 어떻게 살았든지 하나님은 영혼을 의탁하는 사람을 받아 주십니다. 우리는 고 ○○○님이 하나님 앞으로 돌아가셨음을 믿습니다. 예수님을 잘 섬겼으며 교회의 직분을 받아 그리스도의 몸 된 교회를 잘 섬긴 것을 저희들이 압니다. 돌아가실 때까지 마음속에 하나님을 향한 사랑과 그리스도의 구원에 대해서 분명한 믿음을 가졌음을 저희들이 압니다.
　우리의 육체의 장막집이 무너질 때 우리에게는 하나님이 예비하신 영원하신 집이 예비되어 있습니다. 이 영원한 집은 오늘 주신 히브리서 11 : 13~14 말씀처럼 믿음으로 가는 집입니다. 영원한 집으로 가는 길은 예수님을 통해서만 갈 수 있고, 그를 믿어야만 갈 수 있습니다. 우리도 언젠가는 고인을 따라 주님이 예비하신 영원한 집으로 가게 됩니다.
　죽음은 사랑하는 하나님 품에 안기는 겁니다. 인간은 하나님한테서 나와 하나님께로 돌아가는 존재입니다. 하나님 품에서는 원망도 없고 고통도 없고 갈등도 없습니다. 오로지 사랑밖에 없습니다. 유달리 가족들에게 사랑을 베푸셨던 ○○○님이기에 사랑 많으신 하나님의 품에 안기신 것을 생각하면서 유족들과 저희들이 이별의 아쉬움을 잠시 잊을 수 있게 하심에 감사드립

니다.

　이제는 고 ○○○ 님을 먼저 보낸 가족들에게도 하나님이 함께하셔서 이별의 슬픔과 아쉬움을 이기게 하시기를 기도합니다. 그 마음속의 허전함도 주님께서 메워 주시기를 간절히 기원합니다."

기 도 ··· 집례자

　"위로의 하나님! 우리는 죄와 용서와 몸의 부활과 영원한 삶을 믿으면서 하나님이 사랑하는 고 ○○○ 님의 몸과 영혼을 하나님께 맡깁니다. 고 ○○○ 님은 훌륭하고 모범적인 교인이었습니다. 이런 귀한 분을 우리에게 보내 주셨음에 감사드립니다.

　영원하신 하나님! 이제 유족들은 사랑하는 고 ○○○ 님의 얼굴을 보고 싶어도 육신의 얼굴을 볼 수 없는 아픈 마음을 가지고 있습니다. 위로의 하나님께서 슬퍼하는 유족들과 여기 모인 무리에게 위로해 주시고, 긍휼과 자비를 베풀어 주소서.

　이제 우리 모두는 각자의 육신의 장막이 무너질 때가 바로 하나님께서 지으신 하늘의 영원한 집에 들어갈 때임을 믿고 감사드립니다. 이제 고 ○○○ 님을 마지막으로 보내며, 비록 이제 육신의 얼굴은 볼 수 없으나 유족의 마음속에서 고인의 아름다운 모습이 항상 있기를 바랍니다. 고인의 자랑스럽고 사랑스런 모습이 기억 속에서 항상 살아 있기를 바랍니다. 부디 하나님의 위로와 그리스도 안에서 부활의 소망을 더 밝히 알게 해 주시옵소서. 예수님의 이름으로 기도합니다. 아멘."

찬송가 ··············· 484장 "내 맘의 주여 소망되소서" ··············· 다 같이
축 도 ··· 집례자

2. 입관예식의 실제

　과거에는 목회자가 직접 입관 절차를 주관하였으나 지금은 대부분의 경우 전문장례사가 주관하고 있다. 대신, 목회자는 입관실에 유족과 함께 입

회하여 입관 전에 예식을 거행할 수 있다. 담당 장례사와 협의하여 적절한 시간대를 정하고, 간결하게 하는 것이 좋을 것이다. 최근에 와서는 유족이 외부인 입회를 점점 꺼려하는 경향이 있는데, 그럴 때에는 무리하게 입회하기보다는 입관을 전후하여 빈소나 지정 예식실에서 입관예식을 드리는 것이 바람직하다.

개식 선언 ··· 집례자
"유족들은 고 ○○○님의 몸에 새 옷을 입히고, 고이 관에다 모시는 입관예식을 거행하였습니다. 마지막으로 고인의 얼굴을 보았고 이제는 마음속으로만 생전의 얼굴을 사모하게 되었습니다. 이제 함께 예식을 드리겠습니다.
'내가 그들에게 영생을 주노니 영원히 멸망하지 아니할 것이요 또 그들을 내 손에서 빼앗을 자가 없느니라'(요 10 : 28). '너희는 마음에 근심하지 말라 하나님을 믿으니 또 나를 믿으라 내 아버지 집에 거할 곳이 많도다 …… 내가 너희를 위하여 처소를 예비하러 가노니'(요 14 : 1-2)."

찬송가 ············ 479장 "괴로운 인생길 가는 몸이" ············ 다 같이
※ 484장 "내 맘의 주여 소망되소서", 493장 "하늘 가는 밝은 길이"도 가능
성경봉독 ························ 고린도후서 5 : 1~9 ···················· 집례자
설 교 ·································· 영원한 집 ························· 집례자
"성경은 인간의 육신의 장막은 언젠가는 무너질 것이라고 말합니다. 그래도 이 세상을 살아갈 때에는 육체 또한 귀합니다. 마지막으로 고인의 장막인 육신을 유족들이 정성을 다해 옷을 입히고, 관에 잘 모셨습니다.
돌아보면 우리가 육신을 입고 살아가는 존재이기 때문에 육신의 아버지와의 만남이 참으로 귀했습니다. 아버지가 있었기에 이 세상에 태어날 수 있었고, 성인으로 잘 자라날 수 있었습니다. 또한 아버지가 병고를 치르는 기간이 있었기에 받은 은혜를 갚을 시간도 있었습니다. 기쁜 일이 있었고 섭섭한 일이 있었습니다. 좋은 일이 있고 아픈 일이 있었습니다. 그러나 이제 이러한 육신의 만남은 다 끝이 났습니다. 우리도 언젠가는 육신의 장막을

벗을 때를 맞이하게 됩니다. 고인은 우리보다 먼저 육신의 옷을 벗고 하나님께로 돌아가셨습니다.

　우리도 육신의 장막이 무너질 때 하나님이 예비하신 더 좋은 영원한 집이 예비되어 있습니다. 이 영원한 집은 하나님이 예비하신 집입니다. 예수님께서 이 집을 예비하고 계십니다(요 14 : 2-3). 영원한 집은 소망 중에 바라던 집이며, 이러한 하늘에 있는 집이 우리에게 있는 줄로 압니다(고후 5 : 1). 영원한 집은 믿음으로 가는 집입니다(히 11 : 13-14). 영원한 집에 가는 길은 예수님을 통해서만 갈 수 있고, 그를 믿음으로써만 갈 수 있습니다. 우리도 언젠가는 고인을 따라 주님이 예비하신 영원한 집에 가야 하는 존재입니다.

　이제 고인은 여전히 유족과 친지의 마음속에 좋은 기억으로 남아 있게 됩니다. 비록 육안으로는 볼 수 없지만 항상 고인에 대한 사랑과 은혜로운 생각을 가지고 살아가는 유족이 되기를 기도합니다. 주님이 예비하신 종말의 날에 고인을 다시 뵈올 때까지 아름다운 기억으로 이별의 순간들을 잘 이겨 나가는 예비된 축복을 누리는 유족이 되시기를 간절히 바랍니다."

기 도 ·· 맡은 이
　"길이요 진리요 생명이시며 부활이신 우리 주님! 이 시간 주님의 부름을 받고 돌아가신 고 ○○○님의 육신을 장사하기 위해 저희는 입관을 하였습니다. 다시는 볼 수 없는 얼굴을 바라보며 작별을 하였습니다.

　자비로우신 하나님! 하나님의 섭리에 순종하며 엄숙히 머리를 숙입니다. 모든 인생은 풀과 같고 그 영광은 풀의 꽃과 같아서 시들고 말라 버리고야 말 존재임을 저희도 알고 있습니다. 그러나 막상 이 땅에서 생명을 다한 고인의 유해 앞에 서니 슬픔을 금할 수 없습니다. 우리의 마음이 텅 빈 것 같은 허전함이 있습니다.

　위로의 하나님! 슬퍼하는 유족들과 여기 모인 무리를 위로해 주시고, 긍휼과 자비를 베풀어 주소서. 비록 육안으로는 볼 수 없어도 우리의 마음속에서 고인의 아름다운 모습을 항상 간직하며 살 수 있도록 도와주소서. 고인의 아름다운 모습이 기억 속에서 항상 생생하게 살아 있도록 도와주시옵소서.

그리하여, 하나님의 참된 위로와 그리스도 안에서 부활의 소망을 더 밝히 알게 해 주시옵소서. 예수님의 이름으로 기도합니다. 아멘."

찬송가 ·················· 487장 "어두움 후에 빛이 오며" ················ 다 같이
축 도 ··· 집례자

3. 장례예식의 실제(1)

장례 문화의 급속한 변화로 인해 장례예식을 드리는 장소도 변화되었다. 장례예식을 고인의 집이나 유족의 집에서 드리게 되는 경우는 극히 드물다. 전문 장례식장이나 병원의 장례식장에서 드리는 경우가 대부분이다. 따라서 장례식장에서 예식을 드릴 경우에는 고인의 빈소나 지정된 예식실을 이용하게 된다. 장례를 교회장으로 하거나 드물긴 하지만 특별히 교회 전통과 결정에 따라 고인의 교회에서 드려지는 경우도 있다. 교회에서 장례예식을 할 경우에는 해당 교회의 사정과 전례(前例)에 따라 적합한 장소를 선택하도록 한다.

개식 선언 ·· 집례자
"우리는 모두 고 ○○○님과의 작별을 위해 이 자리에 모였습니다. 지금부터 장례예식을 시작하겠습니다."
사도신경 ·· 다 같이
※ 장례예식에 참석하는 비그리스도인을 배려하여 본문을 실어 놓는다.

"나는 전능하신 아버지 하나님, 천지의 창조주를 믿습니다. 나는 그의 유일하신 아들, 우리 주 예수 그리스도를 믿습니다. 그는 성령으로 잉태되어 동정녀 마리아에게서 나시고, 본디오 빌라도에게 고난을 받아 십자가에 못 박혀 죽으시고, 장사된 지 사흘 만에 죽은 자 가운데서 다시 살아나셨으며,

하늘에 오르시어 전능하신 아버지 하나님 우편에 앉아 계시다가, 거기로부터 살아 있는 자와 죽은 자를 심판하러 오십니다. 나는 성령을 믿으며, 거룩한 공교회와 성도의 교제와 죄를 용서받는 것과 몸의 부활과 영생을 믿습니다. 아멘."

찬송가 ·················· 606장 "해보다 더 밝은 저 천국" ················· 다 같이
　※ 486장 "이 세상에 근심된 일이 많고"도 가능

기　도 ·· 맡은 이
　"생사화복을 주장하시는 하나님! 지금 저희는 ○○○님을 하나님께로 돌려드리기 위해 이 자리에 모였습니다. 고인의 삶은 주님께서 허락하신 생명이었고, 주님께서 허락하신 삶이었으며, 은혜로 채워 나갔던 생활이었습니다.
　고인을 보내는 가족들의 마음은 참으로 괴롭습니다. 그동안 너무나 좋은 시간을 보내었기에 이별의 아쉬움은 더욱 큽니다. 고인의 사랑을 생각합니다. 많은 교인의 마음속에 남아 있을 고인의 목소리를 떠올려 봅니다. 이제는 고인의 시신마저 우리가 볼 수 없는 곳으로 보내야만 할 시간입니다.
　주님이 재림하시는 날, 우리 모두에게 다시 부활의 영광을 주실 줄을 믿습니다. 다시 만날 미래의 소망을 굳게 하면서 현재의 이별과 슬픔을 이길 수 있게 도와주시옵소서. 부활의 그리스도이신 예수님의 이름으로 기도합니다. 아멘."

성경봉독 ··················· 요한복음 5 : 24~29 ························· 집례자
설　교 ······················· 부활의 소망 ································· 집례자
　"밀알 하나가 땅에 떨어져 묻히고 썩은 후에 새싹이 땅 위로 올라오듯 그리스도를 믿는 자들은 육체가 불에 타서 재가 될지라도, 육체가 땅 속에서 썩을지라도 다시 부활할 것을 믿습니다. 부활이요 생명이신 예수님이 죽은지 3일 만에 다시 살아나심으로 직접 이 진리를 우리에게 보여 주셨습니다. 부활의 주님을 믿는 자는 그 누구라도 마지막 날에 다시 살아날 것을 믿습니다. 이 믿음이 없으면 이 세상의 삶이 모두 헛됩니다. 세상에서 이루어지는 만남도 모두 헛됩니다.
　사랑하는 ○○○님의 밀알처럼 묻히고 썩어진 희생이 있었기에 오늘의 가

정이 있었고 후손들이 있는 줄로 압니다. 교회생활에 모범이셨고 특히 그 누구보다도 성실한 분이셨습니다. 후손들을 위해 기도하기를 쉬지 않으셨습니다. 고인은 인격적 성숙과 함께 다재다능한 삶의 지혜를 보여 주셨고, 하나님과 교인을 섬기되 부드러움과 낮아질 줄 아는 겸손을 보여 주셨습니다.

이제는 더 이상 고인의 자상한 목소리를 들을 수 없고 부드러운 미소 띤 얼굴을 볼 수 없어서 인간적으로는 섭섭한 마음이 차오릅니다. 그러나 우리가 위로를 받으며 도리어 기뻐할 수 있는 이유는 고인이 이 세상의 그 어떤 장소보다도 더 편안한 하나님의 품에 안겨 있다는 사실입니다. 우리 그리스도인은 세상에서의 죽음이 완전한 끝이 아니요 영원한 세계에서의 삶이 시작되는 것임을 믿습니다. 예수님 이름의 권세로 생명의 부활로 다시 살아날 것을 믿습니다. 가족과 친지들 속에 이러한 부활의 소망이 더욱 커지기를 바랍니다. 이제는 고인의 시신을 잘 보내 드리는 유족과 친지들이 되기를 빕니다. 하나님이 허락하신 이별을 전적으로 받아들이는 믿음의 가족이 되시기를 바랍니다. 비록 고 ○○○님을 우리가 볼 수는 없지만 가장 좋은 곳으로 가셨습니다. 우리는 고인의 사랑과 희생을 영원히 기억하며 살아갑시다. 그리고 이제는 생전의 고인을 기억하며 남겨 준 뜻에 맞게 현실의 삶을 신앙으로 더욱 애정과 열정적인 자세로 의롭고 힘 있게 그리고 아름답게 살아가야 합니다. 이것이 부활의 바른 소망을 가진 사람들의 자세입니다."

기 도 ·· 집례자

"전능하신 하나님! 세상의 무거운 짐을 모두 벗겨 주신 주님께서 고인에게 영원한 안식을 허락하여 주시옵소서. 이제는 고인의 육신을 마음속 깊은 곳에서부터 하나님의 품으로 보내 드리는 가족이 되게 해 주시옵소서. 그리하여 고인의 뜻과 사랑만은 마음속에 계속 간직하는 유족과 조문객 모두가 되게 해 주시옵소서. 무엇보다 주님이 주신 부활의 소망으로 이 슬픔을 이기게 해 주시옵소서. 그리스도이신 예수님의 이름으로 기도합니다. 아멘."

약력 소개 ·· 맡은 이
조 사 ·· 맡은 이
찬송가 ················ 480장 "천국에서 만나 보자" ················ 다 같이

※ 479장 "괴로운 인생길 가는 몸이", 493장 "하늘 가는 밝은 길이"도 가능

축 도 ·· 집례자
인사 및 광고 ··· 맡은 이
운 구 ·· 집례자, 맡은 이, 유가족

　1. 운구 행렬에서는 집례자가 맨 앞에 서고 영정을 든 사람과 운구위원이 뒤따라간다. 영정을 앞세우라는 지침서도 있으나 실제로 영정을 앞세울 경우 대부분 영정을 드는 사람은 연소하거나 경험이 없어 오히려 당황스러워 하는 경우가 많기 때문에 집례자가 앞에 서서 자연스럽게 인도하는 것이 바람직하다. 집례자는 영정을 든 사람을 도와 이후로 이어지는 순서에 맞는 적합한 행동을 하도록 알려 주도록 한다.

　2. 장례식장의 경우 빈소나 지정된 장소에서 장례예식을 드린 다음 안치실로 가서 거행하게 된다. 이때 안치실로는 집례자, 영정을 든 사람, 운구위원과 유족의 순서로 걸어가서 유족과 운구위원이 안치실에서 관을 들고 나올 때까지 집례자와 영정을 든 사람이 입구에서 조용히 대기한다. 관을 운반할 준비가 다 끝나면 천천히 장례차를 향해 걸어가는데, 이때에도 집례자, 영정을 든 사람, 운구위원, 유족순이다. 관이 안치실에서 나와 장례차를 향해 옮겨지는 동안 조문객들이 서서 찬송을 불러 주는 게 좋다.

　3. 장례식장 전면에 관을 갖고 나와 예식을 집례할 경우에는 예식이 다 끝난 다음 바로 장례차로 운구한다. 이때에도 집례자, 영정을 든 사람, 운구위원, 유족순이다.

　4. 운구한 관이 장례차에 도착하면 집례자와 영정을 든 사람은 관을 향해 방향을 잡아서 정중한 자세로 함께 서 있도록 한다. 관을 장례차에 싣고 나면 영정을 든 사람부터 제일 앞에 가는 장례자동차에 탑승한다.

4. 장례예식의 실제(2)

개식 선언 ··· 집례자

"지금부터 고 ○○○님의 장례예식을 거행하겠습니다. 조객 여러분은 정중한 자세와 엄숙한 마음으로 이 예식에 임해 주시기를 부탁드립니다."

찬송가 ················ 479장 "괴로운 인생길 가는 몸이" ············· 다 같이
기 도 ·· 맡은 이

"생명의 근원이신 하나님! 하나님이 사랑하시고 우리도 사랑했던 사람 고 ○○○의 장례예식을 위해서 이 자리에 모였습니다. 부활의 주님께서 임재하시어 이별의 슬픔에 처해 있는 유족과 친지, 교인을 위로해 주시옵소서. 오늘 이 장례식이 하늘나라로 이어지는 출발식이 되게 하시고 영원과 이어지는 순간이 되게 하옵소서. 그리하여 여기 모인 우리 모두에게 넘치는 위로와 희망과 용기를 주시옵소서. 예수 그리스도의 이름으로 기도하옵나이다. 아멘."

성경봉독 ················ 요한계시록 21 : 1~4, 23~27 ·················· 집례자
설 교 ························· 새 하늘과 새 땅 ······················ 집례자

"저희들은 사랑하는 고 ○○○님을 주님께 보내면서 주님이 영접해 주실 그 땅을 믿음의 눈으로 바라봅니다. 사도 바울은 고린도후서 5 : 17에서 "그런즉 누구든지 그리스도 안에 있으면 새로운 피조물이라 이전 것은 지나갔으니 보라 새것이 되었도다"라고 말했습니다. 이와 같이 그리스도 안에서 죽은 자는 육신으로 살든 영으로 살든 낡은 세계가 아닌 온전한 '새 하늘과 새 땅'에서 영원히 살게 된다고 성경은 말합니다. 우리가 기억해야 할 것은 이러합니다.

첫째, 그리스도 안에서 죽은 자에게는 처음 것들은 다 지나가 버리고 맙니다. 마치 나그네가 하룻밤이 지나면 밤새 묵었던 여관집을 미련 없이 떠나듯이 그리스도 안에서 죽은 자들도 인생을 어떻게 살았든지 미련 없이 떠나야만 합니다. 왜냐하면 이미 이전에 누린 육체의 것은 지나갔기 때문입니다.

둘째, 그리스도 안에서 죽은 자는 하나님의 장막에 영원히 거하게 됩니다. 고린도후서 5 : 1을 보면 "만일 땅에 있는 우리의 장막집이 무너지면 하나님께서 지으신 집 곧 손으로 지은 것이 아니요 하늘에 있는 영원한 집이 우리에게 있는 줄 아느니라"고 합니다. 믿는 자는 누구나 마지막에는 반드시

옛날 낡은 장막을 떠나 하나님이 만드신 장막에 영원히 거하도록 되어 있습니다. 그러므로 육체라는 장막집을 벗는다는 것은 죽음을 뜻합니다. 죽음 이후에는 그리스도께서 친히 대제사장으로 오사 사람의 손으로 짓지 아니한 온전한 장막으로 말미암아 영원한 속죄를 이루십니다(히 9 : 11-12). 우리 모두 주님과 함께 온전한 장막에 들어가 영원히 거하게 된다는 것을 믿어야만 합니다(계 21 : 3).

셋째, 그리스도 안에서 죽은 자에게는 더 이상 사망과 고통이 없습니다. 그리스도 안에서 죽은 자에게는 더 이상 사망, 애통, 곡하는 것, 아픈 것이 존재하지 않습니다. 보좌에 앉으신 예수 그리스도께서(계 21 : 5) 이 모든 고통과 사망의 짐을 대신 짊어지고 해결하셨기 때문입니다. 더 나아가 눈물, 한숨, 괴로움도 존재하지 않습니다. 신부가 신랑을 위하여 단장한 것같이 거룩한 성인 새 예루살렘이 기다리고 있습니다. 그 성의 문은 열두 문으로 되어 있으며 열두 천사가 지키고 있습니다(계 21 : 12). 그리고 성문마다 진주로 장식되어 있고, 그 길은 맑은 유리와 같은 정금으로 되어 있습니다(계 21 : 21). 더 이상 저주라는 것도 존재하지 않습니다(계 21 : 1). 그곳에서 영생을 누리게 됩니다.

하나님이 사랑하는 여러분! 하나님의 나라는 완전히 새로운 하늘과 땅입니다. 그곳에서는 성문을 도무지 닫지 아니하며 밤이 없는 곳입니다(계 21 : 25). 이런 곳은 그리스도 안에서 죽은 자로서 오직 어린양의 생명책에 기록된 자들만이 들어간다고 했습니다(계 21 : 27).

하나님이 사랑하는 여러분! 우리는 고 ○○○님을 이런 곳으로 보냈습니다. 우리가 천국 가는 날에 주 예수님과 함께 우리를 영접하실 줄 믿으며 그날을 기대하시는 여러분이 되시기를 바랍니다. 처음 것들을 다 지나 보내고 새 하늘과 새 땅으로 기쁘게 들어가는 여러분이 되시기를 간절히 기도드립니다."

약력 소개 …………………………………………………………… 맡은 이
조 사 ………………………………………………………………… 맡은 이
찬송가 ……………… 610장 "고생과 수고가 다 지난 후" ……………… 다 같이

※ 혹은 고인이 평소 즐겨 불렀던 찬양을 부르는 것도 가능
축 도 ··· 집례자
인사 및 광고 ··· 맡은 이
운 구 ·· 집례자, 운구위원, 유가족

5. 화장예식의 실제

화장(火葬) 문화가 처음 도입되었을 때에는 잘 시행되지 않았다. 따로 마련된 예식실에서 은혜롭게 예배를 드리고 고인과 정중하게 작별할 수 있었다. 점차 화장이 확산되면서 화장터는 시장처럼 붐비게 되었고 그런 환경 속에서는 예식 때 부르는 찬송 소리조차 은혜롭게 들리지 않을 정도로 복잡하게 되었다. 어떤 장례식장에서는 여러 교회가 동시에 예식을 드리게 하는 일까지 발생했다. 최근에는 거의 모든 화장터의 예식실은 폐쇄한 채로 일체의 종교 행위를 금지하고 있는 실정이다. 따라서 화장예식은 주로 장례 버스 안에서나 해당 호실 앞에서 잠시 모여 간단히 기도하는 것이 일반적이다. 아래의 순서를 참고로 하되 현지 상황에 맞춰 지혜롭게 운용하기 바란다.

개식 선언 ··· 집례자
찬송가 ················ (구) 294장 "친애한 이 죽으니" ············· 다 같이
기 도 ··· 맡은 이
성경봉독 ······················ 이사야 40 : 6~8 ······················ 집례자
설 교 ···························· 새 하늘과 새 땅 ···················· 집례자
축 도 ··· 집례자

6. 하관예식의 실제

1) 매장일 경우

① 장지에 도착하면 묘소에서 하관 준비를 하고 편안한 장소에 구를 안치한다.

② 묘의 땅을 파서 지실을 만들고 관을 지실로 운구하며 하관한다.

③ 집례자는 묘소 중심에 서서 오른쪽에 유족을 차례대로 세우고, 왼쪽으로 조문객을 세워 자리를 정돈한 후 하관예식을 거행한다.

④ 지실에 하관한 후 관 주위를 흙으로 채우고 관 위에 명정을 덮은 다음 예식을 거행한다.

⑤ 석관의 경우 세 번째 횡대를 열어 놓고 예식을 집례한다. 때로는 모든 횡대를 덮고 흙을 얹어 고른 후에 예식을 거행하기도 한다.

⑥ 각 지방의 전통과 가문의 전통에 따라서는 시신을 관에서 꺼내어 매장하기도 한다. 이럴 때에는 시신을 안치한 후에 흙을 적당히 덮어 미관상 보기 좋게 고른 다음 예식을 거행한다.

2) 취 토

① 횡대를 사용할 경우, 하관예식이 끝난 후 횡대를 마지막으로 덮고 집례자가 먼저 취토한 다음 유가족, 조문객순으로 하도록 인도한다.

② 취토는 흙을 한 삽씩 떠서 하는데, 옆에서 예식을 도와주는 사람이 있을 때에는 그들이 취토할 사람을 순서대로 세우거나 순서가 되면 흙을 한 삽씩 떠서 손에 들려 주는 것도 도움이 된다. 때로는 취토 대신에 꽃을 뿌리기도 한다.

③ 분묘하는 것을 끝까지 보는 것이 좋지만 사정에 따라서는 담당자에게 맡기고 유가족 및 함께 참여한 사람들과 같이 하산해도 무방하다.

개식 선언 ……………………………………………………… 집례자
"지금부터 인생의 주인이신 하나님 앞에서 엄숙한 마음으로 하관예식을 시작하겠습니다. '보라 아버지께서 어떠한 사랑을 우리에게 베푸사 하나님의 자녀라 일컬음을 받게 하셨는가, 우리가 그러하도다 그러므로 세상이 우리를 알지 못함은 그를 알지 못함이라 사랑하는 자들아 우리가 지금은 하나님의 자녀라 장래에 어떻게 될지는 아직 나타나지 아니하였으나 그가 나타나시면 우리가 그와 같을 줄을 아는 것은 그의 참모습 그대로 볼 것이기 때문이니 주를 향하여 이 소망을 가진 자마다 그의 깨끗하심과 같이 자기를 깨끗하게 하느니라'(요일 3:1-3)."
찬송가 ……………… 494장 "만세 반석 열리니" ……………… 다 같이
기 도 ………………………………………………………………… 맡은 이
"생사화복을 주관하시는 하나님! 지금 저희는 고 ○○○님의 육신을 자연으로 돌려 드리기 위해 모였습니다. 고인의 삶은 주님께서 허락하신 생명이었고, 주님께서 허락하신 삶이었고, 은혜로 받은 생활이었습니다. 고인을 보내는 가족들의 마음은 참으로 괴롭습니다. 그동안 너무나 좋은 시간을 보냈었기에 이별의 아쉬움은 더욱 큽니다. 이제는 이 땅에서 허락된 시간을 다 보낸 고인의 육신을 우리가 육안으로는 볼 수 없는 곳으로 보내야 할 시간입니다. 주님이 재림하실 날 우리 모두에게도 다시 부활의 영광을 주실 줄을 믿습니다. 미래에 다시 만날 소망을 굳게 하며 현재의 아픔과 이별을

잘 이겨 낼 수 있게 하여 주시옵소서. 그리스도이신 예수님 이름으로 기도합니다. 아멘."

성경봉독 ·············· 창세기 3 : 19 ·············· 집례자
설　교 ·············· 소망 있는 이별 ·············· 집례자

"'흙은 여전히 땅으로 돌아가고 영은 그것을 주신 하나님께로 돌아가기 전에 기억하라'는 전도서 12 : 7에 나오는 하나님의 말씀을 믿는 우리가 이 자리에 모여 있습니다.

하나님께서는 흙으로 사람을 만들고 그 코에 생기를 불어넣어 생명을 지닌 사람을 만드셨습니다. 우리 사람은 흙과 영으로 만들어진 존재이며, 이 두 가지가 만나서 산 사람이 되었습니다. 죽음이란 곧 흙과 영의 분리입니다. 생명을 이루었던 이 두 가지가 원래 자기 자리로 돌아가게 됩니다. 흙은 흙으로 돌아가고 영은 하나님께로 돌아가게 됩니다. 따라서 그리스도를 믿는 영은 하나님께로 돌아가서 영원히 함께할 것이고, 우리의 육체는 흙과 재, 그리고 먼지로 돌아갈 것입니다.

우리는 지금 이 시간 고 ○○○님의 육신을 흙으로 돌려보내며 아쉬운 작별을 하려고 합니다. 그러나 오늘 우리가 맞이하는 이 순간은 단지 이 땅에서의 이별에 지나지 않습니다. 우리는 영적인 육체를 다시 입는 부활을 믿고 기대하며 기다리는 사람들이기 때문입니다. 또한 처음 것은 지나가는 것이고, 다시 살리심을 받은 몸은 영원한 것임을 믿고 기대하며 기다리는 사람들이기 때문입니다."

기　도 ·············· 집례자
찬송가 ·············· 492장 "잠시 세상에 내가 살면서" ·············· 다 같이
축　도 ·············· 집례자
선포 및 취토 ·············· 집례자, 유족, 맡은 이

"하나님의 부름을 받은 우리의 사랑하는 고 ○○○님을 여기서 자연으로 돌려보냅니다. 흙으로 만들어진 몸, 흙으로 돌아갑니다. 먼지에서 왔으니 먼지로 돌아갑니다. 재에서 왔으니 재로 돌아갑니다. 흙은 흙으로, 먼지는 먼지로, 재는 재로 돌아갈지어다."

※ 선포 후 집례자, 상주, 상제, 유족, 친척, 교인, 친지, 원하는 자 순서로 취토한다.

7. 유골 안치예식의 실제

1) 묘소에 안치하는 경우

① 장지에 도착하면 묘소에서 적당한 깊이의 땅을 파고 유골을 안치한다.

② 집례자는 묘소 중심에 서서 오른쪽에 유족을 차례대로 세우고, 왼쪽으로 조문객을 세워 자리를 정돈한 후 안치예식을 거행한다.

③ 유골은 나무상자에 안치하거나, 상자 안의 유골을 봉투 또는 보자기로 쌌을 경우에는 그것을 유골상자에서 꺼내어 안치한다. 때에 따라서 유골을 흙에 부어도 무방하지만, 일단 유골이 보이지 않게 흙을 덮고 평평하게 하여 미관을 좋게 한 후 예식을 드린다.

④ 예식 후 취토를 할 때에는 집례자가 먼저 한 다음 유가족과 조문객순으로 한다. 예식을 도와주는 사람이 있을 때에는 집례자와 유족, 조문객의 순서대로 할 수 있도록 흙을 한 삽씩 떠서 주는 것도 예식 진행에 도움이 된다.

2) 석관에 안치하는 경우

석관에 유골을 안치한 다음 예식을 거행하고, 예식 후 석관을 봉인한다.

3) 납골당에 안치하는 경우

납골당의 적절한 장소에서 예식을 거행하고서 안치한다. 또는 준비된 납골당에 안치한 다음 그 앞에 서서 예식을 거행한다.

4) 살포(撒布)하는 경우

예식을 거행한 다음 예비된 장소에 가서 유골을 뿌린다.

5) 수목장인 경우

유골 살포 또는 매립 직전에 예식을 거행한 다음 예정된 대로 살포하거나 매립한다.

```
개식 선언 ………………………………………………… 집례자
찬송가 ……………… 494장 "만세 반석 열리니" ……………… 다 같이
기  도 ……………………………………………………… 맡은 이
성경봉독 ……………………… 창세기 3 : 19 ……………… 집례자
설  교 ………………………… 소망 있는 이별 ……………… 집례자
기  도 ……………………………………………………… 집례자
찬송가 ……………… 492장 "잠시 세상에 내가 살면서" ………… 다 같이
축  도 ……………………………………………………… 집례자
선포 및 취토(봉인, 안치, 살포) ……………… 집례자, 유족, 맡은 이
    "하나님의 부름을 받은 우리의 사랑하는 고 ○○○님을 여기서 자연으로
    돌려보냅니다. 흙으로 만들어진 몸, 흙으로 돌아갑니다. 먼지에서 왔으니
    먼지로 돌아갑니다. 재에서 왔으니 재로 돌아갑니다. 흙은 흙으로, 먼지는
    먼지로, 재는 재로 돌아갈지어다."
```

※ 선포 후 집례자, 상주, 상제, 유족, 친척, 교인, 친지, 원하는 자 순서로 취토한다.

* 실제로 유골 안치예식은 하관예식과 동일하다. 그리고 유골을 안치해서 매립하지 않는 경우, 취토 순서는 없어도 되지만 집례자의 선포는 반드시 필요하다.

14장
다음세대와 함께하는 통합적 예배

1. 예배 패러다임의 변화에 대한 이해

예배 갱신의 초점은 예배의 본질 회복이다. 그리고 거기에는 반드시 형식의 변화가 뒤따른다. 형식의 변화는 시대 변천 과정에서 필연적으로 발생하게 된다. 마찬가지로 예배의 형식 또한 시대적으로 발전하는 문화의 다양성 속에서 세대 간에 속도의 차이만 있을 뿐 변화를 향해 나아가고 있는 것이다.

이처럼 '본질과 형식'의 관점에서 보면, 우리는 변화에 대응하는 네 가지 경우를 생각해 볼 수가 있다. 첫째가 예배의 본질은 변하지 않으면서 과거의 전통 형식을 고수하는 경우, 둘째가 예배의 본질은 사라진 가운데 과거의 형식만을 붙잡고 있는 경우, 셋째가 예배의 본질은 변하지 않으면서 형식은 전통적인 것에서 현대적인 것으로 변화한 경우, 넷째가 예배의 본질을 상실한 채 형식만 현대적으로 바꾼 경우가 그것이다.

일단 둘째와 넷째의 경우는 올바르지 못하다는 점에는 다 공감하게 된다. 가장 중요한 예배의 본질에서 떠난 경우이기 때문이다. 본질을 상실한 채로 옛 형식만을 고집하고 있다면 그것은 형식과 껍질만을 숭배하는 바리새인식의 외식주의에 머무르는 결과를 낳는다. 또한 본질을 상실한 채로 새로운 형식만을 고집한다면 그것은 신(新)외식주의에 빠지게 된다. 두 가지 경우 다 예배적인 관점에서 말한다면 그것은 자신들이 만들어 놓은 '예배'만을 예배하는 것이다. 그러나 우리는 그들만의 '예배'를 예배하는 것이 아니라 오직 살아 계신 하나님만을 예배할 뿐이다. 따라서 이 두 가지 경우는 알맹이 없는 껍질만을 손에 쥐고 있는 사람처럼 예배 중에 임하시는 하나님의 임재와 능력을 진정으로 맛보지 못하는 것이라 할 수 있다.

첫째와 셋째의 경우에는 분명하게 맞다 틀리다를 말할 문제가 아님에도 불구하고 오늘날 많은 사람들은 특히 셋째 경우를 틀렸다고 보는 경향이 있다. 신앙생활을 할 때 대부분 각자 오리엔테이션 된 것에 따라 은혜를 받게 된다. 그래서 기성세대는 이미 익숙해진 전통적인 예배 형식에 의해 은혜를 받고, 다음세대는 자신에게 익숙한 문화에 맞춘 현대적인 예배 형식에 의해 은혜를 받는다. 예배에도 성육신적인 원리가 적용되기 때문이다. 예수님은 인간의 몸을 입고 우리의 역사 속으로, 우리의 문화 속으로 들어오셨다.

인간을 구원하기 위해서 인간이 되셨고 그리하여 참된 만남과 변화의 역사를 이루셨듯이, 예배도 예배드리는 대상을 고려하여 그들의 문화에 맞는 방식으로 다가가야만 한다. 이것이 오늘날 현대적이고 문화적 관점에서 이루어 가야 하는 예배 갱신의 핵심이다.

2. 예배 패러다임 변화의 당위성

1) 보는 예배에서 드리는 예배로의 변화

예배 본질의 회복이란 관점에서 볼 때 전통적인 예배 패러다임에서 현대적인 예배 패러다임으로 전환된다고 해서 본질이 회복됨을 의미하는 것은 아니다. 현대적인 패러다임에서도 얼마든지 본질이 빠져나갈 위험성이 있기 때문이다. 다만, 구태의연한 매너리즘에 빠져 하나님만을 경외하고 사랑해야 하는 본질에서 멀어져 있다면 이러한 새로운 패러다임의 시도와 도전은 본질을 일깨우는 갱신의 노력이 될 수 있다.

예배의 본질을 점검해 보자. 기독교 예배는 예수 그리스도 안에 나타난 하나님 자신의 인격적인 계시에 대한 인간의 인격적인 믿음 안에서의 응답이다. 예배는 십자가 구속의 은혜를 통해서 하나님의 사랑이 인간에게 제공되고, 믿음을 통해서 인간의 사랑이 하나님께 응답되는, 그리스도 안에서 하나님과의 인격적인 교제이며, 예수 그리스도 안에 나타난 하나님 자신의 인격적인 계시에 대한 인간의 인격적인 믿음 안에서의 응답이다. 따라서 예배의 주도권은 하나님 편에 있다. 죄인인 인간이 스스로 하나님 앞에 나아갈 수 있는 길은 없다. 오직 하나님 편에서 열어 놓으신 길을 통해서만 죄인 된 인간은 하나님 앞에 나아갈 수 있다.

창세기 3장을 보면 범죄한 아담과 하와가 하나님의 낯을 피해 동산 나무 사이에 숨어 떨고 있을 때 "네가 어디 있느냐?"고 하시면서 찾아오셨던 분은 누구셨는가? 하나님이셨다. 하나님께서는 벌거벗은 수치와 죄와 죽음의 공포에 떨고 있는 인생을 찾아오셨고 그들을 위해 '가죽옷'(창 3:21)을 지어 입히신다. 그리하여 "피 흘림이 없은즉 사함이 없느니라"는 히브리서 9:22 하반절에 나오는 대속의 원리를 세워 놓으신다. 이러한 가죽옷에 담긴 희생은 구약 시대에 제단, 성막, 성전에서 치룬 희생제사의 원형이 되고, 신약 시대에 예수 그리스도를 중보로 한 말씀과 성례전을 통한 예배의 모형이 된다. 히브리서 기자는 "그러므로 형제들아 우리가 예수의 피를 힘입어 성소에 들어갈 담력을 얻었나니 그 길은 우리를 위하여 휘장 가운데로 열어 놓으신 새로운 살 길이요 휘장은 곧 그의 육체니라"(히 10 : 19-20)고 말한다.

전통적인 예배의 첫 순서인 예배의 부름(Call to Worship)은 바로 우리와 하나님과의 참된 만남을 위해 잃어버린 죄인을 찾고 불러 주시는 사랑 많으신 하나님의 초청의 음성인 것이다. 결국 우리가 하나님께 예배드리는 것은 우리가 원하기 이전에 하나님이 우리와 만나기를 원하셨기 때문이다. 따라서 자신의 과거와 현재와 미래를 하나님의 은총과 결부시켜 인격적으로 하나님과의 만남을 이룬 사람만이 참다운 예배의 정신을 깨달을 수 있으며, 하나님이 기뻐하시는 응답적인 예배를 드릴 수 있게 된다. 하나님께서는 오늘도 우리 가운데서 바로 그렇게 하나님을 예배하는 자를 찾고 계신다(요 4 : 23).

오늘날 예배 갱신에 대해 이같이 이탈된 예배의 본질을 회복하려는 운동으로 이해하지 않고 도리어 전통적인 패러다임에서 현대적인 패러다임으로 바뀐 예배의 형식을 다시 되돌려 놓자고 소리를 높이는 사람들이 있다. 현대적인 패러다임으로 전환된 예배가 본래의 경건성과 거룩성을 침해한다는 논조로만 일관하려는 경향도 있다는 뜻이다. 물론 앞에서 언급한 대로 예배의 본질이 사라진 가운데 형식만을 현대적으로 바꾼 것이라면, 예배 음악에 있어 문화적 친밀성은 이루었는지 몰라도 한편으로는 예배 음악을 개인적 감정 도취와 사람들의 감정을 자극하는 도구로 무분별하게 사용하게 되어 또 다른 차원의 예배 타락을 가져오는 잘못을 범하게 되는 것이 사실이다.

이상의 모든 점을 고려해 보면, 예배 갱신의 가장 큰 목적 중의 하나는 바로 예배자의 적극적인 참여이다. 그리하여 '보는' 예배가 아니라 '드리는' 예배로 변화해 나가야 한다. 예배에서 찬송가 한 절을 불러도 창조와 구속과 보호와 인도하심에 대한 하나님의 은총에 응답하면서 성령님의 은혜에 따라 영적으로 해야 하며, 말씀에 대해서도 신뢰와 수용과 순종의 결단을 통해 적극적으로 응답하는 예배를 드리는 것이 마땅하다.

2) 예배의 형식보다 예배자의 마음을 찾으시는 하나님

다음세대를 위해 예배의 패러다임을 통합적이고 현대적으로 그 형식을 바꾼다고 해도 예배의 진정한 개혁과 갱신은 예배의 형식이 아니라 예배자의 마음에서 이루어짐을 분명히 알려 주어야 한다. 요한복음 4장에 나오는 예수님과 사마리아 여자와의 만남은 예배의 중요한 본질을 보여 준다. 사마리아 여인은 예배에 남다르게 관심이 있었다. 당시에 이스라엘의 정치와 종교의 구심점은 예루살렘이었다. 역사적인 배경과 유대인들이 사마리아 사람들과 상종을 하지 않아서 사마리아 사람들은 그리심 산에 예배 처소까지 세웠지만, 그래도 예배의 정통성은 예루살렘에서 드리는 제사일 것이라고 사마리아 사람들은 생각해 온 것이다. 그래서 사마리아 여인은 예수님에게 "우리 조상들은 이 산에서 예배하였는데 당신들의 말은 예배할 곳이 예루살렘에 있다 하더이다"(요 4 : 20)라고 말한다. 즉, "예배의 정통성은 예루살렘에 있는 게 아닙니까?"라고 질문한 것인데 예수께서는 바로 여인에게 "이 산에서도 말고 예루살렘에서도 말고"(요 4 : 21)라는 대답을 해 주신다. 이는 무엇을 의미하는가? 예배의 외형적 특성이나 지역적인 제한에 얽매이지 말라고 하는 것이다. 예배의 장소, 시간, 스타일, 순서 등의 형식보다 더 중요한 것은 예배자의 마음이라고 하시면서 예수께서는 "아버지께 참되게 예배하는 자들은 영과 진리로 예배할 때가 오나니 곧 이때라 아버지께서는 자기에게 이렇게 예배하는 자들을 찾으시느니라 하나님은 영이시니 예배하는 자가 영과 진리로 예배할지니라"(요 4 : 23-24)고 하셨다. 예배를 예배답게 만드는 것은 장소나 형식이 아니라 영과 진리에 의해서이며 예배자의 마음이 무척 중요하다.

예배 개혁은 형식이 아니라 마음에서부터 이루어져야 한다. 적용해 보면, 기성세대는 전통적인 예배의 형식을 마치 예배의 본질처럼 붙들고 있어서도 안 되고, 다음세대는 현대적인 악기나 리듬 같은 형식에만 마음을 빼앗겨 예배자의 참된 마음을 드려야 하는 예배의 본질을 놓쳐서도 안 된다. 자칫 잘못하면 예배에 사용되는 도구나 수단을 '예배'하는 경우가 생길 수 있기 때문이다. 예컨대 신시사이저(synthesizer, 소리를 전자적으로 발생시키고 변경시키는 전자 악기)나 드럼을 예배하거나 빠른 박자의 리듬에 도취될 수 있다는 뜻이다. 이럴 때일수록 우리는 "We don't worship worship, We only worship God"(우리는 예배를 예배하지 않습니다. 오직 하나님만을 예배합니다.)라는 말을 깊이 유념해야 한다.

3) 하나님의 임재에 적극적 응답(반응)을 수용하는 예배

어떤 목회자는 조용한 예배를 드려야 하는 성경적 근거로 출애굽기 14 : 13 "너희는…… 가만히 서서 여호와께서 오늘 너희를 위하여 행하시는 구원을 보라……"를 말하는 사람이 있다. 그런데 이 말씀은 앞으로는 홍해, 뒤로는 애굽의 병거와 군사가 쫓아오는 위기에 놓여 있던 이스라엘 백성에게, 불안한 환경과 인간적인 생각에 빠져 두려워할 것이 아니라 적극적으로 역사하시는 하나님의 구원 행위를 가만히 지켜보라고 주셨던 권면이었다. 그들은 엄밀하게 말해서 하나님의 선택은 받았지만 아직 하나님의 구원 역사를 깊이 경험하지 못했으며, 하나님을 예배할 수 있는 준비가 된 사람들이 아니었던 것이다. 우리가 하나님을 예배하기 위해서는 십자가에서 구속을 이루신 주님을 먼저 만나는 칭의(Justification)를 거쳐야만 한다. 예수 그리스도의 보혈의 공로로 의롭다 함을 받은 자만이 하나님께 진정한 예배를 드릴 수 있는 길이 열리기 때문이다.

따라서 조용한 예배가 아니라 적극적으로 응답(반응)하는 예배의 성경적 근거를 말하라고 한다면 홍해를 건너기 전이 아닌 홍해를 건너고 난 뒤의 이스라엘 백성의 모습에서이다. "……모든 여인도 그를 따라 나오며 소고를 잡고 춤추니…… 너희는 여호와를 찬송하라 그는 높고 영화로우심이요 말과 그 탄 자를 바다에 던지셨음이로다 하였더라"(출 15 : 20-21). 홍해를 건넌 후 이스라엘 백성에게 찬송하고 춤추라고 명령한 사람은 아무도 없었지만, 하나님의 구원 역사를 경험한 백성이 자연스럽게 행동으로 응답한 것이다. 이것은 마치 우리나라의 역사에서 8·15 해방을 경험한 국민이 그 감격을 어떻게 표현하며 반응했는지를 생각해 보면 잘 이해할 수 있을 것이다. 십자가의 은총으로 엄청난 영적인 해방을 경험한 사람이라면 어떻게 예배를 드리며 잠잠한 구경꾼으로 남아 있을 수 있겠는가?

오늘날 기성세대 중에서 전통적인 예배를 드리면서 찬양을 하지 않는 경우가 많은데, 이미 살펴본 것처럼 예수 그리스도 안에서 자신을 계시해 주신 하나님과 그 하나님 앞에 '뜨겁게 응답(반응)하는' 만남의 현장이 바로 예배의 정의이다. 이러한 관점에서 본다면 우리는 서슴없이 감사와 찬송과 경배를 올려 드려야만 한다. 홍해를 건넌 구원의 감격을 속으로만 간직하는 것이 아니라 그러한 내면의 감격이 감사와 찬양과 경배로 표현되어야 한다. 표현되고 고백되지 않은 사랑은 사랑이 아니라는 말이 있다. 천국에까지 가서 우리가 하나님을 높일 수 있는 것은 찬양과 경배 외에는 없다. 따라서 감사는 예배의 기초(시 100 : 4)이고, 찬양은 하나님의 보좌 앞으로 나아가는 예배의 다리이며, 경배는 예배의 핵심이다. 예배의 정신은 받으려는 것이 아니라 드리려는 것에 있음을 분명히 알아야만 하고, 전통적인 예배 패러다임과 현대적인 예배 패러다임 모두 다음에 나오는 두 가지 요소를 포함해야만 한다.

첫째는 예배의 객관적 요소이다. 이는 위에서 아래로 내려오는 화살표에 해당하는 것으로, 예컨대 예배의 부름, 성시교독, 성경봉독, 설교, 축도 등을 말한다. 둘째는 예배의 주관적 요소이다. 이것은 아래에서 위로 올려 드리는 화살표에 해당하는 것으로 감사와 기도, 찬양, 헌금 등이 있다. 이렇게 보면 예배란 하나님 편에서 오는 객관적 요소와 우리 편에서 드리는 주관적 요소와의 만남이므로 더 이상 하나님께 무언가를 받아 내려는 마음으로 예배에 참여해서는 안 된다. 하나님이 베푸신 은총에 감사하고 감격하며, 때 묻은 영혼이 새로워짐과 동시에 헌신된 삶을 살기로 결단하는 예배가 되어야 한다. 솔로몬이 일천번제를 드리다가 하나님의 축복을 덤으로 받은 것처럼 우리도 하나님의 은총에 대해 적극적인 반응을 예배 가운데 보임으로 하나님의 축복을 더불어 받아야 하는 것이다.

이런 맥락에서 우리는 하나님의 법궤가 돌아올 때 보여 준 다윗의 반응에서 중요한 예배의 정신을 찾아 오늘날 드리는 예배에도 적극적으로 적용하여 실천해야 한다. "여호와의 궤가 다윗 성으로 들어올 때에 사울의 딸 미갈이 창으로 내다보다가 다윗 왕이 여호와 앞에서 뛰놀며 춤추는 것을 보고 심중에 저를 업신여기니라 그러므로 사울의 딸 미갈이 죽는 날까지 그에게 자식이 없으니라"(삼하 6 : 16, 23). 무분별하게 예배의 본질은 버려 놓은 채 현대적인 음악을 가지고 교인을 선동하는 예배는 지양하는 것이 당연하지만, 하나님의 임재 앞에 적극적으로 반응하는 예배를 드리는 것은 결코 잘못된 것이 아니다.

다윗처럼 하나님의 임재 앞에 적극적으로 반응하는 예배를 드려야 함에도 불구하고 자신의 죄를 씻기만 하는 세차장 예배로 예배를 전락시키거나 단순히 예배를 구경만 하려는 예배자로 굳어져서는 안 된다. 다음세대인 젊은이들을 일으켜 세워 그들의 빠른 반응을 통해 예배의 본질을 회복하고자 하시는 하나님의 역사하심에 순종해야 한다. 예수님은 성전에서 어린이들이 순전한 마음으로 찬양하는 것을 저지하려는 당시의 타락한 대제사장들과 서기관들에게 이렇게 말씀하신다. "대제사장들과 서기관들이 예수께서 하시는 이상한 일과 또 성전에서 소리 질러 호산나 다윗의 자손이여 하는 어린이들을 보고 노하여 예수께 말하되 그들이 하는 말을 듣느냐 예수께서 이르시되 그렇다 어린 아기와 젖먹이들의 입에서 나오는 찬미를 온전하게 하셨나이다 함을 너희가 읽어 본 일이 없느냐 하시고"(마 21 : 15-16). 주님의 역사하심에 순전하게 반응하는 다음세대의 경배와 찬양을 기쁘게 받으시는 성경적 근거가 바로 여기에 있다. 반응을 잘하는 다음세대의 신령한 노래인 찬양과 경배의 물결은 단순히 현대 문화적 차원에서만 들여다보지 말고, 예배의 본질에서 이탈하여 하나님의 임재에 대한 반응이 사라진 예배자를 깨우시려는 하나님의 역사의 손길로 볼 수 있어야 한다.

4) 미래가 있는 교회가 되기 위한 성육신적 예배

전통적인 예배 패러다임에서 통합적이고 현대적인 예배 패러다임으로 변화를 시도하는 이유는 교회의 미래를 위해서이다. 교회의 리더십은 늙어 간다 해도 예배만큼은 계속 젊어져야 하기 때문에 교회의 지도자들은 시대의 변화에 민감하고 열려 있어야 한다. 찬송가와 전통적인 패러다임의 예배 형식을 경험하지 않은 다음세대가 청소년과 청년의 시기를 거쳐 전통적인 패러다임으로 드리는 장년 예배에 참여했을 때 어떤 생각을 가지겠는가? 아마도 자기들이 있어야 할 자리가 아니라고 생각하게 될 것이다. 적어도 중·고등부와 대학부, 청년부에서는 자신들의 문화를 존중받아 왔는데, 막상 장년 예배에서는 전혀 자신들의 문화와 맞지 않는 예배를 드리고 있어서 결국은 대다수의 청년들이 자신들의 문화를 수용해 주는 교회를 찾아 떠날 수밖에 없는 게 현실인 것이다. 그렇기 때문에 예배의 본질적인 개혁과 아울러 예배 형식의 변화를 연구하지 않는 교회의 미래는 암담할 수밖에 없다.

"전통적인 예배는 경건성을 지향하고 현대적인 예배는 축제성을 지향한다."고 말한 예배학자가 있다. 맞는 말이긴 하지만 다 수용할 수는 없다. 예배의 경건성은 예배의 형식에 있는 것이 아니라 바로 예배자의 마음에 있기 때문이다. 예배의 본질에서 빗나가 있다면 전통적인 예배나 현대적인 예배나 모두 경건성이 사라진 것이다. 경건성의 척도는 하나님의 임재와 예배자의 마음에 있지 예배의 형식이 아니기 때문이다. 물론 본질에 충실을 기하지 않는다면 형식에 의해서 내용이 달라질 수 있는 부분도 있다. 형식은 일종의 그릇이다. 그릇이 무엇이냐에 따라서 내용물의 형태가 달라진다. 우리가 옷을 갈아입어도 몸이 변하는 것은 아니듯이 시대적인 흐름에 따라 형식은 변해도 본질이 변해서는 안 된다.

예배의 본질이 변하지 않으면서 예배의 형식이 변화되려면 성육신적인 차원에서 깊은 이해를 가져야 한다. 사도 바울이 율법 있는 자를 구원하기 위해 율법 있는 자가 되고, 율법 없는 이방인을 구원하기 위해 율법 없는 자가 되었듯이 우리는 오늘날의 변화하는 예배의 형식을 그 세대의 문화의 방식 안에서 하나님을 깊이 만나는 채널로 이해를 해 주어야 한다. 예배의 본질이 흔들리지 않는 한 우리는 시대적인 변화와 문화적인 변천에 따라 옷을 갈아입는 것을 더 이상 흑백논리에 따라 맞다 틀리다의 논쟁으로 몰고 가는 것을 삼가야 한다. 이처럼 두 세대 간에 실제로 존재하는 문화적 갈등을 해소하기 위한 노력의 일환이 바로 지금 말하고자 하는 통합적인 예배 모델의 개발이다.

물론 예배시간에 따라 다양하게 예배 형식을 차별화시켜 각자의 문화에 맞는 예배를 드리게 할 수도 있다. 이에 대해 마치 소비자 구매 행동을 부추기는 인본주의적 발상이라고 비판하는 예배학자도 있다. 그러나 두 세대 간의 문화를 존중히 여기는 차원에서의 예배 차별화 전략은 얼마든지 긍정적인 관점에서 보아도 무방한 것이기는 하다. 다만, 이렇게 차별화 전략만을 고수해 나간다면 우리가 더 이상 같은 예배당에서 같은 예배를 드림으로 공동체 의식과 가족 의식을 느껴 볼 시간이 없을 수 있다는 점을 잊지 말아야 한다. 세대 간의 양극화와 단절 현상이 점점 심해지는 현실을 거슬러 우리가 세대 간의 연합을 이루어 가는 통합적인 예배 모델을 만들어 내지 않으면 안 된다. 전통적인 예배 패러다임의 근거가 모세의 성막이라면, 오늘날 찬양과 경배 위주의 현대적인 예배 패러다임의 근거는 다윗의 장막에 있다. 그리고 이러한 모세의 성막과 다윗의 장막이 합쳐진 것이 바로 솔로몬의 성전으로 볼 수 있는데, 바로 여기에 통합적 예배 패러다임의 근거가 존재한다. 기성세대와 다음세대 간에 표출되는 예배에서의 문화적 갈등은 예배 음악에서 오는 경우가 제일 많다. 그렇기 때문에 이 두 세대가 한자리에 모여 예배드릴 수 있도록 찬송가와 경배 찬양을 적절히 배합하거나 편곡과 다양한 연주 형식 등을 도입하여 거부감 없이 함께 모여 하나님을 예배하는 통합적인 예배 형식을 창출해 낼 때 갈등 해소가 이루어지게 된다.

3. 다음세대를 위한 예배 사역의 지침

1) 예배는 분명한 목적과 방향이 있어야 한다. 즉, 예배는 예수 그리스도를 통하여 하나님이 베푸신 놀라운 구속의 은총에 대한 응답으로 감사와 찬양과 경배를 드리며, 하나님을 영화롭게 하는 것이 가장 우선적인 목적임을 분명히 해야 한다. 아울러 잊지 말 것은 예배의 형식이나 찬양의 스타일은 예배의 은혜와 영감을 전달하는 도구이지 그 자체가 예배의 감동과 성령님의 충만을 가져오는 주체가 아님을 알아야 한다.

2) 교회의 리더십은 늙는다 해도 예배는 계속해서 젊어져야 한다. 작은 교회에서의 예배 갱신은 상대적으로 빠른 시간 내에 진행될 수 있지만, 큰

교회에서는 충분한 시간과 단계를 거치면서 변화를 시도해 나가는 것이 안전하다.

3) 갱신이 필요한 부분을 생각해 보라! 성벽을 쌓아 놓은 듯 위압적인 강단의 모습, 강단에 서 계신 목사님의 엄숙한 얼굴을 보면서 괜히 위축되던 마음, 언제나 묵도로 시작하는 변화 없는 예배순서, 찬송 시간에 딴 생각을 하는 교인의 얼굴, 음정과 박자를 자주 틀리는 인도자를 따라가느라 애쓰는 반주자의 모습, 기도순서를 맡은 교인의 필요 없이 긴 기도, 때로는 긴 기도 뒤에 이어져서 교인을 졸리게 만드는 찬양대의 기도송, 무표정한 찬양대, 헌신만을 강조하는 목사님의 설교 등등.

4) 오락적인 예배가 아니라 참여하는 예배를 드려야 한다. 오락적인 예배란 수동적인 예배로, 교인이 관객이 되어 편안한 자리에 앉아 열심히 예배를 구경한 다음 입장료(헌금)를 내고 돌아가는 것이다. 진정한 예배는 관객이 참여하는 예배로 열심히 참석해서 하나님을 기쁘게 해 드리는 적극적인 예배이다. 예배 갱신의 가장 큰 목적 중에 하나는 예배자의 적극적인 참여이며 보는 예배가 아닌 드리는 예배의 회복이다. "좋은 예배자가 좋은 예배를 드리고, 은혜 있는 예배자가 은혜 넘치는 예배를 드린다."는 말을 기억하면서 참된 예배를 드려야만 한다.

5) 생명력 있는 예배의 첫 단계는 철저한 준비와 성령님의 자유함이 균형을 이루는 예배를 만드는 것이다. 예배 음악은 계획성과 즉흥성의 조화를 이루는 것이 중요하다. 계획이 예배기획 팀의 몫이라면 성령님의 인도하심을 따라 즉흥적인 변화를 만드는 역할은 인도자나 담임목사의 몫이다.

6) 예배 의식 자체의 강조보다 예배의 전체적인 흐름을 강조한다. 전통

적인 예배든지 현대적인 예배든지 가장 중요한 것은 순서의 흐름 자체가 자연스럽고 역동적이어야 한다. 예배 갱신을 목표로 하는 교회는 이러한 순서 진행 자체가 세련되면서도 동적이어야 하며, 흐름을 방해하는 소위 '죽은 시간'이 있어서는 안 된다.

7) 예배는 엄숙한 의식이 아니라 축제가 되어야 한다. 교인이 세상에서 맛보지 못한 영적인 희열과 기쁨을 예배에서 느끼고 돌아가도록 만든다. 즐거움과 웃음이 있고 신나는 예배로 만들기 위해서 찬송의 선곡도 긍정적이고 힘찬 것으로 하고, 찬양대의 선곡도 전통적인 것에서부터 현대적인 것까지 포함하는 다양함과 역동성 가운데 이루어져야 한다.

8) 예배 속에서 성령님의 역사를 강조함으로써 단순한 말씀 전달로 끝나는 예배가 아니라 치유와 회복의 예배로 한 단계 더 나아갈 수 있도록 변화에 힘써야 한다.

9) 전통적인 예배와 현대적인 예배의 장점을 모아 조화로운 예배를 만들도록 한다. 참된 예배의 갱신은 전통을 무조건 무시하고 배격하는 것이 아니다. 바람직한 미래의 예배로 변화하기 위해서는 오히려 과거의 기초와 역사를 아는 것이 필수적이다.

4. 다음세대를 위한 예배 사역의 실제 지침

1) 자연스러운 흐름과 클라이맥스가 있는 예배를 만들라

물 흘러가듯이 자연스러움이 있는가? 서론과 본론과 결론이 분명하게 구분되면서 예배의 클라이맥스(climax, 절정)가 나타나고 있는가? 부자연스러운 시간의 공백과 막힌 것 같은 느낌이 없는지 살펴보아야 한다. 예배에서 역동성과 영감의 부족은 사실상 예배순서의 흐름과 순서 자체에 있기 쉬운 질적인 문제이기도 하다. 예배에는 빈틈없이 흘러가는 흐름과 연속성이 있어야 한다. 역동성을 이루어 나가는 두 요소는 첫째로 각 순서가 습관적이지 않고 매 주일 새로운 은혜를 줄 수 있도록 준비하는 것이고, 다른 하나는 순서와 순서 사이에 죽은 시간이 없도록 만드는 것이다.

2) 다양한 음악을 시도하라

이 말은 음악 유형의 다양성, 장년과 젊은이의 음악, 전통과 현대의 음악, 찬송가와 복음성가의 조화 등의 복합적 의미를 담고 있다. 한 종류의 음악만을 고집하는 교회는 쇠퇴하는 반면, 성장하는 교회는 예배에 참석한 다양한 연령층의 복잡한 음악적인 요구를 다 수용하려는 경향이 많다. 종교개혁의 가장 중요한 결과 중에 하나가 찬양을 성직자로부터 교인에게 돌려준 것처럼, 교회 음악은 성직자나 찬양대의 음악이 아니라 교인의 음악임을 철저히 인식하고 오로지 교인 찬송의 부흥을 목표로 해야 한다. 한마디로 말해서 "교인의 찬송에 민감하라!"이다.

3) 찬양대와 찬양 팀이 함께 협력적인 팀워크를 이루라

적대적이거나 경쟁적인 관계가 아니라 동역자의 관계를 만들어 나가라는 뜻이다. 서로 거리를 두고 따로 행동하지 말고 예배 안에서 같은 목적을 두고 협력하는 관계가 되어 예배 찬양에 있어 시너지 효과를 내도록 한다.

4) 악기 사용의 변화를 시도하라

오르간과 피아노 중심의 악기에서 신시사이저, 기타, 드럼, 브라스 등의 악기로 확대해 나가고, 음악 리더십의 변화까지 시도해 나가라. 이제까지 한 사람 중심으로 이루어지는 찬송 인도 대신 그룹의 역동성을 사용한 찬송 인도로 바꿔 나가는 것을 뜻한다. 사회자가 찬양 팀원과 찬양대원까지 그룹을 만들어 함께 교인 찬송을 인도해 나간다. 이처럼 그룹에 의한 찬송 인도는 소리만이 아니라 시각적으로 펼쳐지는 찬송의 역동성을 통해 교인에게 찬양의 힘과 거기에 존재하는 강력한 역사하심을 직접 전달해 준다. 아울러 준비 찬송이나 시간 메우기 식의 찬송은 없어야 한다. 준비 찬양이란 말 대신 경배와 찬양이란 이름 아래 순수한 목적을 가지고 찬송하는 예배가 되도록 하라.

5) 이사야 6장에 나오는 예배의 모형처럼 죄 사함에 대한 희열과 감격이 있게 하라

이를 위해서 처음 믿기를 결단한 사람을 앞으로 나오게 해서 축복 기도를 해 줄 때에는 새로 나온 교인만이 아니라 기존 교인들까지 함께 은혜를 받게 된다.

6) 예배의 형식과 스타일보다 영감과 감동이 예배의 중요한 목적임을 기억하라

하나님은 오직 영과 진리로 예배하는 자들을 찾고 계신다. 전통을 현대화시키고 영감과 복음이 넘치는 예배를 만들면 하나님이 기뻐하시는 최고의 예배를 드릴 수 있을 것이다.

5. 현대적 예배 패러다임에 따른 통합적 예배의 실제 : 예능교회

1) 예능교회(www.ynch.com) 주일 예배의 음악적 분석

① 2009년 6월부터 통합적 예배를 시작

② 이전에 드렸던 예배와의 비교

이전 예배	통합적 예배
• 예배 시작 전 찬양 팀이 10분 동안 찬양을 인도함 → '준비 찬양'과 같은 느낌 • 교인은 앉은 채로 찬양하다가 마지막 찬양을 일어서서 할 때 담임목사 등장 → 공식적으로 예배 시작하는 시간(정각) • 찬양 끝난 후 참회의 기도, 사죄의 확신, 사도신경 • 모두 앉은 후 오르간 반주에 맞춰 찬송가 부름. • 대표 기도, 설교 후 헌금, 찬송가 부른 후 축도	▶ 대표 기도는 예배를 위한 기도로 바뀜. ▶ 설교 후 말씀에 잇대어 통성 기도를 한 다음 결단의 찬양으로 이어짐. ▶ 파송 찬양 후 담임목사가 봉헌 기도와 축도를 이어서 함 → 설교 후 흐름의 단절이 없음.

③ 환영 : 담임목사
  예배를 위한 기도 : 장로, 권사, 안수집사, 서리집사, 부목사가 한 주씩 돌아가면서 함.
  찬양과 경배 : 예배 담당 목회자
  참회의 기도부터 담임목사가 인도

④ 매주 찬송가가 1~2곡씩 들어가도록 선곡하며, 대부분의 찬양곡은 설교 주제에 직·간접적으로 관계가 있음(담임목사와 예배 담당 목회자 및 예

배 기획 팀이 찬양곡 및 동영상, 소품, 그래픽, 멀티미디어 등에 대해 논의한 후에 확정함.)

2) 예배 시트와 찬양의 흐름

시 트

1부	2부	3부	예배순서
7:57	9:57	11:57	환영/예배를 위한 기도/찬양대 송영
8:00	10:00	12:00	찬양과 경배 F 약할 때 강함 되시네(편하게 부를 수 있는 찬양) C 성령님이여 내 영혼을(빠른 템포의 밝은 곡) F/G 내 구주 예수를 더욱 사랑(잔잔하게 시작하면서 긴장감 고조되는 느린 곡) G 세상의 유혹 시험이(모두 일어나서, 느린 템포지만 힘이 있는 곡)
8:12	10:12	12:12	참회의 기도/사죄의 확신/사도신경
8:16	10:16	12:16	교제 및 새신자 환영 E 우리에게 향하신
8:19	10:19	12:19	영상 광고
8:22	10:22	12:22	말씀 준비 찬양 D 주의 인자는 끝이 없고
8:24	10:24	12:24	성경봉독 잠언 23:29~35
8:26	10:26	12:26	찬양대 찬양
8:30	10:30	12:30	말씀: 골리앗을 향한 물맷돌 시리즈 (3) "술이라는 골리앗"
9:00	11:00	1:00	통성 기도 .
9:05	11:05	1:05	결단의 찬양 E 두 손 들고 찬양합니다(주제 찬양)
9:07	11:07	1:07	헌금 및 파송의 찬양 G 나 주님의 기쁨 되기 원하네(모두 일어나서)
9:10	11:10	1:10	봉헌 기도 & 축도

찬양 선곡에 따른 흐름의 예

1	2	3	4
날마다 숨 쉬는 순간마다	내 영혼이 은총 입어 (빠른 템포의 편곡임)	허무한 시절 지날 때 (주제 찬송)	하나님은 우리의 피난처가 되시며(후렴만)

3) 적용과 실천에 대한 점검사항

① 전통 예배에서 통합적 예배로의 전환을 위해 사전 예배 세미나를 통해 교인에게 예배의 본질을 잘 주지시켰는가?(※ 본질을 바로 알면 형식의 변화에 어려움이 없다.)

② 통합적 예배로의 형식 변화에 관한 교인의 설문을 받고 당회의 협력을 거치는 변화를 단계별로 시행하고 있는가?(※ 예배 팀과 찬양대의 역할 분담은 사전 조율이 필요한 사항임.)

③ 담임목사와 예배 팀의 기획은 잘 이루어지고 있는가?(※ 설교 주제에 따른 찬양 선곡 등)

④ 예배인도자(목회자)는 예배 팀의 영적, 음악적 훈련을 위해 철저히 준비하고 임하는가?

⑤ 장년세대와 다음세대가 모두 어우러지는 예배가 되도록 숙지된 찬송가와 경배 찬양을 통해 영적인 감흥과 더불어 선포된 말씀에 대해 깊은 결단이 이루어지는 예배가 되었는가?

15장
다음세대를 위한 이머징 예배

1. 이머징 예배란 무엇인가?

1) 이머징 예배의 출현

"여호와께 그의 이름에 합당한 영광을 돌리며 거룩한 옷을 입고 여호와께 예배할지어다"(시 29 : 2)라는 명령의 말씀이 무색할 정도로 언제부터인가 예배가 '다양성'이라는 이름하에 변질되고 있음을 보게 된다. 이같이 새로운 시대 변화를 미리 감지하고 그 변화의 핵심에 서 있는 '이머징 세대'에 초점을 맞춘 것이 바로 '이머징 예배'이다. 이것은 댄 킴볼을 중심으로 한 사역자들이 실제 사역의 현장에서 경험한 구도자에 민감한 집회의 한계를 뛰어넘기 위해 치열한 고민 가운데 함께 네트워킹을 하면서 지속적으로 연구하고 토론하며 그 대안을 찾아 나간 성과이기도 하다.

이러한 이머징 예배의 필요성에 동의한 교회 지도자들은 그러한 새로운 형태의 예배를 자신들의 교회에 적용해 나가면서 이머징 세대들이 예배에 임하는 자세가 달라지고 점점 교회가 성장하게 되는 것을 목도하게 된다. 자신들의 생각이 맞았음을 확신하게 된 교회 지도자들에 의해 그들의 경험을 다시 외부로 알려 나가자는 움직임이 '떠오르게' 되는데, 이러한 현상의 중심에 있으며 새로운 형식인 이머징 예배를 드리는 교회를 '이머징 교회'라 부른다.

2) 이머징 예배의 특징

이머징 예배의 특징을 알기 위해서는 기본적으로 '빈티지'(vintage)에 대한 이해가 필요하다. '빈티지'는 원래 수확기의 포도 또는 포도주의 숙성 등을 의미하는데, 잘 숙성된 질 좋은 포도주처럼 '오래된 것의 아름다움'을 뜻한다. 빈티지가 복고와는 다른 점은 낡은 것에 새로운 것을 삽입해 다른 '무엇'을 만들어 낸다는 데 있다. 빈티지의 특징을 설명하기 위해서는 두 가지가 전제되는데, 그것은 '역사'(history)와 '독창성'(originality)이다. 먼저 빈티지는 새것이 아닌 오래된 것이어야 하며, 그 속에 역사성이 부여될 때 가치가 더욱 커진다. 한편으로 빈티지는 진품일 때 희소성의 가치가 있다. 아무리 오래된 골동품이라고 해도 내면에 진정한 독창성이 없으면 빈티지의 아름다움을 끌어낼 수 없다. 그러므로 빈티지의 가치는 오래된 것들 속에서 독창성, 희소성의 가치를 발견해 내는 데 있다.

이머징 교회에서는 바로 이런 의미에서 빈티지 신앙을 기반으로 하는 예배(Vintage-faith worship)와 초대교회의 원초적이고 고귀한 예전의 회복을 추구한다. 낡고 생명력이 사라진 형식적인 예배의 답습이 아니라 현재의 자유롭고 개방적인 틀 안에서 전통적인 예전과 찬양 등을 도입하여 거기서 하나님 임재를 경험하도록 추구한다. 그리고 '이머징 교회 예배와 사역을 위한 네 가지 기초'를 이렇게 말한다. 첫째, 개인 기도와 팀 기도를 제일 중요한 우선순위에 두라(요 15 : 3-5 ; 렘 10 : 21). 둘째, 교회가 있는 지역 현장과 상황을 평가하라(신 1 : 22). 셋째, 당회를 비롯한 교회의 여러 제직회, 모임, 담임목사를 비롯한 전체 목회자, 직원에 이르기까지 포스트모더니즘과 왜 새로운 예배 형식이 필요한가를 사전에 교육하라. 넷째, 새로운 예배를 위해 헌신할 기본 팀의 리더와 비전을 결정하라(행 13 : 36). 다음의 표를 보면 이머징 예배는 목사 혼자 계획하는 것이 아니라 공동체 모두가 주어진 은사를 가지고 예배 기획에 동참하고 있다는 것을 알 수 있다.

모던 교회(Modern Church)	이머징 교회(Emerging Church)
① 담임목사가 예배에서 가르칠 내용을 결정	① 리더 목사가 예배에서 가르쳐야 할 것을 결정할 때 공동체와 스텝 모두 함께 결정함.
② 설교가 예배의 중심이고, 음악이나 그 밖의 것은 엑스트라라고 여김.	② 공동체 안에서 이뤄지는 다양한 창의적 요소의 결합으로 인해 예수님 중심의 예배임을 경험할 수 있게 됨.
③ 담임목사가 설교를 강화할 수 있는 음악이나 다른 창조적 요소를 예배 인도자에게 지시	③ 예배 팀이 예배 기획을 지시
④ 담임목사와 예배 인도자만으로 주일 예배 팀이 구성됨.	④ 주일 예배 팀은 교사, 찬양 인도자, 예술가, 사진가, 비디오, 파워포인트 팀 등으로 구성
⑤ 창의성은 언제나 목사에게 스트레스를 주며, 목사는 교인을 즐겁게 하기 위해 지난번에 했던 것을 언제나 넘어서야 하는 부담을 가짐.	⑤ 예배가 더욱 유연하고 자연스러운 창의성을 지니게 되고, 목사들은 창의성에 대한 스트레스를 없애 주는 팀의 노력에 고마워하게 됨.

이상의 내용을 참고로 이머징 예배의 특징 10가지를 정리하면 다음과 같다.

① 예배를 구경하는 것이 아니라 함께 참여하는 데 중점을 둔다.

② 이머징 예배 모임은 유기적인 디자인을 가진다.

③ 예배 모임을 위해 구별된 공간을 만든다.

④ 예배 모임에 대한 다감각적인 접근을 시도한다.

⑤ 예배 안에 있는 움직임의 자유를 존중한다.

⑥ 한 사람에게만 초점을 맞추는 것이 아니라 공동체에 대한 초점을 중요하게 여긴다.

⑦ 예전, 고대 훈련, 교회력과 유대 전통의 소중함을 반영한다.

⑧ 이머징 예배는 기도를 강조한다.

⑨ 성찬식을 예배의 중심으로 여기며 거행한다.

⑩ 예배의 중심은 언제나 예수님께 맞춰 있다.

3) 서구교회의 이머징 예배의 실제

윌로우 크릭 교회의 '아식스'(Axis)

- 연속된 주제(Series Title) : 사랑의 삶-하나님은 당신을 사랑합니다.
- 모임의 목표와 초점(Gathering Goal/Focus) : 사람들에게 하나님이 그

들을 사랑하고 이 사랑에 대하여 이야기하지 않아도 그의 놀라운 사랑을 받아들이고 있다는 것을 느끼게 한다.

- 사람들이 걷고 있는 장면의 스크린(On Screens as People Walk In) : 두루마리 성경에서 저녁 주제와 관련이 있는 요한복음 1장을 선택한다. 성경 본문은 다른 문구로 분해되고 예술적으로 스크린에 나타난다.
- 전주곡(Prelude Song) : 밴드는 모임이 새롭게 시작되고 있다는 것을 신호한다. 웅장한 음악으로 사람들을 문 안으로 들어오게 하고, 그들의 자리에 앉게 하고 준비하게 한다.
- 예배 찬송(Worship Song) : "그가 다스리신다"라는 찬송으로 사람들을 의자에서 일어나게 하고 하나님의 놀라운 일을 바라보고 예배의 장소와 하나 되게 한다.
- 환영(Welcome) : 환영한 후 질문을 한다. 사람들은 가능한 질문 안에서 서로서로 대화하는 시간을 갖는다.
- 봉헌과 광고(Offering and Announcements) : "이것은 우리가 받은 은혜를 생각하며 봉헌을 드리는 시간입니다. 이 시간은 우리 하나님과 아식스를 우리들의 가정이라고 부르는 사람들의 시간입니다. 만약 당신이 아식스에 처음 온 사람이라면, 그리고 아직 신앙에 대하여 잘 모르는 사람이라면 봉헌하는 것에 부담을 갖지 않아도 괜찮습니다."라고 사람들에게 말하는 사이에 헌금함이 전달된다.
- 시 낭독(Poetry Reading) : 검고 하얀 이미지가 시와 함께 스크린에 보이면 무대 위에서 '그날 사이에'란 시가 생생하게 낭독된다. 이미지는 자신의 집 창문에서 누군가를 기다리면서 커피를 마시며 삶과 신앙을 깊이 생각하는 한 여인의 이야기가 전달된다.
- 메시지(Message) : 설교자는 그림과 텍스트 그래픽을 포함하여 많은 이미지를 스크린에서 사용하며, 자신의 요점을 설명하는 데 있어서 막대나 움직이는 차트를 사용한다.
- 찬양과 응답(Song and Response) : 한 여인이 "어메이징 그레이스"를

아카펠라로 부른다. 이 찬송은 청중에서 약 16피트 떨어진 무대에서 부른다. 그래서 그녀는 예배실의 중간에 서 있을 수 있다. 사람들은 앉거나 묵상하고 하나님이 얼마나 자신을 사랑했는가 하는 주제의 찬송으로서 '은혜'에 몰두할 수 있다.

- 예배와 기도(Worship and Prayer) : 이 시간에 스텝들은 강단 주변에 서 있다. 누군가 하나님의 사랑에 대하여 부담스러운 반응을 보일 때, 그리고 하나님이 그들을 사랑하는 것에 의문이 생길 때 누구든지 스텝들에게 걸어와서 이야기하거나 함께 기도할 수 있다. 사람들은 계속해서 "할렐루야", "당신의 사랑은 놀라워", "놀라운 사랑", "영원하라"와 같은 찬송을 부르는 동안 스텝들에게 걸어 나오고 스텝들은 그들과 함께 기도한다. 양쪽 방향과 중앙 스크린에서는 시간 내내 시각적인 내용이 나타난다.
- 폐회(Closing) : 예배는 "하나님이 보내신 편지"로 끝을 맺는다. 이것은 헨리 나우웬의 「소중한 삶」이란 책에서 나온 본문이다. 시편의 하나님의 사랑에 대한 몇몇 본문과 상호 연결시켜 편지의 형태로 만든 것으로, 강복 선언을 대신한다.

맥클린 교회의 '프론트라인'

이 예배는 낮 예배를 드렸던 같은 건물에서 모인다. 그들이 제안하고 선택한 예배 기구는 바로 그래픽과 다른 예술을 보여 주기 위한 스크린을 도입한 것이다. 그들은 방안의 빛을 어둡게 하고 다양한 톤과 색깔을 만들었으며, 음악 소리는 의도적으로 크게 했다.

밤에 드리는 예배는 찬송으로 시작하며, 스텝 중 한 명이 사람들을 환영한다. 매 주일 프론트라인 사역 리더와 자원봉사자들이 예배의 흐름을 이끌어 나간다. 리더들은 남자와 여자들이 어떻게 하나님을 섬겨야 하는가를 설명하는데, 이것은 다른 사람들이 하나님을 섬기는 데 용기를 주고 스텝들이 전체를 이끌어 가고 있지 않다는 것을 보여 준다. 프론트라인은 하나의 공동체이다. 그래서 그들은 의도적으로 관심을 예수님의 많은 제자들에게 둔다. 성경 비디오는 매 주일 방영되며, 그때의 성경 본문은 창의적으로 예술과 자연적인 감각과 플래쉬 애니메이션을 이용하여 스크린에 나타난다. 찬송을 통한 15~20분의 예배시간을 가지며, 메시지 후에 자신의 삶을 되돌아보게 하는 찬송과 저녁 모임을 위한 기도의 순서가 뒤따른다. 성찬식을 가질 때는 십자가가 주제가 되고 예배 모임의 중심점이 된다. 모이는 사람들 중에 예술가는 미술, 조각, 다른 예배의 표현을 만드는데 은사를 발휘해서 그 예술품을 예배 경험과 상호 연결될 수 있는 중앙 장소에 배치한다.

- 개회 찬송(Open Song) : "우리는 목마릅니다"
- 환영 및 인사(Welcome & Greeting) : 밤에 드리는 예배에 대한 소개
- 비디오 상영(Video) : 각각의 예배에서는 비디오로 스크린 위에 성경을 나타낸다. 성경은 이 예배에서 무엇을 가르치는가에 초점을 맞춘다.
- 예배 환경(Worship Set) : '목마름', '하나님이 말씀하시기를', '그는 사랑입니다', '주님을 찬양합니다'에 적합한 그래픽과 예술품들은 예배의 서정성을 위한 배경으로 사용된다.
- 봉헌과 찬송(Offering and Song) : 봉헌할 때 "내 마음의 눈"을 부르고, 찬송은 메시지와 맞춘다.
- 메시지(Message) : 30~40분의 메시지 선포 시간 동안 다양한 예술품과 그래픽을 통한 창조적인 커뮤니케이션이 이용된다.
- 폐회 찬송(Closing Song) : "내 삶을 인도하소서"
- 선포(Annoucements) : 사람들이 가능한 한 공동체로 참여하는 방법으로 진행한다.

트윈레이크 교회의 '제네시스'

- 예배의 부름(Call to Worship) : 모임의 이유에 관심을 갖게 하는 성경봉독으로 시작한다.
- 예배 찬양(Musical Worship) : "내가 여기서 예배드리나이다", "더 좋은 어떤 날"이라는 곡을 합창으로 부른다. 음악 예배 동안 그래픽이 스크린에 사용된다. 밴드는 낮은 음조를 유지하고 자주 앉기 때문에 그들에게 초점을 맞추지 않는다.
- 공동체의 삶(Community Life) : 광고는 사람들을 공동체의 일부분이 되게 하는 방법으로 표현되기 때문에, 이 부분을 광고가 아닌 '공동체의 삶'으로 부른다.
- 메시지(Message) : 스크린 위에 그래픽이 보일 때 30분 정도의 메시지가 선포된다. 때로는 상호 질문이 메시지 부분에 포함되며, 메시지는 항상 질문으로 끝난다.
- 음악/성찬/봉헌(Music/Communion/Offering) : 모임의 다음 부분은 사람들이 메시지에 응답하는 것과 음악이 연주되는 동안 질문이 이어지면서 계속된다. 예배 공간에 사람들이 나올 수 있도록 허락하고, 테이블에서 성찬을 한다. 한편으로는 헌금함에 봉헌을 하며 기도 카드를 쓴 다음 그것을 십자가에 있는 바구니에 넣게 한다. 사람들은 예배에서 어떤 형태든지 그들이 원하는 것에 따라 응답할 수 있다. 이 시간에는 상호 성경교독과 다른 사람을 위한 기도 시간을 갖는다. 이들이 부르는 찬송은 "충만", "하나님의 기적", "모든 것 되시네", "예수님은 당신의 모든 것", "내 곁에 있어 주십시오", "하나님의 어린 양" 등이 있다.
- 기도와 파송(Prayer and Send-off)

빈티지 훼이스 교회의 '워십 게더링'

- 모임의 주제(Theme for Gathering) : 하나님께서 우리를 얼마나 사랑하

시는지를 이해하기 위해, 그리스도의 신부가 되어 그 의미를 살펴보게 한다.
- 음악이 흐르는 동안 예배당 안으로 들어옴(Walk-in Music) : 테크노 음악 CD를 틀어 준다.
- 스크린 위에 성경말씀 띄움(Scriptures on the Screens) : 사람들이 걸어 들어올 때, 스크린에는 우리가 이번 모임을 통해 가르치려고 하는 성경 본문을 보여 준다. 성경 본문은 인쇄되어 나타나며, 모임이 공식적으로 시작될 때까지 스크린 위에 걸려 있다.
- 예배 음악(Worship Music) : 밴드가 직접 나오지는 않은 채, 무대 옆에서 연주한다. 스크린 위에 나타난 가사는 스테인드글라스를 배경으로 인쇄되어 나타난다. "내 마음의 눈을 열어 주소서", "주여, 당신의 영광이 이 땅에 충만케 하소서", "계시"와 같은 노래를 부른다.
- 성경봉독(Scripture Reading) : 맡은 이가 골로새서 1 : 15~20을 읽는다.
- 예배 음악(Worship Music) : 다 함께 "성 패트릭의 기도를 가슴에 붙이고 나아가세" 찬양을 부른다.
- 공동체에게 알림(광고 Community Announcements) : 환영의 인사와 함께 교회공동체와 연결된 다양한 내용을 알려 준다. 아이들은 이때 각자가 속한 반으로 흩어지게 된다.
- 교인의 교제 시간(Mingle Time) : 개인적으로 몇 분 동안 인사를 나누는 시간이다.
- 찬양(Song) : 머시 미가 불렀던 "나는 그저 상상만 할 뿐입니다"라는 노래를 사용해서 조쉬 팍스가 저녁의 주제를 살려서 만든 노래이다. 우리가 찬양할 때, 성경 본문과 원래 노래에서 뽑은 가사를 스크린 위로 비춘다.
- 메시지(Message) : 제목은 "그리스도의 신부가 된다는 것의 참된 의미"이다. 7개의 테이블을 사람들 사이에 세워 놓는다. 각 테이블마다 주제를 나타내는 여러 다양한 물건으로 무겁게 장식되어 있다. 이 테이블은 사람들이 서로 찾아다니며 서로를 위해 기도할 수 있게 머무는 장소(station)로 제공된다. 신약의 시간대에 맞춰 유대인 결혼식의 형식을 따라 30분

동안 메시지가 설명된다. 그 메시지는 각 테이블에서 다음 테이블로 옮겨가 서 있는 동안 다양한 주제를 나타내는 물건을 가리키며, 그리고 교회와 관련해서 유대인 결혼식이 은유하고 있는 바가 무엇인지를 사람들에게 보여 준다. 스크린 위에는 성경에서 사용되고 있는 것과 지금 설교자가 말하고 있는 물건의 사진을 보여 준다.

Table 1 : 신부를 선택하심-요한복음 15 : 16, 베드로전서 1 : 8~9
거울이 그 위에 놓여 있고, 테이블의 네 모퉁이마다 "그분께서는 당신을 사랑하시며, 당신을 선택하십니다."라는 말씀을 써 놓는다.

Table 2 : 값을 주고 신부를 선택하심(mohar)-고린도전서 6 : 19~20
가장 중요한 포인트를 주기 위해 테이블 중앙에 십자가를 세워 놓고, 테이블의 네 모퉁이마다 "그분께서는 당신을 값을 주고 사셨습니다."라는 말씀을 써 놓는다.

Table 3 : 약속 성취의 약혼(ketubah)과 함께 신부를 위한 선물 목록-고린도전서 12 : 8~9, 로마서 12장, 에베소서 4장
성찬식 때 사용하는 컵, 빵, 성경책, 하나님으로부터 약속받은 선물의 목록(영생, 성령님, 용서, 믿음, 자비, 봉사, 가르침 등) 등을 함께 준비해서 놓아둔다.

Table 4 : 물로 깨끗하게 됨(mikvah).
이 테이블에는 물이 담긴 둥근 그릇과 수건을 준비해서 놓아둔다.

Table 5 : 신랑이 결혼식장을 준비하고, 신부 된 우리는 그가 돌아오기를 기다림-요한복음 14 : 1~3, 데살로니가전서 4 : 16, 마태복음 25 : 13
테이블 중앙에 shofar(숫양의 뿔)를 놓고, 나머지 부분에는 초들로 가득 채워 놓는다.

Table 6 : 마침내 신랑과 신부의 결혼식이 이루어짐-데살로니가전서 4 : 17, 베드로전서 5 : 4 여기에는 모든 사람들이 함께 마실 수 있는 작은 주스 컵을 놓아 둔다.

Table 7 : 결혼식 만찬-요한계시록 19 : 6~9, 3 : 20
이 테이블에는 의자와 함께 접시, 과일 등 테이블 세팅을 정성들여 해 놓는다.

- 서로 간의 영적 교제를 위한 경배와 기도순서(Worship and Prayer Station Interaction) : 메시지가 끝나면, 사람들은 일어나서 일곱 개의 테이블을 돌아다니면서 각 장면마다 초대받게 된다. 약 30분 동안의 시간이 소요되며, 사람들은 각 테이블마다 멈춰 서서 성경을 읽고, 기도하고, 각 테이블의 모서리마다 돌아가며 씌여 있는 말씀을 읽으며, 각 테이블마다 자신을 위해 장식된 다른 여러 가지 것들을 보며 교제를 나누게 된다. 사람들은 개인적으로 기도, 잡지, 예술적인 공간을 마음대로 할 수 있다. 밴드는 이 시간 동안 모임을 드리는 공간의 뒷부분에 마련된 무대에서 공동체 예배를 인도한다. 스크린 위에는 찬양에 맞는 이미지와 가사가 나온다. 이때 부르는 찬양은 "놀라우신 만왕의 왕", "주님의 변함없는 사랑", "놀라운 사랑"(hymn), "나에겐 너무나 좋으신 분", "우리는 춤추며 경배하리라" 등이다. 음악은 처음에는 매우 명상적이고 묵상적인 조용한 음악으로 시작하다가 끝으로 갈수록 서서히 고조된다.
- 봉헌(Offering) : 맡은 이가 공동 기도를 하면서 함께 봉헌 기도를 드리는 동안, 헌금 바구니를 전하면서 하도록 한다. 이때 뒤쪽에서 음악을 틀어 준다.
- 공동체 기도로 마친 다음 축도(Closing Community Prayer and Benediction) : 사람들이 큰 소리로 특별히 그리스도의 신부가 된 것에 대해 감사를 드리는 짧은 문장의 기도를 드릴 수 있도록 몇 분 동안의 시간을 주도록 한다. 축도는 약 3분 후에 드리며, 그것은 사람들이 이번 주 동안 그리스도의 신부가 되어 살겠다는 사명을 위임하는 것이다.
- 음악이 흐르는 동안 예배당을 걸어 나감(Walk-out Music) : 가사가 없는 CD를 틀어 준다.

모자이크 교회의 새가족 배부용 DVD에 나온 이머징 예배

- 환영(Welcoming) : 짧은 환영 인사를 인도자가 한다.
- 신앙 간증(Testimony) : 세 명의 교인이 자신의 신앙 역사와 함께 이 교회에 와서 어떤 변화를 겪게 되었으며 예수님을 어떻게 알게 되었는지에 대한 진솔한 간증을 영상으로 보여 준다(3~7분 이내).
- 메시지(Message) : 교회의 리더 목사인 어윈 R. 맥마너스(Erwin Raphael McManus)의 강력한 메시지가 선포된다. 설교의 구성은 다음과 같다.

"Choices : Choose to live"(설교시간 45 : 08)
[ⓐ-ⓓ 34 : 04, ⓔ 37 : 50, ⓕ 43 : 15, ⓖ 44 : 00에 시작, 45 : 08에 마침.]
ⓐ 도입을 사무엘상 14장을 중심으로 사울과 요나단을 예로 들면서 인간의 '선택'에 대한 부분을 설교하기 시작함(사탕이 담긴 병에서 직접 꺼내 먹으면서 편안한 분위기 유도).
ⓑ 빌립보서 4 : 8~9을 풀이하면서 설교함.
ⓒ 선택을 하는 인간의 마음과 심리를 라디오 음악 채널을 틀어 보는 것에 비유(실제 음악을 들려줌)-록큰롤, 클래식 등
ⓓ '선택'을 음식에 비유
ⓔ Mark & Laura 두 사람이 직접 나와 대사가 없는 마임(Mime)으로 약 4분간 '선택'과 돌이킬 수 없는 부분을 극대화하여 보여 줌(해설자가 대신 짧은 상황 설명과 심리 묘사를 낭독하고 그동안에는 연기자들이 정지한 채로 있음).
ⓕ 마지막 연극 후 설교자가 다시 나와 약 5분 동안 전체 메시지 요점을 강조 후 기도 권유
ⓖ 짧은 기도로 예배 마침(축도나 주기도문 없음).

마얀 클럽에서 열리는 모자이크 교회의 워십 게더링 실황(2006. 8. 20.)
설교자인 맥마너스 목사는 청바지와 간편한 남방 차림이고, 자유롭게 걸어 다니거나 앉아서 설교하는 모습을 보인다. 그리고 거리감을 없애기

위해 소파나 의자, 설교 중 비유를 위한 사탕통, 성경책, 라디오 등이 편안하게 놓여 있다. 마이크는 핀 마이크가 아니라 뮤지컬 배우나 뉴스 앵커가 사용하는, 무대용 머리걸이 형태의 특수 무선 마이크를 착용하고 있다. 설교는 속사포처럼 빠른 말투로 쉴 새 없이 선포되며, 설교 시간 또한 45분을 넘길 정도이다.

- 시작 전 : 입구는 개방되어 있지만, 예배 30분 전까지 무대가 있는 장소는 공개되지 않는다. 예배 준비를 위한 것으로 많은 자원봉사자와 스탭들이 들어가지 못하도록 친절하게 안내한다. 입구 왼편으로는 무료로 다양한 간식, 커피, 음료수를 제공하는데 여기에도 자원봉사자들이 친절하게 권하거나 질문에 대답해 준다.
- 클럽 안 : 바깥으로 연결된 통로로 들어가면 무대를 중심으로 완전한 모양은 아니지만 완만한 경사와 함께 2층으로 구성되어 있고, 각 층마다 이동식 의자로 채워져 있다.
- 찬양과 그림 : 예상보다도 훨씬 더 큰 소리의 CCM이 거의 록큰롤 수준으로 연주되고, 싱어가 나와서 힘찬 목소리로 부르며 사람들의 참여를 유도한다. 현란한 조명과 함께 비춰지는 무늬는 매우 예술적 분위기의 이미지로 비춰진다. 특이했던 것은 이날 설교 제목인 "행동가 아모스"(Amos the Activist)에 맞춰 무대 왼쪽의 별도 공간에 세워진 이젤의 캔버스에 실제 사람이 서서 예배가 끝날 때까지 계속해서 그림을 그렸다. 당시 상황을 대변하듯 회색빛의 건물과 사람들의 형상을 따라서 말이다. 이 한 가지만 봐도 이머징 예배의 특징을 바로 감지할 수 있었다.
- 설교 : 8월은 "UNLIKELY HEROES"라는 주제에 맞춰 4명의 성경 속 인물들에 대한 설교가 연속적으로 이루어지고 있었다. 8월 셋째 주일인 이날은 선지자 아모스에 대한 설교였다. 나머지 3명의 성경 인물들은 여호수아, 드보라, 루디아였다.
- 설교 후 : 광고를 하고 각자 앉은 의자 및 주변 정리를 자발적으로 하면서 끝났다.

2. 한국교회의 이머징 교회와 예배 현황

1) 한국의 이머징 세대와 특징

우리나라의 세대 구분은 거의 서구의 세대 이론을 그대로 답습하다시피 하다가, 점점 우리나라만의 특징적인 세대가 등장하고 이를 연구하게 되면서 계속해서 새로운 세대들이 출현하게 되었다. 이러한 연구는 사람들의 소비 심리를 파악하는 데 있어서 결정적인 역할을 하기 때문에 주로 광고계와 경제·경영연구소, 심리학자들에 의해 주도되고 있는 실정이다. 출생 연도와 시대에 따른 분류 내용을 간략하게 살펴보면 다음과 같다.

① X세대와 Z세대 : X세대는 자기중심적이고 소비와 유행에 민감한 특징을 보인다. 논리보다 감각을 중시 여기고 공동체보다 개인, 문자언어보다 영상언어를 선호한다. 하지만 하나의 특징으로 묶을 수 없는 정체불명의 세대라서 X세대라고 칭한다. 한국에서는 '서태지 신드롬'을 촉매로 1993~1994년을 풍미한 10대 후반부터 20대 초반을 뜻한다. Z세대는 유행에 매우 민감한 13~18세를 칭하며 X와 Y세대보다 어리기 때문에 알파벳 끝자를 사용해서 Z세대라 부른다.

② C세대 : C세대는 스포츠, 컴퓨터, 춤, 음악, 영화, 만화, 게임 등 어느 하나에 푹 빠져 중독된 세대(Chemical Generation)를 말하며 1분에 수백 타를 쳐내는 속도로 인해 엄지족 혹은 F(Finger)세대로도 불린다.

③ N세대(Net Generation)와 M세대(Mobile Generation) : 돈 탭스콧에 의해 등장한 세대이며 그의 구분에 따르면 1977년 이후의 출생자이며 13세

이상 22세 미만의 세대가 이에 해당된다. 어릴 때부터 인터넷과 컴퓨터뿐 아니라 디지털 매체에 대해 어느 정도의 지식을 갖추고 있으며, 먼저 언급한 X, Y, Z, C세대의 가장 특징적인 속성을 수렴한 세대이기도 하다. 이 세대는 일방적 정보 유입을 거부하고 쌍방향 의사소통을 바라는 경향이 크다. 인터넷상에서 축약어를 주로 사용하는 특징으로 인해 국어 황폐화 우려까지 불러일으킨 장본인이기도 하다. 한국의 마케팅 시장에서는 이 세대를 타깃으로 한 마케팅이 활발히 이루어지고 있는 실정이다. 한편 M세대는 1980년대 초반에 출생한 20대를 통칭한다. N세대보다 더욱 개인화가 되어 인터넷과 모바일을 주요 소통의 도구로 삼는 경향이 강하다. N세대가 축약어로 자신들의 의사를 전달한다면 M세대는 이모티콘(Emotion+Icon)으로 문자를 대신하는 데 더욱 익숙하다.

④ W세대와 P세대 : W세대는 2002년 월드컵을 계기로 탄생한 세대이다. 개인의 열정을 대중 안에서 자유롭게 표출하는 신세대를 의미한다. 이 세대는 웹(Web), 웰빙(Well-being), 월드와이드(World-Wide), 여성(Woman)이라는 특징이 있으며, 새로운 소비문화를 주도한다는 점에서 관심의 대상이 되고 있다. W세대는 웹 사이트에 매장을 열어 억대 수입을 올릴 정도로 인터넷과 친숙하며, 영어에 관심이 많고, 국제적 감각이 뛰어난 것도 특징이다. 또한 인생의 가치를 막대한 성공보다는 웰빙에 두는 것도 이전의 세대와 구별되는 점이다. P세대는 386세대의 사회의식, 1990년대 X세대의 소비문화, 2000년 이후 등장한 N세대의 생활 방식, W세대의 공동체 의식과 행동 등을 포괄하는 세대로 알려져 있다. 이 세대는 정치적 민주화와 유동성, 정보화, 부유함 등 비교적 자유로운 정치 체제에서 성장하여 자신이 사회를 변화시킬 수 있다고 믿는 적극적인 가치관이 특징이다.

2) 대한민국 사이버 신인류

앞에 언급한 것 외에도 계속해서 새로운 세대가 출현하고 있으므로 지금 다 언급한다는 것 자체는 불가능하다. 그러나 세계 어느 나라보다 빠른 속도로 사이버 세상을 우리 삶의 일부로 만들어 버린 '대한민국 사이버 신인류'의 특징만큼은 우리가 주의를 기울일 만한 가치가 있으므로 거기에 대한 내용만 간략하게 정리해 보면 아래와 같다.

사이버 신인류는 누구인가?

	사이버 신인류(사이버 세상의 사고의 틀)
가치관	각 상황이나 맥락에 따라 그에 맞는 원리와 작동 방식이 필요하다고 생각한다.
새로운 것에 대한 태도	잘 알지 못하는 것이나 새로운 모험을 경험하는 것에 두려움이 없으며, 호기심을 갖고 적극적으로 탐색하려 한다.
학습 방식 (현상에 대한 대응 방식)	새로운 것을 경험할 때는 땜장이 식으로 이것저것 만져 보며 배운다. 정해진 절차나 추상적 개념을 통해 배우지 않으며, 피아제 인지발달단계에서는 감각운동기와 구체적 조작기 사고의 특성(구체적·경험적·실제적)이 있다.
세상일이란?	세상일은 원인과 결과를 정확히 구별하기 힘들며, 단지 가능성을 추정할 뿐이다. 세상일은 비선형적(병렬적, 카오스적) 방식으로 구성된다.
컴퓨터에 대한 인식	컴퓨터는 기계 이상의 의미가 있고, 친구가 될 수도 있다. 컴퓨터를 이해하는 것은 인간과 컴퓨터의 관계와 컴퓨터가 우리에게 끼친 영향을 알게 되는 것을 뜻한다.
실체와 이미지 (아바타에 대한 인식)	이미지는 경험되는 그 자체로 실제적인 가치를 가진다. 사이버 공간의 캐릭터는 나를 나타내는 이미지이자 분신이기 때문에 현실의 나를 꾸미는 것과 마찬가지로 중요하다.
일과 놀이	일과 놀이를 구분하지 않으며, 동시에 이루어질 수 있다고 생각한다. 일도 놀이처럼 즐겁고 재미있는 것이 될 수 있기 때문에 놀이로 돈을 벌 수 있다고 생각한다.
문제 해결	문제 해결의 공식을 발견하는 것이 아니라 참고한다.
일 처리 방식	시행착오를 겪으며 일을 진행하고, 변화를 당연하게 여긴다. '아래에서 위로' 의견을 수렴하는 방식으로 일하는 것을 선호한다.

사이버 신인류의 생활 방식

	사이버 신인류(사이버 세상의 사고의 틀)
자아와 정체성	상황에 따라 자아는 다양하게 자신의 모습을 드러낸다. 자아란 자신에 대한 본질적인 속성을 의미한다기보다는 자신의 이미지가 다양한 역할로 표현되는 것이다.
행동의 동기	행동을 하는 데 분명한 이유가 있어야 한다고 생각하지 않는다. '그냥', '재미있으니까', '해 보고 싶어서' 등의 이유 같지 않은 이유로도 일을 할 수 있다. 일을 하는 데 있어 가장 중요한 동기는 '재미'이다. 그러나 왜 재미있는지, 재미가 무엇인지는 잘 모른다.
시뮬레이션에 대한 생각	경험 자체가 중요하므로 시뮬레이션 경험을 거짓이라고 할 수 없다. "무엇이 진짜인가?"라는 의문보다는 자신이 경험하는 그 자체가 무엇인가를 알려고 한다.
가상공간의 경험을 받아들이는 방식	사이버 공간에서 일어나는 일이 현실과 유사한 모습을 가질 수 있지만, 현실과는 다른 의미를 갖는다고 생각한다. 게임에서 캐릭터를 살해하는 행동은 현실의 살인과는 다르며, 오히려 아이디를 도용하는 것이 더 위험한 폭력 행위라고 본다.
온라인 게임의 경험에 대한 이해	온라인 게임은 청소년기에 현실에서 경험할 수 없는 다양한 역할과 인간관계를 경험할 수 있도록 해 준다. 게임 공간은 현실만큼 중요한 세계이다.
삶(게임)의 경험	사회적인 통념에 따른 규칙이 있지만, 인생(게임)에서 정해진 규칙은 없다. 인생(게임)의 규칙은 내가 경험하고 만들어 가는 것이며, 만일 어떤 규칙이 있다면 스스로 파악해 나간다.
이야기의 경험	다중 형식의 스토리텔링의 형식을 따른다. 이야기의 내용에 직접 참여하면서 이야기를 만들어 가는 구조이다. 신화와 같은 내용, 우연과 반전의 구조를 가진다.
매체 경험 (TV, 인터넷 등)	매체가 무엇을 할 수 있느냐보다는 전달되는 의미, 스토리에 관심을 갖는다. 매체의 기능보다는 매체를 통해 스스로 만들 수 있는 이야기가 무엇인지를 찾으려고 한다.

사이버 세상과 현실 세상에 대한 생각

현실과 사이버 세계와의 관계	가상 공간은 현실 공간과 같은 또 하나의 삶의 공간이다. 사이버 공간에는 또 하나의 '삶'이 존재한다. 사이버 공간의 몰입은 현실에서 분리된 중독 경험이 아니라 또 다른 세계의 생활에 몰입하는 것이다.
인생의 몰입(성공)에 대한 생각	남이 알아주는 성공이 아닌 내가 만족하는 성공적인 삶을 원한다. 돈은 성공과 행복의 전부가 될 수 없으며, 일상의 행복도 중요한 요소이다.

공동체 참여 의식	호기심에서 시작하여 즐거움으로 뭉친다. 서로 쉽게 어울리고 쉽게 헤어질 수 있다. 공동체는 통합의 상징이 아니라 다 같이 모여 축제처럼 즐기는 데 필요한 방안이다.
우상(영웅)의 이미지	재미있는 분야에 뛰어난 능력을 가진 사람들이 우상이 된다. 자기의 욕구를 충족시키면서 그 분야에서 당당하게 실력으로 인정받는다. 집단의 규범과 상충할 경우 기존의 틀을 과감히 깨는 사람이다(연예인, 얼짱, 게임천재, 마술사 등).
세계관	선과 악 공존 가능성, 상황에 맞는 윤리, 규범을 따르며 다양한 시각 공존을 생각함.
사이버 공간에서의 현실 경험	사이버 공간의 경험을 통해 자신에 대해 미처 알지 못했던 부분들을 발견하면서 스스로에 대한 통찰을 얻을 수 있다. 특히 프로그램과 자신이 대화하는 방식을 통해 상호 소통의 효과를 얻을 수 있다.
변화에 대한 태도	변화란 새로운 규칙이나 규범을 만들어 내는 것이다. 변화는 새로운 규칙(rule)을 창조함으로써 변화를 일으키는 것을 의미한다.

지금까지 한국교회의 다음세대라 일컬어지는 새로운 세대인 이머징 세대의 일반적인 특징을 살펴보았다. 그 결과 자기중심적이면서도 소셜 네트워크를 통한 공동체를 중시 여기고, 변화에 대한 두려움이 없으면서도 정치적으로는 자기의 목소리를 낼 줄 알고, 진취적으로 나아가는 것이 한국의 신세대라고 말할 수 있다. 이러한 특징은 교회 내에서도 크게 다르지 않으리라 생각한다. 다만 교회 내 분위기 때문에 자신의 색깔과 목소리를 자제하고 있을 뿐 그 내면에 자리 잡고 있는 특징과 문화는 거의 비슷하리라 생각한다.

3) 한국의 이머징 예배 현황 : 미와십자가교회를 중심으로

미와십자가교회(http://beautyncross.net)의 주일공동체 예배 이야기
2011년 9월 첫째 주일에 창립했으며 개척교회로서 갖는 여러 한계에도 불구하고, 매우 안정적이면서도 도시선교와 지역 연계성, 그리고 문화 창조라는 뚜렷한 목회철학과 목적을 가지고 있는 교회이다. 일단 공동체 예배는 '사도신경-예배로 부름(침묵으로, CCM)-찬양(떼제)-침묵의 고백-사죄의 확신-고백의 찬양(CCM)-공동체 기도-대표 기도-말씀 교독(개역개정)-간증과 연주-말씀 듣기-결단의 기도-예물 드리기-파송 찬양(찬송가)-간구와 축도-축복과 소식/공동체 식사'의 순서에 따라 물 흐르듯 진행된다. 예배를 드리는 곳에는 그 달의 주제가 그려진 플래카드가 붙여져 있고, 그 위에 PPT를 통해 찬양 가사와 기도, 성경말씀이 전해진다.

이 교회의 예배에서 이머징 예배의 특징이 잘 나타나고 있는 부분은 다음과 같다.

① 침묵의 고백과 사죄의 확신 사이의 순서이다. 일단 침묵의 고백을 드린 다음 교인이 한 명씩 강대상 앞의 테이블로 나아가 초를 하나씩 가지고 불을 붙인 다음 약속된 장소에 놓고 들어가서 고백의 기도를 하고 있는 중에 목회자에 의한 사죄의 확신이 행해졌다. 이것은 예배가 마칠 때까지 강대상 앞에서 계속 타오름으로 교인은 자신의 죄가 사해지는 것을 시각적, 후각적, 촉각적으로 온전하게 느끼게 하는 중요한 역할을 담당하고 있었다.

② 성경 중심적이되 현대적인 언어와 문화로 재창조하여 예배 전반에 반영하는 부분이다. 이제는 보다 적극적으로 나아가 교회 자체적으로 연극 '루키'를 제작하여 공연하고 있으며, 같은 지역의 성공회교회와 연합하여 찬양집회와 기도 모임을 이끌고 있다.

③ 과거 전통적인 기독교 예술의 다양한 부분을 알기 쉽게 오늘의 언어와 관점으로 재해석해서 교인에게 제공하고 있다. 교회 로고나 기본 마크와 같은 다양한 상징과 엽서 등을 세련되게 자체 제작하여 예술적인 분위

기를 더욱 풍성하게 만들어 나가고 있기 때문이다. 이를 잘 나타내는 다른 예가 바로 주보가 실린 리플랫에 있는 주간 묵상 코너이다. 명화와 함께 하는 예수님의 일생이 월요일부터 토요일까지 본문과 함께 다른 화가의 명화가 하나씩 제시되어 있으며 화가에 대한 소개까지 곁들여 있다. 교인 또한 예술의 다양한 분야에서 활동하는 경우가 많은 것이 비슷한 분위기를 만든 것으로 보인다.

④ 예배 중 교인의 참여와 이동을 자연스럽게 유도하고 있다는 점이다. 이것은 비단 전술한 침묵의 고백과 사죄의 확신 사이의 순서만을 의미하는 것이 아니라 설교에서도 과감하게 교인의 참여를 유도하고 있는 점에서 더욱 그러하다.

⑤ 다양한 설교 형태를 시도하고 있다는 점이다. 예배의 기본 방향과 주제는 4주를 기준으로 할 때 첫 번째 주일은 그림과 함께 드리는 예배(담임목사), 두 번째 주일은 음악과 함께 드리는 예배(장르 불문), 세 번째 주일은 드라마와 함께 드리는 예배(교인이 출연), 네 번째 주일은 시와 함께 드리는 예배로 순환되며, 마지막 주일날 성찬식을 거행한다. 그리고 특별 간증이 있는 경우를 제외하고는 음악, 드라마, 시는 설교 도입부로 사용되며, 그림은 설교와 함께 시작되어 마침과 동시에 완성된다.

⑥ 담임목사를 중심으로 활발한 자원봉사자들의 도움과 함께 사실상 예배 팀에 의해 예배 전반이 기획되고, 실행되고 있다. 교회 특성상 교인 숫자는 적어도 연극, 영화, 영상 등을 직업으로 하거나 거의 전문가 수준인 교인이 있기에 상당한 수준의 예배 예술이 제작되어 실행되고 있다. 또한 전 교인이 함께 모여 세대 통합 예배를 드리고 있으며, 주보에 나타난 것처럼 어린이들이 함께하다가 중간에 주일학교로 따로 모이고, 주일 예배

후 각 연령별 소그룹 모임을 따로 가진다.

정리한다면, 성막 예배신학을 기본으로 하되 교인 중심의 예배신학이 자연스럽게 녹아져 있으며, 이머징 예배의 특징을 지닌 예술적 예배이며, 그 내면에는 활발히 살아 움직이고 있는 유기적인 예배라고 말할 수 있다.

미와십자가교회의 담임목사 이야기

개척 전에 교회와 예배 형태에 대한 고민을 많이 했다고 한다. 영국 옥스퍼드에 유학할 당시 정반대 유형인 소위 온누리교회 스타일의 성 알데이트(St. Aldate) 교회와 소망교회 스타일의 성 에비스(St. Ebbe's) 교회를 리서치했다. 또한 이전에 미국의 대표적인 교회들과 이머징 교회들을 탐방하며 자연스럽게 이머징 예배의 유형과 특징을 접하게 되었고, 이런 모든 경험들을 밑바탕으로 하여 자신만의 목회철학과 예배를 기획, 실천하기에 이르렀다. 특히 미국의 대표적인 이머징 교회 중의 하나인 마스힐 바이블 처치(Mars Hill Bible Church in Grand Rapids)를 보고 큰 충격과 도전을 받았으며, 앞으로 미와십자가교회의 예배당 디자인과 예배 기획의 모델로 삼고 있다. 창립했던 9월부터 12월까지는 여러 실험적 시도를 거치다가 현재의 예배 형태로 정착되기 시작했고, 원래 예배의 기본 구조는 구약의 성막 예배를 염두에 둔 것이며, 자체적으로는 가능한 미디어는 절제하고 아날로그식의 접근을 지향한다. 그리고 무엇보다 교인의 유기적인 참여를 확대하려 노력하였고, 자체 평가로는 전통 6, 현대 4 정도로 균형을 맞추려고 한다.

현재는 성균관대학교 앞에 '레이첼의 티룸'(Rachel's Tea Room)을 열어서 주 중에는 뜨개질과 상담 사역을 차(tea) 판매와 병행하다가 주일에는 같은 장소에서 예배만을 드리고 있다.

3. 다음세대를 위한 이머징 예배의 기획과 실제

1) 이머징 예배의 기획의 전제 : '4-Who'에 대한 솔직한 고민과 대답

① 예배에 참여하는 사람은 누구인가?(Who Participates in Worship?)

② 예배를 이끌어 나가는 사람은 누구인가?(Who Leads Worship?)

③ 예배를 기획하는 사람은 누구인가?(Who Plans Worship?)

④ 예배에 관해 알고 있는 사람은 누구인가?(Who Knows about Worship?)

2) 은총의 교회력에서 부활절이 중심인 '연(年) 주기'의 적극적 활용

초대교회 그리스도인은 매 주일이 부활하신 예수 그리스도를 증거하는 것처럼, 일 년도 주님의 부활을 기념하는 한 단위로 생각하기 시작하였다. 즉, 매일, 매주 예수 그리스도를 증거하는 것처럼 초대교인은 일 년도 주님을 기념하는 한 단위로 생각했던 것이다.

초대교회 교인이 이렇게 부활절을 중심으로 연 주기(The Annual Cycle)를 지키게 된 이유는 간단하다. 저들에게 있어서 주일이 한 주간의 중심이었던 것처럼, 일 년의 중심은 부활절(Pascha : 유월절)이었다. 파스카(Pascha)라는 말은 사도 바울이 '누룩을 넣지 않은 빵을 먹는 유대인의 축제일'이라고 한 데서 따온 것이다. 이처럼 과거의 전통을 기억하며 현대 문화와 언어로 재해석하여 적용, 실천할 수 있는 것이 바로 이머징 예배이다.

3) 이머징 예배의 실제

어린이 예배 : 기쁨 팡팡 오색 예배

들어가는 말 : 일상절기(Ordinary Time)
- 여름성경학교 준비(6월부터 8월까지)기간 : 오순절 후 열네 번째 주일까지 계속되는 **일상절기**(Ordinary Time)
- 'Ordinary Time': "*Tempus per annum*" (문자적으로는 '일년 내내, 일년을 통하여'라는 뜻)에서 유래

들어가는 말 : 일상절기(Ordinary Time)
- 이 절기는 주현절과 성령강림절(오순절)이라는 두 절기에 따라 구성됨
- 여름성경학교를 위해 준비하고 시행하는 기간: 오순절 이후의 일상절기이므로 더욱더 뜨거운 감격과 기대를 갖고서 보내야 하는 **찬된 기쁨**의 시간들임을 기억

기쁨으로 행해지는 펀(fun)한 예배를 위하여

1. 기본 개념
⇒ 기쁨으로 행해지는 'Sacred Game'

1) Sacred
① 신성한, 성스러운
② 종교적인
③ 존경할만한, 훌륭한
④ 신성불가침의

2) Game
① 행동(activity)
② 경기를 운용하는 방식
③ 법칙(rule)

기쁨으로 행해지는 펀(fun)한 예배를 위하여

2. '하나님을 기쁘게 하는 다섯 가지 요소'
① Praise(찬양)
② Prayer(기도)
③ Preaching(설교)
④ Participation(헌신)
⑤ Production(전도)

5P

세이크리드 게임(Sacred Game) 한 마당-기쁨 팡팡 오색예배를 향하여!

1) 예배에 임하는 자세
① 적극적이고 기쁜 마음
② 리더십(leadership)과 펠로우십(fellowship)의 조화
③ 일상적인 예배에 충실히 집중

세이크리드 게임(Sacred Game) 한 마당-기쁨 팡팡 오색예배를 향하여!

2) 법칙이 궁금해!
① Praise(찬양) => 희망의 색 : 초록
② Prayer(기도) => 영적 대화의 신비 : 검정
③ Preaching(설교) => 거룩함 : 파랑
④ Participation(헌신) => 희생의 의미 : 빨강
⑤ Production(전도) => 새생명 : 노랑

세이크리드 게임(Sacred Game) 한 마당-기쁨 팡팡 오색예배를 향하여!

3) 오색예배의 기본

Sacred Game
초록 찬양
깊이 있는 검정
파랑 설교
빨강 헌신
노랑 전도

① 본 예배는 2010년 총회교육부 아동부 여름성경학교 예배로 이머징 예배의 요소를 잘 활용하여 기획한 것이다. '오색'에 담긴 의미와 오감의 요소가 들어가 있고, 가장 기본으로는 여름성경학교가 열리는 때와 교회력의 절기를 결합시켰다. 즉, 강력한 오순절 성령강림 사건이 있은 후 성령 충만함을 받은 그리스도의 제자들이 열심히 전도하고 선교를 넓혀 나갔던 때가 바로 일상절기(Ordinary Time)에 해당하기 때문이다. 이 점을 부각시켜 다시금 우리들의 헌신과 성령 충만함에 대해 되돌아보고 재무장시키는 것이 기본 전제가 된다.

② 전체 개념은 하나님을 기쁘게 하는 '거룩한 게임'(Sacred Game)이며, 여기에서 '게임'이 오락 게임이나 전자 게임을 뜻하는 것이 아니라 '법칙'(Rule)을 의미한다는 것을 알려 준다. 그래서 하나님을 기쁘게 하는 예배의 5법칙이 바로 찬양, 기도, 설교, 헌신, 전도라는 5요소이며, 그 5요

소와 5색을 연결시켜 입체적이면서도 어린이들이 각각의 요소를 이해한 다음 적극적으로 예배의 각 순서마다 참여할 수 있도록 하는 데 중점을 둔 것이다.

③ 앞의 사진은 예배 후 활동으로 함께 참여하여 만든 바람개비 십자가이다. 오색 색종이를 사용하고, 그 안에 어린이들이 각자 5요소를 복습하고 되돌아보며 하나님께 드리는 결단의 표시가 된다. 여기에도 오감적 요소가 바탕이 된다.

이 땅의 화해를 간구하며 드리는 성금요일 테네브레 예배

① 본 예배는 2012년 장로회신학대학교 채플 시간에 기획, 실행한 것이다. 장로교 전통에 입각한 성금요일 예배의 원형을 찾아 실행함으로써 예수 그리스도께서 '죄'로 분열된 것을 온전히 화해시키기 위해 십자가 죽임을 당하셨다는 기본 전제에서 기획된 것이다. 지금까지 한국교회에서의 일반적인 성금요일 예배는 가상칠언(架上七言)을 반복하여 읽으면서 금식기도회를 드리거나 아니면 해마다 익숙하게 보아 왔던 예수님의 수난을 다룬 영화나 동영상 자료를 보여 주고 회개를 촉구하는 일방적인 커뮤니케이션이 주류를 이루고 있는 실정이다.

이처럼 1년에 한 번, 부활절을 맞이하기 위한 연례행사처럼 성금요일 예배를 드리고 있기 때문에 정작 그리스도의 십자가 죽음이 나에게 무슨 의미가 있는지, 그리고 공동체에게는 어떤 의미가 있는지를 묵상하는 기회는 거의 없었다고 해도 과언이 아니다. 여기에서는 이러한 현실을 타개하고 교인이 예수 그리스도의 십자가 죽음에 집중할 수 있도록 '테네브레'(Tenebrae) 전통을 기본 개념으로 하는 이머징 예배를 기획하여 실행한 것이다.

참고로 기본적으로 예배를 기획할 때에는 중심 개념을 먼저 정해 놓고 하는 것이 바람직하며 본문에서는 '화해와 일치'가 중심 개념이다.

② '테네브레'는 라틴어로 뜻이 어둠(darkness), 그림자(shadow)이므로 조명은 완전히 끄고 어둠 속에서 시작한다. 또한 십자가, 강대상, 성찬대, 배너 등 일체의 장식을 흰 천으로 보이지 않게 덮어놓고, 어둠 가운데 'hearse'라고 하는 7개 혹은 15개의 촛불만을 켜 놓고 주님의 십자가 죽음을 애도하는 것으로 준비해야 한다. 생명의 양식으로 오신 예수님을 상징하는 성찬대 위에 예수님을 상징하는 큰 초를 가운데에 그리고 좌우로 6개 혹은 14개의 초를 세워 놓고 켜 놓는다. 초들은 본문 낭독과 찬양이 끝나면 차례대로 끄는데 스누퍼(snuffer)를 사용한다.

예배가 끝날 때에는 암흑 상태가 된다. 예수님을 상징하는 가운데 큰 초는 '그레이트 노이즈'(Great Noise, 마 27 : 51-53)가 나올 때 높이 들어 보여 준 다음 다시 성찬대 위에 올려놓음으로 부활의 소망되신 예수님을 나타내게 된다.

③ 처음 장로회신학대학교에서 예배드릴 때에 가장 큰 특징이 예배 중심 부분이 순전한 창작곡으로 이루어졌다는 점이었다. 응답 찬양 5개와 찬양대 찬양, 그리고 예수님의 죽음 바로 그때를 표현하는 '그레이트 노이즈' 모두는 이 예배만을 위해 작곡되었고, 연주되었다. 교회에서도 적용해 본다면, 미리 예배 기획을 하면서 창작곡을 공모하여 교인의 참여를 극대화시킬 수 있는 기회를 제공하는 것이 바람직하다. 기본 동선과 예배 진행은 평행(parallel)식으로 했고, 교인 찬양 전까지는 모든 기계 사용(PPT, 마이크, 조명)을 최대한으로 절제했다. 2인 1조로 이루어진 성경 본문 낭독자에게도 개별 마이크가 아닌 1개의 스탠드 마이크를 떨어진 곳에 설치하여 거의 육성으로 읽게 함으로 교인이 침묵과 어둠 속에서 들려지는 목소리

에만 집중하여 귀 기울여 듣도록 하였다. 이와 함께 또 하나의 특징은 본 예배가 드려진 장로회신학대학교 학생 중에 외국인 학생들을 참여시켰다는 점이다. 따라서 교회에서는 평소 소외되기 쉬운 연령대나 다문화가정, 외국인, 지체장애인 등을 염두에 두고 참여시키도록 한다.

④ 예배의 전체 흐름은 'A. 참된 화해와 일치를 위해 십자가로 나아감 -B. 참된 화해와 일치를 위한 어둠 속의 죽음 그리고 생명-C. 부활의 소망을 품고 세상으로'라는 제목하에 세 부분으로 나눠진다. 설교 대신 6개의 성경 본문 낭독과 찬양대 찬양으로 메시지를 전달하였고 성만찬 순서는 없다. 마지막 촛불까지 다 소화된 다음에 교인 찬양이 있고, 이어서 기도제목을 제시하며 화해와 일치를 위한 공동체 기도를 드린다. 그 후 준비된 영상을 보며 묵상을 한 다음 침묵 개인 기도로 예배를 마치게 된다. 그리고 반드시 성금요일 예배가 부활주일로 이어진다는 문구를 자막에 보여 주면서 성금요일 예배와 부활주일 간의 연속성과 그 의미를 교인에게 알려 주는 것이 중요하다.

예배의 실제

A. 참된 화해와 일치를 위해 십자가로 나아감
바하의 마태수난곡 서곡(Introitus) ·· 오르간
사도신경 ·· 다 같이

B. 참된 화해와 일치를 위한 어둠 속의 죽음 그리고 생명
요한복음 13 : 31~38(중국어/한국어) ········ 첫 번째 응답/촛불 소화 및 묵상
마가복음 14 : 32~42(케냐 스와힐리어/한국어) ··· 두 번째 응답/촛불 소화 및 묵상
마가복음 26 : 69~75(몽골어/한국어) ········ 세 번째 응답/촛불 소화 및 묵상

마가복음 15 : 22~32(일본어/한국어) ········ 네 번째 응답/촛불 소화 및 묵상
마가복음 15 : 33~36(필리핀 따갈로그어/한국어) ·····························
························· 다섯 번째 응답/촛불 소화 및 묵상
마가복음 27 : 45~54(영어, 한국어) ··
··········· 여섯 번째 응답 '그레이트 노이즈'(오르간)/촛불 소화 및 묵상
찬양대 찬양 ····················· 일곱 번째 응답/촛불 소화 및 개인 묵상
　　(잠시 침묵의 시간을 준 뒤 찬양으로 넘어간다.)
회중 찬양 ············· 찬송가 150장 "갈보리산 위에" ············· 다 같이
화해와 일치를 위한 공동체 기도 ································ 다 같이
　　※ 공동 기도 제목을 알려 주면서 한마음과 한뜻되어 기도하는 시간을 준다.
　　"이제 우리 모두 다 어둠 속에서 하나님 앞으로 나아갑시다. 화해와 일치의 영을 간구하며 하나님 앞으로 나아갑시다. 하나님의 회복하게 하심을 간구하며 조용히 하나님 앞으로 나아갑시다."

C. 부활의 소망을 품고 세상으로

영상 묵상 ···················· In Christ Alone ···················· 다 같이
　　※ http : //www.youtube.com/watch?v=SxthwGxAS40
침묵 개인 기도 ··· 다 같이
　　※ 개인 기도 시간이 끝나면, 다음 문구를 보여 주고 침묵 가운데 조용히 퇴장함으로 예배가 끝남.
　　"예수님의 십자가 죽음은 그것으로 끝난 것이 아닙니다. 우리는 주님의 부활을 기대합니다. 화해와 일치의 영을 우리 안에 가득 채우시는 주님의 능력을 기대합니다. 오늘의 예배는 부활주일로 이어져 계속됩니다. 계속해서 화해를 간구하는 기도를 침묵 속에 드립시다."

4. 다음세대를 위한, 다음세대에 의한, 다음세대의 이머징 예배를 기대하며

이머징 예배운동은 포스트모더니즘이라는 현대 문화의 영향을 받아 일어나서 지금도 계속해서 진행 중이다. 이머징 예배 지도자들은 교회의 성장과 생명력이 정체되는 현재의 위기를 맞아 단기 효과성 프로그램이나 현상 유지를 위한 방안을 찾는 대신 직접 그 위기 속으로 뛰어 들어가기를 자청했다. 그리하여 변화하는 세상을 위한 불변의 진리는 무엇이며 어떻게 전할 것인가라는 궁극적 해결책을 찾기 위해 치열하게 몸부림친 결과가 현재 여러 열매로 나타나고 있는 것이다.

이것은 다음세대라 일컬어지는 포스트모던 세대를 중심으로 일어난 것이고, 그 시작이 서구교회였기 때문에 한국교회 상황에 그대로 적용시키기에는 많은 한계점이 있다. 아직까지 한국교회의 현대 예배 상황을 돌아보면 이머징 예배를 본격적으로 드리는 곳이 거의 전무한 실정이기 때문에 더욱 그러하다. 지금까지 살펴본 이머징 예배에 나타난 역동성과 개방성, 적응성을 고려해 보면 멀지 않은 미래에 한국교회에 그 바람은 반드시 불어올 것이다. 그날을 위해 우리는 먼저 서구교회에 일어난 이머징 교회와 예배의 과거와 현재를 돌아보고 그 미래를 전망하고 준비해 나가야 한다. 다음으로는 우리 한국교회의 '과거' 초대교회와 그 신앙이 어떠했는가를 돌아보면서 '현재' 우리 한국교회의 모습과 신앙을 반성하고, '미래'를 위해 원래의 정신과 신앙을 계승해 나가려는 자세가 그 어느 때보다 필요하다. 세계는 우리나라를 지구촌 사회에서 가장 먼저 디지털 폭풍을 이겨냈으며 탁월한 네트워킹 능력을 발휘하는 민족이라고 평가하고 있다. 이러한 점은 이머징 예배운동의 한국화 작업과 그 적용에 있어서 긍정적인 요인으로 작용하게 될 것이다.

한국교회와 교인은 변화를 회피하고 현실에 안주하려는 안일함에서 벗어나 유기적인 상호작용을 통해 새로운 교회, 새로운 예배를 만들어 나가야 할 때이다. 이는 목회 현장에서만 이루어지는 것이 아니라 교단과 교회의 벽을 뛰어넘는 새로운 의미의 초교파적인 예배운동이 펼쳐져야 한다는 뜻이기도 하다. 그리하여 이머징 예배에 담겨 있는 다양한 학문의 영역과 실천 영역 사이의 유기적인 상호작용을 통해 창조적인 새로운 질서가 만들어졌을 때 비로소 한국교회의 특성이 담긴 우리의 이머징 예배가 강한 생명력을 가지고 유기적으로 성장해 나갈 것이다.

변화하는 이 시대에 있어서 하나님을 기쁘게 하는 참된 예배란 무엇일까? 그리고 불변의 진리란 무엇일까? 그것은 바로 전통과 현대 사이에서 균형을 찾아 서로 조화를 이루며 참된 하나가 되어 나아갈 때 하나씩 발견되는 것이라 생각한다. 과거에는 직접 다니며 얼굴을 마주 보며(face to face) 복음을 전하는 것이었다면, 이제는 진짜보다 더욱 진짜 같은 간접적인 첨단 방법을 통해 복음을 전해야 하는 시대를 맞이하고 있다. 하지만 이것은 포스트모던 시대에 갑자기 튀어나온 것이 아니라 태초부터 유비쿼터스 하나님의 속성을 새롭게 인식하여 재해석하는 것임을 알아야 한다. 우리 모두는 이러한 하나 됨을 위해 부르심을 받은 것이다. 그리하여 과거-현재-미래를 통해 재무장하고 변화의 물결에 뛰어들 때 우리 모두는 미래의 예배 현장을 두려워하지 않고 오히려 시공간을 초월하여 두루 누비고 다니실 하나님의 임재를 강력하게 경험하는 다감각적인 은혜를 누리게 될 것이다.

"몸이 하나요 성령도 한 분이시니 이와 같이 너희가 부르심의 한 소망 안에서 부르심을 받았느니라 주도 한 분이시요 믿음도 하나요 세례도 하나요 하나님도 한 분이시니 곧 만유의 아버지시라 만유 위에 계시고 만유를 통일하시고 만유 가운데 계시도다"(엡 4 : 4-6).

5. 이머징 교회와 예배 관련 웹사이트

1) 이머징 교회 리더의 웹사이트

- Andrew Jones : www.talkskinnykiwi.typepad.com
- Brian McLaren : www.brianmclaren.net
- Dan Kimball : www.dankimball.com
- Doug Pagitt : http://dougpagitt.com
- Erwin McManus : http://mcmanus.la
- Leonard Sweet : www.leonardsweet.com
- Tony Jones : www.tonyj.net

이 외에도 Bill Dahl, Brad Kallenberg, Chris Seay, Donald Miller, Eddie Gibbs, John Franke, LeRon Shults, Nancy Murphy, Rob Bell, Spencer Burke, Stanley Grenz, Stanley Hauerwas, Steve Chalke 등이 대표적인 이머징 교회 운동의 리더들이다. 비판하는 그룹의 지도자들로는 D. A. Carson을 비롯하여 Albert Mohler, Carl Henry, Charles Colson, David Wells, Don Matzat, Donald Macleod, Douglas Groothuis, Douglas Wilson, Gene Veith, J. P. Moreland, Justin Taylor, Millard Erickson, R. Scott Smith, Sam Storms, Thomas Howe 등이 있다.

2) 이머징 교회의 웹사이트

- Vintage-Faith Church : www.vintagechurch.org
- Mosaic Church : www. mosaic.org
- Cedar Ridge Community Church : www.crcc.org

나가는 말

앞으로의 목회 현장, 특히 예배 목회의 현장은 지금보다 더욱 힘들면 힘들지 더 나아지기란 거의 불가능하다고 해도 과언이 아니다. 그럼에도 불구하고 우리가 다시 한 번 더 힘을 모아 하나님이 새롭게 보여 주신 구름기둥과 불기둥을 따라가지 않는다면, 생명의 양식이시요 영원한 생수가 되시는 삼위 하나님을 잊어버리고 만다는 성경의 교훈을 기억하며 영적인 무장에 힘써야 할 때이다. 그러기 위해서는 현재 예배의 있는 모습 그대로를 점검하며 우리가 극대화시켜야 할 장점은 무엇이며 버려야 할 단점은 무엇인지를 진지하게 되돌아보는 예배자로서의 자세가 필요할 것이다.

그리하여 지금까지 도우신 에벤에셀의 하나님을 기억하며 오직 하나님의 영광을 위해 하나님의 자녀들이 한자리에 모여 드리는 예배가 충만한 그날을 기대하며 나아가야만 한다. 하나님의 크신 섭리 아래 예수 그리스도를 머리로 하는 참된 교회, 참된 공동체가 되어 예배의 주인 되신 하나님 앞으로 다 함께 나아가는 우리 모두가 되지 않으면 안 됨을 강조하며 글을 끝맺는 바이다.

"몸이 하나요 성령도 한 분이시니 이와 같이 너희가 부르심의 한 소망 안에서 부르심을 받았느니라 주도 한 분이시요 믿음도 하나요 세례도 하나요 하나님도 한 분이시니 곧 만유의 아버지시라 만유 위에 계시고 만유를 통일하시고 만유 가운데 계시도다"(엡 4 : 4 - 6).

부 록

부록 1. 노회 개회 예배와 목사안수예식

부록 2. 교회공동체 계약갱신 예배

부록 3. 총회 100주년 기념 '총회 교회력과 성서정과'

      1) 총회 교회력과 성서정과표

      2) 총회 교회력과 매일성서일과표(Daily Lectionary)

      3) 교회력의 주요 절기 주기표(2040년까지)

부록 4. 올바른 기독교 용어

부록 5. 예배목회를 위한 참고문헌

| 부록 1 : 노회 개회 예배와 목사안수예식 |

Ⅰ. 노회 개회 예배

여기에 소개된 개회 예배와 목사안수예식은 평양노회 예전위원회의 연구 결과물이며 게재 허락을 받은 것이다. 2010년부터 조직된 평양노회 예전위원회는 전문위원(장신대 김경진, 최진봉, 유재원 교수)과 목회자들로 이루어진 실행위원으로 구성되어 계속 연구 및 실행을 해 나가고 있다. 2012년 제177회 가을노회에서부터 개회 예배와 목사안수예식이 처음으로 실행되었고, 2013년 봄노회를 거쳐 현재까지도 계속 개정 및 보완을 위한 연구를 해 나가고 있다. 이 두 예식의 사전 준비에 있어 공통적인 주의사항들은 노회 장소 사전답사와 리허설, 해당 교회 교역자와의 긴밀한 유대 관계, 찬양을 맡은 기관과 반주자, 그리고 무엇보다 성찬 성례전 집례자와 성찬위원의 사전교육 실시 등이다.

A. 예배로 나아감
예배 선언 ·· 집례자
　　"대한예수교장로회 ○○노회의 제 △△△회 노회를 개회하면서 먼저 다 함께 마음을
　　모아 거룩하신 하나님께 예배를 드리겠습니다."
예배 부름 ·· 집례자
　　※ 시편 96 : 1~3, 잠언 3 : 5~7, 시편 121 : 1~8 중 택일
응답송 ·· 찬양대

B. 찬양과 고백
기 도 ·· 맡은 이
　　※ 노회의 역사와 현재 상황을 언급한 내용으로 사전 기도문을 준비시킨다.
찬 양 ···················· 찬송가 158장 "서쪽 하늘 붉은 노을" ···················· 다 같이
　　※ 순교자 주기철 목사 작사 찬양. 각 노회에서도 의미 있는 찬송가를 선곡하여 부
　　　른다.
회개와 감사 ·· 다 같이
　　※ 각 노회 상황에 따라 맡은 이를 따로 세울 수도 있다. 여기 제시한 기도문은 노회
　　원의 적극적인 참여를 위해 회개의 기도와 사죄의 확신, 그리고 감사의 기도를 교독
　　형식으로 함께 드리게 한 것이다. 각 노회의 역사성과 중요성을 일깨우는 내용과 노회
　　를 열 때의 시사적 상황을 반영하는 내용이 포함된 기도문을 미리 만들도록 한다.

- ▷ 집례자 : 대동강을 붉게 물들인 순교의 피를 알고 있음에도 불구하고 때때로 우리는 그 귀한 피 값을 잊고 살 때가 있었음을 고백합니다.
- ▶ 노회원 : 용서의 하나님, 지금 이 시간 우리의 참회를 받아 주시옵소서.
- ▷ 집례자 : 알게 모르게 노회의 하나 됨이 방해받을 때가 있음을 고백합니다.
- ▶ 노회원 : 우리의 어리석음을 용서하시고 하나 됨을 키워 나가는 은혜를 허락하여 주시옵소서.
- ▷ 집례자 : 알게 모르게 노회의 거룩함을 방해받을 때가 있음을 고백합니다.
- ▶ 노회원 : 우리의 어리석음을 용서하시고 거룩함을 지켜 나가는 은혜를 허락하여 주시옵소서.
- ▷ 집례자 : 알게 모르게 노회의 보편성을 방해받을 때가 있음을 고백합니다.
- ▶ 노회원 : 우리의 어리석음을 용서하시고 보편성을 세워 나가는 은혜를 허락하여 주시옵소서.
- ▷ 집례자 : 알게 모르게 노회의 사도성을 방해받을 때가 있음을 고백합니다.
- ▶ 노회원 : 우리의 어리석음을 용서하시고 사도성을 이어 나가는 은혜를 허락하여 주시옵소서.
- ▷ 집례자 : 잠시 침묵으로 우리의 죄를 고백하는 시간을 갖겠습니다. (시간이 지난 뒤) 우리에게 주시는 사죄의 말씀입니다. "그런즉 누구든지 그리스도 안에 있으면 새로운 피조물이라 이전 것은 지나갔으니 보라 새것이 되었도다"(고후 5 : 17).
- ▶ 노회원 : 주님의 용서하심에 감사드립니다. 그리하여 우리 평양노회가 한국의 예루살렘으로 일컬어졌던 과거에만 만족하는 것이 아니라 그 자랑스러운 역사가 현재와 미래에도 계속 뻗어 나갈 수 있도록 인도하여 주시옵소서.
- ▷▶ 다 함께 : 우리를 이 자리에 불러 주신 주님의 은혜에 감사드립니다. 오늘의 이 회개와 감사 기도를 통해 우리 ○○노회가 새 심령과 새 힘으로 나아갈 것을 한 목소리로 하나님 앞에 예수 그리스도 이름으로 기도합니다. 아멘.

C. 말씀의 예전
성경봉독 ·· 맡은 이
찬 양 ··· 찬양대
설 교 ··· 맡은 이
　　　※ 노회 주제와 화합과 일치를 기본으로 하는 설교를 10분 내외로 하도록 한다.
설교 후 기도 ··· 맡은 이
　　　※ 혹은 말씀에 대한 응답 찬양으로 대신할 수 있음.

D. 성찬 성례전
주님의 성찬으로의 초대 및 제정사 ··· 집례자
　　　※ 「공동 예배서」(*BOOK OF COMMON WORSHIP*) 미국장로교(PCUSA) 예배 예식서, p. 92.

"형제자매 여러분, 이것은 하나님 백성의 기쁨의 잔치입니다. 사람들이 동서남북으로부터 와서 하나님 나라 잔치에 참석할 것입니다. 사도 누가에 의하면, 예수께서 그의 제자들과 함께 식탁에 앉으셨을 때에 떡을 가지사 축사하시고, 떼어 제자들에게 주실 때 저희 눈이 밝아져 예수님인 줄 알아보게 되었습니다. 이것은 주님의 식탁입니다. 우리 구세주께서 믿는 자들에게 직접 준비해 놓으신 이 잔치에 참여하도록 초대하십니다."

"주께서 자신을 온전히 내어 주시던 밤에 떡과 잔을 가지고 축사하신 다음 제자들에게 이렇게 말씀하셨습니다. 보라, 이것이 바로 너희를 한 몸으로 부른 나의 몸이다"(집례자는 빵을 눈높이까지 들어 올려 두 개로 잘라 보여 주며 말한다).

"보라, 이것이 바로 너희를 한 몸으로 부른 나의 피이다"(집례자는 잔을 눈높이까지 들어 올려 부은 뒤 들고서 말한 다음 바로 성령님의 임재를 위한 기도를 드린다).

성령님의 임재를 위한 기도 ………………………………………………………… 집례자
"거룩하신 하나님! 이 성찬 예물에 창조주 성령님으로 거룩하게 하시어 이것을 받는 우리 모두가 성자 예수 그리스도의 몸과 피에 참여하게 하소서. 주님의 거룩한 몸을 받아먹는 하나님의 백성들이 성령님을 통해 하나 되게 하소서. 거룩한 보혈을 받아 마시는 하나님의 자녀들이 한마음 되어 주님의 나라를 세워 가게 하소서. 우리의 마음을 주님께 높이 올려 드립니다. 우리가 함께 드리는 이 제물과 감사의 제사를 기쁘게 받아 주시옵소서. 그리스도를 통하여, 그리스도와 함께, 그리스도 안에서 이 순간에 충만하게 임하실 성령님과 하나 되기를 간절히 원하며, 주 예수 그리스도 이름으로 기도드립니다. 아멘."

성찬 찬송 및 준비 …………………………………………………………… 회중과 성찬위원
※ 성찬 찬송을 부르는 동안 집례자–성찬위원의 순서로 먼저 성찬에 참여한다. 성찬 찬송은 찬양대가 연습을 하여 찬양대 중심으로 잘 인도하여 부르도록 한다.

성찬 참여 …………………………………………………………………………… 다 같이
※ 집례자–성찬위원의 순서로 성찬에 참여하고, 성찬위원들은 각각 "주님의 몸입니다."(떡) "주님의 보혈입니다."(잔)라고 말하면서 나눠 준다.
1) 봄 노회 : 성찬위원은 해당 좌석으로 가서 차례대로 떡과 잔을 나눠 준다. 집례자는 노회원들에게 기다렸다가 함께 떡과 잔을 들 수 있게 해서 하나 됨을 경험할 수 있도록 인도한다.
2) 가을 노회 : 2인 1조로 구성된 성찬위원이 떡과 잔을 받아 지정된 자리로 가서 바로 나눠 준다. 이때, 성찬위원이 서는 자리를 미리 표시해 두어 진행에 차질이 없도록 한다.

성찬 후 공동 기도 ………………………………………………………………… 다 같이
"이제 우리는 주님의 떡과 피를 함께 먹고 마심으로 하나가 되었습니다. 우리를 하나 되게 하신 주님 은혜에 감사드립니다. 주님의 희생을 기억하는 ㅇㅇ노회, 주님의 방법대로 순종하는 ㅇㅇ노회가 되게 하소서. 주님의 부활을 기억하면서, 지금 이 순간만이 아니라 영원한 그날을 기억하며 서로 부족한 것을 채워 나가는 ㅇㅇ노회가 되게 하소서. 주님의 재림을 기대하면서, 세상을 향해 담대하게 나아가는 ㅇㅇ노회가 되게 하소서. 그리하여 우리 ㅇㅇ노회가 한국교회의 심장이 되어, 계속해서 뜨겁게 숨쉬며 살

아가도록 허락하여 주시옵소서. 우리를 하나로 불러 주신 예수 그리스도 이름으로 간절히 기도드립니다. 아멘."
성찬 후 찬송 ·················· 찬송가 620장 "여기에 모인 우리" ·················· 다 같이
　　　　※ 510장 "하나님의 진리 등대", 600장 "교회의 참된 터는"으로도 가능
소명의 확인 ·· 다 함께
　　　　※ 각 노회별로 만든 사명문이나 선언문 등을 요약하여 선서하는 식으로 진행
위탁의 말씀 ·· 설교자
　　　　※ 노회 주제에 맞는 성경 구절이나 설교 본문 구절 낭독으로 간결하게 하는 게 바람직함.
축　도 ·· 맡은 이
후　주 ·· 찬양대
예배 후 광고 ·· 맡은 이
　　　　※ 반드시 모든 예배순서가 끝난 다음 광고와 시상 및 수여식 등을 진행한다.

Ⅱ. 목사안수예식

1. 목사안수예식 시작 전의 유의사항

1) 본 안수예식의 바른 진행을 위해 사전에 안수예식위원과 안수받을 자들을 위한 교육이 필요하다.

2) 반주자와 음악을 맡은 자들이 미리 모여 당일 예식 때에 연주하거나 부를 곡에 대한 숙지가 필요하다.

3) 목사안수자들은 5~7명씩 여러 조로 나누어 호명의 순서대로 지정된 좌석에 앉는다.

4) 안수와 수여식을 위한 등단 순서는 1조-2조-3조-4조…… 순이다.

5) 안수위원은 안수 후보자 1인에 3명(노회위원, 자기 교회 담임목사, 자신의 추천인)으로 구성된다.

6) 안수 후보자는 가운을 착복한 상태로 예식에 참여한다(스톨은 제외).

7) 진지한 예식 진행을 위해 개별 사진 촬영은 금하며, 중앙에서 일괄 촬영한다.

8) 안수례 시 안수받을 자들의 PPT 사진 소개를 위한 반명함판 사진을 준비한다.

9) 수여식을 위한 스톨과 성경, 헌법 등을 노회와 안수받을 자들이 상의하여 준비

한다.

10) 권면의 세족례를 위해 세족례 대야와 건수용 수건을 안수받는 자의 수에 맞게 마련한다.

A. 말씀 예전

예배 부름 ·· 집례자(노회장)
      "지금부터 찬양하심으로 대한예수교장로회 ○○노회의 제 △△△회 노회 목사안수 예식을 시작하겠습니다."

찬 양 ························ 찬송가 311장 "내 너를 위하여" ·························· 다 같이
      ※ 315장 "내 주 되신 주를 참 사랑하고", 321장 "날 대속하신 예수께", 325장 "예수가 함께 계시니", 449장 "예수 따라가며", 455장 "주님의 마음을 본받는 자" 중에서도 선택 가능함.

기 도 ·· 맡은 이

성경봉독 ·· 맡은 이
      ※ 설교를 위한 성경봉독은 별도 순서가 아니라 설교 순서에 포함시켜 설교자가 할 수도 있으며, 가능하면 다음의 말씀 중에 선택하도록 한다.
      1) 구약의 말씀 : 출애굽기 4 : 10~12 ; 민수기 11 : 16~17, 24~25 ; 사무엘상 3 : 1~11 ; 이사야 6 : 1~8 ; 예레미야 1 : 4~10
      2) 시편의 말씀 : 시편 4, 15, 16장, 19 : 7~14, 20장, 23장 ; 43 : 3~43, 62 : 1~7, 115 : 1, 9~14, 132 : 8~19
      3) 신약의 말씀 : 마태복음 9 : 35~38, 28 : 16~20 ; 요한복음 6 : 35~38, 10 : 11~18 ; 베드로전서 5 : 1~4 ; 고린도후서 4 : 1~10 ; 에베소서 4 : 7~13 ; 빌립보서 4 : 4~9

설 교 ·· 맡은 이
      전체 예식의 흐름상 사전에 설교자에게 10분을 넘지 않도록 부탁 드린다.

B. 안수예식

안수 후보자 소개 ·· 노회서기
      "이제부터 대한예수교장로회 ○○노회의 제 △△△회 노회에서 목사로 안수받을 이들을 소개합니다."

서 약 ·· 노회장과 안수 후보자
      "이제 하나님과 증인 앞에서 서약하는 시간을 갖도록 하겠습니다. 안수 후보자들은 자리에서 일어서 주시기 바랍니다."

      ▷ 집례자 : 교회의 머리가 되시는 주 예수 그리스도의 이름으로 오늘 ○○○ 씨 외 ○○명을 목사로 안수하려 합니다. 이 예식은 사도신경의 믿음 위에서, 사도들의

가르침을 이어받은 대한예수교장로회 ○○노회가 주님의 이름으로 시행하는 것입니다. 그러므로 우리는 그대들이 하나님의 소명에 확실한 결단을 내리고 응답함을 확인하고, 이제 하나님과 여러 증인 앞에서 다음의 몇 가지를 묻고 서약을 받겠습니다. 서약을 물을 때에는 오른손을 들어 "예, 믿습니다.", "예, 서약합니다.", "예, 승낙합니다."로 답하시기 바랍니다.

1문 : ○○○ 씨는 예수를 구세주로 영접한 사람으로서, 지금 이 시간에도 하나님과 주님의 교회를 섬기는 종으로 부름받았다는 사실을 확신합니까?
답 : 예, 확신합니다.
2문 : 신·구약성경은 하나님의 말씀이요, 신앙과 행위에 대하여 정확 무오한 유일의 법칙임을 믿습니까?
답 : 예, 믿습니다.
3문 : 본 장로회 교리는 신·구약성경에 교훈한 진리를 총괄한 것으로 알고 성실한 마음으로 믿고 따르기로 서약합니까?
답 : 예, 서약합니다.
4문 : 주님 안에서 같은 회원 된 형제자매들과 협력하여 아름다운 주님의 공동체를 이룩하기로 서약합니까?
답 : 예, 서약합니다.
5문 : 목사의 성직에 부름받은 하나님을 사랑하는 마음과 그 독생자 예수 그리스도의 복음을 전파하여 하나님의 영광을 나타내고자 하는 순수한 마음에서 응답해야 함을 다짐합니까?
답 : 예, 다짐합니다.
6문 : 주님의 몸 된 교회와 사도적 정통성을 보존하기 위하여 순교의 각오로 성직을 받겠습니까?
답 : 예, 받겠습니다.
7문 : 목사로서 하나님의 말씀을 선포하고 성례전을 집례하는 임무를 성실히 수행하기로 서약합니까?
답 : 예, 서약합니다.

▷ 집례자 : 하나님께서 그대들에게 이 서약들을 잘 성취할 수 있도록 도우시며 힘 주시기를 기원합니다. 그리고 하나님께서 주님의 교회를 통하여 세세토록 영광 받으시기를 기원합니다.
▶ 안수 후보자 : 주여, 우리와 동행하옵소서.
※ 안수 후보자는 한목소리로 집례자의 기원에 이렇게 응답한 후 착석한다.

성령님의 임재를 위한 기도 ··· 노회장
"이제는 성령 하나님의 임재를 기원하는 기도를 드리겠습니다.
맨 처음, 말씀으로 온 세상을 창조하신 전능하신 하나님, 부활하신 예수께서 큰 숨을 내어 쉬시며 제자들을 향하여 성령을 받으라 말씀하신 그 명령을 기억하며 주님께 기도합니다.

구하옵나니, 주님께서 교회를 위하여 친히 세우신 주님의 제자들에게 약속하신 성령을 보내어 주시옵소서. 이제 성부와 성자와 성령의 권위로 교회가 주님의 종들을 목사로 안수할 때에 저들의 머리 위에 하나님의 영이 함께하시고, 저들의 삶을 이끌어 주시옵소서. 안수하는 모든 이들의 손을 성결하게 하시고 안수받는 모든 이들의 마음을 정결하게 하여 주시옵소서. 예수 그리스도의 이름으로 기도합니다. 아멘."

안수 후보자 등단 및 안수위원 등단 ·· 서 기

"이제 안수 후보자들과 안수위원 등단이 있겠습니다. 본 안수례를 위해 O회(안수 후보자 숫자에 따라 횟수 달라짐.)에 나누어 안수례를 거행하겠습니다. 먼저 안수 후보자들은 등단해 주시기 바랍니다."

※ 먼저 1차로 안수받을 조가 순서에 맞춰 차례대로 등단한다. 등단 후 안수 후보자들은 회중석을 향해 선 후 무릎을 꿇고 좌정한다. 이때 반주자는 안수 후보자와 위원의 등·하단 시 분위기 조성을 위해 조용한 곡을 연주한다. 단, 안수례 때는 연주를 멈춘다.

"이제 안수위원들께서 등단해 주시기 바랍니다."

※ 안수위원 3인은 '노회 안수위원–담임목사–안수 후보자의 추천을 받은 자' 순으로 안수 후보자의 순번에 맞춰 차례대로 등단한다. 반주자는 연주를 이어 간다.

안수례 ·· 노회장과 안수위원

1) 안수례를 위한 기도/노회장

"기도하겠습니다. 온 세상을 창조하신 하나님, 하나님께서는 손으로 흙을 취하시어 아담과 하와를 만드시고 축복하셨나이다. 이제 간구하오니 하나님의 손으로 주님의 종들을 취하시고 새롭게 빚어 주시옵소서. 교회가 삼위일체 하나님의 이름으로 종들의 머리 위에 안수할 때에 하나님의 손이 그들 머리 위에 임하시고 사역에 합당한 은사를 내려 주시옵소서. 이제 이 종들을 통하여 하나님의 이름이 높임을 받으시옵소서. 예수 그리스도의 이름으로 기도합니다. 아멘."

※ 1차 안수 후, 2차 안수를 위한 기도는 다음 중에서 선택하여 보다 간략하고 다양하게 할 수 있다.

① "교회를 세우신 하나님, 이제 교회가 삼위일체 하나님의 이름으로 종들의 머리 위에 안수할 때에 이들의 목회 사역에 합당한 은사를 내려 주시옵소서. 예수님의 이름으로 기도드립니다. 아멘."

② "교회의 머리 되신 하나님, 이제 교회가 세우시는 종들의 머리에 성삼위 하나님의 이름으로 안수하오니 이들의 사역에 합당한 은사를 내려 주시옵소서. 예수님의 이름으로 기도드립니다. 아멘."

2) 안수례 초청/노회장

"이제 안수하겠습니다. 안수위원께서는 오른손을 안수 후보자의 머리에 얹어 주시기 바랍니다."

3) 안수례 선언/노회장

"이제 하나님의 부르심과 명령에 따라 이들을 거룩한 말씀을 선포하고, 성례를 집례하는 목사로 따로 세우노니, 우리가 성부와 성자와 성령의 이름으로 안수하노라."

※ 집례자가 먼저 안수례 선언을 한다.

4) 안수위원 선언/안수위원 전체
"성부와 성자와 성령의 이름으로 안수하노라."
5) 아멘 화답/"아멘!"/다 같이
※ 1차 안수례가 끝나고 나면 안수받은 자와 안수위원이 하단한다. 이어 2차 안수 후보자와 안수위원이 순번에 맞춰 등단한다. 같은 방식으로 2차 안수례가 끝나면 3차가 등단한다. 안수례 때 멈췄던 반주자의 연주는 안수자와 안수위원의 등·하단 교체 시 연주를 이어서 한다.

감사 기도 ·· 노회장
"기도하겠습니다. 그리스도를 이 땅에 보내시어 교회의 머리가 되게 하신 하나님! 십자가와 부활의 기초 위에 세워진 주님의 몸 된 교회를 위하여 일할 주님의 종들을 구별하여 세우심을 감사합니다. 이들이 하나님의 말씀을 선포하고, 성례전을 집례하며, 주님의 백성들을 돌볼 때에 측량할 수 없는 성령의 은사들을 하늘로부터 내려 주시고, 강복하시며, 지혜와 권능을 내려 주시옵소서. 겸손한 마음으로 주님을 닮아 가게 하시며, 주님께서 맡기신 교회를 위해 충성을 다하는 일꾼이 되게 하여 주시옵소서. 모든 임무를 마치고 주님 앞에 서는 날, 우리 예수님이 하나님께 기도하셨듯이, '주님께서 나에게 하라고 맡기신 일을 내가 이루어 아버지를 영화롭게 하였습니다.'라고 고백할 수 있는 주님의 종들이 되게 하여 주시옵소서. 예수 그리스도의 이름으로 기도합니다. 아멘."

선 포 ·· 노회장
"안수받은 목사들은 자리에서 일어나 주시기 바랍니다. 이제 선포하겠습니다."
"나는 교회의 머리 되신 예수 그리스도의 이름과 대한예수교장로회 ○○노회의 권위로 이제 ○○○, ○○○, ○○○……이 목사가 된 것을 성부와 성자와 성령의 이름으로 선포하노라. 아멘."
※ 안수받은 자의 이름을 모두 부르도록 한다.

수여와 악수례 ·· 서 기
"이제 수여와 악수례가 있겠습니다. 순서를 맡은 위원들은 등단하여 주시기 바랍니다."
※ 순서를 맡은 위원은 강단 왼쪽 끝(회중을 향한 집례자 쪽에서 왼쪽)에서부터 오른쪽 방향으로 순서대로(안수증 전달자-스톨 착의자-성경 전달자-헌법 전달자) 일렬로 도열한다. 안수받은 자는 한 명씩 차례대로 등단하여 가장 왼쪽(안수증)부터 오른쪽 방향으로 진행하면서 '스톨'-'성경'-'헌법'을 전달받고, 이어서 노회 임원과 안수위원과 악수례를 하면서 하단한다. 강단이 좁을 경우, 악수례를 맡은 안수위원들은 강단 아래쪽으로 내려와 도열해도 무방하다. 수여와 악수례를 마친 안수받은 자는 자기 자리로 돌아와 착석한다. 수여와 악수례가 진행되는 동안 오르간 연주자, 혹은 독창자는 제시한 곡을 참고로 하여 밝고 경쾌한 분위기에 맞는 적절한 곡을 연주할 수 있다.)
1) 연주할 수 있는 오르간 곡들
① F. Mendelssohn Sonata No. 4 F-Dur(1, 2, 4악장)
② F. Mendelssohn Sonata No. 1 f-minor(1, 3, 4악장)

③ William Walton 「March」 from Prelude to Richard
　　④ 찬송가 편곡, "십자가 군병들아"(박미라 편곡), "부름받아 나선 이 몸" 등
　2) 연주할 수 있는 독창곡들
　　① "하나님의 은혜"(조은아, 신상우)
　　② "여호와는 나의 목자시니"(Mary Mcdonald)
　　③ 찬송가 324장 "예수 나를 오라 하네"
감사의 찬양 ································· 25장 "면류관 벗어서" ································· 다 같이
　　※ 찬송가 20장 "큰 영광 중에 계신 주", 28장 "복의 근원 강림하사", 33장 "영광스런 주를 보라", 298장 "속죄하신 구세주를", 301장 "지금까지 지내온 것", 310장 "아 하나님의 은혜로" 중에서도 선택 가능함.
권면의 세족례 ··· 안수위원과 안수받은 자들
　　※ 세족례는 먼저 강단에서 노회장이 안수받은 최연소 대표자에게 행한다. 노회장의 제정사가 끝나면 안수받은 대표자가 등단한다. 강단 준비물로는 의자 1개, 물 담은 대야 1개, 건수용 수건 1개이다.
　1) 제정사/노회장
　"목사로 구별되어 부르심을 받은 여러분, 이제 나는 대한예수교장로회 ㅇㅇ노회의 노회장으로서 우리 주님께서 자신을 온전히 내어 주시던 그날에 제자에게 당부하신 귀한 명령을 여러분에게 상기시켜 드리고자 합니다. 열두 제자와 마지막 식사를 하시던 그날에 우리 주님께서는 먼저 대야에 물을 가져다가 손수 제자의 발을 씻어 주시면서 특별한 당부를 하셨습니다. '내가 너희에게 행한 것을 너희가 아느냐 내가 주와 또는 선생이 되어 너희 발을 씻었으니 너희도 서로 발을 씻어 주는 것이 옳으니라 내가 너희에게 행한 것 같이 너희도 행하게 하려 하여 본을 보였노라'(요 13 : 12, 14-15)."
　　※ 노회장의 제정사가 끝나면 안수받은 자의 대표자(최연소자)가 등단한다. 대표자는 이때 양말을 탈의하고, 슬리퍼를 착용한 채로 등단하여 준비된 의자에 앉는다. 대표자의 착석이 끝나면 노회장은 회중을 바라보고 다음과 같이 말한다.
　"우리 주님께서 제자들과 마지막 밤을 보내시면서 분부하신 그 명령을 따라 이제 저는 세족의 예전을 행합니다."
　2) 대표자 세족례/순서 : 양발 침수-세족-건수
　　※ 노회장의 세족례가 진행될 때 반주자는 찬송가 311장 "내 너를 위하여"를 연주한다.
　3) 전체 세족례/순서 : 양발 침수-세족-건수
　　※ 강단 위에서 노회장의 대표자 세족례가 시작되면, 이어서 강단 아래에서도 세족례가 자연스럽게 시작된다. 강단 아래의 안수위원은 안수받은 자를 1인씩 맡아 세족한다. 강단 아래 안수받은 자는 미리 양말을 벗을 수 없으므로 세족 시 양말을 탈의하고 세족에 임한다. 각자 물을 담은 세족용 대야와 건수용 수건을 의자 밑에 미리 준비해 둔다. 세족례가 진행될 때, 반주자는 계속해서 찬송가 311장을 연주한다.
　4) 권면/노회장
　　※ 모든 세족이 끝나면 안수받은 자를 향하여 다음과 같이 권면한다.

"주께서 본을 보이신 대로 여러분들도 행하시기를 바랍니다."
　　　5) 안수받은 자 일동
　　　"저희도 그와 같이 하겠습니다. 주여 우리를 도우소서!"
결단의 찬송 ·················· 찬송가 212장 "겸손히 주를 섬길 때" ················ 다 같이
　　　※ 312장 "너 하나님께 이끌리어", 313장 "내 임금 예수 내 주여", 314장 "내 구주 예수를 더욱 사랑", 320장 "나의 죄를 정케하사", 323장 "부름 받아 나선 이 몸", 450장 "내 평생 소원 이것뿐", 461장 "십자가를 질 수 있나", 595장 "나 맡은 본분은" 중에서도 선택 가능함.
축 도 ·· 맡은 이
　　　※ 대부분의 경우, 안수받은 자 중 최고 연장자가 한다.
광 고 ··· 서 기

부록 2 : 교회공동체 계약갱신 예배[1]

△△△교회공동체 계약갱신 예배

집례 : ○○○ 목사

* 표는 일어섭니다.

* 찬 송 ·· 1장 ·· 다 같이
* 계약에로 부름 ·· 집례자

　20xx년 첫 주일, △△△공동체 계약갱신 예배로 불러 주신 만물의 창조자요, 우리의 주인이신 하나님께 감사와 영광을 드립니다. 하나님께서 △△△공동체를 당신의 백성으로 불러 주셨으니 우리의 몸과 마음, 그리고 우리의 모든 것을 산 제물로 드리며 경배와 영광을 돌립니다. 아멘.

* 죄의 고백 ································· (무릎 꿇고) ································· 다 같이
회개의 권면 ··· 집례자
침 묵 ·· 회 중
자비를 비는 찬송 ·· 다 같이

　(찬양대 1, 3, 5소절, 회중 2, 4, 6소절)

---

1) 여기에 소개된 공동체 계약갱신 예배는 갈릴리교회(인명진 목사)에서 새해 첫 주일에 드리는 예배순서이며 게재 허락을 받은 것이다.

용서의 선언	집례자
신앙고백 ············· 사도신경 ·············	다 같이
* 영광송 ············· 5장 ·············	다 같이
말 씀 ············· 신명기 26 : 16~19 ·············	집례자
찬 양 ············· "시온의 영광이 빛나는 아침", "거룩 거룩 거룩" ·············	찬양대

계약에로 나아감

부르심과 화답 ·· 다 같이
    집례자 : 주님께서 얼굴을 들어 △△△공동체에 비추시며, △△△공동체를 불러 주
           님의 장막에 거하게 하시니 주님을 찬양합니다.
    회　중 : 우리 영혼이 기쁨 가운데 주님을 뵈오며 찬양으로 거룩한 제사를 드리오니,
           주여 받아 주옵소서. 아멘.
찬 송 ···································· 26장 ···································· 다 같이

계약에로 참여

    집례자 : 하나님께서는 죄와 허물로 죽을 수밖에 없었던 우리를 당신의 자녀로 삼으
           시고, 친히 △△△공동체 가운데 오셔서 우리의 주님이 되시겠다 선언하시
           니, 이제 하나님의 자녀된 우리 △△△공동체는 성령의 인도하심에 따라
           주님께 나아갑니다.

전 문

    집례자 : 여호와 하나님께서는 크신 섭리와 구원의 역사 가운데 죄로 말미암아 죽을
           수밖에 없었던 우리를 예수 그리스도를 통해 구원하셔서 하나님의 자녀가
           되게 하셨습니다. 이처럼 하나님의 은총으로 부름 받아 하나님의 자녀가
           된 우리 △△△공동체는 다음과 같이 우리의 신앙을 고백합니다.
    회　중 : 여호와 하나님은 천지만물을 지으신 우리의 아버지로서, 이 세상 모든 것은
           하나님의 것입니다. 그러므로 우리가 지금 가지고 있는 모든 것 또한 내 것
           이 아니며 우리의 몸과 생명까지도 하나님께 속한 것, 우리는 잠시 그것을
           맡아 가진 청지기에 불과합니다. 우리는 이와 같은 사실을 우리의 신앙으
           로 고백하며 예수님을 믿는다는 것은 우리 삶의 구체적인 행위로써 이를
           확인하고 나타내는 일임을 확신합니다.
    집례자 : 첫째, 하나님과 우리의 관계는 근본적으로 위와 같은 신앙고백에 근거한
           계약 관계입니다.
    남　성 : 이는 이스라엘 공동체의 모습에서 확인하듯, 하나님과 내가 속한 △△△공
           동체 사이에 맺어진 공동체적 계약 관계로서 늘 새롭게 갱신되어야 하는
           것입니다. 그리고 예수 그리스도께서 새로운 계명을 우리에게 주시고 친히

그 계명의 보증자가 되심으로 우리의 공동체적 계약은 온전하게 되었습니다.

집례자 : 둘째, 주일은 나 자신은 물론 내가 가진 모든 것, 세상의 모든 것이 하나님께 속한 것임을 확인하는 날이며 그 계약의 확인 의식이 바로 예배입니다. 이스라엘 공동체가 번제와 화목제로 안식일을 거룩히 지키는 것이 하나님과의 계약을 재확인하고, 계약 이행을 다짐하는 행위였듯이, 오늘날 하나님의 뜻에 합당하게 주일을 지키며 예배하는 행위가 바로 신앙공동체가 하나님 앞에서 계약 관계를 다시 확인하는 행위입니다.

여 성 : 옛 이스라엘 백성들이 여호와 하나님께로부터 받은 땅을 원래의 주인인 하나님께 되돌려 드림으로 땅이 하나님께 속한 것임을 확인했듯이, 주일은 세상의 모든 것 그리고 내가 가진 것은 물론 나 자신까지도 하나님께 속한 것임을 확인하는 날이며, 그 계약의 확인의식이 바로 예배입니다.

남 성 : 주일은 흩어져 있던 하나님의 자녀들이 다시 만나 예배와 사귐을 통해 우리 모두가 여호와 하나님 앞에서 부름 받은 한 형제·자매로서 계약공동체의 일원임을 거듭 확인하는 날입니다. 또한 우리 인간을 불행하게 하는 끝없는 경쟁의 무거운 인생의 짐에서부터 우리를 해방하는 참안식의 날로서, 이 참된 쉼이 세상 모든 사람 누구에게나 두루 미쳐야 하는 날입니다.

다 같이 : 이 거룩한 주일에 우리 교회는 계약공동체로서, 계약의무를 이행하지 못했음을 회개하고, 하나님의 용서의 은총 가운데 하나님과의 계약을 다시 새롭게 확인 갱신해야만 합니다.

집례자 : 셋째, 이 세상의 모든 것이 하나님의 것임을 고백하는 확실한 신앙고백적 행위가 헌금입니다. 헌금은 내가 가진 것 중의 일부를 하나님께 드리는 것이 아니라 내가 가진 모든 것이 하나님의 것임을 고백하고, 그 모든 것을 본래의 주인인 하나님께 되돌려 드린다는 상징적 신앙행위입니다. 그리고 이스라엘 공동체에게 있어서 십일조란 평등한 분배에 기초한 것으로써, 레위인들에게 뿐만 아니라 과부와 고아에게 쓰였음을 우리는 기억해야 합니다.

여 성 : 넷째, 여호와 하나님께서는 만물을 창조하시고 이를 하나님의 자녀인 모든 사람들에게 주셨으며, 모든 사람이 함께 평등하게 사용하도록 복 주셨습니다. 하나님은 지금도 이러한 창조의 뜻과 질서가 실현되기를 바라시며 따라서 이 같은 평등의 질서를 깨는 세상의 어떤 제도나 행위도 용납될 수 없는 것입니다.

남 성 : 이에 따라 옛 이스라엘 계약공동체는 이자놀이와 약자를 억압하는 행위를 철저히 금했으며, 안식일, 안식년, 희년제도를 실시함으로써 평등질서를 지키고 이를 회복하기에 힘을 기울였습니다. 오늘날에도 이런 하나님의 뜻은 새로운 계약공동체인 우리 교회로 이어져 오고 있으며 우리 삶 속에 이 뜻이 실현되는 것이 구원의 역사이며, 우리의 선교과제입니다.

다 같이 : 이것이 성서를 통해 나타난 하나님께서 우리와 맺고자 하는 계약의 내용이며, 곧 우리 신앙의 내용입니다. 그러나 우리는 이 같은 계약 당사자로서의

본분을 깨닫지 못하고 있음을 먼저 회개하며 이제 우리는 이스라엘 공동체의 계약과 예수 그리스도를 통해 맺어진 새 계약에 비추어 우리의 모습을 변화시키고 성실한 계약공동체가 되어 매일매일 우리의 삶 속에 실천해야 할 구체적인 계약행위들을 기억하며 하나님 앞에 계약자로 살아가고자 합니다.

실천사항

집례자 : 1. 죄에서 구원하여 주신 하나님의 은혜를 항상 기억하고 하나님과 맺은 계약을 늘 잊지 아니하며, 매일매일의 생활에서 하나님을 찬양하고 감사하는 경건한 삶을 살아가겠습니다.

회　중 : ① 범사에 감사하며 하나님의 사랑과 은혜를 찬양하겠습니다.
② 무슨 일에든지 삶의 제1우선순위를 하나님께 두겠습니다.
③ 일정한 시간을 정해 기도와 성경 읽기 및 봉사생활에 사용하겠습니다.
④ 자신의 사회적 직분을 성실히 수행하여 신앙인으로서의 모범을 보이겠습니다.

집례자 : 2. 주일을 거룩하게 지켜 계약자로서의 위치를 재확인하고 경쟁적인 삶을 지양하여 쉼을 누리는 해방의 날인 주일이 자신과 공동체와 이웃에게 선포되고 지켜질 수 있도록 하겠습니다.

회　중 : ① 주일 예배 및 성경공부, 공동식사와 친교, 봉사 활동에 적극 참여하겠습니다.
② 주일에는 과도한 사회 활동을 자제하고 새롭고 올바른 삶을 위한 휴식을 갖도록 하겠습니다.
③ 전도에 힘쓰겠습니다.

집례자 : 3. 하나님과의 계약자로서 △△△공동체의 소중함을 알고, 삶의 뿌리를 그 안에 두겠습니다. 공동체적인 삶의 기쁨과 소망을 통해 가족이기주의, 개인주의를 극복하고, 사랑의 삶을 실천하겠습니다.

회　중 : ① △△△공동체 가족의 기쁨과 슬픔을 함께 나누겠습니다.
② 서로 섬기고 나누는 가운데 함께 더불어 사는 사랑의 공동체를 이루도록 노력하겠습니다.
③ 가정과 교회, 우리 삶의 모든 영역에서 남녀 차별이나, 출신 지역에 대한 편견을 극복하고 모두가 형제자매로서 하나님 나라의 삶을 연습하고 실천하겠습니다.

집례자 : 4. 하나님이 우리에게 선물로 주신 공동체의 자녀들을 주체적 인격과 건전한 가치관을 갖춘 신앙인으로 올바르게 교육시키겠습니다.

회　중 : ① 우리 자녀들을 주일학교, 학생회에 꼭 참석하게 하며 신앙으로 기르겠습니다.
② 우리 자녀에게 신앙의 보증자를 세워 믿음 안에서 바르게 자라도록 돕겠습니다.
③ 자녀에 대한 지나친 교육열과 과잉보호 등의 부정적인 사회풍조를 개선

집례자 : 하는 데 실천적으로 모범을 보이겠습니다.
　　　　④ 잘못된 교육제도와 구조를 바꾸고 교육을 바로 세워 나가는 운동에 적극 참여하겠습니다.
집례자 : 5. 모든 것이 하나님의 것임을 고백하는 행위로서, 또 가진 것을 이웃과 나누며, 평등 질서를 이루어 나가는 구체적 실천으로서 헌금의 진정한 뜻을 깨달아 형식적이고 산술적인 헌금생활에서 벗어나 신앙적 결단에 의한 헌금생활을 하며, 삶의 모든 영역에서 꼭 필요한 만큼만 소유하고 절약해서 검소한 삶을 살겠습니다.
회　중 : ① 하나님 앞에서 부끄러움 없는 성실한 헌금생활을 하겠습니다.
　　　　② 필요 이상의 넓은 주택이나 차량의 소유, 과소비와 재물의 축적에 마음을 빼앗기지 않도록 노력하며 검소한 삶을 살겠습니다.
집례자 : 6. 하나님의 평등한 창조질서를 깨고 불평등을 초래하는 행위를 하지 않으며, 더 나아가 불평등을 가져오는 제도를 평등의 제도로 바꾸는 운동을 전개하고 개인과 공동체가 이에 적극 참여하며, 이를 위해 교회예산의 50% 이상을 사회선교에 사용하겠습니다.
회　중 : ① 장애우에 대한 사회적 편견과 차별을 극복하고, 복지제도를 개선하기 위한 선교 활동에 적극적으로 참여하겠습니다.
　　　　② 이방 나그네로서 물질적 가난과 인종차별로 인해 고통받는 이주노동자들과 삶을 함께 나누고 그들의 권익을 보호하기 위한 선교 봉사 활동에 적극적으로 참여하겠습니다.
　　　　③ 이웃 나라의 가난한 형제자매들을 돕기 위한 해외선교를 적극 지원하겠습니다.
　　　　④ 지역사회선교와 봉사 활동을 적극 지원하겠습니다.
집례자 : 7. 하나님께서 만든 자연을 지키고 보호하여 모든 사람들이 함께 건강하게 사는 환경을 가꾸도록 노력하겠습니다.
회　중 : ① 환경보호를 위한 선교 활동을 적극 지원하겠습니다.
　　　　② 쓰레기를 줄이고, 환경을 파괴하는 일체의 제품 사용을 삼가겠습니다.
　　　　③ 가급적이면 대중교통 수단을 이용하도록 노력하겠습니다.
집례자 : 8. 우리는 우리의 생명이 하나님께 속했으며 이 세상 삶뿐만 아니라 영원한 삶이 있다고 믿고 소망하는 사람들로서 하나님이 부르실 때 언제든지 기쁜 마음으로 갈 수 있도록 늘 준비하겠습니다.
　　　　하나님께서 허락하신 물질과 인간 관계 등이 아름답고 올바르게 정리될 수 있도록 늘 준비하겠습니다.
회　중 : ① 장기 및 시신 기증을 실천하도록 노력하겠습니다.
　　　　② 유언을 미리 작성하도록 노력하겠습니다.
다같이 : △△△공동체 계약 예배를 통해 하나님 앞에서 △△△공동체 형제자매들과 함께 약속한 계약의 내용을 성실하게 실천할 것을 서약합니다. 아멘.

성만찬 성례전

성찬집례 : OOO 목사

찬 송 ·························· 463장(1, 2절) ·························· 다 같이

성만찬에의 초대와 응답
집례자 : 사랑하는 △△△교회 교우 여러분, 우리를 부르셔서 하나님의 백성으로 삼으시고 공동체 계약을 맺게 하신 하나님께서 우리 모두를 사랑의 식탁으로 초대하십니다. "네 마음을 다하고 목숨을 다하고 뜻을 다하여 주 너의 하나님을 사랑하라. 이것이 크고 첫째 되는 계명이요, 둘째도 그와 같으니 네 이웃을 네 자신같이 사랑하라."고 우리에게 사랑의 계명을 주신 예수께서는 이 계명을 몸소 실천하시기 위해 십자가에 달리셨습니다. 십자가에 달리시기 전날 밤, 예수께서는 제자들을 식탁으로 초대하셔서 살과 피를 흘리시며 세상을 사랑하신 일을 기억하라고 명령하셨습니다.

회 중 : 주님의 초대에 온몸과 마음으로 감사를 드리며, 우리의 믿음의 눈을 열어 목숨을 버리시기까지 사랑을 실천하신 주님을 바라보게 하옵소서.

성령의 임재와 기원
집례자 : 주여, 주님의 명령에 따라 이 식탁을 마련하였사오니, 성령으로 오셔서 우리가 떼는 떡과 잔이 그리스도의 몸과 피가 되게 하옵소서.

회 중 : 아멘, 사랑의 성령이시여 오시옵소서.

집례자 : 엠마오로 가던 제자들이 주님과 함께 떡을 떼고 감사 드릴 때 그들의 눈과 마음이 열린 것처럼

회 중 : 우리가 떡과 잔을 나눌 때 사랑이신 주님을 만나는 신비를 경험하게 하옵소서.

집례자 : 주여, 우리가 그리스도의 몸과 피에 참여할 때, 우리의 굳어진 마음을 사랑의 마음으로 변화시켜 주옵소서.

회 중 : 아멘, 저희를 불쌍히 여기시어 사랑의 마음을 주옵소서.

성만찬 제정사
집례자 : 이 예식은 주님께서 우리에게 물려주신 것입니다. 주 예수께서 잡히시던 날 밤에 떡을 가지시고 감사 드린 후에 떼시며, "이것은 너희를 위하는 내 몸이니 이것을 행하여 나를 기념하라." 하시고, 잡수신 후에 또 이와 같이 잔을 가지시고 "이 잔은 내 피로 세운 새 언약이니 이것을 행하여 마실 때마다 나를 기념하라." 하셨습니다.

집례자 : 그러므로 여러분은 이 떡을 먹고 이 잔을 마실 때마다 우리를 위해 자기 몸을 아낌없이 내어 주신 주님의 의로운 죽음을 선포하고, 우리의 사랑의 실천을 통해 주님께서 다시 오실 때까지 이 은혜의 사실을 세상에 널리 전합시다.

회 중 : 미움과 불신과 절망으로 고통을 당하는 세상 가운데 사랑과 믿음과 소망을 우리에게 주신 주님, 우리로 세상을 구원하시고자 자신의 몸을 기꺼이 내

어놓으신 예수 그리스도를 따르게 하옵소서.

분병과 분잔례
    집례자 : 이것은 여러분을 위해 주신 그리스도의 귀하신 몸입니다.
    회   중 : 아멘.
    집례자 : 이것은 여러분을 위해 흘리신 그리스도의 보배로운 피입니다.
    회   중 : 아멘.

나눔의 찬송 ·························· "사랑의 나눔 있는 곳에" ·························· 다 같이
    "중앙 통로로 나오셔서 헌금을 하고 계약에 서명하신 후 성찬을 받으시기 바랍니다."

성찬의 나눔 ··· 다 같이
감사 기도 ··· 다 같이
    20xx년 우리에게 공동체 계약을 허락하신 하나님, 우리를 예수 그리스도의 몸과 피를 기념하는 식탁에 초대하시니 감사를 드립니다.
    이 예식에 참여하여 체험한 은혜와 감격이 우리의 마음에 아로새겨져서 우리의 삶 속에 살아 움직이게 하옵소서.
    주님께서 세상을 위해 사랑의 피를 흘리신 것처럼 우리도 이 세상과 이웃을 사랑하게 하옵소서. △△△공동체 계약을 통해 우리를 백성으로 삼으시고 사랑의 길인 공동체 계약을 맺게 하신 하나님, 20xx년에도 △△△공동체 계약을 기쁘고 즐거운 마음으로 실천하게 하옵소서. 아멘.
* 결단의 찬송 ························ 463장(3, 4절) ···························· 다 같이
* 봉헌과 축복의 기도 ··· 담임목사
    집례자 : 여호와는 네게 복을 주시고 너를 지키시기를 원하며
            여호와는 그의 얼굴을 네게 비추사 은혜 베푸시길 원하며
            여호와는 그 얼굴을 네게로 향하여 드사 평강 주시기를 원하노라(민 6 : 24-26).
    회   중 : 아멘.

친교하는 교회
교회소식 ··· 담임목사
목회 기도 ··· 담임목사
후 주 ··· 다 같이

| 부록 3 : 총회 100주년 기념 '총회 교회력과 성서정과' |

'총회 교회력과 성서정과' 제정경과

총회는 창립 100주년을 기념하여 '총회 교회력과 성서정과'를 제정하였다. 교회력은 초대교회로부터 "교회가 무엇을 믿고 있는가?"를 시간의 구조 안에서 분명하게 밝히는 역할을 감당해 왔으며, 또한 성서정과는 '성경'을 빠짐없이 읽어 내려가려는 교회의 전통을 반영해 왔다. 개혁교회는 종교개혁가들이 처음부터 성경을 빠짐없이 읽어 내려가는 연속적 성서 읽기(lectio continua)의 방법을 사용하여 왔음에도 불구하고 부흥운동 등을 통하여 부흥사 및 설교자들에게 설교를 위한 본문 선택의 자유를 부여하게 되면서 상당 부분 왜곡되어 온 것이 사실이다. 이러한 설교 본문의 자율적 선택은 한국교회의 성장에 긍정적인 요소로 작용하기도 하였다.

그러나 이러한 과정에서 교회는 '개교회주의'와 '설교자 영웅주의', 혹은 '과도한 경쟁주의'를 낳고 말았다. '하나님의 말씀'이 드러나기보다는 '설교자'가 영웅처럼 드러나는 일은 하나님께 돌릴 영광을 인간에게로 돌리는 '우상숭배'와 다름이 없는 일이라 하겠다. 또한 이러한 과정에서 함께 섬기고 돌보아야 할 교회들이 서로 경쟁하게 되었으며, 무리한 성장주의의 부작용으로 인하여 교회와 성도들이 신음하는 상태에 이르게 되었다.

총회는 이러한 문제를 해결하고자 하는 한 방편으로 한국교회의 교회력과 성서정과의 사용을 적극 권장한다. 성서정과의 사용은 한국교회가 함께 하나의 본문을 선택할 수 있는 가능성을 열어 주며, 따라서 교회의 일치를 이루어 갈 수 있을 뿐 아니라 매 주일마다 설교할 본문들을 미리 정하고, 또한 목회자들이 함께 설교를 준비할 수 있다는 장점이 있다. 또한 설교자 개인들이 선호하는 본문뿐 아니라 성서정과를 따라 다양한 본문을 연구하고 설교함으로써 설교자들에게도 많은 신학적 확장과 발전을 가져다줄 수 있다.

성서정과의 사용은 현대에 이르러 세계교회의 매우 중요한 과제로 떠오른 것이 사실이다. 1940년 스코틀랜드 장로교회가 성서정과를 그들의 예식서 안에 포함시킨 이후로 개신교회를 포함한 많은 세계교회들이 성서정과의 사용에 적극적으로 참여한 바 있다. 1969년에는 로마교회가 성구집을 만들며 성서정과를 채용하였고, 마침내 에큐메니칼적 관점에서 여러 교회와 교단은 1972년 '교회 일치를 위한 협의회'(COCU-Consultation on Church Union)를 조직하고, 그 산하에 '공동본문위원회'(CCT-Consultation on Common Texts)를 두어 모든 교단들이 수용할 수 있는 교회력과 성서정과를 만들 것을 결의하였으며, 그 결과 「공동성서정과」(Common Lectionary)가 1983년에 나오게 되었다.[1] 그리고 그 후에 9년이라는 실험의 기간을 거친 후 지난 1992년에 드디어 완결판이라고 할 수 있는 「개정판 공동성서정과」(The Revised Common Lectionary)가 탄생하게 되었다.[2] 현재 이 「개정판 공동성서정과」는 전 세계의 다양한 교단의 교회에서 가장 보편적으로 사용되고 있다.

이러한 「개정판 공동성서정과」는 현재 한국에서 「예배와 설교 핸드북」[3]과 「예배와 강단」[4] 등의 설교 자료집을 통해서 한국교회에 소개되어 왔으며 2008년에 총회에서 인준한 「대한예수교장로회 예배·예식서 표준 개정판」[5]에도 포함되어 있다.

하지만, 이러한 「개정판 공동성서정과」의 한국적 사용은 여러 가지 면에서 문제점이 노출된 바 있다. 우선 한국교회가 지켜야 할 명절과 기념일 등에 대한 성경 본문이 전무하다는 점과 총회가 그동안 결의하여 지켜 오는 총회 목회력의 절기들이 고려되어 있지 않다는 점이다. 이러한 문제점과 더불어 김경진 교수의 논문인 "개정 공동성서정과의 한국적 적용에 대한 문제점과 개선점에 대한 연구"[6]에서 지적된 내용은 매우 중요한 출발점을 우리에게 제공하였다. 그는 「개정판 공동성서정과」에서 다루어진 성경 본문이 성경 전체를 모두 사용하고 있지 않다는 점과 중복된 본문이 너무 많다는 점 등을 지적한 바 있다.

이에 제91회 총회의 허락을 얻어 이러한 「개정판 공동성서정과」의 문제점들을 해

---

1) The Consultation on Common Texts, *Common Lectionary : The Lectionary Proposed by the Consultation on Common Texts*(New York : The Church Hymnal Corporation, 1983).
2) The Consultation on Common Text, *The Revised Common Lectionary*(Nashville : Abingdon Press, 1992).
3) 정장복, 「1984년 교회력에 따른 예배와 설교자료」(서울 : 양서각, 1983). 이 책은 1985년부터 「예배와 설교 핸드북」으로 이름이 바뀌어 출판되고 있다.
4) 김종렬 엮음, 「2003 예배와 강단」(서울 : 한들출판사, 2002).
5) 총회예식서개정위원회 편, 「대한예수교장로회 예배·예식서 표준 개정판」(서울 : 한국장로교출판사, 2008).
6) "개정 공동성서정과의 한국적 적용에 대한 문제점과 개선점에 대한 연구," 「장신논단」 33집(2008).

소하면서 한국적 상황에 맞는 성서정과를 만들기로 하고 연구를 통하여 '총회 교회력과 성서정과' 연구 결과를 96회 총회에 보고하였다.

1. 총회 교회력과 성서정과 제정의 원칙

1) 한국교회 예배와 설교의 성숙을 위해 성경 전체를 일정한 주기에 따라 예배하며 설교할 수 있도록 하였다.

2) 세계교회가 공통으로 사용하고 있는 「개정판 공동성서정과」를 기초로 하여 누락 본문과 중복 본문의 문제를 먼저 해결한다.

3) 「개정판 공동성서정과」의 문제를 해결하는 데 있어서 이미 세계교회가 함께 사용하는 성경 본문의 틀을 훼손하지 않고 필요한 경우 보완적인 본문을 병기하는 방식으로 개선한다.

4) A, B, C 연도의 본문을 기초로 구약, 시편, 복음서, 서신서 등의 병행 본문을 토대로 최장 9년 주기로 사용할 수 있도록 한다.

5) 예수 그리스도의 구속사를 중심으로 한 교회력 외에, 총회와 한국교회 상황에 맞는 기타 절기들의 본문을 배치하도록 한다(예 : 신년주일, 어린이주일 등).

6) 단 총회 목회력을 위한 성경 본문은 주제로 모아서 다양한 절기에 사용할 수 있도록 포괄적으로 제시하며, 국가절기에 관한 본문도 추후 연구된 자료를 보강하기로 한다.

7) 「개정판 공동성서정과」에서 누락되었던 본문들을 기타 절기를 위한 본문과 성서정과의 보완적 본문으로 추가여 사용하되 그럼에도 불구하고 누락된 본문들은 그것을 따로 모아 목회자들이 참고하여 적절한 때에 그 본문을 사용할 수 있도록 하며, 추후 연구된 자료를 보강하기로 한다.

2. 총회 교회력과 성서정과 제정에 있어 당면 과제

1) 누락 본문, 중복 본문의 해결

김경진, "개정 공동성서정과의 한국적 적용에 대한 문제점과 개선점에 대한 연구" 「장신논단」 33집(2008) 중 A. 성서정과에 포함되지 않은 본문들(이하 '누락 본문'), C. 성서정과에서 중복되는 본문들(이하 '중복 본문') 이상 2항목의 내용을 일차적으로 해결하고자 함.

2) 기타 절기 본문 새로이 배치

아울러 「총회교회력과 성서일과활용 워크숍」(2009. 6. 12.)에서 발표된 김세광, "교회력, 일반목회력, 생명목회력", 차명호 "생명목회를 위한 총회력 제안" 연구 결과에 따라 새로이 추천되는 기타 절기 본문도 함께 제정하고자 함.

3) 새로운 원칙 추가 제정

최근 진행된 '총회교회력과 성서정과 모임'(2010. 6. 18.)에서, 앞 항목 (1), (2)에 준하여 구약(이은우 교수), 신약(유지미 교수) 본문 선정에 관한 구체적 작업 결과 발표. 차후 새로운 원칙하에 결과물을 마무리 짓기로 함. ① 전통적 낭독 방식을 존중, ② 3년 동안 필요한 경우 비유적 관점도 수용 가능, ③ 기존 단락 구분이 적합하지 않은 경우는 조정 가능, ④ 신학적으로 보다 명확한 본문이 있으면 선정 가능

3. 구약 본문 배치 내용과 범례

1) 작업 개시 시점에서 받은 누락 본문과 중복 본문을 기준으로 함.
2) 누락 본문(굵은 글씨)을 적절한 자리에 배치함.
3) 중복 본문(밑줄 글씨)은 적절성이 차선시되는 본문에 대체 본문을 추가함(괄호 표시).
4) 3개년도(A, B, C) 교회력을 작성, 본문을 절기에 맞추어 배치하고 근거 설명함.

5) 구약의 경우 시편까지 분석하여 절기에 배치함.
6) 기타 절기 본문 배치에는 누락 본문을 최우선으로 함.

4. 신약 본문 배치 내용과 범례

1) 작업 개시 시점에서 받은 누락 본문과 중복 본문을 기준으로 함.
2) 누락 본문(기울임체, 굵은 글씨)을 적절한 자리에 배치함.
3) 중복 본문(밑줄 글씨)은 적절성이 차선시되는 본문에 대체 본문을 추가함.
4) 성서정과 형식에 맞추어 3개년도(A, B, C) 교회력을 각각 따로 작성함.
5) 기타 절기 본문 배치에는 누락 본문을 최우선으로 함.
6) '서신서'와 '복음서'만 갱신함.

** 「개정판 공동성서정과」가 제안한 매일 성서일과(Daily Lectionary)를 본 총회도 채택하여 사용하도록 하며, 이후 9년 주기의 성서정과 실행에 따른 평가 후에 그 결과를 토대로 보완하여 한국 정서에 맞는 한국 교회력 및 매일 성경일과를 제정하는 연구 활동을 지속하도록 한다.
** 총회 목회력 및 국가절기, 기타 생명 목회력에 따른 기타 절기 성서 본문은 추후 연구하여 제시한다.

1) 총회 교회력과 성서정과표

첫째 해(A)의 성서정과 본문

첫째 해	구 약	시 편	서신서	복음서
대림절기				
대림절 1	이사야 2 : 1~5 *(사 2 : 6-4 : 6)*	시편 122편	로마서 13 : 11~14	마태복음 24 : 36~44
대림절 2	이사야 11 : 1~10	시편 72 : 1~7, 18~19	로마서 15 : 4~13	마태복음 3 : 1~12
대림절 3	이사야 35 : 1~10	시편 146 : 5~10 *(시 146 : 1-10)* (절을 끊지 않고 전체로 함.)	야고보서 5 : 7~10	마태복음 11 : 2~11
대림절 4	이사야 7 : 10~16*(아가서)*	시편 80 : 1~7, 17~19	로마서 1 : 1~7	마태복음 1 : 18~25
성탄절기				
성탄절	이사야 9 : 2~7	시편 96편	디도서 2 : 11~14	누가복음 2 : 1~14(15-20)
성탄절	이사야 62 : 6~12	시편 97편	디도서 3 : 4~7	누가복음 2 : (1~7)8~20
성탄절	이사야 52 : 7~10	시편 98편	히브리서 1 : 1~4, (5-12)	요한복음 1 : 1~14
성탄절 후 1	이사야 63 : 7~9	시편 148편(중복되었으나 다른 곳을 대체하고 이곳은 그냥 둠.)	히브리서 2 : 10~18	마태복음 2 : 13~23
성탄절 후 2	예레미야 31 : 7~14	시편 147 : 12~20 *(시 147 : 1-20)* (절을 끊지 않고 전체로 함.)	에베소서 1 : 3~14	요한복음 1 : (1-9), 10~18 *마태복음 14 : 34~36*
주현절기 (주현절 후 6, 7, 8, 9주일이 재의 수요일 바로 앞 주일이라면 주현절 후 마지막 주일 〈산상변모일〉 성서일과를 사용할 것)				
주현절	이사야 60 : 1~6 *(욥 39 : 1-41 : 34)*	시편 72 : 1~7, 10~14	에베소서 3 : 1~12	마태복음 2 : 1~12 *요한복음 7 : 40~53*

부록 379

주님의 수세일 (주현절 후 1)	이사야 42 : 1~9	시편 29편	사도행전 10 : 34~43	마태복음 3 : 13~17
주현절 후 2	이사야 49 : 1~7 (욥 42 : 7~9)	시편 40 : 1~11	고린도전서 1 : 1~9	요한복음 1 : 29~42
주현절 후 3	이사야 9 : 1~4 (사 11 : 11-16)	시편 27 : 1, 4~9	고린도전서 1 : 10~18	마태복음 4 : 12~23
주현절 후 4	미가 6 : 1~8	시편 15편	고린도전서 1 : 18~31 사도행전 10 : 1~33	마태복음 5 : 1~12
주현절 후 5	이사야 58 : 1~12	시편 112 : 1~9(10)	고린도전서 2 : 1~12, (13-16) 베드로전서 4 : 15~5 : 5	마태복음 5 : 13~20
주현절 후 6	신명기 30 : 15~20 (C의 일반절 18과 중복)	시편 119 : 1~8	고린도전서 3 : 1~9 데살로니가전 서 4 : 1~12	마태복음 5 : 21~37
주현절 후 7	레위기 19 : 1~2, 9~18 (A의 일반절 25와 중복)	시편 119 : 33~40	고린도전서 3:10~11, 16~23 히브리서 12 : 4~17	마태복음 5 : 38~48
주현절 후 8	이사야 49 : 8~16a	시편 131편	고린도전서 4 : 1~5	마태복음 6 : 24~34
주현절 후 9	신명기 11 : 18~21, 26~28	시편 31 : 1~5, 19~24	로마서 1 : 16~17 ; 3 : 22b~28, (29-31)	마태복음 7 : 21~29
주현절 후 마지막 주일 (산상변모일)	창세기 29 : 29~32 : 21 출애굽기 24 : 12~18	시편 2편 또는 시편 99편	베드로후서 1 : 16~21	마태복음 17 : 1~9
사순절기				
재의 수요일	요엘 2 : 1~2, 12~17 또는 이사야 58 : 1~12 창세기 2 : 25~3 : 7	시편 51 : 1~17 시편 6편	고린도후서 5 : 20b~6 : 10	마태복음 6 : 1~6, 16~21

사순절 1	창세기 2 : 15~17 ; 3 : 1~7	시편 32편	로마서 5 : 12~19 *사도행전 9 : 21~35*	마태복음 4 : 1~11
사순절 2	창세기 12 : 1~4a	시편 121편	로마서 4 : 1~5, 13~17 *사도행전 6장*	요한복음 3 : 1~17 또는 마태복음 17 : 1~9, *13 : 34~35*
사순절 3	출애굽기 17 : 1~7	시편 95편	로마서 5 : 1~11	요한복음 4 : 5~42 *마태복음 18 : 1~14*
사순절 4	사무엘상 16 : 1~13 *(왕상 8 : 31-40)*	시편 23편	에베소서 5 : 8~14	요한복음 9 : 1~41 *마태복음 20 : 17~34*
사순절 5	에스겔 37 : 1~14 *(렘 37 : 1-21)* 선지자가 고난받는 상황	시편 130편	로마서 8 : 6~11 *고린도전서 15 : 27~34*	요한복음 11 : 1~45
사순절 6 (수난주일)	이사야 50 : 4~9a *(욥 1 : 2-22)*	시편 31 : 9~16	빌립보서 2 : 5~11	마태복음 26 : 14~27 : 66 또는 마태복음 27 : 11~54
성목요일	출애굽기 12 : 1~4, (5-10), 11~14	<u>시편 116 : 1~2, 12~19</u>*(시 142편)* 중복되어 142편으로 대체	고린도전서 11 : 23~26	요한복음 13 : 1~17, 31b~35 *요한복음 13 : 36~38*
성금요일	*창세기 17 : 8~27* 이사야 52 : 13~53 : 12	시편 22편	히브리서 10 : 16~25 또는 히브리서 4 : 14~16 ; 5 : 7~9	요한복음 18 : 1~19 : 42
부활절기 (주님의 승천일 본문은 부활절 7주에 사용될 수도 있음.)				
부활전야	창세기 22 : 1~18			

부활절	사도행전 10 : 34~43 또는 예레미야 31 : 1~6 *창세기 7 : 6~9 : 7*	시편 118 : 1~2, 14~24 *(시 118 : 1-29)* 절을 끊지 않고 전체로 함.	골로새서 3 : 1~4 또는 사도행전 10 : 34~43	요한복음 20 : 1~18 또는 마태복음 28 : 1~10
부활절 2주	사도행전 2 : 14a, 22~32 *(에스더서)*	시편 16편	베드로전서 1 : 3~9 사도행전 11 : 19~30	요한복음 20 : 19~31 *마태복음 28 : 11~15*
부활절 3주	사도행전 2 : 14a, 36~41 *(렘 32 : 36-44)* 아나돗 밭을 삼, 회복 비전	시편 116 : 1~4, 12~19 *(시 116 : 1-19)* 절을 끊지 않고 전체로 함.	베드로전서 1 : 17~23 *사도행전 4 : 36~37, 18장*	누가복음 24 : 13~35, *6 : 1~16*
부활절 4주	사도행전 2 : 42~47 *(렘 31 : 31-40)* 회복에 대한 언약	시편 23편 *(시 117편)* 중복되어 117편으로 대체	베드로전서 2 : 19~25 디모데전서 3장~6 : 5	요한복음 10 : 1~10
부활절 5주	사도행전 7 : 55~60 *(사 25 : 1-8)* 회복의 주 여호와를 찬송	시편 31 : 1~5, 15~16	베드로전서 2 : 2~10 *에베소서 5 : 3~7*	요한복음 14 : 1~14
부활절 6주	사도행전 17 : 22~31 *(사 26 : 20-27 : 13)* 회복을 주시는 하나님	시편 66 : 8~20	베드로전서 3 : 13~22, *1 : 24~2 : 1*	요한복음 14 : 15~21
주님의 승천일	사도행전 1 : 1~11 *(암 9 : 1-15)* 다윗의 무너진 장막 회복	시편 47편 또는 시편 93편	에베소서 1 : 15~23	누가복음 24 : 44~53
부활절 7주	사도행전 1 : 6~14 *(미 7 : 7-20)* 구원하시는 하나님을 찬양	시편 68 : 1~10, 32~35	베드로전서 4 : 12~14 ; 5 : 6~11	요한복음 17 : 1~11
성령 강림절	사도행전 2 : 1~21 또는 민수기 11 : 24~30 *(겔 47 : 1-23)* 성전에서 흘러나오는 물	시편 104 : 24~34, 35b	고린도전서 12 : 3b~13 또는 사도행전 2 : 1~21	요한복음 20 : 19~23 또는 요한복음 7 : 37~39

성령강림절 후 주일들

이날들은 비절기 기간으로 Ordinary Time이라고 부른다. 그리고 이날들을 날짜를 기준으로 표시한 것은 부활절 날짜에 따라 해마다 이 기간이 길어질 수도 있고 짧아질 수도 있기 때문이다.

삼위일체 주일	창세기 1 : 1~2 : 4a	시편 8편	고린도후서 13 : 11~13	마태복음 28 : 16~20
5. 29.~ 6. 4. 사이의 주일	창세기 6 : 9~22, 7 : 24, 8 : 14~19, *2 : 4b~14*	*시편 7, 10, 11, 12, 46편*	로마서 1 : 16~17 ; 3 : 22b~28 (29~31)	마태복음 7 : 21~29
	신명기 11 : 18~21, 26~28 (중복 아님.)	시편 31 : 1~5, 19~24	*골로새서 2 : 1~5*	*마가복음 11 : 12~33*
6. 5~11. 사이의 주일	창세기 12 : 1~9, *12 : 10~14 : 24*	시편 33 : 1~12	로마서 4 : 13~25	마태복음 9 : 9~13, 18~26
	호세아 5 : 15~6 : 6	시편 50 : 7~15	*사도행전 3 : 20~26*	
6. 12~18. 사이의 주일	*창세기 15 : 13~16, 15 : 19~16 : 16, 18 : 1~15, 18 : 16~19, 21 : 1~7*	시편 116 : 1~2, 12~19	로마서 5 : 1~8 *디모데후서 2 : 1~7*	마태복음 9 : 35~10 : 8, (9~23) *마가복음 3 : 7~19*
	출애굽기 19 : 2~8a	시편 100편		
6. 19~25. 사이의 주일	창세기 21 : 8~21	시편 86 : 1~10, 16~17	로마서 6 : 1b~11	마태복음 10 : 24~39
	예레미야 20 : 7~13	시편 69 : 7~10, (11~15), 16~18	*빌립보서 4 : 10~23*	
6. 26.~ 7. 2. 사이의 주일	창세기 22 : 1~14 (부활절 전야와 중복)	시편 13, *14, 18, 21, 24편*	로마서 6 : 12~23	마태복음 10 : 40~42
	예레미야 28 : 5~9	시편 89 : 1~4, 15~18		
7. 3~9. 사이의 주일	*창세기 22 : 19~24 : 33* 24 : 34~38, *39~42, 43~49, 50~57, 58~67 25 : 1~18*	시편 45 : 10~17 또는 아가 2 : 8~13	로마서 7 : 15~25a, 1 : 8~15	마태복음 11 : 16~19, 25~30 *누가복음 10 : 21~24*
	스가랴 9 : 9~12 나귀와 왕	시편 145 : 8~14		

주일				
7. 10~16. 사이의 주일	창세기 25 : 19~34 *26 : 1~28 : 9*	시편 119 : 105~112	로마서 8 : 1~11 (자연생명주일과 중복)	마태복음 13 : 1~9, 18~23 *마가복음* *4 : 1~25*
	이사야 55 : 10~13	시편 65 : (1~8), 9~13		
7. 17~23. 사이의 주일	창세기 28 : 10~19a, *28 : 19b~9 : 14*	시편 139 : 1~12, 23~24	로마서 8 : 12~25	마태복음 13 : 24~30, 36~43
	이사야 44 : 6~8	시편 86 : 11~17		
7. 24~30. 사이의 주일	창세기 29 : 15~28	시편 105 : 1~11, 45b 또는 시편 128편	로마서 8 : 26~39	마태복음 13 : 31~33, 44~52
	열왕기상 3 : 5~12	시편 119 : 129~136		
7. 31.~8. 6. 사이의 주일	창세기 32 : 22~31, *32 : 32~36 : 43*	시편 17 : 1~7, 15	로마서 9 : 1~5	마태복음 14 : 13~21 *마가복음* *8 : 1~26*
	이사야 55 : 1~5	시편 145 : 8~9, 14~21		
8. 7~13. 사이의 주일	창세기 37 : 1~4, 12~28	시편 105 : 1~6, 16~22, 45b	로마서 10 : 5~15, *4 : 6~12*	마태복음 14 : 22~33 *마가복음* *6 : 35~52*
	이사야 56 : 1, 6~8	시편 67편		
8. 14~20. 사이의 주일	창세기 45 : 1~15	시편 133편	로마서 11 : 1~2a, 29~32	마태복음 15 : (10~20), 21~28
	이사야 56 : 1, 6~8	시편 67편		
8. 21~27. 사이의 주일	출애굽기 1 : 8~2 : 10	시편 124편	로마서 12 : 1~8	마태복음 16 : 13~20
	이사야 51 : 1~6	시편 138편		
8. 28.~9. 3. 사이의 주일	*창세기 37 : 5~11,* *37 : 29~44 : 34* 출애굽기 3 : 1~15	시편 105 : 1~6, 23~26, 45c	로마서 12 : 9~21	마태복음 16 : 21~28
	예레미야 15 : 15~21	시편 25 : 1~8, *28, 35편*		
9. 4~10. 사이의 주일	출애굽기 12 : 1~14 (성목요일과 중복) *출애굽기 12 : 5~10*	시편 149편	로마서 13 : 8~14 고린도후서 *1 : 23~2 : 17*	마태복음 18 : 15~20
	에스겔 33 : 7~11	시편 119 : 33~40		

9. 11~17. 사이의 주일	<u>출애굽기 14 : 19~31</u> (부활 전야와 중복)	시편 114편 또는 출애굽기 15 : 1b~11, 20~21	로마서 14 : 1~12	마태복음 18 : 21~35
	창세기 50 : 15~21 *(사 25 : 1-34 : 17)* *(렘 2 : 14-4 : 10)*	시편 103 : (1~7), 8~13 *(시 80편)*		
9. 18~24. 사이의 주일	출애굽기 16 : 2~15	시편 105 : 1~6, 37~45	빌립보서 1 : 21~30	마태복음 20 : 1~16
	요나 3 : 10~4 : 11 *(사 36 : 1-39 : 8)* *(렘 4 : 13-21)*	시편 145 : 1~8 *(시 83편)*		
9. 25.~ 10. 1. 사이의 주일	<u>출애굽기 17 : 1~7</u> (사순절 A와 중복)	시편 78 : 1~4, 12~16	빌립보서 2 : 1~13	마태복음 21 : 23~32
	에스겔 18 : 1~4, 25~32 *(사 40 : 12-20)* *(렘 4 : 29-7 : 34)*	시편 25 : 1~9 *(시 87편)*		
10. 2~8. 사이의 주일	출애굽기 20 : 1~4, 7~9, 12~20 (사순절 B와 중복)	시편 19편	<u>빌립보서</u> <u>3 : 4b~14</u> *히브리서* *11 : 7,* *11 : 17~28*	마태복음 21 : 33~46 *마가복음* *12 : 1~27*
	이사야 5 : 1~7 <u>(C의 일반절 20과</u> <u>중복)</u> *(사 41 : 1-29)* *(렘 9 : 2-11 : 17)*	시편 80 : 7~15 *(시 88편)*		
10. 9~15. 사이의 주일	출애굽기 32 : 1~14 <u>(C의 일반절 23과 중복)</u>	시편 106 : 1~6, 19~23	빌립보서 4 : 1~9, *히브리서* *8장~9 : 10*	마태복음 22 : 1~14 *누가복음* *14 : 15~24*
	이사야 25 : 1~9 *(사 42 : 10-25)* *(렘 11 : 21-14 : 6)*	시편 23편 *(시 94편)*		
10. 16~22. 사이의 주일	출애굽기 33 : 12~23	시편 99편	데살로니가전서 1 : 1~10	마태복음 22 : 15~22
	이사야 45 : 1~7 *(사 43 : 8-15)* *(렘 14 : 11-18)*	시편 96 : 1~9, (10~13) *(시 101편)*		

주일	구약	시편	서신	복음
10. 23~29. 사이의 주일	신명기 34 : 1~12 레위기 19 : 1~2, 15~18 (A의 주현절 7과 중복) (사 43 : 26-44 : 5) (렘 15 : 1-14)	시편 90 : 1~6, 13~17 시편 1편 (시 102편)	데살로니가전서 2 : 1~8 고린도후서 6 : 14~7 : 16	마태복음 22 : 34~46 누가복음 20 : 39~47
10. 30.~11. 5. 사이의 주일	여호수아 3 : 7~17 (욜 1 : 1-2 : 17) 빠진 본문을 대체하여 넣음.	시편 107 : 1~7, 33~37	데살로니가전서 2 : 9~13	마태복음 23 : 1~12
	미가 3 : 5~12 (미 3 : 1-12) 단락을 새로 정함.	시편 43편		
11. 6~12. 사이의 주일	여호수아 24 : 1~3a, 14~25(말 1 : 1-2 : 17) 빠진 본문을 대체하여 넣음.	시편 78 : 1~7	데살로니가전서 4 : 13~18 사도행전 17 : 32~34	마태복음 25 : 1~13
	아모스 5 : 18~24 (암 5 : 1-24) 단락 구분을 새로 정함.	시편 70편		
11. 13~19. 사이의 주일	사사기 4 : 1~7 (옵 1 : 1-21) 빠진 본문을 대체하여 넣음.	시편 123편	데살로니가전서 5 : 1~11, 5 : 12~15 ; 25~28	마태복음 25 : 14~30 누가복음 19 : 11~27
	스바냐 1 : 7, 12~18 (욘 2 : 1-10) 빠진 본문을 대체하여 넣음.	시편 90 : 1~8(9~11), 12		
11. 20~26. 사이의 주일, (왕 되신 그리스도 주일)	에스겔 34 : 11~16, 20~24(겔 34 : 1-31) 절을 끊지 않고 전체로 함.	시편 100편	에베소서 1 : 15~23	마태복음 25 : 31~46
	에스겔 34 : 11~16, 20~24 (미 1 : 1-2 : 13) 중복 본문을 삭제하고 빠진 본문을 대체하여 넣음.	시편 95 : 1~7a (시 145편) 왕 되신 그리스도 주일 취지에 맞게, 대표적 제왕시(메시야시)인 시편 145편을 제안함.		

둘째 해(B)의 성서정과 본문

둘째 해	구 약	시 편	서신서	복음서
대림절기				
대림절 1	이사야 64 : 1~9	시편 80 : 1~7, 17~19	고린도전서 1 : 3~9 *로마서 5 : 20~21 (죄가 더한 곳에 은혜)*	마가복음 13 : 24~37
대림절 2	이사야 40 : 1~11	시편 85 : 1~2, 8~13	베드로후서 3 : 8~15a	마가복음 1 : 1~8
대림절 3	이사야 61 : 1~4, 8~11	시편 126편 또는 누가복음 1 : 47~55	데살로니가전서 5 : 16~24	요한복음 1 : 6~8, 19~28
대림절 4	사무엘하 7 : 1~11, 16 (B의 일반절 11과 중복)	누가복음 1 : 47~55 또는 시편 89 : 1~4, 19~26	로마서 16 : 25~27	누가복음 1 : 26~38
성탄절기				
성탄절	이사야 9 : 2~7	시편 96편	디도서 2 : 11~14	누가복음 2 : 1~14(15-20) *마태복음 4 : 24~25*
	이사야 62 : 6~12	시편 97편	디도서 3 : 4~7	누가복음 2 : (1-7)8~20
	이사야 52 : 7~10	시편 98편	히브리서 1 : 1~4, (5-12)	요한복음 1 : 1~14
성탄절 후 1	이사야 61 : 10~62 : 3	시편 148편 *(시 144편)* 중복되어 144편으로 대체	갈라디아서 4 : 4~7	누가복음 2 : 22~40
성탄절 후 2	예레미야 31 : 7~14	시편 147 : 12~20 *(시 147 : 1-20)* 단락 구분을 새로 정함.	에베소서 1 : 3~14 *로마서 11 : 26~28 (이스라엘의 구원)*	요한복음 1 : (1-9), 10~18 *마태복음 8 : 5~13*

부록 387

주현절기 (주현절 후 6, 7, 8, 9주일이 재의 수요일 바로 앞 주일이라면 주현절 후 마지막 주일(산상변모일) 성서일과를 사용할 것)					
주현절	이사야 60 : 1~6 창세기 11 : 10~11 : 32	시편 72 : 1~7, 10~14	에베소서 3 : 1~12 로마서 10 : 1~4 (율법의 마침)	마태복음 2 : 1~12
주님의 수세일 (주현절 후 1)	창세기 1 : 1~5	시편 29편	사도행전 19 : 1~7	마가복음 1 : 4~11
주현절 후 2	사무엘상 3 : 1~10(11~20) (B의 일반절 4와 중복) (왕상 8 : 7~11)	시편 139 : 1~6, 13~18 (시 139 : 1~18) 절을 끊지 않고 전체로 함.	고린도전서 6 : 12~20	요한복음 1 : 43~51
주현절 후 3	요나 3 : 1~5, 10	시편 62 : 5~12	고린도전서 7 : 29~31	마가복음 1 : 14~20
주현절 후 4	신명기 18 : 15~20	시편 111편	고린도전서 8 : 1~13 사도행전 27 : 21~26	마가복음 1 : 21~28 마태복음 17 : 10~27
주현절 후 5	이사야 40 : 21~31	시편 147 : 1~11, 20c	고린도전서 9 : 16~23	마가복음 1 : 29~39
주현절 후 6	열왕기하 5 : 1~14	시편 30편	고린도전서 9 : 24~27 빌립보서 3 : 15~16	마가복음 1 : 40~45
주현절 후 7	이사야 43 : 18~25	시편 41편	고린도후서 1 : 18~22	마가복음 2 : 1~12
주현절 후 8	호세아 2 : 14~20	시편 103 : 1~13, 22	고린도후서 3 : 1~6	마가복음 2 : 13~22
주현절 후 9	신명기 5 : 12~15 (B의 일반절 4와 중복)	시편 81 : 1~10	고린도후서 4 : 5~12	마가복음 2 : 23~3 : 6
주현절 후 마지막 주일 (산상변모일)	열왕기하 2 : 1~12	시편 50 : 1~6	고린도후서 4 : 3~7	마가복음 9 : 2~9

사순절기				
재의 수요일	요엘 2 : 1~2, 12~17 또는 이사야 58 : 1~12 *창세기 3 : 16~6 : 8*	시편 51 : 1~17	<u>고린도후서 5 : 20b~6 : 10</u> *로마서 2장~3 : 21*	마태복음 6 : 1~6, 16~21
사순절 1	창세기 9 : 8~17 *(애 1 : 1–17)* 예레미야애가 고난의 내용을 담고 있어 사순절에 읽기가 적합하다고 판단되어 아래 성금요일까지 배치함.	시편 25 : 1~10	베드로전서 3 : 18~22 *베드로후서 1 : 1~11*	마가복음 1 : 9~15 *마태복음 7 : 1~20*
사순절 2	창세기 17 : 1~7, 15~16 *(애 1 : 18–2 : 4)*	시편 22 : 23~31	로마서 4 : 13~25 *야고보서 1 : 1~16*	마가복음 8 : 31~38 또는 마가복음 9 : 2~9 *마태복음 13 : 10~17*
사순절 3	출애굽기 20 : 1~17 <u>(A의 일반절 22와 중복)</u> *(애 2 : 5–22)*	시편 19편	고린도전서 1 : 18~25	요한복음 2 : 13~22 *누가복음 9 : 44~50*
사순절 4	민수기 21 : 4~9 <u>(중복 아님.)</u> *(애 3 : 1–27)*	시편 107 : 1~3, 17~22	에베소서 2 : 1~10	요한복음 3 : 14~21 *마태복음 23 : 13~24*
사순절 5	예레미야 31 : 31~34 *(애 3 : 28–54)*	시편 51 : 1~12 또는 시편 119 : 9~16	히브리서 5 : 5~10	요한복음 12 : 20~33
사순절 6 (수난주일)	이사야 50 : 4~9a *(사 1 : 21–31)* *(애 3 : 55–4 : 10)*	시편 31 : 9~16	<u>빌립보서 2 : 5~11</u> *사도행전 14 : 19~28 (루스드라)*	마가복음 14 : 1~15 : 47 또는 마가복음 15 : 1~39(40–47)
성목요일	출애굽기 12 : 1~4(5–10), 11~14*(애 4 : 11~22)*	<u>시편 116 : 1~2, 12~19</u> (시 137편)	<u>고린도전서 11 : 23~26, *11 : 27~34*</u>	요한복음 13 : 1~17, 31b~35 *누가복음 22 : 1~13*

성금요일	이사야 52:13~53:12 (애 5:1-22)	시편 22편	히브리서 10:16~25 또는 히브리서 4:14~16; 5:7~9 갈라디아서 3:1~22	요한복음 18:1~19:42 누가복음 10:12~15
부활절기					
부활절	사도행전 10:34~43 또는 이사야 25:6~9 (중복 아님.) 창세기 10:1~32	시편 118:1~2, 14~24	고린도전서 15:1~11 또는 사도행전 10:34~43, 고린도후서 5:2~5	요한복음 20:1~18 또는 마가복음 16:1~8
부활절 2	사도행전 4:32~35	시편 133편	요한일서 1:1~2:2	요한복음 20:19~31 마태복음 10:9~23
부활절 3	사도행전 3:12~19	시편 4편	요한일서 3:1~7 갈라디아서 2:1~14	누가복음 24:36b~48 요한복음 5:10~47
부활절 4	사도행전 4:5~12	시편 23편	요한일서 3:16~24	요한복음 10:11~18
부활절 5	사도행전 8:26~40	시편 22:25~31	요한일서 4:7~21	요한복음 15:1~8
부활절 6	사도행전 10:44~48	시편 98편	요한일서 5:1~6	요한복음 15:9~17
주님의 승천일	사도행전 1:1~11 신명기 26:12~30:8	시편 47편 또는 시편 93편	에베소서 1:15~23 빌레몬서 1:22~25	누가복음 24:44~53
부활절 7	사도행전 1:15~17, 21~26	시편 1편 (시 56편)	요한일서 5:9~13	요한복음 17:6~19

		시편 104:24~34, 35b	로마서 8:22~27	요한복음 15:26~27; 16:4b~15
성령 강림절	사도행전 2:1~21			
	에스겔 37:1~14 *(삼상 16:14–23)*	시편 104:24~34, 35b	사도행전 2:1~21 *고린도후서 3:7~11 (영의 직분)*	

성령강림절 이후의 주일들					

삼위일체 주일	이사야 6:1~8 <u>(C의 주현절 5와 중복)</u>	시편 29편	로마서 8:12~17	요한복음 3:1~17 마태복음 21:12~22
5. 29. ~6. 4. 사이의 주일	*창세기 18:33~ 21:7, 사무엘상 3:1~10(11–20)* <u>(B의 주현절 2와 중복)</u>	시편 139:1~6, 13~18	고린도후서 4:5~12 *로마서 16:1~24*	<u>마가복음 2:23~3:6</u> *마태복음 6:23, 9:27~34*
	신명기 5:12~15 <u>(B의 주현절 9와 중복)</u> *신명기 5:16~33, 6:10~8:6, 8:19~11:17, 11:22~25, 11:29~18:14, 18:21~25:19*	시편 81:1~10		
6. 5~11. 사이의 주일	*신명기 31:1~ 33:29, 여호수아 1:1~3:6, 4:1~ 5:8, 5:13~15, 6:1~23:16, 24:26~33, 룻기 1:19~2:23, 3:6~4:12, 4:18~22, 삼상 1:1~3, 1:21~28, 2:11~17, 2:21~ 25, 2:27~36, 3:21~8:3, 8:4~11(12–15),*	시편 138편	고린도후서 4:13~5:1	마가복음 3:20~35

	16~20(11 : 14–15), *8 : 21~11 : 13, 12 : 1~15 : 33*			
	창세기 3 : 8~15	시편 130편		
6. 12~18. 사이의 주일	사무엘상 15 : 34~16 : 13	시편 20편	고린도후서 5 : 6~10 (11–13), 14~17	마가복음 4 : 26~34
	에스겔 17 : 22~24	시편 92 : 1~4, 12~15		
6. 19~25. 사이의 주일	사무엘상 17 : (1a, 4–11, 19–23), 32~49	시편 9 : 9~20	고린도후서 6 : 1~13	마가복음 4 : 35~41 *누가복음 8 : 4~25*
	사무엘상 17 : 57~18 : 5, 10~16	시편 133편		
	욥기 38 : 1~11	시편 107 : 1~3, 23~32		
6. 26. ~7. 2. 사이의 주일	사무엘하 1 : 1, 17~27	시편 130편	고린도후서 8 : 7~15	마가복음 5 : 21~43 *누가복음 8 : 40~9 : 27*
	솔로몬의 지혜서 1 : 13~15 ; 2 : 23~24	예레미야애가 3 : 23~33 또는 시편 30편		
7. 3~9. 사이의 주일	사무엘하 5 : 1~5, 9~10	시편 48편	고린도후서 12 : 2~10 *에베소서 1 : 1~2*	마가복음 6 : 1~13 *마태복음 13 : 53~58*
	에스겔 2 : 1~5	시편 123편		
7. 10~16. 사이의 주일	사무엘하 6 : 1~5, 12b~19	시편 24편	<u>에베소서 1 : 3~14</u> *고린도전서 9 : 1~15*	마가복음 6 : 14~29 *요한복음 15 : 18~25*
	아모스 7 : 7~15	시편 85 : 8~13		
7. 17~23. 사이의 주일	사무엘하 7 : 1~14a <u>(B의 대림절 4와 중복)</u>	시편 89 : 20~37	에베소서 2 : 11~22	마가복음 6 : 30~34, 53~56 *마태복음 15 : 29~39*
	예레미야 23 : 1~6	시편 23편		

7. 24~30. 사이의 주일	사무엘하 11 : 1~15	시편 14편	에베소서 3 : 14~21 *히브리서 6장~7 : 22*	요한복음 6 : 1~21
	열왕기하 3 : 14~21	시편 145 : 10~18		
7. 31. ~8. 6. 사이의 주일	사무엘하 11 : 26~12 : 13a (C의 일반절과 중복) 나단의 책망	시편 51 : 1~12	에베소서 4 : 1~16	요한복음 6 : 24~35 *마태복음 16 : 1~12*
	출애굽기 16 : 2~4, 9~15 (일반절기 A와 중복)	시편 78 : 23~29		
8. 7~13. 사이의 주일	사무엘하 18 : 5~9, 15, 31~33	시편 130편	에베소서 4 : 25~5 : 2	요한복음 6 : 35, 41~51
	열왕기상 19 : 4~8	시편 34 : 1~8		
8. 14~20. 사이의 주일	열왕기상 2 : 10~12 ; 3 : 3~14	시편 111편	에베소서 5 : 15~20	요한복음 6 : 51~58
	잠언 9 : 1~6	시편 34 : 9~14		
8. 21~27. 사이의 주일	**열왕기상 8 : 1~66** (끊지 않고 한번에 읽음)	시편 84편	에베소서 6 : 10~20	요한복음 6 : 56~69
	여호수아 24 : 1~2a, 14~18	시편 34 : 15~22		
8. 28. ~9. 3. 사이의 주일	아가서 2 : 8~13 **열왕기상 8 : 44~17 : 7**	시편 45 : 1~2, 6~9	야고보서 1 : 17~27	마가복음 7 : 1~8, 14~15, 21~23 *마태복음 15 : 1~9*
	신명기 4 : 1~2, 6~9	시편 15편		
9. 4~10. 사이의 주일	잠언 22 : 1~2, 8~9, 22~23	시편 125편	야고보서 2 : 1~10(11-13), 14~17	마가복음 7 : 24~37
	이사야 35 : 4~7a	시편 146편		
9. 11~17. 사이의 주일	잠언 1 : 20~33	시편 19편	야고보서 3 : 1~12	마가복음 8 : 27~38
	이사야 50 : 4~9a	시편 116 : 1~9		
9. 18~24. 사이의 주일	잠언 31 : 10~31	시편 1편	야고보서 3 : 13~4 : 3, 7~8a	마가복음 9 : 30~37
	예레미야 11 : 18~20 (사 50 : 10~11) (렘 18 : 12~20 : 6)	시편 54편 (시 110편)		

9. 25. ~10. 1. 사이의 주일	에스더 7 : 1~6, 9~10 ; 9 : 20~22	시편 124편	야고보서 5 : 13~20	마가복음 9 : 38~50 누가복음 14 : 34~35
	민수기 11 : 4~6, 10~16, 24~29 (사 51 : 7-52 : 6) (렘 20 : 14-22 : 30)	시편 19 : 7~14 (시 115편)		
10. 2~8. 사이의 주일	욥기 1 : 1 ; 2 : 1~10	시편 26편	히브리서 1 : 1~4 ; 2 : 5~12 요한계시록 2장~5 : 10	마가복음 10 : 2~16 마태복음 19 : 1~30
	창세기 2 : 18~24 (사 52 : 11-12) (렘 23 : 7-22)	시편 8편		
10. 9~15. 사이의 주일	욥기 23 : 1~9, 16~17	시편 22 : 1~15	히브리서 4 : 12~16, 13 : 9~14	마가복음 10 : 17~31 누가복음 18 : 15~43
	아모스 5 : 6~7, 10~15 (사 54 : 1-17) (렘 23 : 30-28 : 4)	시편 90 : 12~17		
10. 16~22. 사이의 주일	욥기 38 : 1~7(34-41)	시편 104 : 1~9, 24, 35c	히브리서 5 : 1~10	마가복음 10 : 35~45
	이사야 53 : 4~12 (사 56 : 2-5) (렘 28 : 10-17)	시편 91 : 9~16		
10. 23~29. 사이의 주일	욥기 42 : 1~6, 10~17	시편 34 : 1~8(19-22)	히브리서 7 : 23~28 베드로전서 3 : 1~12	마가복음 10 : 46~52
	예레미야 31 : 7~9 (사 56 : 9-21) (렘 29 : 2-3)	시편 126편		
10. 30. ~11. 5. 사이의 주일	룻기 1 : 1~18 (렘 32 : 1-44)	시편 146편 (시 128편) 중복되어 대체함.	히브리서 9 : 11~14	마가복음 12 : 28~34
	신명기 6 : 1~9 (사 59 : 1-21) (렘 29 : 8-30 : 24) (겔 1 : 1-28)	시편 119 : 1~8		

11. 6~12. 사이의 주일	룻기 3 : 1~5 ; 4 : 13~17 *(렘 34 : 1-36 : 32)*	시편 127편	히브리서 9 : 24~28	마가복음 12 : 38~44
	열왕기상 17 : 8~16 (<u>C의 일반절 5와 중복</u>) *(겔 2 : 6-16 : 63)* *(학 1 : 1-2 : 9)*	시편 146편 *(시 129편)* 중복되어 대체함.		
11. 13~19. 사이의 주일	사무엘상 1 : 4~20 *(렘 42 : 1-45 : 5)* *(슥 1 : 1-8 : 23)*	사무엘상 2 : 1~10 *(중복 아님.)*	히브리서 10 : 11~14, (15-18), 19~25 *데살로니가후서 2 : 6~12*	마가복음 13 : 1~8
	다니엘 12 : 1~3 *(겔 19 : 1-32 : 32)*	시편 16편		
11. 20~26. 사이의 주일 (왕 되신 그리스도 주일)	사무엘하 23 : 1~7 *(렘 46 : 1-51 : 64)* *(슥 10 : 1-14 : 21)*	시편 132 : 1~18	요한계시록 1 : 4b~8	요한복음 18 : 33~37
	다니엘 7 : 9~10, 13~14 *(단 7 : 1-28)* *(겔 38 : 1-48 : 35)*	시편 93편		

셋째 해(C)의 성서정과 본문

셋째 해	구 약	시 편	서신서	복음서
대림절기					
대림절 1	예레미야 33 : 14~16 (렘 33 : 1-16) 단락 구분을 새로 함.	시편 25 : 1~10	데살로니가전서 3 : 9~13	누가복음 21 : 25~36
대림절 2	말라기 3 : 1~4 (말 3 : 1-4 : 6) 단락을 늘여 빠진 본문을 넣음.	누가복음 1 : 68~79	빌립보서 1 : 3~11	누가복음 3 : 1~6
대림절 3	스바냐 3 : 14~20 (습 3 : 1-20) 단락 구분을 새로 함.	이사야 12 : 2~6	빌립보서 4 : 4~7	누가복음 3 : 7~18
대림절 4	미가 5 : 2~5a	누가복음 1 : 47~55 또는 시편 80 : 1~7	히브리서 10 : 5~10	누가복음 1 : 39~45 (46-55)
성탄절기					
성탄절	이사야 9 : 2~7	시편 96편	디도서 2 : 11~14	누가복음 2 : 1~14(15-20) *마가복음 1 : 1~17*
	이사야 62 : 6~12	시편 97편	디도서 3 : 4~7	누가복음 2 : (1-7)8~20
	이사야 52 : 7~10	시편 98편	히브리서 1 : 1~4(5-12)	요한복음 1 : 1~14
성탄절 후 1	사무엘상 2 : 18~20, 26 (왕상 8 : 12-21)	<u>시편 148편</u>	골로새서 3 : 12~17	누가복음 2 : 41~52
성탄절 후 2	예레미야 31 : 7~14	<u>시편 147 : 12~20</u>	에베소서 1 : 3~14 *갈라디아서 5 : 2~12* (할례 무할례)	요한복음 1 : (1-9), 10~18
주현절기 (주현절 후 6, 7, 8, 9주일이 재의 수요일 바로 앞 주일이라면 주현절 후 마지막 주일(산상변모일) 성서일과를 사용할 것)					
주현절	이사야 60 : 1~6 *열왕기상 9 : 1~9*	시편 72 : 1~7, 10~14	에베소서 3 : 1~12 *로마서 9 : 6~33* (하나님의 진노)	마태복음 2 : 1~12

주님의 수세일 (주현절후1)	이사야 43 : 1~7	시편 29편	사도행전 8 : 14~17	누가복음 3 : 15~17, 21~22
주현절 후 2	이사야 62 : 1~5	시편 36 : 5~10	고린도전서 12 : 1~11	요한복음 2 : 1~11
주현절 후 3	느헤미야 8 : 1~3, 5~6, 8~10	시편 19편	고린도전서 12 : 12~31a	누가복음 4 : 14~21
주현절 후 4	예레미야 1 : 4~10	시편 71 : 1~6	고린도전서 13 : 1~13	누가복음 4 : 21~30 4 : 31~44
주현절 후 5	이사야 6 : 1~8(9~13) (B의 삼위일체 주일과 중복)	시편 138편 (시 140편) 중복되어 대체함.	고린도전서 15 : 1~11	누가복음 5 : 1~11
주현절 후 6	예레미야 17 : 5~10	시편 1편	고린도전서 15 : 12~20	누가복음 6 : 17~26 마가복음 5 : 1~20
주현절 후 7	창세기 45 : 3~11, 15	시편 37 : 1~11, 39~40	고린도전서 15 : 35~38, 42~50	누가복음 6 : 27~38
주현절 후 8	이사야 55 : 10~13	시편 92 : 1~4, 12~15	고린도전서 15 : 51~58	누가복음 6 : 39~49
주현절 후 9	열왕기상 8 : 22~23, 41~43 (C의 일반절 4와 중복)	시편 96 : 1~9	갈라디아서 1 : 1~12	누가복음 7 : 1~10 마가복음 12 : 35~37
주현절 후 마지막 주일 (산상변모일)	출애굽기 34 : 29~35	시편 99편	고린도후서 3 : 12~4 : 2	누가복음 9 : 28~36(37-43)
사순절기				
재의 수요일	요엘 2 : 1~2, 12~17 또는 이사야 58 : 1~12 창세기 9 : 18~29 (단 9 : 1-27) 다니엘의 회개 기도	시편 51 : 1~17	고린도후서 5 : 20b~6 : 10	마태복음 6 : 1~6, 16~21
사순절 1	신명기 26 : 1~11 (중복 아님.)	시편 91 : 1~2, 9~16	로마서 10 : 8b~13	누가복음 4 : 1~13

사순절 2	창세기 15 : 1~12, 17~18	시편 27편	빌립보서 3 : 17~4 : 1	누가복음 13 : 31~35 또는 누가복음 9 : 28~36 *마태복음 14 : 1~12*
사순절 3	이사야 55 : 1~9 *(사 5 : 8–30)*	시편 63 : 1~8	고린도전서 10 : 1~13	누가복음 13 : 1~9 *마가복음 10 : 32~34*
사순절 4	여호수아 5 : 9~12	시편 32편	고린도후서 5 : 16~21	누가복음 15 : 1~3, 11b~32
사순절 5	이사야 43 : 16~21	시편 126편 (시 131편) 중복되어 대체함.	빌립보서 3 : 4b~14	요한복음 12 : 1~8
사순절 6 (수난주일)	이사야 50 : 4~9a	시편 31 : 9~16	빌립보서 2 : 5~11 고린도전서 5 : 9~13	누가복음 22 : 14~23 : 56 또는 누가복음 23 : 1~49 *마태복음 26 : 1~13*
성목요일	출애굽기 12 : 1~4(5–10), 11~14	시편 116 : 1~2, 12~19 *(시 141편)* 중복되어 대체함.	고린도전서 11 : 23~26 갈라디아서 4 : 8~31	요한복음 13 : 1~17, 31b~35
성금요일	이사야 52 : 13~53 : 12	시편 22편	히브리서 10 : 16~25 또는 히브리서 4 : 14~16 ; 5 : 7~9 데살로니가전서 2 : 14~20 (유대인, 소망과 기쁨의 면류관)	요한복음 18 : 1~19 : 42 *마태복음 11 : 20~24*
부활절기				
부활절	사도행전 10 : 34~43	시편 118 : 1~2,	고린도전서	요한복음

	또는 이사야 65 : 17~25	14~24 (시 136편) 중복되어 대체함.	15 : 19~26 또는 사도행전 10 : 34~43 에베소서 4 : 17~24 (옛사람 새사람)	20 : 1~18 또는 누가복음 24 : 1~12
부활절 2	사도행전 5 : 27~32	시편 150편	요한계시록 1 : 4~8 사도행전 1 : 18~20	요한복음 20 : 19~31 마태복음 11 : 1
부활절 3	사도행전 9 : 1~6(7-20)	시편 30편	요한계시록 5 : 11~14 사도행전 4 : 13~31	요한복음 21 : 1~19 누가복음 14 : 2~6
부활절 4	사도행전 9 : 36~43	시편 23편	요한계시록 7 : 9~17	요한복음 10 : 22~30
부활절 5	사도행전 11 : 1~18	시편148편(시135편) 중복되어 대체함.	요한계시록 21 : 1~6	요한복음 13 : 31~35
부활절 6	사도행전 16 : 9~15	시편 67편	요한계시록 21 : 10, 22~22 : 5 로마서 15 : 1~3	요한복음 14 : 23~29 또는 요한복음 5 : 1~9
주님의 승천일	사도행전 1 : 1~11	시편 47편 또는 시편 93편	에베소서 1 : 15~23 고린도전서 6 : 1~11	누가복음 24 : 44~53
부활절 7	사도행전 16 : 16~34	시편 97편	요한계시록 22 : 12~14, 16~17, 20~21	요한복음 17 : 20~26
성령 강림절	사도행전 2 : 1~21 또는 창세기 11 : 1~9	시편 104 : 24~34, 35b	로마서 8 : 14~17 또는 사도행전 2 : 1~21	요한복음 14 : 8~17, (25-27)
성령강림절 이후의 주일들				
삼위일체 주일	잠언 8 : 1~4, 22~31	시편 8편	로마서 5 : 1~5	요한복음 16 : 12~15
5. 29. ~6. 4.	창세기 21 : 22~34 열왕기상 18 : 20~21 (22-29), 30~39	시편 96편	갈라디아서 1 : 1~12	누가복음 7 : 1~10 마태복음

사이의 주일	열왕기상 8 : 22~23, 41~43(C주현절 후 9와 중복)	시편 96 : 1~9		11 : 12~15
6. 5~11. 사이의 주일	열왕기상 17 : 8~16, (17-24)(B의 일반절 27과 중복)	시편 146편	갈라디아서 1 : 11~24	누가복음 7 : 11~17
	열왕기상 17 : 17~24	시편 30편		
6. 12~18. 사이의 주일	열왕기상 21 : 1~10 (11-14), 15~21a	시편 5 : 1~8	갈라디아서 2 : 15~21	누가복음 7 : 36~8 : 3
	사무엘하 11 : 26~12 : 10, 13~15(B의 일반절 13과 중복)	시편 32편	고린도후서 10장, 12 : 1	
6. 19~25. 사이의 주일	열왕기상 19 : 1~4 (5-7), 8~15a	시편 42, 43편	갈라디아서 3 : 23~29	누가복음 8 : 26~39
	이사야 65 : 1~9	시편 22 : 19~28		마가복음 9 : 10~29
6. 26. ~7. 2. 사이의 주일	열왕기하 2 : 1~2, 6~14	시편 77 : 1~2, 11~20	갈라디아서 5 : 1, 13~25	누가복음 9 : 51~62
	열왕기상 19 : 15~16, 19~21	시편 16편		마가복음 15 : 48~72
7. 3~9. 사이의 주일	열왕기하 5 : 1~14 나아만의 고침받음. (B의 주현절 6과 중복)	시편 30편	갈라디아서 6 : (1-6), 7~16	누가복음 10 : 1~11, 16~20
	이사야 66 : 10~14 위로받음.	시편 66 : 1~9		
7. 10~16. 사이의 주일	아모스 7 : 7~17 다림줄과 아마샤	시편 82편	골로새서 1 : 1~14	누가복음 10 : 25~37
	신명기 30 : 9~14 율법을 지킴.	시편 25 : 1~10		
7. 17~23. 사이의 주일	아모스 8 : 1~12 이스라엘의 끝이 이름.	시편 52편	골로새서 1 : 15~28	누가복음 10 : 38~42
	창세기 18 : 1~10a	시편 15편		
7. 24~30. 사이의 주일	호세아 1 : 2~10	시편 85편	골로새서 2 : 6~15 (16-19)	누가복음 11 : 1~13
	창세기 18 : 20~32	시편 138편		

7. 31.~ 8. 6. 사이의 주일	호세아 11 : 1~11	시편 107 : 1~9, 43	골로새서 3 : 1~11	누가복음 12 : 13~21
	전도서 1 : 2, 12~14 ; 2 : 18~23	시편 49 : 1~12		
8. 7~13. 사이의 주일	이사야 1 : 1, 10~20	시편 50 : 1~8, 22~23	히브리서 11 : 1~3, 8~16	누가복음 12 : 32~40
	창세기 15 : 1~6	시편 33 : 12~22		
8. 14~20. 사이의 주일	이사야 5 : 1~7	시편 80 : 1~2, 8~19	히브리서 11 : 29~12 : 2	누가복음 12 : 49~56
	예레미야 23 : 23~29	시편 82편		
8. 21~27. 사이의 주일	예레미야 1 : 4~10	시편 71 : 1~6	히브리서 12 : 18~29	누가복음 13 : 10~17
	이사야 58 : 9b~14	시편 103 : 1~8		
8. 28. ~9. 3. 사이의 주일	예레미야 2 : 4~13	시편 81 : 1, 10~16	히브리서 13 : 1~8, 15~16	누가복음 14 : 1, 7~14 *마가복음* *7 : 9~13*
	잠언 25 : 6~7	시편 112편		
9. 4~10. 사이의 주일	예레미야 18 : 1~11	시편 139 : 1~6, 13~18	빌레몬서 1~21절	누가복음 14 : 25~33
	신명기 30 : 15~20	시편 1편		
9. 11~17. 사이의 주일	예레미야 4 : 11~12, 22~28	시편 14편	디모데전서 1 : 12~17	누가복음 15 : 1~10
	출애굽기 32 : 7~14	시편 51 : 1~10		
9. 18~24. 사이의 주일	예레미야 8 : 18~9 : 1	시편 79 : 1~9	디모데전서 2 : 1~7	누가복음 16 : 1~13
	아모스 8 : 4~7	시편 113편		
9. 25. ~10. 1. 사이의 주일	예레미야 32 : 1~3a, 6~15	시편 91 : 1~6, 14~16	디모데전서 6 : 6~19	누가복음 16 : 19~31
	아모스 6 : 1a, 4~7*(사 63 : 10–19)*	시편 146편		
10. 2~8. 사이의 주일	예레미야애가 1 : 1~6	예레미야애가 3 : 19~26	디모데후서 1 : 1~14	누가복음 17 : 5~10, *20 : 1~26*
	하박국 1 : 1~4 ; 2 : 1~4 *(사 64 : 10–12)*	시편 37 : 1~9		

부록 401

기간				
10. 9~15. 사이의 주일	예레미야 29:1, 4~7	시편 66:1~12	디모데후서 2:8~15 **히브리서 13:17~25**	<u>누가복음 17:11~19 (추수감사주일과 중복)</u> **누가복음 17:20~37** (Lectio Continua 도중이므로 인접한 누락 본문 강력 추천)
	열왕기하 5:1~3, 7~15c *(사 65:10-16)*	시편 111편		
10. 16~22. 사이의 주일	예레미야 31:27~34	시편 119:97~104	디모데후서 3:14~4:5	누가복음 18:1~8
	창세기 32:22~31 *(사 66:1-66:9)*	시편 121편		
10. 23~29. 사이의 주일	요엘 2:23~32	시편 65편	디모데후서 4:6~8, 16~18 **빌립보서 2:12~3:4a**	누가복음 18:9~14
	예레미야 14:7~10, 19~22	시편 84:1~7		
10. 30. ~11. 5. 사이의 주일	하박국 1:1~4; 2:1~4*(단 1:1-21)* 빠진 본문을 새로 넣음.	시편 119:137~144	데살로니가후서 1:1~4, 11~12	누가복음 19:1~10
	이사야 1:10~18	시편 32:1~7 *(시 32:1-11)* 단락 구분을 새로 함.		
11. 6~12. 사이의 주일	학개 1:15b~2:9 *(단 2:1-49)* 빠진 본문을 새로 넣음.	<u>시편 145:1~5, 17~21</u>	데살로니가후서 2:1~5, 13~17	누가복음 20:27~38
	욥기 19:23~27a *(호 2:1-5:15)*	시편 17:1~9		
11. 13~19. 사이의 주일	이사야 65:17~25 *(단 3:1-6:28)* 빠진 본문을 새로 넣음.	이사야 12장	데살로니가후서 3:6~13 **데살로니가후서 3:1~5; 14~18**	누가복음 21:5~19 **마가복음 13:9~23**
	말라기 4:1~2a *(호 7:1-10:15)*	시편 98편		

11. 20~26. 사이의 주일 (왕 되신 그리스도 주일)	예레미야 23 : 1~6 (단 8 : 1–11 : 45) 빠진 본문을 새로 넣음.	누가복음 1 : 68~79	골로새서 1 : 11~20	누가복음 23 : 33~43 21 : 20~24 요한복음 12 : 37~50
	예레미야 23 : 1~6 (호 12 : 1–14 : 9) 빠진 본문을 새로 넣음.	시편 46편		

2) 총회 교회력과 매일성서일과표(Daily Lectionary)

대림절 첫째 주일	시 편	첫째 해	둘째 해
일	아침 : 시편 24, 150편 저녁 : 시편 25, 110편	이사야 1 : 1~9 베드로후서 3 : 1~10 마태복음 25 : 1~13	아모스 1 : 1~5, 13~2 : 8 데살로니가전서 5 : 1~11 누가복음 21 : 5~19
월	아침 : 시편 122, 145편 저녁 : 시편 40, 67편	이사야 1 : 10~20 데살로니가전서 1 : 1~10 누가복음 20 : 1~8	아모스 2 : 6~16 베드로후서 1 : 1~11 마태복음 21 : 1~11
화	아침 : 시편 33, 146편 저녁 : 시편 85, 94편	이사야 1 : 21~31 데살로니가전서 2 : 1~12 누가복음 20 : 9~18	아모스 3 : 1~11 베드로후서 1 : 12~21 마태복음 21 : 12~22
수	아침 : 시편 50편, 147 : 1~11 저녁 : 시편 53, 17편	이사야 2 : 1~4 데살로니가전서 2 : 13~20 누가복음 20 : 19~26	아모스 3 : 12~4 : 5 베드로후서 3 : 1~10 마태복음 21 : 23~32
목	아침 : 시편 18 : 1~20, 147 : 12~20 저녁 : 시편 126, 62편	이사야 2 : 5~22 데살로니가전서 3 : 1~13 누가복음 20 : 27~40	아모스 4 : 6~13 베드로후서 3 : 11~18 마태복음 21 : 33~46
금	아침 : 시편 102, 148편 저녁 : 시편 130, 16편	이사야 3 : 1~4 : 1 데살로니가전서 4 : 1~12 누가복음 20 : 41~21 : 4	아모스 5 : 1~17 유다서 1~16절 마태복음 22 : 1~14
토	아침 : 시편 90, 149편 저녁 : 시편 80, 72편	이사야 4 : 2~6 데살로니가전서 4 : 13~18 누가복음 21 : 5~19	아모스 5 : 18~27 유다서 17~25절 마태복음 22 : 15~22

대림절 둘째 주일	시 편	첫째 해	둘째 해
일	아침 : 시편 24, 150편 저녁 : 시편 25, 110편	이사야 5 : 1~7 베드로후서 3 : 11~18 누가복음 7 : 28~35	아모스 6 : 1~14 데살로니가후서 1 : 5~12 누가복음 1 : 57~68
월	아침 : 시편 122, 145편 저녁 : 시편 40, 67편	이사야 5 : 8~17 데살로니가전서 5 : 1~11 누가복음 21 : 20~28	아모스 7 : 1~9 요한계시록 1 : 1~8 마태복음 22 : 23~33
화	아침 : 시편 33, 146편 저녁 : 시편 85, 94편	이사야 5 : 18~25 데살로니가전서 5 : 12~28	아모스 7 : 10~17 요한계시록 1 : 9~16

	시편	첫째 해	둘째 해
		누가복음 21 : 29~38	마태복음 22 : 34~46
수	아침 : 시편 50편, 147 : 1~11 저녁 : 시편 53, 17편	이사야 6 : 1~13 데살로니가후서 1 : 1~12 요한복음 7 : 53~8 : 11	아모스 8 : 1~14 요한계시록 1 : 17~2 : 7 마태복음 22 : 34~46
목	아침 : 시편 18 : 1~20, 147 : 12~20 저녁 : 시편 126, 62편	이사야 7 : 1~9 데살로니가후서 2 : 1~12 누가복음 22 : 1~13	아모스 9 : 1~10 요한계시록 2 : 8~17 마태복음 23 : 13~26
금	아침 : 시편 102, 148편 저녁 : 시편 130, 16편	이사야 7 : 10~25 데살로니가후서 2 : 13~3 : 5 누가복음 22 : 14~30	학개 1 : 1~15 요한계시록 2 : 18~29 마태복음 23 : 27~39
토	아침 : 시편 90, 149편 저녁 : 시편 80, 72편	이사야 8 : 1~15 데살로니가후서 3 : 6~18 누가복음 22 : 31~38	학개 2 : 1~9 요한계시록 3 : 1~6 마태복음 24 : 1~14

대림절 셋째 주일	시 편	첫째 해	둘째 해
일	아침 : 시편 24, 150편 저녁 : 시편 25, 110편	이사야 13 : 1~13 히브리서 12 : 18~29 요한복음 3 : 22~30	아모스 9 : 11~15 데살로니가후서 2 : 1~3, 13~17 요한복음 5 : 30~47

아래의 읽기는 12월 17일 이후에는 사용되지 않는다. 그 이유는 대림절 넷째 주의 읽기와 동일하기 때문이다.

월	아침 : 시편 122, 145편 저녁 : 시편 40, 67편	이사야 8 : 16~9 : 1 베드로후서 1 : 1~11 누가복음 22 : 39~53	스가랴 1 : 7~17 요한계시록 3 : 7~13 마태복음 24 : 15~31
화	아침 : 시편 33, 146편 저녁 : 시편 85, 94편	이사야 9 : 2~7 베드로후서 1 : 12~21 누가복음 22 : 54~69	스가랴 2 : 1~13 요한계시록 3 : 14~22 마태복음 24 : 32~44
수	아침 : 시편 50편, 147 : 1~11 저녁 : 시편 53, 17편	이사야 9 : 8~17 베드로후서 2 : 1~10a 마가복음 1 : 1~8	스가랴 3 : 1~10 요한계시록 4 : 1~8 마태복음 24 : 25~51
목	아침 : 시편 18 : 1~20, 147 : 12~20 저녁 : 시편 126, 62편	이사야 9 : 18~10 : 4 베드로후서 2 : 10b~16 마태복음 3 : 1~12	스가랴 4 : 1~14 요한계시록 4 : 9~5 : 5 마태복음 25 : 1~13
금	아침 : 시편 102, 148편	이사야 10 : 5~19	스가랴 7 : 8~8 : 8

		저녁 : 시편 130, 16편	베드로후서 2 : 17~22 마태복음 11 : 2~15	요한계시록 5 : 6~14 마태복음 25 : 14~30
	토	아침 : 시편 90, 149편 저녁 : 시편 80, 72편	이사야 10 : 20~27 유다서 17~25절 누가복음 3 : 1~9	스가랴 8 : 9~17 요한계시록 6 : 1~17 마태복음 25 : 31~46

대림절 넷째 주일	시 편	첫째 해	둘째 해
12월 18일	아침 : 시편 24, 150편 저녁 : 시편 25, 110편	이사야 11 : 1~9 에베소서 6 : 10~20 요한복음 3 : 16~21	창세기 3 : 8~15 요한계시록 12 : 1~10 요한복음 3 : 16~21
12월 19일	아침 : 시편 122, 145편 저녁 : 시편 40, 67편	이사야 11 : 10~16 요한계시록 20 : 1~10 요한복음 5 : 30~47	스바냐 3 : 14~20 디도서 1 : 1~16 누가복음 1 : 1~25
12월 20일	아침 : 시편 33, 146편 저녁 : 시편 85, 94편	이사야 28 : 9~22 요한계시록 20 : 11~21 : 8 누가복음 1 : 5~25	사무엘상 2 : 1b~10 디도서 2 : 1~10 누가복음 1 : 26~38
12월 21일	아침 : 시편 50, 147 : 1~11 저녁 : 시편 53, 17편	이사야 29 : 9~24 요한계시록 21 : 9~21 누가복음 1 : 26~38	사무엘하 7 : 1~17 디도서 2 : 11~3 : 8a 누가복음 1 : 39~48a (48b-56)
12월 22일	아침 : 시편 18 : 1~20, 147 : 12~20 저녁 : 시편 126, 62편	이사야 31 : 1~9 요한계시록 21 : 22~22 : 5 누가복음 1 : 39~48a (48b-56)	사무엘하 7 : 18~29 갈라디아서 3 : 1~14 누가복음 1 : 57~66
12월 23일	아침 : 시편 102, 148편 저녁 : 시편 130, 16편	이사야 33 : 17~22 요한계시록 22 : 6~11, 18~20 누가복음 1 : 57~66	예레미야 31 : 10~14 갈라디아서 3 : 15~22 누가복음 1 : 67~80 또는 마태복음 1 : 1~17
12월 24일	아침 : 시편 90, 149편 저녁 : 시편 80, 72편	이사야 35 : 1~10 요한계시록 22 : 12~17, 21 누가복음 1 : 67~80	이사야 60 : 1~6 갈라디아서 3 : 23~4 : 7 마태복음 1 : 18~25

* 찬미의 시편

주일 시편 150편 ; 월 -시편 145편 ; 화-시편 146편 ; 수-시편 147 : 1~11 ; 목-시편 147 : 12~20 ; 금-시편 148편 ; 토-시편 149편

성탄 전야	시편 : 132, 114편	이사야 59 : 15b~21 빌립보서 2 : 5~11	이사야 59 : 15b~21 빌립보서 2 : 5~11
성탄절	아침 : 시편 2편 찬미의 시편* 저녁 : 시편 119 : 1~24, 27	스가랴 2 : 10~13 요한일서 4 : 7~16 요한복음 3 : 31~36	미가 4 : 1~5, 5 : 2~4 요한일서 4 : 7~16 요한복음 3 : 31~36
성탄절 후 첫째 주일	[날짜에 지정된 시편을 사용]	이사야 62 : 6~7, 10~12 히브리서 2 : 10~18 마태복음 1 : 18~25	사무엘상 1 : 1~2, 7b~28 골로새서 1 : 9~20 누가복음 2 : 22~40
12월 26일	아침 : 시편 116편 찬미의 시편* 저녁 : 시편 119 : 1~24, 27	역대하 24 : 17~22 사도행전 6 : 1~7 사도행전 7 : 59~8 : 8	역대하 24 : 17~22 사도행전 6 : 1~7 사도행전 7 : 59~8 : 8
12월 27일	아침 : 시편 34편 찬미의 시편* 저녁 : 시편 19, 121편	잠언 8 : 22~30 요한일서 5 : 1~12 요한복음 13 : 20~35	잠언 8 : 22~30 요한일서 5 : 1~12 요한복음 13 : 20~35
12월 28일	아침 : 시편 2편 찬미의 시편* 저녁 : 시편 110, 111편	이사야 49 : 13~23 이사야 54 : 1~13 마태복음 18 : 1~14	이사야 49 : 13~23 이사야 54 : 1~13 마태복음 18 : 1~14
12월 29일	아침 시편 96편 찬미의 시편* 저녁 시편 132, 97편	이사야 12 : 1~6 요한계시록 1 : 1~8 요한복음 7 : 37~52	사무엘하 23 : 13~17b 요한이서 1~13절 요한복음 2 : 1~11
12월 30일	아침 : 시편 93편 찬미의 시편* 저녁 : 시편 89 : 1~18, 39 : 19~52	이사야 25 : 1~9 요한계시록 1 : 19~20 요한복음 7 : 53~8 : 11	열왕기상 17 : 17~24 요한삼서 1~15절 요한복음 4 : 46~54
12월 31일	아침 : 시편 98편 찬미의 시편* 저녁 : 시편 45, 96편	이사야 26 : 1~6 고린도후서 5 : 16~6 : 2 요한복음 8 : 12~19	열왕기상 3 : 5~14 야고보서 4 : 13~17, 5 : 7~11 요한복음 5 : 1~15
1월 1일	아침 : 시편 98편 찬미의 시편* 저녁 : 시편 99, 8편	창세기 17 : 1~12a, 15~16 골로새서 2 : 6~12 요한복음 16 : 23b~30	이사야 62 : 1~5, 10~12 요한계시록 19 : 11~16 마태복음 1 : 18~25

| 성탄 후 | [날짜에 지정된 시편을 | 전도서 3 : 3~9, 14~17 | 열왕기상 3 : 5~14 |

둘째 주일	사용]	또는 신명기 33 : 1~5 요한일서 2 : 12~17 요한복음 6 : 41~47	골로새서 3 : 12~17 요한복음 6 : 41~47
1월 2일	아침 : 시편 48편 찬미의 시편* 저녁 : 시편 9, 29편	창세기 12 : 1~7 히브리서 11 : 1~12 요한복음 6 : 35~42, 48~51	열왕기상 19 : 1~8 에베소서 4 : 1~16 요한복음 6 : 1~14
1월 3일	아침 : 시편 111편 찬미의 시편* 저녁 : 시편 107, 15편	창세기 28 : 10~22 히브리서 11 : 13~22 요한복음 10 : 7~17	열왕기상 19 : 9~18 에베소서 4 : 17~32 요한복음 6 : 15~27

* 찬미의 시편
주일 시편 150편 ; 월—시편 145편 ; 화—시편 146편 ; 수—시편 147 : 1~11 ; 목—시편 147 : 12~20 ; 금—시편 148편 ; 토—시편 149편

1월 4일	아침 : 시편 20편 찬미의 시편* 저녁 : 시편 93, 97편	출애굽기 3 : 1~5 히브리서 11 : 23~31 요한복서 14 : 6~14	여호수아 3 : 14~4 : 7 에베소서 5 : 1~20 요한복음 9 : 1~12, 35~38
1월 5일	아침 : 시편 99편 찬미의 시편*	여호수아 1 : 1~9 히브리서 11 : 32~12 : 2 요한복음 15 : 1~6	요나 2 : 2~9 에베소서 6 : 10~20 요한복음 11 : 17~27, 38~44
주현절 전야	시편 96, 110편	이사야 66 : 18~23 로마서 15 : 7~13	이사야 66 : 18~23 로마서 15 : 7~13

주현절과 그 다음 주	시 편	첫째 해	둘째 해
주현절 1월 6일	아침 : 시편 72편 찬미의 시편* 아침 : 시편 100, 67편	이사야 52 : 7~10 요한계시록 21 : 22~27 마태복음 12 : 14~21	이사야 49 : 1~7 요한계시록 21 : 22~27 마태복음 12 : 14~21
1월 7일	아침 : 시편 46 또는 97편 찬미의 시편* 저녁 : 시편 27, 93 또는 114편	이사야 52 : 3~6 요한계시록 2 : 1~7 요한복음 2 : 1~11	신명기 8 : 1~3 골로새서 1 : 1~14 요한복음 6 : 30~33, 48~51
1월 8일	아침 : 시편 46편 또는 47편 찬미의 시편* 저녁 : 시편 27, 93 또는 114편	이사야 59 : 15b~21 요한계시록 2 : 8~17 요한복음 4 : 46~54	출애굽기 17 : 1~7 골로새서 1 : 15~33 요한복음 7 : 37~52
1월 9일	아침 : 시편 46 또는 47편 찬미의 시편* 저녁 : 시편 27, 93 또는 114편	이사야 63 : 1~5 요한계시록 2 : 18~29 요한복음 5 : 1~15	이사야 45 : 14~19 골로새서 1 : 24~2 : 7 요한복음 8 : 12~19

1월 10일	아침: 시편 46 또는 47편 찬미의 시편* 저녁: 시편 27, 93 또는 114편	이사야 65:1~9 요한계시록 3:1~6 요한복음 6:1~14	예레미야 23:1~8 골로새서 2:8~23 요한복음 10:7~17
* 찬미의 시편			
주일 시편 150편; 월 –시편 145편; 화–시편 146편; 수–시편 147:1~11; 목–시편 147:12~20; 금–시편 148편; 토–시편 149편			
1월 11일	아침: 시편 46편 또는 47편 찬미의 시편* 저녁: 시편 27, 93 또는 114편	이사야 65:13~16 요한계시록 3:7~13 요한복음 6:15~27	이사야 55:3~9 골로새서 3:1~17 요한복음 14:6~14
1월 12일	아침: 시편 46 또는 47편 찬미의 시편*	이사야 66:1~2, 22~23 요한계시록 3:14~22 요한복음 9:1~12, 35~38	창세기 49:1~2, 8~12 골로새서 3:18~4:6 요한복음 15:1~16
주님의 수세일 전야	시편: 27, 93 또는 114편	이사야 61:1~9 갈라디아서 3:23~29, 4:4~7	이사야 61:1~9 갈라디아서 3:23~29, 4:4~7

주님의 수세(1월 7일과 13일 사이의 주일)와 그 다음	시 편	첫째 해	둘째 해
주님의 수세일	아침: 시편 104, 150편 저녁: 시편 29편	이사야 40:1~11 히브리서 1:1~12 요한복음 1:1~7, 19~20, 29~34	창세기 1:1~2:3 에베소서 1:3~14 요한복음 1:29~34
월	아침: 시편 5, 145편 저녁: 시편 82, 29편	이사야 40:12~24 에베소서 1:1~14 마가복음 1:1~13	창세기 2:4~9(10-15) 16~25 히브리서 1:1~14 요한복음 1:1~18
화	아침: 시편 42, 146편 저녁: 시편 102, 133편	이사야 40:25~31 에베소서 1:15~23 마가복음 1:14~28	창세기 3:1~24 히브리서 2:1~10 요한복음 1:19~28
수	아침: 시편 89:1~18 147:1~11 저녁: 시편 1, 33편	이사야 41:1~16 에베소서 2:1~10 마가복음 1:29~45	창세기 4:1~16 히브리서 2:11~18 요한복음 1:(29-34)35~42
목	아침: 시편 97편, 147:12~20 저녁: 시편 16, 62편	이사야 41:17~29 에베소서 2:11~22 마가복음 2:1~12	창세기 4:17~26 히브리서 3:1~11 요한복음 1:43~51
금	아침: 시편 51, 148편 저녁: 시편 142, 65편	이사야 42:(1–9)10~17 에베소서 3:1~13	창세기 6:1~8 히브리서 3:12~19

		마가복음 2 : 13~22	요한복음 2 : 1~12
토	아침 : 시편 104, 149편 저녁 : 시편 138, 98편	이사야 (42 : 18~25) 43 : 1~13 에베소서 3 : 14~21 마가복음 2 : 23~3 : 6	창세기 6 : 9~22 히브리서 4 : 1~13 요한복음 2 : 13~22

1월 14~20일 주일 다음 주	시 편	첫째 해	둘째 해
일	아침 : 시편 19, 150편 저녁 : 시편 81, 113편	이사야 43 : 14~44 : 5 히브리서 6 : 17~7 : 10 요한복음 4 : 27~42	창세기 7 : 1~10, 17~23 에베소서 4 : 1~16 마가복음 3 : 7~19
월	아침 : 시편 135, 145편 저녁 : 시편 97, 112편	이사야 44 : 6~8, 21~23 에베소서 4 : 1~6 마가복음 3 : 7~19a	창세기 8 : 6~22 히브리서 4 : 14~5 : 6 요한복음 2 : 23~3 : 15
화	아침 : 시편 123, 146편 저녁 : 시편 97, 112편	이사야 44 : 9~20 에베소서 4 : 17~32 마가복음 3 : 19b~35	창세기 9 : 1~7 히브리서 5 : 7~14 요한복음 3 : 16~21
수	아침 : 시편 15편, 147 : 1~11 저녁 : 시편 48, 4편	이사야 44 : 24~45 : 7 에베소서 5 : 1~14 마가복음 4 : 1~20	창세기 9 : 18~29 히브리서 6 : 1~12 요한복음 3 : 22~36
목	아침 : 시편 36편, 147 : 12~20 저녁 : 시편 80, 27편	이사야 45 : 5~17 에베소서 5 : 15~33 마가복음 4 : 21~34	창세기 11 : 1~9 히브리서 6 : 13~20 요한복음 4 : 16~26
금	아침 : 시편 130, 148편 저녁 : 시편 32, 139편	이사야 45 : 18~25 에베소서 6 : 1~9 마가복음 4 : 35~41	창세기 11 : 27~12 : 8 히브리서 7 : 1~17 요한복음 4 : 16~26
토	아침 : 시편 56, 149편 저녁 : 시편 118, 111편	이사야 46 : 1~13 에베소서 6 : 10~24 마가복음 5 : 1~20	창세기 12 : 9~13 : 1 히브리서 7 : 18~28 요한복음 4 : 27~42

1월 21~27일 주일 다음 주	시 편	첫째 해	둘째 해
일	아침 : 시편 67, 150편 저녁 : 시편 46, 93편	이사야 47 : 1~15 히브리서 10 : 19~31	창세기 13 : 2~18 갈라디아서 2 : 1~10

	시편	첫째 해	둘째 해
		요한복음 5 : 2~18	마가복음 7 : 31~37
월	아침 : 시편 57, 145편 저녁 : 시편 85, 47편	이사야 48 : 1~11 갈라디아서 1 : 1~17 마가복음 5 : 21~43	창세기 14 : (1-7)8~24 히브리서 8 : 1~13 요한복음 4 : 43~54
화	아침 : 시편 54, 146편 저녁 : 시편 28, 99편	이사야 48 : 12~21(22) 갈라디아서 1 : 18~2 : 10 마가복음 6 : 1~13	창세기 15 : 1~11, 17~21 히브리서 9 : 1~14 요한복음 5 : 1~18
수	아침 : 시편 65편, 147 : 1~11 저녁 : 시편 125, 91편	이사야 49 : 1~12 갈라디아서 2 : 11~21 마가복음 6 : 13~29	창세기 16 : 1~14 히브리서 9 : 15~28 요한복음 5 : 19~29
목	아침 : 시편 143편, 147 : 12~20 저녁 : 시편 81, 116편	이사야 49 : 13~23(24-26) 갈라디아서 3 : 1~14 마가복음 6 : 30~46	창세기 16 : 15~17 : 14 히브리서 10 : 1~10 요한복음 5 : 30~47
금	아침 : 시편 88, 148편 저녁 : 시편 6, 20편	이사야 50 : 1~11 갈라디아서 3 : 15~22 마가복음 6 : 47~56	창세기 17 : 15~27 히브리서 10 : 11~25 요한복음 6 : 1~15
토	아침 : 시편 122, 149편 저녁 : 시편 100, 63편	이사야 51 : 1~8 갈라디아서 3 : 23~29 마가복음 7 : 1~23	창세기 18 : 1~16 히브리서 10 : 26~39 요한복음 6 : 16~27

1월 28일~2월 3일 주일 다음 주 (이때의 주일이 주님의 산상변모일이면 예외임.)	시 편	첫째 해	둘째 해
일	아침 : 시편 108, 150편 저녁 : 시편 66, 23편	이사야 51 : 9~16 히브리서 11 : 8~16 요한복음 7 : 1~23	창세기 18 : 16~33 갈라디아서 5 : 13~25 마가복음 8 : 22~30
월	아침 : 시편 62, 145편 저녁 : 시편 73, 9편	이사야 51 : 17~23 갈라디아서 4 : 1~11 마가복음 7 : 24~37	창세기 19 : 1~17(18-23), 24~29 히브리서 11 : 1~12 요한복음 6 : 27~40
화	아침 : 시편 12, 146편 저녁 : 시편 36, 7편	이사야 52 : 1~12 갈라디아서 4 : 12~20 마가복음 8 : 1~10	창세기 21 : 1~21 히브리서 11 : 13~22 요한복음 6 : 41~51
수	아침 : 시편 96편, 147 : 1~11	이사야 52 : 13~53 : 12 갈라디아서 4 : 21~31	창세기 22 : 1~18 히브리서 11 : 23~31

부록 411

	저녁 : 시편 132, 134편	마가복음 8 : 11~26	요한복음 6 : 52~59
목	아침 : 시편 97, 147 : 12~20 저녁 : 시편 16, 62편	이사야 41 : 17~29 에베소서 2 : 11~22 마가복음 2 : 1~12	창세기 4 : 17~26 히브리서 3 : 1~11 요한복음 1 : 43~51
금	아침 : 시편 51, 148편 저녁 : 시편 142, 65편	이사야 42 : (1–9)10~17 에베소서 3 : 1~13 마가복음 2 : 13~22	창세기 6 : 1~8 히브리서 3 : 12~19 요한복음 2 : 1~12
토	아침 : 시편 104, 149편 저녁 : 시편 138, 98편	이사야 (42 : 18–25)43 : 1~13 에베소서 3 : 14~21 마가복음 2 : 23~3 : 6	창세기 6 : 9~22 히브리서 4 : 1~13 요한복음 2 : 13~22

1월 14~20일 사이의 주일 다음 주

주 일	아침 : 시편 19, 150편 저녁 : 시편 81, 113편	이사야 43 : 14~44 : 5 히브리서 6 : 17~7 : 10 요한복음 4 : 27~42	창세기 7 : 1~10, 17~23 에베소서 4 : 1~16 마가복음 3 : 7~19
월	아침 : 시편 135, 145편 저녁 : 시편 97, 112편	이사야 44 : 6~8, 21~23 에베소서 4 : 1~16 마가복음 3 : 7~19a	창세기 8 : 6~22 히브리서 4 : 14~5 : 6 요한복음 2 : 23~3 : 15
화	아침 : 시편 123, 146편 저녁 : 시편 30, 86편	이사야 44 : 9~20 에베소서 4 : 17~32 마가복음 3 : 19b~35	창세기 9 : 1~17 히브리서 5 : 7~14 요한복음 3 : 16~21
수	아침 : 시편 15편, 147 : 1~11 저녁 : 시편 48, 4편	이사야 44 : 24~45 : 7 에베소서 5 : 1~14 마가복음 4 : 1~20	창세기 9 : 18~29 히브리서 6 : 1~12 요한복음 3 : 22~36
목	아침 : 시편 36편, 147 : 12~20 저녁 : 시편 80, 27편	이사야 5 : 5~17 에베소서 5 : 15~33 마가복음 4 : 21~34	창세기 11 : 1~9 히브리서 6 : 13~20 요한복음 4 : 1~15
금	아침 : 시편 130, 148편 저녁 : 시편 32, 139편	이사야 45 : 18~25 에베소서 6 : 1~9 마가복음 4 : 35~41	창세기 11 : 27~12 : 8 히브리서 7 : 1~17 요한복음 4 : 16~26
토	아침 : 시편 56, 149편 저녁 : 시편 118, 111편	이사야 46 : 1~13 에베소서 6 : 10~24 마가복음 5 : 1~20	창세기 12 : 9~13 : 1 히브리서 7 : 18~28 요한복음 4 : 27~42

1월 21~27일 사이의 주일 다음 주

주 일	아침 : 시편 67, 150편 저녁 : 시편 46, 93편	이사야 47 : 1~15 히브리서 10 : 19~31 요한복음 5 : 2~18	창세기 13 : 2~18 갈라디아서 2 : 1~10 마가복음 7 : 31~37

월	아침 : 시편 57, 145편 저녁 : 시편 85, 47편	이사야 48 : 1~11 갈라디아서 1 : 1~17 마가복음 5 : 21~43	창세기 14 : (1-7)8~24 히브리서 8 : 1~13 요한복음 4 : 43~54
화	아침 : 시편 54, 146편 저녁 : 시편 28, 99편	이사야 48 : 12~21(22) 갈라디아서 1 : 18~2 : 10 마가복음 6 : 1~13	창세기 15 : 1~11, 17~21 히브리서 9 : 1~14 요한복음 5 : 1~18
수	아침 : 시편 65편, 147 : 1~11 저녁 : 시편 125, 91편	이사야 49 : 1~12 갈라디아서 2 : 11~21 마가복음 6 : 13~29	창세기 16 : 1~14 히브리서 9 : 15~28 요한복음 5 : 19~29
목	아침 : 시편 143편, 147 : 12~20 저녁 : 시편 81, 116편	이사야 49 : 13~23(24-26) 갈라디아서 3 : 1~14 마가복음 6 : 30~46	창세기 16 : 15~17 : 14 히브리서 10 : 1~10 요한복음 5 : 30~47
금	아침 : 시편 88, 148편 저녁 : 시편 6, 20편	이사야 50 : 1~11 갈라디아서 3 : 15~22 마가복음 6 : 47~56	창세기 17 : 15~27 히브리서 10 : 11~25 요한복음 6 : 1~15
토	아침 : 시편 122, 149편 저녁 : 시편 100, 63편	이사야 51 : 1~8 갈라디아서 3 : 23~29 마가복음 7 : 1~23	창세기 18 : 1~16 히브리서 10 : 26~39 요한복음 6 : 16~27

1월 28일~2월 3일 사이의 주일 다음 주, 이 주일이 주님의 산상변모일일 경우 제외한다.

주 일	아침 : 시편 108, 150편 저녁 : 시편 66, 23편	이사야 51 : 9~16 히브리서 11 : 8~16 요한복음 7 : 14~31	창세기 18 : 16~33 갈라디아서 5 : 13~25 마가복음 8 : 22~30
월	아침 : 시편 62, 145편 저녁 : 시편 73, 9편	이사야 51 : 17~23 갈라디아서 4 : 1~11 마가복음 7 : 24~37	창세기 19 : 1~17 (18-23), 24~29 히브리서 11 : 1~12 요한복음 6 : 27~40
화	아침 : 시편 12, 146편 저녁 : 시편 36, 7편	이사야 52 : 1~12 갈라디아서 4 : 12~20 마가복음 8 : 1~10	창세기 21 : 1~21 히브리서 11 : 13~22 요한복음 6 : 41~51
수	아침 : 시편 96편, 147 : 1~11 저녁 : 시편 132, 134편	이사야 52 : 13~53 : 12 갈라디아서 4 : 21~31 마가복음 8 : 11~26	창세기 22 : 1~18 히브리서 11 : 23~31 요한복음 6 : 52~59
목	아침 : 시편 116편, 147 : 12~20 저녁 : 시편 26, 130편	이사야 54 : 1~10(11-17) 갈라디아서 5 : 1~15 마가복음 8 : 27~9 : 1	창세기 23 : 1~20 히브리서 11 : 32~12 : 2 요한복음 6 : 60~71

금	아침 : 시편 84, 148편 저녁 : 시편 25, 40편	이사야 55 : 1~13 갈라디아서 5 : 16~24 마가복음 9 : 2~13	창세기 24 : 1~27 히브리서 12 : 3~11 요한복음 7 : 1~13
토	아침 : 시편 63, 149편 저녁 : 시편 125, 90편	이사야 56 : 1~8 갈라디아서 5 : 25~6 : 10 마가복음 9 : 14~29	창세기 24 : 28~38, 49~51 히브리서 12 : 12~29 요한복음 7 : 14~36

2월 4~10일 사이의 주일 다음 주, 이 주일이 주님의 산상변모일일 경우 제외한다.	시 편	첫째 해	둘째 해
일	아침 : 시편 103, 150편 저녁 : 시편 117, 139편	이사야 57 : 1~13 히브리서 12 : 1~6 요한복음 7 : 37~46	창세기 24 : 50~67 디모데후서 2 : 14~21 마가복음 10 : 13~22
월	아침 : 시편 5, 145편 저녁 : 시편 82, 29편	이사야 57 : 14~21 갈라디아서 6 : 11~18 마가복음 9 : 30~41	창세기 25 : 19~34 히브리서 13 : 1~16 요한복음 7 : 37~52
화	아침 : 시편 42, 146편 저녁 : 시편 102, 133편	이사야 58 : 1~12 디모데후서 1 : 1~14 마가복음 9 : 42~50	창세기 26 : 1~6, 12~33 히브리서 13 : 17~25 요한복음 7 : 53~8 : 11
수	아침 : 시편 89 : 1~18 147 : 1~11 저녁 : 시편 1, 33편	이사야 59 : 1~21 디모데후서 1 : 15~2 : 13 마가복음 10 : 1~16	창세기 27 : 1~29 로마서 12 : 1~8 요한복음 8 : 12~20
목	아침 : 시편 97편, 147 : 12~20 저녁 : 시편 16, 62편	이사야 60 : 1~22 디모데후서 2 : 14~26 마가복음 10 : 17~31	창세기 27 : 30~45 로마서 12 : 9~21 요한복음 8 : 21~32
금	아침 : 시편 51, 148편 저녁 : 시편 142, 65편	이사야 61 : 1~9 디모데후서 3 : 1~17 마가복음 10 : 32~45	창세기 27 : 46~28 : 4, 10~22 로마서 13 : 1~14 요한복음 8 : 33~47
토	아침 : 시편 104, 149편 저녁 : 시편 138, 98편	이사야 61 : 10~62 : 5 디모데후서 4 : 1~8 마가복음 10 : 46~52	창세기 29 : 1~20 로마서 14 : 1~23 요한복음 8 : 47~59

2월 11~17일 사이의 주일 다음 주, 이 주일이 주님의 산상변모일일 경우 제외한다.	시 편	첫째 해	둘째 해
일	아침 : 시편 19, 150편 저녁 : 시편 81, 113편	이사야 62 : 6~12 요한일서 2 : 3~11 요한복음 8 : 12~19	창세기 29 : 20~35 디모데전서 3 : 14~4 : 10 마가복음 10 : 23~31
월	아침 : 시편 135, 145편 저녁 : 시편 97, 112편	이사야 63 : 1~6 디모데전서 1 : 1~17 마가복음 11 : 1~11	창세기 30 : 1~24 요한일서 1 : 1~10 요한복음 9 : 1~17
화	아침 : 시편 123, 146편 저녁 : 시편 30, 86편	이사야 63 : 7~14 디모데전서 1 : 18~2 : 8(9-15) 마가복음 11 : 12~26	창세기 31 : 1~24 요한일서 2 : 1~11 요한복음 9 : 18~41
수	아침 : 시편 15편, 147 : 1~11 저녁 : 시편 30, 86편	이사야 63 : 15~64 : 9 디모데전서 3 : 1~16 마가복음 11 : 27~12 : 12	창세기 31 : 25~50 요한일서 2 : 12~17 요한복음 10 : 1~18
목	아침 : 시편 36편, 147 : 12~20 저녁 : 시편 80, 27편	이사야 65 : 1~12 디모데전서 4 : 1~16 마가복음 12 : 13~27	창세기 32 : 3~21 요한일서 2 : 18~29 요한복음 10 : 19~30
금	아침 : 시편 130, 148편 저녁 : 시편 32, 139편	이사야 65 : 17~25 디모데전서 5 : (1-16)17~22(23-25) 마가복음 12 : 28~34	창세기 32 : 22~33 : 17 요한일서 3 : 1~10 요한복음 10 : 31~42
토	아침 : 시편 56, 149편 저녁 : 시편 118, 111편	이사야 66 : 1~6 디모데전서 6 : (1-5)6~21 마가복음 12 : 35~44	창세기 35 : 1~20 요한일서 3 : 11~18 요한복음 11 : 1~16

2월 18~24일 사이의 주일 다음 주, 이 주일이 주님의 산상변모일일 경우 제외한다.	시 편	첫째 해	둘째 해
일	아침 : 시편 67, 150편 저녁 : 시편 46, 93편	이사야 66 : 7~14 요한일서 3 : 4~10 요한복음 10 : 7~16	잠언 1 : 20~33 고린도후서 5 : 11~21 마가복음 10 : 35~45
월	아침 : 시편 57, 145편	룻기 1 : 1~14	잠언 3 : 11~20

			첫째 해	둘째 해
		저녁 : 시편 85, 47편	고린도후서 1 : 1~11 마태복음 5 : 1~12	요한일서 3 : 18~4 : 6 요한복음 11 : 17~29
	화	아침 : 시편 54, 146편 저녁 : 시편 28, 99편	룻기 1 : 15~22 고린도후서 1 : 12~22 마태복음 5 : 13~20	잠언 4 : 1~27 요한일서 4 : 7~21 요한복음 11 : 30~44
	수	아침 : 시편 65편, 147 : 1~11 저녁 : 시편 125, 95편	룻기 2 : 1~13 고린도후서 1 : 23~2 : 17 마태복음 5 : 21~26	잠언 6 : 1~19 요한일서 5 : 1~12 요한복음 11 : 45~54
	목	아침 : 시편 143편, 147 : 12~20 저녁 : 시편 81, 116편	룻기 2 : 14~23 고린도후서 3 : 1~18 마태복음 5 : 27~37	잠언 7 : 1~27 요한일서 5 : 13~21 요한복음 11 : 55~12 : 8
	금	아침 : 시편 88, 148편 저녁 : 시편 6, 20편	룻기 3 : 1~18 고린도후서 4 : 1~12 마태복음 5 : 38~48	잠언 8 : 1~21 빌레몬서 1~25절 요한복음 12 : 9~19
	토	아침 : 시편 122, 149편 저녁 : 시편 100, 63편	룻기 4 : 1~22 고린도후서 4 : 13~5 : 10 마태복음 6 : 1~6	잠언 8 : 22~36 디모데후서 1 : 1~14 요한복음 12 : 20~26

2월 25~29일 사이의 주일 다음 주, 이 주일이 주님의 산상변모일일 경우 제외한다.	시 편	첫째 해	둘째 해
일	아침 : 시편 108, 150편 저녁 : 시편 66, 23편	신명기 4 : 1~9 디모데후서 4 : 1~8 요한복음 12 : 1~8	잠언 9 : 1~12 고린도후서 9 : 6b~15 마가복음 10 : 46~52
월	아침 : 시편 62, 145편 저녁 : 시편 73, 9편	신명기 4 : 9~14 고린도후서 10 : 1~18 마태복음 6 : 7~15	잠언 10 : 1~12 디모데후서 1 : 15~2 : 13 요한복음 12 : 27~36a
화	아침 : 시편 12, 146편 저녁 : 시편 36, 7편	신명기 4 : 15~24 고린도후서 11 : 1~21a 마태복음 6 : 16~23	잠언 15 : 16~33 디모데후서 2 : 14~26 요한복음 12 : 36b~50
수	아침 : 시편 96편, 147 : 1~11 저녁 : 시편 132, 134편	신명기 4 : 25~31 고린도후서 11 : 21b~33 마태복음 6 : 24~34	잠언 17 : 1~20 디모데후서 3 : 1~17 요한복음 13 : 1~20
목	아침 : 시편 116편, 147	신명기 4 : 32~40	잠언 21 : 30~22 : 6

	: 12~20 저녁 : 시편 26, 130편	고린도후서 12 : 1~10 마태복음 7 : 1~12	디모데후서 4 : 1~8 요한복음 13 : 21~30
금	아침 : 시편 84, 148편 저녁 : 시편 25, 40편	신명기 5 : 1~22 고린도후서 12 : 11~21 마태복음 7 : 13~21	잠언 23 : 19~21, 23 : 29~24 : 2 디모데후서 4 : 9~22 요한복음 13 : 31~38
토	아침 : 시편 63, 149편 저녁 : 시편 125, 90편	신명기 5 : 22~33 고린도후서 13 : 1~14 마태복음 7 : 22~29	잠언 25 : 15~28 빌립보서 1 : 1~11 요한복음 18 : 1~14

주님의 산상변 모일과 그 다음	시 편	첫째 해	둘째 해
일	아침 : 시편 103, 150편 저녁 : 시편 117, 139편	다니엘 7 : 9~10, 13~14 고린도후서 3 : 1~9 요한복음 12 : 27~36a	말라기 4 : 1~6 고린도후서 3 : 7~18 누가복음 9 : 18~27
월	아침 : 시편 5, 145편 저녁 : 시편 82, 29편	신명기 6 : 1~15 히브리서 1 : 1~14 요한복음 1 : 1~18	잠언 27 : 1~6, 10~12 빌립보서 2 : 1~13 요한복음 18 : 15~18, 25~27
화	아침 : 시편 42, 146편 저녁 : 시편 102, 133편	신명기 6 : 16~25 히브리서 2 : 1~10 요한복음 1 : 19~28	잠언 30 : 1~4, 24~33 빌립보서 3 : 1~11 요한복음 18 : 28~38
재의 수요일	아침 : 시편 5편, 147 : 1~11 저녁 : 시편 27, 51편	요나서 3 : 1~4 : 11 히브리서 12 : 1~14 누가복음 18 : 9~14	아모스 5 : 6~15 히브리서 12 : 1~14 누가복음 18 : 9~14
목	아침 : 시편 27편, 147 : 12~20 저녁 : 시편 126, 102편	신명기 7 : 6~11 디도서 1 : 1~16 요한복음 1 : 29~34	하박국 3 : 1~10(11-15) 16~18 빌립보서 3 : 12~21 요한복음 17 : 1~8
금	아침 : 시편 22, 148편 저녁 : 시편 105, 130편	신명기 7 : 12~16 디도서 2 : 1~15 요한복음 1 : 35~42	에스겔 18 : 1~4, 25~32 빌립보서 4 : 1~9 요한복음 17 : 9~19
토	아침 : 시편 43, 149편 저녁 : 시편 31, 143편	신명기 7 : 17~26 디도서 3 : 1~15 요한복음 1 : 43~51	에스겔 39 : 21~29 빌립보서 4 : 10~20 요한복음 17 : 20~26

사순절 첫째 주	시 편	첫째 해	둘째 해
일	아침 : 시편 84, 150편 저녁 : 시편 42, 32편	예레미야 9 : 23~24 고린도전서 1 : 18~31 마가복음 2 : 18~22	다니엘 9 : 3~10 히브리서 2 : 10~18 요한복음 12 : 44~50
월	아침 : 시편 119 : 73~80, 145편 저녁 : 시편 121, 6편	신명기 8 : 1~20 히브리서 2 : 11~18 요한복음 2 : 1~12	창세기 37 : 1~11 고린도전서 1 : 1~19 마가복음 1 : 1~13
화	아침 : 시편 34, 146편 저녁 : 시편 25, 91편	신명기 9 : (1-3)4~12 히브리서 3 : 1~11 요한복음 2 : 13~22	창세기 37 : 12~24 고린도전서 1 : 20~31 마가복음 1 : 14~28
수	아침 : 시편 5편, 147 : 1~11 저녁 : 시편 27, 51편	신명기 9 : 13~21 히브리서 3 : 12~29 요한복음 2 : 23~3 : 15	창세기 37 : 25~36 고린도전서 2 : 1~13 마가복음 1 : 29~45
목	아침 : 시편 27편, 147 : 12~20 저녁 : 시편 126, 102편	신명기 9 : 23~10 : 5 히브리서 4 : 1~10 요한복음 3 : 16~21	창세기 39 : 1~23 고린도전서 2 : 14~3 : 15 마가복음 2 : 1~12
금	아침 : 시편 22, 148편 저녁 : 시편 105, 130편	신명기 10 : 12~22 히브리서 4 : 11~16 요한복음 3 : 22~36	창세기 40 : 1~23 고린도전서 3 : 16~23 마가복음 2 : 13~22
토	아침 : 시편 43, 149편 저녁 : 시편 31, 143편	신명기 11 : 18~28 히브리서 5 : 1~10 요한복음 4 : 1~26	창세기 41 : 1~13 고린도전서 4 : 1~7 마가복음 2 : 23~3 : 6

사순절 둘째 주	시 편	첫째 해	둘째 해
일	아침 : 시편 84, 150편 저녁 : 시편 42, 32편	예레미야 1 : 1~10 고린도전서 3 : 11~23 마가복음 3 : 31~4 : 9	창세기 41 : 14~45 로마서 6 : 3~14 요한복음 5 : 19~24
월	아침 : 시편 119 : 73~80, 145편 저녁 : 시편 121, 6편	예레미야 1 : 11~19 로마서 1 : 1~15 요한복음 4 : 27~42	창세기 41 : 46~57 고린도전서 4 : 8~20(21) 마가복음 3 : 7~19a
화	아침 : 시편 34, 146편 저녁 : 시편 25, 91편	예레미야 2 : 1~13, 29~32 로마서 1 : 16~25 요한복음 4 : 43~54	창세기 42 : 1~17 고린도전서 5 : 1~8 마가복음 3 : 19b~35

	시편	첫째 해	둘째 해
수	아침 : 시편 5편, 147 : 1~11 저녁 : 시편 27, 51편	예레미야 3 : 6~18 로마서 1 : (26-27)28~2 : 11 요한복음 5 : 1~18	창세기 42 : 18~28 고린도전서 5 : 9~6 : 11 마가복음 4 : 1~20
목	아침 : 시편 27편, 147 : 12~20 저녁 : 시편 126, 102편	예레미야 4 : 9~10, 19~28 로마서 2 : 12~24 요한복음 5 : 19~29	창세기 42 : 29~38 고린도전서 6 : 12~20 마가복음 4 : 21~34
금	아침 : 시편 22, 148편 저녁 : 시편 105, 130편	예레미야 5 : 1~9 로마서 2 : 25~3 : 18 요한복음 5 : 30~47	창세기 43 : 1~15 고린도전서 7 : 1~9 마가복음 4 : 35~41
토	아침 : 시편 43, 149편 저녁 : 시편 31, 143편	예레미야 5 : 20~31 로마서 3 : 19~31 요한복음 7 : 1~13	창세기 43 : 16~34 고린도전서 7 : 10~24 마가복음 5 : 1~20

사순절 셋째 주	시 편	첫째 해	둘째 해
일	아침 : 시편 84, 150편 저녁 : 시편 42, 32편	예레미야 6 : 9~15 고린도전서 6 : 12~20 마가복음 5 : 1~20	창세기 44 : 1~17 로마서 8 : 1~10 요한복음 5 : 25~29
월	아침 : 시편 119 : 73~80, 145편 저녁 : 시편 121, 6편	예레미야 7 : 1~15 로마서 4 : 1~12 요한복음 7 : 14~36	창세기 44 : 18~34 고린도전서 7 : 25~31 마가복음 5 : 21~43
화	아침 : 시편 34, 146편 저녁 : 시편 25, 91편	예레미야 7 : 21~34 로마서 4 : 13~25 요한복음 7 : 37~52	창세기 45 : 1~15 고린도전서 7 : 32~40 마가복음 6 : 1~13
수	아침 : 시편 5편, 147 : 1~11 저녁 : 시편 27, 51편	예레미야 8 : 4~7, 18~9 : 16 로마서 5 : 1~11 요한복음 8 : 12~20	창세기 45 : 1~15 고린도전서 8 : 1~13 마가복음 6 : 13~29
목	아침 : 시편 27편, 147 : 12~20 저녁 : 시편 126, 102편	예레미야 10 : 11~24 로마서 5 : 12~21 요한복음 8 : 21~32	창세기 46 : 1~7, 28~34 고린도전서 9 : 1~15 마가복음 6 : 30~46
금	아침 : 시편 22, 148편 저녁 : 시편 105, 130편	예레미야 11 : 1~8, 14~17 로마서 6 : 1~11 요한복음 8 : 33~47	창세기 47 : 1~26 고린도전서 9 : 16~27 마가복음 6 : 47~56
토	아침 : 시편 43, 149편 저녁 : 시편 31, 143편	예레미야 13 : 1~11 로마서 6 : 12~23	창세기 47 : 27~48 : 7 고린도전서 10 : 1~13

| | | | 요한복음 8 : 47~59 | 마가복음 7 : 1~23 |

사순절 넷째 주	시 편	첫째 해	둘째 해
일	아침 : 시편 84, 150편 저녁 : 시편 42, 32편	예레미야 14 : 1~9(10-16) 17~22 갈라디아서 4 : 21~5 : 1 마가복음 8 : 11~21	창세기 48 : 8~22 로마서 8 : 11~25 요한복음 6 : 27~40
월	아침 : 시편 119 : 73~80, 145편 저녁 : 시편 121, 6편	예레미야 16 : (1-9)10~21 로마서 7 : 13~25 요한복음 6 : 1~15	창세기 49 : 1~28 고린도전서 10 : 14~11 : 1 마가복음 7 : 24~37
화	아침 : 시편 34, 146편 저녁 : 시편 25, 91편	예레미야 17 : 19~27 로마서 7 : 13~25 요한복음 6 : 16~27	창세기 49 : 29~50 : 14 고린도전서 11 : 2~34 마가복음 8 : 1~10
수	아침 : 시편 5편, 147 : 1~11 저녁 : 시편 27, 51편	예레미야 18 : 1~11 로마서 8 : 1~11 요한복음 6 : 27~40	창세기 50 : 15~26 고린도전서 12 : 1~11 마가복음 8 : 11~26
목	아침 : 시편 27편, 147 : 12~20 저녁 : 시편 126, 102편	예레미야 22 : 13~23 로마서 8 : 12~27 요한복음 6 : 41~51	출애굽기 1 : 6~22 고린도전서 12 : 12~26 마가복음 8 : 27~9 : 1
금	아침 : 시편 22, 148편 저녁 : 시편 105, 130편	예레미야 23 : 1~8 로마서 8 : 28~39 요한복음 6 : 52~59	출애굽기 2 : 1~22 고린도전서 12 : 12~13 : 3 마가복음 9 : 2~13
토	아침 : 시편 43, 149편 저녁 : 시편 31, 143편	예레미야 23 : 9~15 로마서 9 : 1~18 요한복음 6 : 60~71	출애굽기 2 : 23~3 : 15 고린도전서 13 : 1~13 마가복음 9 : 14~29

사순절 다섯째 주	시 편	첫째 해	둘째 해
일	아침 : 시편 84, 150편 저녁 : 시편 42, 32편	예레미야 23 : 16~32 고린도전서 9 : 19~27 마가복음 8 : 31~9 : 1	출애굽기 3 : 16~4 : 12 로마서 12 : 1~21 요한복음 8 : 46~59
월	아침 : 시편 119 : 73~80, 145편 저녁 : 시편 121, 6편	예레미야 24 : 1~10 로마서 9 : 19~33 요한복음 9 : 1~17	출애굽기 4 : 10~20(21-26) 27~31 고린도전서 14 : 1~19

			마가복음 9 : 30~41
화	아침 : 시편 34, 146편 저녁 : 시편 25, 91편	예레미야 25 : 8~17 로마서 10 : 1~13 요한복음 9 : 18~41	출애굽기 5 : 1~6 : 1 고린전전서 14 : 20~33a, 39~40 마가복음 9 : 42~50
수	아침 : 시편 5편, 147 : 1~11 저녁 : 시편 27, 51편	예레미야 25 : 30~38 로마서 10 : 14~21 요한복음 10 : 1~18	출애굽기 7 : 8~24 고린도후서 2 : 14~3 : 6 마가복음 10 : 1~16
목	아침 : 시편 27편, 147 : 12~20 저녁 : 시편 126, 102편	예레미야 26 : 1~16(17-24) 로마서 11 : 1~12 요한복음 10 : 19~42	출애굽기 7 : 25~8 : 19 고린도후서 3 : 7~18 마가복음 10 : 17~31
금	아침 : 시편 22, 148편 저녁 : 시편 105, 130편	예레미야 29 : 1(2-3), 4~14 로마서 11 : 13~24 요한복음 11 : 1~27 또는 12 : 1~10	출애굽기 9 : 13~35 고린도후서 4 : 1~12 마가복음 10 : 32~45
토	아침 : 시편 43, 149편 저녁 : 시편 31, 143편	예레미야 31 : 27~34 로마서 11 : 25~36 요한복음 11 : 28~44 또는 12 : 37~50	출애굽기 10 : 21~11 : 8 고린도후서 4 : 13~18 마가복음 10 : 46~52

거룩한 주간	시 편	첫째 해	둘째 해
	* 아침에 사용되도록 의도됨.	** 저녁에 사용되도록 의도됨.	
고난/ 종려주일	아침 : 시편 84, 150편 저녁 : 시편 42, 32편	스가랴 9 : 9~12* 디모데전서 6 : 12~16* 또는 스가랴 12 : 9~11 13 : 1, 7~9** 마가복음 21 : 12~17**	스가랴 9 : 9~12* 디모데전서 6 : 12~16* 또는 스가랴 12 : 9~11 13 : 1, 7~9** 누가복음 19 : 41~48**
월	아침 : 시편 119 : 73~80, 145편 저녁 : 시편 121, 6편	예레미야 11 : 18~20, 12 : 1~16(17) 빌립보서 3 : 1~14 요한복음 12 : 9~19	예레미야애가 1 : 1~2, 6~12 고린도후서 1 : 1~7 마가복음 11 : 12~25
화	아침 : 시편 34, 146편 저녁 : 시편 25, 91편	예레미야 15 : 10~21 빌립보서 3 : 15~21 요한복음 12 : 20~26	예레미야애가 1 : 17~22 고린도후서 1 : 8~22 마가복음 11 : 27~33
수	아침 : 시편 5편, 147 : 1~11	예레미야 17 : 5~10, 14~17(18) 빌립보서 4 : 1~13	예레미야애가 2 : 1~9 고린도후서 1 : 23~2 : 11

부록 421

	저녁 : 시편 27, 51편	요한복음 12 : 27~36	마가복음 12 : 1~11
세족 목요일	아침 : 시편 27편, 147 : 12~20 저녁 : 시편 126, 102편	예레미야 20 : 7~11(12-13), 14~18 고린도전서 10 : 14~17, 11 : 27~32 요한복음 17 : 1~11(12-26)	예레미야애가 2 : 10~18 고린도전서 10 : 14~17, 11 : 27~32 마가복음 14 : 12~25
성금요일	아침 : 시편 22, 148편 저녁 : 시편 105, 130편	창세기 22 : 1~14 베드로전서 1 : 10~20 요한복음 13 : 36~38* 또는 19 : 38~42**	예레미야애가 3 : 1~9, 19~33 베드로전서 1 : 10~20 요한복음 13 : 36~38* 또는 19 : 38~42**
성 토요일	아침 : 시편 43, 149편 저녁 : 시편 31, 143편	욥기 19 : 21~27a 히브리서 4 : 1~16* 로마서 8 : 1~11**	예레미야애가 3 : 37~58 히브리서 4 : 1~16 로마서 8 : 1~11**

부활 주간	시편	첫째 해	둘째 해
일	아침 : 시편 93, 150편 저녁 : 시편 136, 117편	출애굽기 12 : 1~14* 요한복음 1 : 1~18* 또는 이사야 51 : 9~11** 누가복음 24 : 13~35** 또는 요한복음 20 : 19~23**	출애굽기 12 : 1~14* 요한복음 1 : 1~18* 또는 이사야 51 : 9~11** 누가복음 24 : 13~35** 또는 요한복음 20 : 19~23**

* 아침에 사용되도록 의도됨.　　　　** 저녁에 사용되도록 의도됨.

월	아침 : 시편 97, 145편 저녁 : 시편 124, 115편	요나서 2 : 1~10 사도행전 2 : 14, 22~32 요한복음 14 : 1~14	출애굽기 12 : 14~27 고린도전서 15 : 1~11 마가복음 16 : 1~8
화	아침 : 시편 98, 146편 저녁 : 시편 66, 116편	이사야 30 : 18~26 사도행전 2 : 36~41(42-47) 요한복음 14 : 15~31	출애굽기 12 : 28~39 고린도전서 15 : 12~28 마가복음 16 : 9~20
수	아침 : 시편 99편, 147 : 1~11 저녁 : 시편 9, 118편	미가 7 : 7~15 사도행전 3 : 1~10 요한복음 15 : 1~11	출애굽기 12 : 40~51 고린도전서 15 : (29)30~41 마태복음 28 : 1~16
목	아침 : 시편 47편, 147 : 12~20 저녁 : 시편 68, 113편	에스겔 37 : 1~14 사도행전 3 : 11~26 요한복음 15 : 12~27	출애굽기 13 : 3~10 고린도전서 15 : 41~50 마태복음 28 : 16~20
금	아침 : 시편 96, 148편 저녁 : 시편 49, 148편	다니엘 12 : 1~4, 13 사도행전 4 : 1~12	출애굽기 13 : 1~2, 11~16 고린도전서 15 : 51~58

		요한복음 16 : 1~15	누가복음 24 : 1~12
토	아침 : 시편 92, 149편 저녁 : 시편 23, 114편	이사야 25 : 1~9 사도행전 4 : 13~21(22-31) 요한복음 16 : 16~33	출애굽기 13 : 17~14 : 4 고린도후서 4 : 16~5 : 10 마가복음 12 : 18~27

부활 후 둘째 주	시 편	첫째 해	둘째 해
일	아침 : 시편 93, 150편 저녁 : 시편 136, 117편	이사야 43 : 8~13 베드로서 2 : 2~10 요한복음 14 : 1~7	출애굽기 14 : 5~22 요한일서 1 : 1~7 요한복음 14 : 1~7
월	아침 : 시편 97, 145편 저녁 : 시편 124, 115편	다니엘 1 : 1~21 요한일서 1 : 1~10 요한복음 17 : 1~11	출애굽기 14 : 21~31 베드로서 1 : 1~12 요한복음 14 : (1-7)8~17
화	아침 : 시편 98, 146편 저녁 : 시편 66, 116편	다니엘 2 : 1~16 요한일서 2 : 1~11 요한복음 17 : 12~19	출애굽기 15 : 1~21 베드로서 1 : 13~25 요한복음 14 : 18~31
수	아침 : 시편 99편, 147 : 1~11 저녁 : 시편 9, 118편	다니엘 2 : 17~30 요한일서 2 : 12~17 요한복음 17 : 20~26	출애굽기 15 : 22~16 : 10 베드로서 2 : 1~10 요한복음 15 : 1~11
목	아침 : 시편 47편, 147 : 12~20 저녁 : 시편 68, 113편	다니엘 2 : 31~49 요한일서 2 : 18~29 누가복음 3 : 1~14	출애굽기 16 : 10~22 베드로서 2 : 11~3 : 12 요한복음 15 : 12~27
금	아침 : 시편 96, 148편 저녁 : 시편 49, 138편	다니엘 3 : 1~18 요한일서 3 : 1~10 누가복음 3 : 15~22	출애굽기 16 : 23~36 베드로서 3 : 13~4 : 6 요한복음 16 : 1~15
토	아침 : 시편 92, 149편 저녁 : 시편 23, 114편	다니엘 3 : 19~30 요한일서 3 : 11~18 누가복음 4 : 1~13	출애굽기 17 : 1~16 베드로서 4 : 7~19 요한복음 16 : 16~33

부활 후 셋째 주	시 편	첫째 해	둘째 해
일	아침 : 시편 93, 150편 저녁 : 시편 136, 117편	다니엘 4 : 1~18 베드로서 4 : 7~11 요한복음 21 : 15~25	출애굽기 18 : 1~12 요한일서 2 : 7~17 마가복음 16 : 9~20

		첫째 해	둘째 해
월	아침 : 시편 97, 145편 저녁 : 시편 124, 115편	다니엘 4 : 19~27 요한일서 3 : 19~4 : 6 누가복음 4 : 14~30	출애굽기 18 : 13~27 베드로전서 5 : 1~14 마태복음 (1 : 1–17) 3 : 1~6
화	아침 : 시편 98, 146편 저녁 : 시편 66, 116편	다니엘 4 : 28~37 요한일서 4 : 7~21 누가복음 4 : 31~37	출애굽기 19 : 1~16 골로새서 1 : 1~14 마태복음 3 : 7~12
수	아침 : 시편 99편, 147 : 1~11 저녁 : 시편 9, 118편	다니엘 5 : 1~12 요한일서 5 : 1~12 누가복음 4 : 38~44	출애굽기 19 : 16~25 골로새서 1 : 15~23 마태복음 3 : 13~17
목	아침 : 시편 47편, 147 : 12~20 저녁 : 시편 68, 113편	다니엘 5 : 13~30 요한일서 5 : 13~20(21) 누가복음 5 : 1~11	출애굽기 20 : 1~21 골로새서 1 : 24~2 : 7 마태복음 4 : 1~11
금	아침 : 시편 96, 148편 저녁 : 시편 49, 138편	다니엘 6 : 1~15 요한이서 1~13절 누가복음 5 : 12~26	출애굽기 24 : 1~18 골로새서 2 : 8~23 마태복음 4 : 12~17
토	아침 : 시편 92, 149편 저녁 : 시편 23, 114편	다니엘 6 : 16~28 요한삼서 1 : 1~15 누가복음 5 : 27~39	출애굽기 25 : 1~22 골로새서 3 : 1~17 마태복음 4 : 18~25

부활 후 넷째 주	시 편	첫째 해	둘째 해
일	아침 : 시편 93, 150편 저녁 : 시편 136, 117편	창세기 18 : 22~33 베드로전서 5 : 1~11 마태복음 7 : 15~29	출애굽기 28 : 1~4, 30~38 요한일서 2 : 18~29 마가복음 6 : 30~44
월	아침 : 시편 97, 145편 저녁 : 시편 124, 115편	예레미야 30 : 1~9 골로새서 1 : 1~14 누가복음 6 : 1~11	출애굽기 32 : 1~20 골로새서 3 : 18~4 : 6(7–18) 마태복음 5 : 1~10
화	아침 : 시편 98, 146편 저녁 : 시편 66, 116편	예레미야 30 : 10~17 골로새서 1 : 15~23 누가복음 6 : 12~26	출애굽기 32 : 21~34 데살로니가전서 1 : 1~10 마태복음 5 : 11~16
수	아침 : 시편 99편, 147 : 1~11 저녁 : 시편 9, 118편	예레미야 30 : 18~22 골로새서 1 : 24~2 : 7 누가복음 6 : 27~38	출애굽기 33 : 1~23 데살로니가전서 2 : 1~12 마태복음 5 : 17~20
목	아침 : 시편 47편, 147 : 12~20	예레미야 31 : 1~14 골로새서 2 : 8~23	출애굽기 34 : 1~17 데살로니가전서 2 : 13~20

		저녁 : 시편 68, 113편	누가복음 6 : 39~49	마태복음 5 : 21~26
금		아침 : 시편 96, 148편 저녁 : 시편 49, 138편	예레미야 31 : 15~22 골로새서 3 : 1~11 누가복음 7 : 1~17	출애굽기 34 : 18~35 데살로니가전서 3 : 1~13 마태복음 5 : 27~37
토		아침 : 시편 92, 149편 저녁 : 시편 23, 114편	예레미야 31 : 23~25 골로새서 3 : 12~17 누가복음 7 : 18~28(29–30) 31~35	출애굽기 40 : 18~38 데살로니가전서 4 : 1~12 마태복음 5 : 38~48

부활 후 다섯째 주	시 편	첫째 해	둘째 해
일	아침 : 시편 93, 150편 저녁 : 시편 136, 117편	이사야 32 : 1~8 데살로니가후서 2 : 13~17 마태복음 7 : 7~14	레위기 8 : 1~13, 30~36 히브리서 12 : 1~14 누가복음 4 : 16~30
월	아침 : 시편 97, 145편 저녁 : 시편 124, 115편	예레미야 32 : 1~15 골로새서 3 : 18~4 : 18 누가복음 7 : 36~50	레위기 16 : 1~19 데살로니가전서 4 : 13~18 마태복음 6 : 1~6, 16~18
화	아침 : 시편 98, 146편 저녁 : 시편 66, 116편	예레미야 32 : 16~25 로마서 12 : 1~21 누가복음 8 : 1~15	레위기 16 : 20~34 데살로니가전서 5 : 1~11 마태복음 6 : 7~15
수	아침 : 시편 99편, 147 : 1~11 저녁 : 시편 9, 118편	예레미야 32 : 36~44 로마서 13 : 1~14 누가복음 8 : 16~25	레위기 19 : 1~18 데살로니가전서 5 : 12~28 마태복음 6 : 19~24
목	아침 : 시편 47편, 147 : 12~20 저녁 : 시편 68, 113편	예레미야 33 : 1~13 로마서 14 : 1~12 누가복음 8 : 26~39	레위기 19 : 26~37 데살로니가후서 1 : 1~12 마태복음 6 : 25~34
금	아침 : 시편 96, 148편 저녁 : 시편 49, 138편	신명기 31 : 30~32 : 14 로마서 14 : 13~23 누가복음 8 : 40~56	레위기 23 : 1~22 데살로니가후서 2 : 1~17 마태복음 7 : 1~12
토	아침 : 시편 92, 149편 저녁 : 시편 23, 114편	신명기 32 : 34~41(42), 43 로마서 15 : 1~13 누가복음 9 : 1~17	레위기 23 : 23~44 데살로니가후서 2 : 1~17 마태복음 7 : 13~21

부활 후 여섯째 주	시 편	첫째 해	둘째 해
일	아침 : 시편 93, 150편 저녁 : 시편 136, 117편	신명기 15 : 1~11 디모데전서 3 : 14~4 : 5 마태복음 13 : 24~34a	레위기 25 : 1~17 야고보서 1 : 2~8, 16~18 누가복음 12 : 13~21
월	아침 : 시편 97, 145편 저녁 : 시편 124, 115편	신명기 8 : 1~10 또는 18 : 9~14 야고보서 1 : 1~15 누가복음 9 : 18~27	레위기 25 : 35~55 골로새서 1 : 9~14 마태복음 13 : 1~16
화	아침 : 시편 98, 146편 저녁 : 시편 66, 116편	신명기 8 : 11~20 또는 18 : 15~22 야고보서 1 : 16~27 누가복음 11 : 1~13	레위기 26 : 1~20 디모데전서 2 : 1~6 마태복음 13 : 18~23
수	아침 : 시편 99편, 147 : 1~11	신명기 19 : 1~7 야고보서 5 : 13~18 누가복음 12 : 22~31	레위기 26 : 27~42 에베소서 1 : 1~10 마태복음 22 : 41~46
승천 전야	시편 9, 118편	열왕기하 2 : 1~15 요한계시록 5 : 1~14	열왕기하 2 : 1~15 요한계시록 5 : 1~14
주님의 승천일	아침 : 시편 47편, 147 : 12~20 저녁 : 시편 68, 113편	에스겔 1 : 1~14, 24~28b 히브리서 2 : 5~18 마태복음 28 : 16~20	다니엘 7 : 9~14 히브리서 2 : 5~18 마태복음 28 : 16~20
금	아침 : 시편 96, 148편 저녁 : 시편 49, 138편	에스겔 1 : 28~3 : 3 히브리서 4 : 14~5 : 6 누가복음 9 : 28~36	사무엘상 2 : 1~10 에베소서 2 : 1~10 마태복음 7 : 22~27
토	아침 : 시편 92, 149편 저녁 : 시편 23, 114편	에스겔 3 : 4~17 히브리서 5 : 7~14 누가복음 9 : 37~50	민수기 11 : 16~17, 24~29 에베소서 2 : 11~22 마태복음 7 : 28~8 : 4

부활 후 일곱째 주	시 편	첫째 해	둘째 해
일	아침 : 시편 93, 150편 저녁 : 시편 136, 117편	에스겔 3 : 16~27 에베소서 2 : 1~10 마태복음 10 : 24~33, 40~42	출애굽기 3 : 1~12 히브리서 12 : 18~29 누가복음 10 : 17~24
월	아침 : 시편 97, 145편 저녁 : 시편 124, 115편	에스겔 4 : 1~17 히브리서 6 : 1~12	여호수아 1 : 1~9 에베소서 3 : 1~13

		누가복음 9 : 51~62	마태복음 8 : 5~17
화	아침 : 시편 98, 146편 저녁 : 시편 66, 116편	에스겔 7 : 10~15, 23b~27 히브리서 6 : 13~20 누가복음 10 : 1~17	사무엘상 16 : 1~13a 에베소서 3 : 14~21 마태복음 8 : 18~27
수	아침 : 시편 99편, 147 : 1~11 저녁 : 시편 9, 118편	에스겔 11 : 14~25 히브리서 7 : 1~17 누가복음 10 : 17~24	이사야 4 : 2~6 에베소서 4 : 1~16 마태복음 8 : 28~34
목	아침 : 시편 47편, 147 : 12~20 저녁 : 시편 68, 113편	에스겔 18 : 1~4, 19~32 히브리서 7 : 18~28 누가복음 10 : 25~37	스가랴 4 : 1~14 에베소서 4 : 17~32 마태복음 9 : 1~8
금	아침 : 시편 96, 148편 저녁 : 시편 49, 138편	에스겔 34 : 17~31 히브리서 8 : 1~13 누가복음 10 : 38~42	예레미야 31 : 27~34 에베소서 5 : 1~32 마태복음 9 : 9~17
토	아침 : 시편 92, 149편 저녁 : 시편 23, 114편	에스겔 43 : 1~12 히브리서 9 : 1~14 누가복음 11 : 14~23	에스겔 36 : 22~27 에베소서 6 : 1~24 마태복음 9 : 18~26
성령강림 전야	시편 23, 114편	출애굽기 19 : 3~8a, 16~20 베드로전서 2 : 4~10	출애굽기 19 : 3~8a, 16~20 베드로전서 2 : 4~10
성령강림 주일	아침 : 시편 104, 150편 저녁 : 시편 29, 33편	이사야 11 : 1~9 고린도전서 2 : 1~13 요한복음 14 : 21~29	신명기 16 : 9~12 사도행전 4 : 18~21, 23~33 요한복음 4 : 19~26
삼위일체 주일 전야	시편 : 125, 90편	이사야 6 : 1~8 에베소서 3 : 14~21	전도서 42 : 15~25 또는 이사야 6 : 1~8 에베소서 3 : 14~21
삼위일체 주일	아침 : 시편 103, 150편 저녁 : 시편 117, 139편	신명기 6 : 1~9(10~15) 에베소서 4 : 1~16 요한복음 1 : 1~18	욥기 38 : 1~11, 42 : 1~5 요한계시록 19 : 4~16 요한복음 1 : 29~34

아래의 낭독 말씀들은 삼위일체 주일날에 일치되는 주로부터 적용된다. (성령강림 주일 이후) 5월 11~16일 사이의 주일 다음 주

	시 편	첫째 해	둘째 해
월	아침 : 시편 62, 145편 저녁 : 시편 73, 9편	이사야 63 : 7~14 디모데후서 1 : 1~16 누가복음 11 : 24~36	에스겔 33 : 1~11 요한일서 1 : 1~10 마태복음 9 : 27~34
화	아침 : 시편 12, 146편	이사야 63 : 15~64 : 9	에스겔 33 : 21~33

	저녁 : 시편 36, 7편	디모데후서 1 : 15~2 : 13 누가복음 11 : 37~52	요한일서 2 : 1~11 마태복음 9 : 35~10 : 4
수	아침 : 시편 96편, 147 　　: 1~11 저녁 : 시편 132, 134편	이사야 65 : 1~12 디모데후서 2 : 14~26 누가복음 11 : 53~12 : 12	에스겔 34 : 1~16 요한일서 2 : 12~17 마태복음 10 : 5~15
목	아침 : 시편 116편, 147 　　: 12~20 저녁 : 시편 26, 130편	이사야 65 : 17~25 디모데후서 3 : 1~17 누가복음 12 : 13~31	에스겔 37 : 21b~28 요한일서 2 : 18~29 마태복음 10 : 16~23
금	아침 : 시편 84, 148편 저녁 : 시편 25, 40편	이사야 66 : 7~14 디모데후서 4 : 1~8 누가복음 12 : 32~48	에스겔 39 : 21~29 요한일서 3 : 1~10 마태복음 10 : 24~33
토	아침 : 시편 63, 149편 저녁 : 시편 125, 90편	이사야 66 : 7~14 디모데후서 4 : 9~22 누가복음 12 : 49~59	에스겔 47 : 1~12 요한일서 3 : 11~18 마태복음 10 : 34~42

(성령강림 주일 이후) 5월 17~23일 사이의 주일 다음 주			
	시 편	첫째 해	둘째 해
월	아침 : 시편 5, 145편 저녁 : 시편 82, 29편	룻기 1 : 1~18 디모데전서 1 : 1~17 누가복음 13 : 1~9	잠언 3 : 11~20 요한일서 3 : 18~4 : 6 마태복음 11 : 1~6
화	아침 : 시편 42, 146편 저녁 : 시편 102, 133편	룻기 1 : 19~2 : 13 디모데전서 1 : 18~2 : 8 누가복음 13 : 10~17	잠언 4 : 1~27 요한일서 4 : 7~21 마태복음 11 : 7~15
수	아침 : 시편 89 : 1~18, 　　147 : 1~11 저녁 : 시편 1, 33편	룻기 2 : 14~23 디모데전서 3 : 1~16 누가복음 13 : 18~30	잠언 6 : 1~19 요한일서 5 : 1~12 마태복음 11 : 16~24
목	아침 : 시편 97편, 147 　　: 12~20 저녁 : 시편 16, 62편	룻기 3 : 1~18 디모데전서 4 : 1~16 누가복음 13 : 31~35	잠언 7 : 1~27 요한일서 5 : 13~21 마태복음 11 : 25~30
금	아침 : 시편 51, 148편 저녁 : 시편 142, 65편	룻기 4 : 1~22 디모데전서 5 : 17~22(23-25) 누가복음 14 : 1~11	잠언 8 : 1~21 요한이서 1~13절 마태복음 12 : 1~14
토	아침 : 시편 104, 149편 저녁 : 시편 138, 98편	신명기 1 : 1~8 디모데전서 6 : 6~21 누가복음 14 : 12~24	잠언 8 : 22~36 요한삼서 1 : 1~15 마태복음 12 : 15~21

(성령강림 주일 이후) 5월 24~28일 사이의 주일 다음 주			
	시 편	첫째 해	둘째 해
일	아침 : 시편 19, 150편 저녁 : 시편 81, 113편	신명기 4 : 1~9 요한계시록 7 : 1~4, 9~17 마태복음 12 : 33~45	잠언 9 : 1~12 사도행전 8 : 14~25 누가복음 10 : 25~28, 38~42
월	아침 : 시편 135, 145편 저녁 : 시편 97, 112편	신명기 4 : 9~14 고린도후서 1 : 1~11 누가복음 14 : 25~35	잠언 10 : 1~12 디모데전서 1 : 1~17 마태복음 12 : 22~32
화	아침 : 시편 123, 146편 저녁 : 시편 30, 86편	신명기 4 : 15~24 고린도후서 1 : 12~22 누가복음 15 : 1~10	잠언 15 : 16~33 디모데전서 1 : 18~2 : 15 마태복음 12 : 33~42
수	아침 : 시편 15편, 147 : 1~11 저녁 : 시편 48, 4편	신명기 4 : 25~31 고린도후서 1 : 23~2 : 17 누가복음 15 : 1~2, 11~32	잠언 17 : 1~20 디모데전서 3 : 1~16 마태복음 12 : 43~50
목	아침 : 시편 36편, 147 : 12~20 저녁 : 시편 80, 27편	신명기 4 : 32~40 고린도후서 3 : 1~18 누가복음 16 : 1~9	잠언 21 : 30~22 : 6 디모데전서 4 : 1~16 마태복음 13 : 24~30
금	아침 : 시편 130, 148편 저녁 : 시편 32, 139편	신명기 5 : 1~22 고린도후서 4 : 1~12 누가복음 16 : 10~17(18)	잠언 23 : 19~21, 29~24 : 2 디모데전서 5 : 17~22(23~25) 마태복음 13 : 31~35
토	아침 : 시편 56, 149편 저녁 : 시편 118, 111편	신명기 5 : 22~33 고린도후서 4 : 13~5 : 10 누가복음 16 : 19~31	잠언 25 : 15~28 디모데전서 6 : 6~21 마태복음 13 : 36~43

(성령강림 주일 이후) 5월 29~6월 4일 사이의 주일 다음 주			
	시 편	첫째 해	둘째 해
일	아침 : 시편 67, 150편 저녁 : 시편 46, 93편	신명기 11 : 1~12 요한계시록 10 : 1~10 마태복음 13 : 44~58	전도서 1 : 1~11 사도행전 8 : 26~40 누가복음 11 : 1~13
월	아침 : 시편 57, 145편 저녁 : 시편 85, 47편	신명기 11 : 13~19 고린도후서 5 : 11~6 : 2 누가복음 17 : 1~10	전도서 2 : 1~15 갈라디아서 1 : 1~17 마태복음 13 : 44~52
화	아침 : 시편 54, 146편 저녁 : 시편 28, 99편	신명기 12 : 1~12 고린도후서 6 : 3~13(14-7 : 1) 누가복음 17 : 11~19	전도서 2 : 16~26 갈라디아서 1 : 18~2 : 10 마태복음 13 : 53~58

	시편	첫째 해	둘째 해
수	아침 : 시편 65편, 147 : 12~20 저녁 : 시편 125, 91편	신명기 13 : 1~11 고린도후서 7 : 2~16 누가복음 17 : 20~37	전도서 3 : 1~15 갈라디아서 2 : 11~21 마태복음 14 : 1~12
목	아침 : 시편 143편, 147 : 12~20 저녁 : 시편 81, 116편	신명기 16 : 18~20, 17 : 14~20 고린도후서 8 : 1~16 누가복음 18 : 1~18	전도서 3 : 16~4 : 3 갈라디아서 3 : 1~14 마태복음 14 : 13~21
금	아침 : 시편 88, 148편 저녁 : 시편 6, 20편	신명기 26 : 1~11 고린도후서 8 : 16~24 누가복음 18 : 9~14	전도서 5 : 1~7 갈라디아서 3 : 15~22 마태복음 14 : 22~36
토	아침 : 시편 122, 149편 저녁 : 시편 100, 63편	신명기 29 : 2~15 고린도후서 9 : 1~15 누가복음 18 : 15~30	전도서 5 : 8~20 갈라디아서 3 : 23~4 : 11 마태복음 15 : 1~20

(성령강림 주일 이후) 6월 5~11일 사이의 주일 다음 주

	시 편	첫째 해	둘째 해
일	아침 : 시편 108, 150편 저녁 : 시편 66, 23편	신명기 29 : 16~29 요한계시록 12 : 1~12 마태복음 15 : 29~39	전도서 6 : 1~12 사도행전 10 : 9~23 누가복음 12 : 32~40
월	아침 : 시편 62, 145편 저녁 : 시편 73, 9편	신명기 30 : 1~10 고린도후서 10 : 1~18 누가복음 18 : 31~43	전도서 7 : 1~14 갈라디아서 4 : 12~20 마태복음 15 : 21~28
화	아침 : 시편 12, 146편 저녁 : 시편 36, 7편	신명기 30 : 11~20 고린도후서 11 : 1~21a 누가복음 19 : 1~10	전도서 8 : 14~9 : 10 갈라디아서 4 : 21~31 마태복음 15 : 29~39
수	아침 : 시편 96편, 147 : 1~11 저녁 : 시편 132, 134편	신명기 31 : 30~32 : 14 고린도후서 11 : 21b~33 누가복음 19 : 11~27	전도서 9 : 11~18 갈라디아서 5 : 1~15 마태복음 16 : 1~12
목	아침 : 시편 116편, 147 : 12~20 저녁 : 시편 26, 130편	전도서 44 : 19~45 : 5 또는 아가 1 : 1~3, 9~11 15~16a, 2 : 1~3a 고린도후서 12 : 1~10 누가복음 19 : 28~40	전도서 11 : 1~8 갈라디아서 5 : 16~24 마태복음 16 : 13~20
금	아침 : 시편 84, 148편 저녁 : 시편 25, 40편	전도서 45 : 6~16 또는 아가 2 : 8~13, 4 : 1~4a, 5~7, 9~11 고린도후서 12 : 11~21 누가복음 19 : 41~48	전도서 11 : 9~12 : 14 갈라디아서 5 : 25~6 : 10 마태복음 16 : 21~28

토	아침 : 시편 63, 149편 저녁 : 시편 125, 90편	전도서 46 : 1~10 또는 아가 5 : 10~16 7 : 1~2(3-5), 6~7a(9), 8 : 6~7 고린도후서 13 : 1~14 누가복음 20 : 1~8	민수기 3 : 1~13 갈라디아서 6 : 11~18 마태복음 17 : 1~13

6월 12~18일 사이의 주일 다음 주			
	시 편	첫째 해	둘째 해
일	아침 : 시편 103, 150편 저녁 : 시편 117, 139편	전도서 46 : 11~20 또는 출애굽기 6 : 2~13, 7 : 1~6 요한계시록 15 : 1~8 마태복음 18 : 1~14	민수기 6 : 22~27 사도행전 13 : 1~12 누가복음 12 : 41~48
월	아침 : 시편 5, 145편 저녁 : 시편 82, 29편	사무엘상 1 : 1~20 사도행전 1 : 1~14 누가복음 20 : 9~19	민수기 9 : 15~23, 10 : 29~36 로마서 1 : 1~15 마태복음 17 : 14~21
화	아침 : 시편 42, 146편 저녁 : 시편 102, 133편	사무엘상 1 : 21~2 : 11 사도행전 1 : 15~26 누가복음 20 : 19~26	민수기 11 : 1~23 로마서 1 : 16~25 마태복음 17 : 22~27
수	아침 : 시편 89 : 1~18, 147 : 1~11 저녁 : 시편 1, 33편	사무엘상 2 : 12~26 사도행전 2 : 1~21 누가복음 20 : 27~40	민수기 11 : 24~33(34-35) 로마서 1 : 28~2 : 11 마태복음 18 : 1~9
목	아침 : 시편 97편, 147 : 12~20 저녁 : 시편 16, 62편	사무엘상 2 : 27~36 사도행전 2 : 22~36 누가복음 20 : 41~21 : 4	민수기 12 : 1~16 로마서 2 : 12~24 마태복음 18 : 10~20
금	아침 : 시편 51, 148편 저녁 : 시편 142, 65편	사무엘상 3 : 1~21 사도행전 2 : 37~47 누가복음 21 : 5~19	민수기 13 : 1~3, 21~30 로마서 2 : 25~3 : 8 마태복음 18 : 21~35
토	아침 : 시편 104, 149편 저녁 : 시편 138, 98편	사무엘상 4 : 1b~11 사도행전 4 : 32~5 : 11 누가복음 21 : 20~28	민수기 13 : 31~14 : 25 로마서 3 : 9~20 마태복음 19 : 1~12

6월 19~25일 사이의 주일 다음 주			
	시 편	첫째 해	둘째 해
일	아침 : 시편 19, 150편	사무엘상 4 : 12~22	민수기 14 : 26~45

부록 431

	저녁 : 시편 81, 113편	야고보서 1 : 1~18 마태복음 19 : 23~30	사도행전 15 : 1~12 누가복음 12 : 49~56
월	아침 : 시편 135, 145편 저녁 : 시편 97, 112편	사무엘상 5 : 1~12 사도행전 5 : 12~26 누가복음 21 : 29~36	민수기 16 : 1~19 로마서 3 : 21~31 마태복음 19 : 13~22
화	아침 : 시편 123, 146편 저녁 : 시편 30, 86편	사무엘상 6 : 1~16 사도행전 5 : 27~42 누가복음 21 : 37~22 : 13	민수기 16 : 20~35 로마서 4 : 1~12 마태복음 19 : 13~22
수	아침 : 시편 15편, 147 : 1~11 저녁 : 시편 48, 4편	사무엘상 7 : 2~17 사도행전 6 : 1~15 누가복음 22 : 14~23	민수기 16 : 36~50 로마서 4 : 13~25 마태복음 20 : 1~16
목	아침 : 시편 36편, 147 : 12~20 저녁 : 시편 80, 27편	사무엘상 8 : 1~22 사도행전 6 : 15~7 : 16 누가복음 22 : 24~30	민수기 17 : 1~11 로마서 5 : 1~11 마태복음 20 : 17~28
금	아침 : 시편 130, 148편 저녁 : 시편 32, 139편	사무엘상 9 : 1~14 사도행전 7 : 30~43 누가복음 22 : 39~51	민수기 20 : 1~13 로마서 5 : 12~21 마태복음 20 : 29~34
토	아침 : 시편 56, 149편 저녁 : 시편 118, 111편	사무엘상 9 : 15~10 : 1 사도행전 7 : 30~43 누가복음 22 : 39~51	민수기 20 : 14~29 로마서 6 : 1~11 마태복음 21 : 1~11

6월 26~7월 2일 사이의 주일 다음 주			
	시 편	첫째 해	둘째 해
일	아침 : 시편 67, 150편 저녁 : 시편 46, 93편	사무엘상 10 : 1~16 로마서 4 : 13~25 마태복음 21 : 23~32	민수기 21 : 4~9, 21~35 사도행전 17 : (12-21)23~24 마태복음 13 : 10~17
월	아침 : 시편 57, 145편 저녁 : 시편 85, 47편	사무엘상 10 : 17~27 사도행전 7 : 44~8 : 1a 누가복음 22 : 52~62	민수기 22 : 1~21 로마서 6 : 12~23 마태복음 21 : 12~22
화	아침 : 시편 54, 145편 저녁 : 시편 28, 99편	사무엘상 11 : 1~15 사도행전 8 : 1b~13 누가복음 22 : 63~71	민수기 22 : 21~38 로마서 7 : 1~12 마태복음 21 : 23~32
수	아침 : 시편 65편, 147 : 1~11 저녁 시편 125, 91편	사무엘상 12 : 1~6(7-15) 16~25 사도행전 8 : 14~25 누가복음 22 : 1~12	민수기 22 : 41~23 : 12 로마서 7 : 13~25 마태복음 21 : 33~46

목	아침 : 시편 143편, 147 : 12~20 저녁 : 시편 81, 116편	사무엘상 13 : 5~18 사도행전 8 : 26~40 누가복음 23 : 13~25	민수기 23 : 11~26 로마서 8 : 1~11 마태복음 22 : 1~14
금	아침 : 시편 88, 148편 저녁 : 시편 6, 20편	사무엘상 13 : 19~14 : 15 사도행전 9 : 1~9 누가복음 23 : 26~31	민수기 24 : 1~13 로마서 8 : 12~17 마태복음 22 : 15~22
토	아침 : 시편 122, 149편 저녁 : 시편 100, 63편	사무엘상 14 : 16~30 사도행전 9 : 10~19a 누가복음 23 : 32~43	민수기 24 : 12~25 로마서 8 : 18~25 마태복음 22 : 23~40

7월 3~9일 사이의 주일 다음 주			
	시 편	첫째 해	둘째 해
일	아침 : 시편 108, 150편 저녁 : 시편 66, 23편	사무엘상 14 : 36~45 로마서 5 : 1~11 마태복음 22 : 1~14	민수기 27 : 12~23 로마서 19 : 11~20 마태복음 1 : 14~20
월	아침 : 시편 62, 145편 저녁 : 시편 73, 9편	사무엘상 15 : 1~3, 7~23 사도행전 9 : 19b~31 누가복음 23 : 44~56a	민수기 32 : 1~6, 16~27 로마서 8 : 26~30 마태복음 23 : 1~12
화	아침 : 시편 12, 146편 저녁 : 시편 36, 7편	사무엘상 15 : 24~35 사도행전 9 : 32~43 누가복음 23 : 56b~24 : 11(12)	민수기 35 : 1~3, 9~15, 30~34 로마서 8 : 31~39 마태복음 23 : 13~26
수	아침 : 시편 96편, 147 : 1~11 저녁 : 시편 132, 134편	사무엘상 16 : 1~13 사도행전 10 : 1~16 누가복음 24 : 13~35	신명기 1 : 1~18 로마서 9 : 1~18 마태복음 23 : 27~39
목	아침 : 시편 116편, 147 : 12~20 저녁 : 시편 26, 130편	사무엘상 16 : 14~17 : 11 사도행전 10 : 17~33 누가복음 24 : 36~53	신명기 3 : 18~28 로마서 9 : 19~33 마태복음 24 : 1~14
금	아침 : 시편 84, 148편 저녁 : 시편 25, 40편	사무엘상 17 : 17~30 사도행전 10 : 34~48 마가복음 1 : 1~13	신명기 31 : 7~13, 24~32 : 4 로마서 10 : 1~13 마태복음 24 : 15~31
토	아침 : 시편 63, 149편 저녁 : 시편 125, 90편	사무엘상 17 : 31~49 사도행전 11 : 1~18 마가복음 1 : 14~28	신명기 34 : 1~12 로마서 10 : 14~21 마태복음 24 : 32~51

7월 10~16일 사이의 주일 다음 주			
	시 편	첫째 해	둘째 해
일	아침 : 시편 103, 150편 저녁 : 시편 117, 139편	사무엘상 17 : 50~18 : 4 로마서 10 : 4~17 마태복음 23 : 29~39	여호수아 1 : 1~18 사도행전 21 : 3~15 마가복음 1 : 21~27
월	아침 : 시편 5, 145편 저녁 : 시편 82, 29편	사무엘상 18 : 5~16(17-27a), 27b~30 사도행전 11 : 19~30 마가복음 1 : 29~45	여호수아 2 : 1~14 로마서 11 : 1~12 마태복음 25 : 1~13
화	아침 : 시편 42, 146편 저녁 : 시편 102, 133편	사무엘상 19 : 1~18(19-24) 사도행전 12 : 1~17 마가복음 2 : 1~12	여호수아 2 : 15~24 로마서 11 : 13~24 마태복음 25 : 14~30
수	아침 : 시편 89 : 1~8, 147 : 1~11 저녁 : 시편 1, 33편	사무엘상 20 : 1~23 사도행전 12 : 18~25 마가복음 2 : 13~22	여호수아 3 : 1~13 로마서 11 : 25~36 마태복음 25 : 31~46
목	아침 : 시편 97편, 147 : 12~20 저녁 : 시편 16, 62편	사무엘상 20 : 24~42 사도행전 13 : 1~12 마가복음 2 : 23~3 : 6	여호수아 3 : 14~4 : 7 로마서 12 : 1~8 마태복음 26 : 1~16
금	아침 : 시편 51, 148편 저녁 : 시편 142, 65편	사무엘상 21 : 1~15 사도행전 13 : 13~25 마가복음 3 : 7~19a	여호수아 4 : 19~5 : 1, 10~15 로마서 12 : 9~21 마태복음 26 : 17~25
토	아침 : 시편 104, 149편 저녁 : 시편 138, 98편	사무엘상 21 : 1~23 사도행전 13 : 26~43 마가복음 3 : 19b~35	여호수아 6 : 1~14 로마서 13 : 1~7 마태복음 26 : 26~35

7월 17~23일 사이의 주일 다음 주			
	시 편	첫째 해	둘째 해
일	아침 : 시편 19, 150편 저녁 : 시편 81, 113편	사무엘상 23 : 7~18 로마서 11 : 33~12 : 2 마가복음 25 : 14~30	여호수아 6 : 15~27 사도행전 22 : 30~23 : 11 마가복음 2 : 1~12
월	아침 : 시편 135, 145편 저녁 : 시편 97, 112편	사무엘상 24 : 1~22 사도행전 13 : 44~52 마가복음 4 : 1~20	여호수아 7 : 1~13 로마서 13 : 8~14 마태복음 26 : 36~46
화	아침 : 시편 123, 146편 저녁 : 시편 30, 86편	사무엘상 25 : 1~22 사도행전 14 : 1~18 마가복음 4 : 21~34	여호수아 8 : 1~22 로마서 14 : 1~12 마태복음 26 : 47~56

	시 편	첫째 해	둘째 해
수	아침 : 시편 15편, 147 : 1~11 저녁 : 시편 48, 4편	사무엘상 25 : 23~44 사도행전 14 : 19~28 마가복음 4 : 35~41	여호수아 8 : 30~35 로마서 14 : 13~23 마태복음 26 : 57~68
목	아침 : 시편 36, 147 : 12~20 저녁 : 시편 80, 27편	사무엘상 28 : 3~20 사도행전 15 : 1~11 마가복음 5 : 1~20	여호수아 9 : 3~21 로마서 15 : 1~13 마태복음 26 : 69~75
금	아침 : 시편 130, 148편 저녁 : 시편 32, 139편	사무엘상 31 : 1~13 사도행전 15 : 12~21 마가복음 5 : 21~43	여호수아 9 : 22~10 : 15 로마서 15 : 14~24 마태복음 27 : 1~10
토	아침 : 시편 56, 149편 저녁 : 시편 118, 111편	사무엘하 1 : 1~16 사도행전 15 : 22~35 마가복음 6 : 1~13	여호수아 23 : 1~16 로마서 15 : 25~33 마태복음 27 : 11~23

7월 24~30일 사이의 주일 다음 주			
	시 편	첫째 해	둘째 해
일	아침 : 시편 67, 150편 저녁 : 시편 46, 93편	사무엘하 1 : 17~27 로마서 12 : 9~21 마태복음 25 : 31~46	여호수아 24 : 1~15 사도행전 28 : 23~31 마가복음 2 : 23~28
월	아침 : 시편 57, 145편 저녁 : 시편 85, 47편	사무엘하 2 : 1~11 사도행전 15 : 36~16 : 5 마가복음 6 : 14~29	여호수아 24 : 16~33 로마서 16 : 1~16 마태복음 27 : 24~31
화	아침 : 시편 57, 146편 저녁 : 시편 28, 99편	사무엘하 3 : 6~21 사도행전 16 : 6~15 마가복음 6 : 30~46	사사기 2 : 1~5, 11~23 로마서 16 : 17~27 마태복음 27 : 32~44
수	아침 : 시편 65, 147 : 1~11 저녁 : 시편 125, 91편	사무엘하 3 : 22~39 사도행전 16 : 16~24 마가복음 6 : 47~56	사사기 3 : 12~30 사도행전 1 : 1~14 마태복음 27 : 45~54
목	아침 : 시편 143편, 147 : 12~20 저녁 : 시편 81, 116편	사무엘하 4 : 1~12 사도행전 16 : 25~40 마가복음 7 : 1~23	사사기 4 : 4~23 사도행전 1 : 15~26 마태복음 27 : 55~66
금	아침 : 시편 88, 148편 저녁 : 시편 6, 20편	사무엘하 5 : 1~12 사도행전 17 : 1~15 마가복음 7 : 24~37	사사기 5 : 1~18 사도행전 2 : 1~21 마태복음 28 : 1~20
토	아침 : 시편 122, 149편 저녁 : 시편 100, 63편	사무엘하 5 : 22~6 : 11 사도행전 17 : 16~34	사사기 5 : 19~31 사도행전 2 : 22~36

		시 편	마가복음 8 : 1~10	마태복음 28 : 11~20

7월 31~8월 6일 사이의 주일 다음 주

	시 편	첫째 해	둘째 해
일	아침 : 시편 108, 150편 저녁 : 시편 66, 23편	사무엘하 6 : 12~23 로마서 14 : 7~12 요한복음 1 : 43~51	사사기 6 : 1~24 고린도후서 9 : 6~15 마가복음 3 : 20~30
월	아침 : 시편 62, 145편 저녁 : 시편 73, 9편	사무엘하 7 : 1~17 사도행전 18 : 1~11 마가복음 8 : 11~21	사사기 6 : 25~40 사도행전 2 : 37~47 요한복음 1 : 1~18
화	아침 : 시편 12, 146편 저녁 : 시편 36, 7편	사무엘하 7 : 18~29 사도행전 18 : 12~28 마가복음 8 : 22~33	사사기 7 : 1~18 사도행전 3 : 1~11 마태복음 1 : 19~28
수	아침 : 시편 96편, 147 : 1~11 저녁 : 시편 132, 134편	사무엘하 9 : 1~13 사도행전 19 : 1~10 마가복음 8 : 34~9 : 1	사사기 7 : 19~8 : 12 사도행전 3 : 12~26 요한복음 1 : 29~42
목	아침 : 시편 116편, 147 : 12~20 저녁 : 시편 26, 130편	사무엘하 11 : 1~27 사도행전 19 : 11~20 마가복음 9 : 2~13	사사기 8 : 22~35 사도행전 4 : 1~12 요한복음 1 : 43~51
금	아침 : 시편 84, 148편 저녁 : 시편 25, 40편	사무엘하 12 : 1~14 사도행전 19 : 21~41 마가복음 9 : 14~29	사사기 9 : 1~16, 19~21 사도행전 4 : 13~31 요한복음 2 : 1~12
토	아침 : 시편 63, 149편 저녁 : 시편 125, 90편	사무엘하 12 : 15~31 사도행전 20 : 1~16 마가복음 9 : 30~41	사사기 9 : 22~25, 50~57 사도행전 4 : 32~5 : 11 요한복음 2 : 13~25

8월 7~13일 사이의 주일 다음 주

	시 편	첫째 해	둘째 해
일	아침 : 시편 103, 150편 저녁 : 시편 117, 139편	사무엘하 13 : 1~22 로마서 15 : 1~13 요한복음 3 : 22~36	사사기 11 : 1~11, 29~40 고린도후서 11 : 21b~31 마가복음 4 : 35~41
월	아침 : 시편 5, 145편 저녁 : 시편 82, 29편	사무엘하 13 : 23~39 사도행전 20 : 17~38 마가복음 9 : 42~50	사사기 12 : 1~7 사도행전 5 : 12~26 요한복음 3 : 1~21

	시편	첫째 해	둘째 해
화	아침 : 시편 42, 146편 저녁 : 시편 102, 133편	사무엘하 14 : 1~20 사도행전 21 : 1~14 마가복음 10 : 1~16	사사기 13 : 1~15 사도행전 5 : 27~42 요한복음 3 : 22~36
수	아침 : 시편 89 : 1~18, 147 : 1~11 저녁 : 시편 1, 33편	사무엘하 14 : 21~33 사도행전 21 : 15~26 마가복음 10 : 17~31	사사기 13 : 15~24 사도행전 6 : 1~15 요한복음 4 : 1~26
목	아침 : 시편 97편, 147 : 12~20 저녁 : 시편 16, 62편	사무엘하 15 : 1~18 사도행전 21 : 27~36 마가복음 10 : 32~45	사사기 14 : 1~19 사도행전 6 : 15~7 : 16 요한복음 4 : 27~42
금	아침 : 시편 51, 148편 저녁 : 시편 142, 65편	사무엘하 15 : 19~37 사도행전 21 : 37~22 : 16 마가복음 10 : 46~52	사사기 14 : 20~15 : 20 사도행전 7 : 17~29 요한복음 4 : 43~54
토	아침 : 시편 104, 149편 저녁 : 시편 138, 98편	사무엘하 16 : 1~23 사도행전 22 : 17~29 마가복음 11 : 1~11	사사기 16 : 1~14 사도행전 7 : 30~43 요한복음 5 : 1~18

8월 14~20일 사이의 주일 다음 주			
	시 편	첫째 해	둘째 해
일	아침 : 시편 19, 150편 저녁 : 시편 81, 113편	사무엘하 17 : 1~23 갈라디아서 3 : 6~14 요한복음 5 : 30~47	사사기 16 : 15~31 고린도후서 13 : 1~11 마가복음 5 : 25~34
월	아침 : 시편 135, 145편 저녁 : 시편 97, 112편	사무엘하 17 : 24~18 : 8 사도행전 22 : 30~23 : 11 마가복음 11 : 12~26	사사기 17 : 1~13 사도행전 7 : 44~8 : 1a 요한복음 5 : 19~29
화	아침 : 시편 123, 146편 저녁 : 시편 30, 86편	사무엘하 18 : 9~18 사도행전 23 : 12~24 마가복음 11 : 27~12 : 12	사사기 18 : 1~15 사도행전 8 : 1~13 요한복음 5 : 30~47
수	아침 : 시편 15편, 147 : 1~11 저녁 : 시편 48, 4편	사무엘하 18 : 19~19 : 33 사도행전 23 : 23~35 마가복음 12 : 13~27	사사기 18 : 16~31 사도행전 8 : 14~25 요한복음 6 : 1~15
목	아침 : 시편 36편, 147 : 12~20 저녁 : 시편 80, 27편	사무엘하 19 : 1~23 사도행전 24 : 1~23 마가복음 12 : 28~34	사사기 1 : 1~22 사도행전 8 : 25~40 요한복음 6 : 16~27
금	아침 : 시편 130, 148편 저녁 : 시편 32, 139편	사무엘하 19 : 24~43 사도행전 24 : 24~25 : 12	욥기 2 : 1~13 사도행전 9 : 1~9

	시 편	첫째 해	둘째 해
		마가복음 12 : 35~44	요한복음 6 : 27~40
토	아침 : 시편 56, 149편 저녁 : 시편 118, 111편	사무엘하 23 : 1~7, 13~17 사도행전 25 : 13~27 마가복음 13 : 1~13	욥기 3 : 1~26 사도행전 9 : 10~19a 요한복음 6 : 41~51

8월 21~27일 사이의 주일 다음 주

	시 편	첫째 해	둘째 해
일	아침 : 시편 67, 150편 저녁 : 시편 46, 93편	사무엘하 24 : 1~2, 10~25 갈라디아서 3 : 23~4 : 7 요한복음 8 : 12~20	욥기 4 : 1~6, 12~21 요한계시록 4 : 1~11 마가복음 6 : 1~6a
월	아침 : 시편 57, 145편 저녁 : 시편 85, 47편	열왕기상 1 : (1~4)5~31 사도행전 26 : 1~23 마가복음 13 : 14~27	욥기 4 : 1, 5 : 1~11, 17~21, 26~27 사도행전 9 : 19b~31 요한복음 6 : 52~59
화	아침 : 시편 54, 146편 저녁 : 시편 28, 99편	열왕기상 1 : 32~2 : 4(5~46a), 46b 사도행전 26 : 24~27 : 8 마가복음 13 : 28~37	욥기 6 : 1~4, 8~15, 21 사도행전 9 : 32~43 요한복음 6 : 60~71
수	아침 : 시편 65편, 147 : 1~11 저녁 : 시편 125, 91편	열왕기상 3 : 1~15 사도행전 27 : 9~26 마가복음 14 : 1~11	욥기 6 : 1, 7 : 1~21 사도행전 10 : 1~16 요한복음 7 : 1~13
목	아침 : 시편 143편, 147 : 12~20 저녁 : 시편 81, 116편	열왕기상 3 : 16~28 사도행전 27 : 27~44 마가복음 14 : 12~26	욥기 8 : 1~10, 20~22 사도행전 10 : 17~33 요한복음 7 : 14~36
금	아침 : 시편 88, 148편 저녁 : 시편 6, 20편	열왕기상 5 : 1~6 : 1, 7 사도행전 28 : 1~16 마가복음 14 : 27~42	욥기 9 : 1~15, 32~35 사도행전 10 : 34~48 요한복음 7 : 37~52
토	아침 : 시편 122, 149편 저녁 : 시편 100, 63편	열왕기상 7 : 51~8 : 21 사도행전 28 : 17~31 마가복음 14 : 43~52	욥기 9 : 1, 10 : 1~9, 16~22 사도행전 11 : 1~18 요한복음 8 : 12~20

8월 28~9월 3일 사이의 주일 다음 주

	시 편	첫째 해	둘째 해
일	아침 : 시편 108, 150편 저녁 : 시편 66, 23편	열왕기상 8 : 22~30(31~40) 디모데전서 4 : 7b~16 요한복음 8 : 47~59	욥기 11 : 1~9, 13~20 요한계시록 5 : 1~14 마태복음 5 : 1~12

월	아침 : 시편 62, 145편 저녁 : 시편 73, 9편	역대하 6 : 32～7 : 7 야고보서 2 : 1～13 마가복음 14 : 53～65	욥기 12 : 1～6, 13～25 사도행전 11 : 19～30 요한복음 8 : 21～32
화	아침 : 시편 12, 146편 저녁 : 시편 36, 7편	열왕기상 8 : 65～9 : 9 야고보서 2 : 14～26 마가복음 14 : 66～72	욥기 12 : 1, 13 : 3～17, 21～27 사도행전 12 : 1～17 요한복음 8 : 33～47
수	아침 : 시편 96편, 147 : 1～11 저녁 : 시편 132, 134편	열왕기상 9 : 24～10 : 13 야고보서 3 : 1～12 마가복음 15 : 1～11	욥기 12 : 1, 14 : 1～22 사도행전 12 : 18～25 요한복음 8 : 47～59
목	아침 : 시편 116편, 147 : 12～20 저녁 : 시편 26, 130편	열왕기상 11 : 1～13 야고보서 3 : 13～4 : 12 마가복음 15 : 12～21	욥기 16 : 16～22, 17 : 1, 13～16 사도행전 13 : 1～12 요한복음 9 : 1～17
금	아침 : 시편 84, 148편 저녁 : 시편 25, 40편	열왕기상 11 : 26～43 야고보서 4 : 13～5 : 6 마가복음 15 : 22～32	욥기 19 : 1～7, 14～27 사도행전 13 : 13～25 요한복음 9 : 18～41
토	아침 : 시편 63, 149편 저녁 : 시편 125, 90편	열왕기상 12 : 1～20 야고보서 5 : 7～20 마가복음 15 : 33～39	욥기 22 : 1～4, 21, 23 : 7 사도행전 13 : 26～43 요한복음 10 : 1～18

9월 4～10일 사이의 주일 다음 주			
	시 편	첫째 해	둘째 해
일	아침 : 시편 103, 150편 저녁 : 시편 117, 139편	열왕기상 12 : 21～33 사도행전 4 : 18～31 요한복음 10 : 31～42	욥기 25 : 1～6, 27 : 1～6 요한계시록 14 : 1～7, 13 마태복음 5 : 13～20
월	아침 : 시편 5, 145편 저녁 : 시편 82, 29편	열왕기상 13 : 1～10 빌립보서 1 : 1～11 마가복음 15 : 40～47	욥기 32 : 1～10, 19 : 33 : 1, 19～28 사도행전 13 : 44～52 요한복음 10 : 19～30
화	아침 : 시편 42, 146편 저녁 : 시편 102, 133편	열왕기상 16 : 23～34 빌립보서 1 : 12～30 마가복음 16 : 1～8(9-20)	욥기 29 : 1～20 사도행전 14 : 1～18 요한복음 10 : 31～42
수	아침 : 시편 89 : 1～18, 147 : 1～11 저녁 : 시편 1, 33편	열왕기상 17 : 1～24 빌립보서 2 : 1～11 마태복음 2 : 1～12	욥기 29 : 1, 30 : 1～2, 16～31 사도행전 14 : 19～28 요한복음 11 : 1～16
목	아침 : 시편 97편, 147 : 12～20	열왕기상 18 : 1～19 빌립보서 2 : 12～30	욥기 29 : 1, 31 : 1～23 사도행전 15 : 1～11

	시 편	첫째 해	둘째 해
금	저녁 : 시편 16, 62편 아침 : 시편 51, 148편 저녁 : 시편 142, 65편	마태복음 2 : 13~23 열왕기상 18 : 20~40 빌립보서 3 : 1~16 마태복음 3 : 1~12	요한복음 11 : 17~29 욥기 29 : 1, 31 : 24~40 사도행전 15 : 12~21 요한복음 11 : 30~44
토	아침 : 시편 104, 149편 저녁 : 시편 138, 98편	열왕기상 18 : 41~19 : 8 빌립보서 3 : 17~4 : 7 마태복음 3 : 13~17	욥기 38 : 1~17 사도행전 15 : 22~35 요한복음 11 : 45~54

9월 11~17일 사이의 주일 다음 주

	시 편	첫째 해	둘째 해
일	아침 : 시편 19, 150편 저녁 : 시편 81, 113편	열왕기상 19 : 8~21 사도행전 5 : 34~42 요한복음 11 : 45~57	욥기 38 : 1, 18~41 요한계시록 18 : 1~8 마태복음 5 : 21~26
월	아침 : 시편 135, 145편 저녁 : 시편 97, 112편	열왕기상 21 : 1~16 고린도전서 1 : 1~19 마태복음 4 : 1~11	욥기 40 : 1~24 사도행전 15 : 36~16 : 5 요한복음 11 : 55~12 : 8
화	아침 : 시편 123, 146편 저녁 : 시편 30, 86편	열왕기상 21 : 17~29 고린도전서 1 : 20~31 마태복음 4 : 12~17	욥기 40 : 1, 41 : 1~11 사도행전 16 : 6~15 요한복음 12 : 9~19
수	아침 : 시편 15편, 147 : 1~11 저녁 : 시편 48 : 4	열왕기상 22 : 1~28 고린도전서 2 : 1~13 마태복음 4 : 18~25	욥기 42 : 1~17 사도행전 16 : 16~24 요한복음 12 : 20~26
목	아침 : 시편 36편, 147 : 12~20 저녁 : 시편 80, 27편	열왕기상 22 : 29~45 고린도전서 2 : 14~3 : 15 마태복음 5 : 1~10	욥기 28 : 1~28 사도행전 16 : 25~40 요한복음 12 : 27~36a
금	아침 : 시편 130, 148편 저녁 : 시편 32, 139편	열왕기하 1 : 2~17 고린도전서 3 : 16~23 마태복음 5 : 11~16	에스더 1 : 1~4, 10~19 사도행전 17 : 1~15 요한복음 12 : 36b~43
토	아침 : 시편 56, 149편 저녁 : 시편 118, 111편	열왕기하 2 : 1~18 고린도전서 4 : 1~7 마태복음 5 : 17~20	에스더 2 : 5~8, 15~23 사도행전 17 : 16~34 요한복음 12 : 44~50

9월 18~24일 사이의 주일 다음 주

	시 편	첫째 해	둘째 해
일	아침 : 시편 67, 150편 저녁 : 시편 46, 93편	열왕기하 4 : 8~37 사도행전 9 : 10~31 누가복음 3 : 7~18	에스더 3 : 1~4 : 3 야고보서 1 : 19~27 마태복음 6 : 1~6, 16~18
월	아침 : 시편 57, 145편 저녁 : 시편 85, 47편	열왕기하 5 : 1~19 고린도전서 4 : 8~21 마태복음 5 : 21~26	에스더 4 : 4~17 사도행전 18 : 1~11 누가복음 (1 : 1~4)3 : 1~14
화	아침 : 시편 54, 146편 저녁 : 시편 28, 99편	열왕기하 5 : 19~27 고린도전서 5 : 1~8 마태복음 5 : 27~37	에스더 5 : 1~14 사도행전 18 : 12~28 누가복음 3 : 15~22
수	아침 : 시편 65편, 147 : 1~11 저녁 : 시편 125, 91편	열왕기하 6 : 1~23 고린도전서 5 : 9~6 : 11 마태복음 5 : 38~48	에스더 6 : 1~14 사도행전 19 : 1~10 누가복음 4 : 1~13
목	아침 : 시편 143편, 147 : 12~20 저녁 : 시편 81, 116편	열왕기하 9 : 1~16 고린도전서 6 : 12~20 마태복음 6 : 1~6, 16~18	에스더 7 : 1~10 사도행전 19 : 11~20 누가복음 4 : 14~30
금	아침 : 시편 88, 148편 저녁 : 시편 6, 20편	열왕기하 9 : 17~37 고린도전서 7 : 1~9 마태복음 6 : 7~15	에스더 8 : 1~8, 15~17 사도행전 19 : 21~41 누가복음 4 : 31~37
토	아침 : 시편 122, 149편 저녁 : 시편 100, 63편	열왕기하 11 : 1~20a 고린도전서 7 : 10~24 마태복음 6 : 19~24	에스더 9 : 1~32 사도행전 20 : 1~16 누가복음 4 : 38~44

9월 25~10월 1일 사이의 주일 다음 주			
	시 편	첫째 해	둘째 해
일	아침 : 시편 108, 150편 저녁 : 시편 66, 23편	열왕기하 17 : 1~18 사도행전 9 : 36~43 누가복음 5 : 1~11	호세아 1 : 1~2 : 1 야고보서 3 : 1~13 마태복음 13 : 44~52
월	아침 : 시편 62, 145편 저녁 : 시편 73, 9편	열왕기하 17 : 24~41 고린도전서 7 : 25~31 마태복음 6 : 25~34	호세아 2 : 2~15 사도행전 20 : 17~38 누가복음 5 : 1~11
화	아침 : 시편 12, 146편 저녁 : 시편 36, 7편	역대하 29 : 1~3, 30 : 1(2~9), 10~27 고린도전서 7 : 32~40 마태복음 7 : 1~12	호세아 2 : 16~23 사도행전 21 : 1~14 누가복음 5 : 12~26
수	아침 : 시편 96편, 147	열왕기하 18 : 9~25	호세아 3 : 1~5

부록 441

		: 1~11 저녁 : 시편 132, 134편	고린도전서 8 : 1~13 마태복음 7 : 13~21	사도행전 21 : 15~36 누가복음 5 : 27~39
목	아침 : 시편 116편, 147 : 12~20 저녁 : 시편 26, 130편	열왕기하 18 : 28~37 고린도전서 9 : 1~15 마태복음 7 : 22~29	호세아 4 : 1~10 사도행전 21 : 27~36 누가복음 6 : 1~11
금	아침 : 시편 84, 148편 저녁 : 시편 25, 40편	열왕기하 19 : 1~20 고린도전서 9 : 16~27 마태복음 8 : 1~17	호세아 4 : 11~19 사도행전 21 : 37~22 : 16 누가복음 6 : 12~26
토	아침 : 시편 63, 149편 저녁 : 시편 125, 90편	열왕기하 19 : 21~36 고린도전서 10 : 1~13 마태복음 8 : 18~27	호세아 5 : 1~7 사도행전 22 : 17~29 누가복음 6 : 27~38

10월 2~8일 사이의 주일 다음 주			
	시 편	첫째 해	둘째 해
일	아침 : 시편 103, 150편 저녁 : 시편 117, 139편	열왕기하 20 : 1~21 사도행전 12 : 1~17 누가복음 7 : 11~17	호세아 5 : 8~6 : 6 고린도전서 2 : 6~16 마태복음 14 : 1~12
월	아침 : 시편 5, 145편 저녁 : 시편 82, 29편	열왕기하 21 : 1~18 고린도전서 10 : 14~11 : 1 마태복음 8 : 28~34	호세아 6 : 7~7 : 7 사도행전 20 : 30~23 : 11 누가복음 6 : 39~49
화	아침 : 시편 42, 146편 저녁 : 시편 102, 133편	열왕기하 22 : 1~13 고린도전서 11 : 2(3-16), 17~22 마태복음 9 : 1~8	호세아 7 : 8~16 사도행전 23 : 12~24 누가복음 7 : 1~17
수	아침 : 시편 89 : 1~18, 147 : 1~11 저녁 : 시편 1, 33편	열왕기하 22 : 14~23 : 3 고린도전서 11 : 23~34 마태복음 9 : 9~17	호세아 8 : 1~14 사도행전 23 : 23~35 누가복음 7 : 18~35
목	아침 : 시편 97편, 147 : 12~20 저녁 : 시편 16, 62편	열왕기하 23 : 4~25 고린도전서 12 : 1~12 마태복음 9 : 18~26	호세아 9 : 1~9 사도행전 24 : 1~23 누가복음 7 : 36~50
금	아침 : 시편 51, 148편 저녁 : 시편 142, 65편	열왕기하 23 : 36~24 : 17 고린도전서 12 : 12~26 마태복음 9 : 27~34	호세아 9 : 10~17 사도행전 24 : 24~25 : 12 누가복음 8 : 1~15
토	아침 : 시편 104, 149편 저녁 : 시편 138, 98편	예레미야 35 : 1~19 고린도전서 12 : 27~13 : 3 마태복음 9 : 35~10 : 4	호세아 10 : 1~15 사도행전 25 : 13~27 누가복음 8 : 16~25

10월 9~15일 사이의 주일 다음 주			
	시 편	첫째 해	둘째 해
일	아침 : 시편 19, 150편 저녁 : 시편 81, 113편	예레미야 36 : 1~10 사도행전 14 : 8~18 누가복음 7 : 36~50	호세아 11 : 1~11 고린도전서 4 : 9~16 마태복음 15 : 21~28
월	아침 : 시편 135, 145편 저녁 : 시편 97, 112편	예레미야 36 : 11~26 고린도전서 13 : (1-3)4~13 마태복음 10 : 5~15	호세아 11 : 12~12 : 1 사도행전 26 : 1~23 누가복음 8 : 26~39
화	아침 : 시편 123, 146편 저녁 : 시편 30, 86편	예레미야 36 : 27~37 : 2 고린도전서 14 : 1~12 마태복음 10 : 16~23	호세아 12 : 2~14 사도행전 26 : 24~27 : 8 누가복음 8 : 40~56
수	아침 : 시편 15편, 147 : 1~11 저녁 : 시편 48, 4편	예레미야 37 : 3~21 고린도전서 14 : 13~25 마태복음 10 : 24~33	호세아 13 : 1~3 사도행전 27 : 9~26 누가복음 9 : 1~17
목	아침 : 시편 36편, 147 : 12~20 저녁 : 시편 80, 27편	예레미야 38 : 1~13 고린도전서 14 : 26~33a, (33b-36)37~40 마태복음 10 : 34~42	호세아 13 : 4~8 사도행전 27 : 27~44 누가복음 9 : 18~27
금	아침 : 시편 130, 148편 저녁 : 시편 32, 139편	예레미야 38 : 14~28 고린도전서 15 : 1~11 마태복음 11 : 1~6	호세아 13 : 9~16 사도행전 28 : 1~16 누가복음 9 : 28~36
토	아침 : 시편 56, 149편 저녁 : 시편 118, 111편	예레미야 52 : 1~34 고린도전서 15 : 12~29 마태복음 11 : 7~15	호세아 14 : 1~9 사도행전 28 : 17~31 누가복음 9 : 37~50

10월 16~22일 사이의 주일 다음 주			
	시 편	첫째 해	둘째 해
일	아침 : 시편 67, 150편 저녁 : 시편 46, 93편	예레미야 29 : 1, 4~14 또는 39 : 11~40 : 6 사도행전 16 : 6~15 누가복음 10 : 1~12, 17~20	전도서 4 : 1~10 또는 미가 1 : 1~9 고린도전서 10 : 1~13 마태복음 16 : 13~20
월	아침 : 시편 57, 145편 저녁 : 시편 85, 47편	예레미야 44 : 1~14 또는 예레미야 29 : 1, 4~14 고린도전서 15 : 30~41 마태복음 11 : 16~24	전도서 4 : 20~5 : 7 또는 미가 2 : 1~13 요한계시록 7 : 1~8 누가복음 9 : 51~62

화	아침 : 시편 54, 146편 저녁 : 시편 28, 99편	예레미야애가 1 : 1~5(6-9), 10~12 또는 예레미야 40 : 7~41 : 3 고린도전서 15 : 41~50 마태복음 11 : 25~30	전도서 6 : 5~17 또는 미가 3 : 1~8 요한계시록 7 : 9~17 누가복음 10 : 1~16
수	아침 : 시편 65편, 147 : 1~11 저녁 : 시편 125, 91편	예레미야애가 2 : 8~15 또는 예레미야 41 : 4~18 고린도전서 15 : 51~58 마태복음 12 : 1~14	전도서 7 : 4~14 또는 미가 3 : 9~4 : 5 요한계시록 8 : 1~13 누가복음 10 : 17~24
목	아침 : 시편 143편, 147 : 12~20 저녁 : 시편 81, 116편	에스라 1 : 1~11 또는 예레미야 42 : 1~22 고린도전서 16 : 1~9 마태복음 12 : 15~21	전도서 10 : 1~18 또는 미가 5 : 1~4, 10~15 요한계시록 9 : 1~12 누가복음 10 : 25~37
금	아침 : 시편 88, 148편 저녁 : 시편 6, 20편	에스라 3 : 1~13 또는 예레미야 43 : 1~13 고린도전서 16 : 10~24 마태복음 12 : 22~32	전도서 11 : 2~20 또는 미가 6 : 1~8 요한계시록 9 : 13~21 누가복음 10 : 38~42
토	아침 : 시편 122, 149편 저녁 : 시편 100, 63편	에스라 4 : 7, 11~24 또는 예레미야 44 : 1~14 빌레몬서 1~25절 마태복음 12 : 33~42	전도서 15 : 9~20 또는 미가 7 : 1~7 요한계시록 10 : 1~11 누가복음 11 : 1~13

10월 23~29일 사이의 주일 다음 주			
	시편	첫째 해	둘째 해
일	아침 : 시편 108, 150편 저녁 : 시편 66, 23편	학개 1 : 1~2 : 9 또는 예레미야 44 : 15~30 사도행전 18 : 24~19 : 7 누가복음 10 : 25~37	요나 1 : 1~17a 고린도전서 10 : 15~24 마태복음 18 : 15~20
월	아침 : 시편 62, 145편 저녁 : 시편 73, 9편	스가랴 1 : 7~17 또는 예레미야 45 : 1~5 요한계시록 1 : 4~20 마태복음 12 : 43~50	전도서 19 : 4~17 또는 요나 1 : 17~2 : 10 요한계시록 11 : 1~14 누가복음 11 : 14~26
화	아침 : 시편 12, 146편 저녁 : 시편 36, 7편	에스라 5 : 1~17 또는 예레미야애가 1 : 1~5(6-9), 10~12 요한계시록 4 : 1~11	전도서 24 : 1~12 또는 요나 3 : 1~4 : 11 요한계시록 11 : 14~19 누가복음 11 : 27~36

			마태복음 13 : 1~9	
수	아침 : 시편 96편, 147 : 1~11 저녁 : 시편 132, 134편	에스라 6 : 1~22 또는 예레미야애가 2 : 8~15 요한계시록 5 : 1~10 마태복음 13 : 10~17	전도서 28 : 14~26 또는 나훔 1 : 1~14 요한계시록 12 : 1~6 누가복음 11 : 37~52
목	아침 : 시편 116편, 147 : 12~20 저녁 : 시편 26, 130편	느헤미야 1 : 1~11 또는 예레미야애가 2 : 16~22 요한계시록 5 : 11~6 : 11 마태복음 13 : 18~23	전도서 31 : 12~18, 25~32 : 2 또는 나훔 1 : 15~2 : 12 요한계시록 12 : 7~17 누가복음 11 : 53~12 : 12
금	아침 : 시편 84, 148편 저녁 : 시편 25, 40편	느헤미야 2 : 1~20 또는 예레미야애가 4 : 1~22 요한계시록 6 : 12~7 : 4 마태복음 13 : 24~30	전도서 34 : 1~8, 18~22 또는 나훔 2 : 13~3 : 7 요한계시록 13 : 1~10 누가복음 12 : 13~31
토	아침 : 시편 63, 149편 저녁 : 시편 125, 90편	느헤미야 4 : 1~23 또는 예레미야애가 5 : 1~22 요한계시록 7 : (4-8)9~17 마태복음 13 : 31~35	전도서 35 : 1~17 또는 나훔 3 : 8~19 요한계시록 13 : 11~18 누가복음 12 : 32~48

10월 30~11월 5일 사이의 주일 다음 주			
	시 편	첫째 해	둘째 해
일	아침 : 시편 103, 150편 저녁 : 시편 117, 139편	느헤미야 5 : 1~9 또는 에스라 1 : 1~11 사도행전 20 : 7~12 누가복음 12 : 22~31	전도서 36 : 1~17 또는 스바냐 1 : 1~6 고린도전서 12 : 27~13 : 13 마태복음 18 : 21~35
월	아침 : 시편 5, 145편 저녁 : 시편 82, 29편	느헤미야 6 : 1~19 또는 에스라 3 : 1~13 요한계시록 10 : 1~11 마태복음 13 : 36~43	전도서 38 : 24~34 또는 스바냐 1 : 7~13 요한계시록 14 : 1~13 누가복음 12 : 49~59
화	아침 : 시편 42, 146편 저녁 : 시편 102, 133편	느헤미야 12 : 27~31a, 42b~47 또는 4 : 7, 11~24 요한계시록 11 : 1~19 마태복음 13 : 44~52	전도서 43 : 1~22 또는 스바냐 1 : 14~18 요한계시록 14 : 14~15 : 8 누가복음 13 : 1~9
수	아침 : 시편 89 : 1~18, 147 : 1~11 저녁 : 시편 1, 33편	느헤미야 13 : 4~22 또는 학개 1 : 1~2 : 9 요한계시록 12 : 1~12	전도서 43 : 23~33 또는 스바냐 2 : 1~15 요한계시록 16 : 1~11

		마태복음 13 : 53~58	누가복음 13 : 10~27
목	아침 : 시편 97편, 147 : 12~20 저녁 : 시편 16, 62편	에스라 7 : (1-10)11~26 또는 스가랴 1 : 7~17 요한계시록 14 : 1~13 마태복음 14 : 1~12	전도서 44 : 1~15 또는 스바냐 3 : 1~7 요한계시록 16 : 12~21 누가복음 13 : 18~30
금	아침 : 시편 51, 148편 저녁 : 시편 142, 65편	에스라7 :27~28, 8 :21~36 또는 에스라 5 : 1~17 요한계시록 15 : 1~8 마태복음 14 : 13~21	전도서 50 : 1, 11~24 또는 스바냐 3 : 8~13 요한계시록 17 : 1~18 누가복음 13 : 31~35
토	아침 : 시편 104, 149편 저녁 : 시편 138, 98편	에스라 9 : 1~15 또는 6 : 1~22 요한계시록 17 : 1~14 마태복음 14 : 22~36	전도서 51 : 1~12 또는 스바냐 3 : 14~20 요한계시록 18 : 1~14 누가복음 14 : 1~11

11월 6~12일 사이의 주일 다음 주			
	시 편	첫째 해	둘째 해
일	아침 : 시편 19, 150편 저녁 : 시편 81, 113편	에스라 10 : 1~17 또는 느헤미야 1 : 1~11 요한계시록 24 : 10~21 마태복음 14 : 12~24	전도서 51 : 13~22 또는 요엘 1 : 1~13 고린도전서 14 : 1~12 마태복음 20 : 1~16
월	아침 : 시편 135, 145편 저녁 : 시편 97, 112편	느헤미야 9 : 1~15(16-25) 또는 2 : 1~20 요한계시록 18 : 1~8 마태복음 15 : 1~20	요엘 1 : 1~13 또는 요엘 1 : 15~2 : 2 요한계시록 18 : 15~24 누가복음 14 : 12~24
화	아침 : 시편 123, 146편 저녁 : 시편 30, 86편	느헤미야 9 : 26~38 또는 느헤미야 4 : 1~23 요한계시록 18 : 9~20 마태복음 15 : 21~28	요엘 1 : 15~2 : 2(3-11) 또는 요엘 2 : 3~11 요한계시록 19 : 1~10 누가복음 14 : 25~35
수	아침 : 시편 15편, 147 : 1~11 저녁 : 시편 48, 4편	느헤미야 7 : 73b~8 : 3, 5~18 또는 느헤미야 5 : 1~19 요한계시록 18 : 21~24 마태복음 15 : 29~39	요엘 2 : 12~19 요한계시록 19 : 11~21 누가복음 15 : 1~10
목	아침 : 시편 36편, 147 : 12~20 저녁 : 시편 80, 27편	느헤미야 6 : 1~19 요한계시록 19 : 1~10 마태복음 16 : 1~12	요엘 2 : 21~27 야고보서 1 : 1~15 누가복음 15 : 1~2, 11~32

금	아침 : 시편 130, 148편 저녁 : 시편 32, 139편	느헤미야 12 : 27~31a, 42b~47 요한계시록 19 : 11~16 마태복음 16 : 13~20	요엘 2 : 28~3 : 8 야고보서 1 : 1~15 누가복음 16 : 1~9
토	아침 : 시편 56, 149편 저녁 : 시편 118, 111편	느헤미야 13 : 4~22 요한계시록 20 : 1~6 마태복음 16 : 21~28	요엘 3 : 9~17 야고보서 2 : 1~13 누가복음 16 : 10~17(18)

11월 13~19일 사이의 주일 다음 주			
	시 편	첫째 해	둘째 해
일	아침 : 시편 67, 150편 저녁 : 시편 46, 93편	에스라 7 : (1-10)11~26 사도행전 28 : 14b~23 누가복음 16 : 1~13	하박국 1 : 1~4(5-11), 12~2 : 1 빌립보서 3 : 13~4 : 1 마태복음 23 : 13~24
월	아침 : 시편 57, 145편 저녁 : 시편 85, 47편	에스라 7 : 27~28, 8 : 21~36 요한계시록 20 : 7~15 마태복음 17 : 1~13	하박국 2 : 1~4, 9~20 야고보서 2 : 14~26 누가복음 16 : 19~31
화	아침 : 시편 54, 146편 저녁 : 시편 28, 99편	에스라 9 : 1~15 요한계시록 21 : 1~8 마태복음 17 : 14~21	하박국 3 : 1~10(11-15), 16~18 야고보서 3 : 1~12 누가복음 17 : 1~10
수	아침 : 시편 65편, 147 : 1~11 저녁 : 시편 125, 91편	에스라 10 : 1~17 요한계시록 21 : 9~21 마태복음 17 : 22~27	말라기 1 : 1, 6~14 야고보서 3 : 13~4 : 12 누가복음 17 : 11~19
목	아침 : 시편 143편, 147 : 12~20 저녁 : 시편 81, 116편	느헤미야 9 : 1~15(16-25) 요한계시록 21 : 22~22 : 5 마태복음 18 : 1~9	말라기 2 : 1~16 야고보서 4 : 13~5 : 6 누가복음 17 : 20~37
금	아침 : 시편 88, 148편 저녁 : 시편 6, 20편	느헤미야 9 : 26~38 요한계시록 22 : 6~13 마태복음 18 : 10~20	말라기 3 : 1~12 야고보서 5 : 7~12 누가복음 18 : 1~8
토	아침 : 시편 122, 149편 저녁 : 시편 100, 63편	느헤미야 7 : 73b~8 : 3, 5~18 요한계시록 22 : 14~21 마태복음 18 : 21~35	말라기 3 : 13~4 : 6 야고보서 5 : 13~20 누가복음 18 : 9~14

왕 되신 그리스도의 날(Christ the king) : 11월 20~26일 사이의 주일과 그 이후			
	시 편	첫째 해	둘째 해
일	아침 : 시편 108, 150편	이사야 19 : 19~25	스가랴 9 : 9~16

	저녁 : 시편 66, 23편	로마서 15 : 5~13 누가복음 19 : 11~27	베드로전서 3 : 13~22 마태복음 21 : 1~13
월	아침 : 시편 62, 145편 저녁 : 시편 73, 9편	요엘 3 : 1~2, 9~17 베드로전서 1 : 1~12 마태복음 19 : 1~12	스가랴 10 : 1~12 갈라디아서 6 : 1~10 누가복음 18 : 15~30
화	아침 : 시편 12, 146편 저녁 : 시편 36, 7편	나훔 1 : 1~13 베드로전서 1 : 13~25 마태복음 19 : 13~22	스가랴 11 : 4~17 고린도전서 3 : 10~23 누가복음 18 : 31~43
수	아침 : 시편 96편, 147 : 1~11 저녁 : 시편 132, 134편	오바댜 15~21절 베드로전서 2 : 1~10 마태복음 19 : 23~30	스가랴 12 : 1~10 에베소서 1 : 3~14 누가복음 19 : 1~10
목	아침 : 시편 116편, 147 : 12~20 저녁 : 시편 26, 130편	에베소서 3 : 1~13 베드로전서 2 : 11~25 마태복음 20 : 1~16	스가랴 13 : 1~9 에베소서 1 : 15~23 누가복음 19 : 11~27
금	아침 : 시편 84, 148편 저녁 : 시편 25, 40편	이사야 24 : 14~23 베드로전서 3 : 13~4 : 6 마태복음 20 : 17~28	스가랴 14 : 1~11 로마서 15 : 7~13 누가복음 19 : 28~40
토	아침 : 시편 63, 149편 저녁 : 시편 125, 90편	미가 7 : 11~20 베드로전서 4 : 7~19 마태복음 20 : 29~34	스가랴 14 : 12~21 빌립보서 2 : 1~11 누가복음 19 : 41~48

특별한 날들

아래에 있는 특별한 날들은 보통 다양한 교회에서 지켜지고 있다. 개혁교회에서는 보통 모든 성인의 날과 시민의 날인 설날과 추수감사절만을 지킨다. 그러나 이들 모두가 매일의 기도생활을 위해서는 필요하다.

또한 이것들은 성서의 사건 속에 나타난 하나님의 사역을 인식하는 데 필요하고, 다른 전통의 그리스도인들과의 연대성을 위해서 필요하다. 이날들을 위한 시편은 이 특별한 날들이 들어 있는 그 주간의 성서일과표에 이미 지정되어 있다.

설날 전야 또는 설날	세례 요한의 탄생일~6월 24일
전도서 3 : 1~13 요한계시록 21 : 1~6a 마태복음 25 : 31~46	말라기 3 : 1~4 또는 이사야 40 : 1~11 누가복음 1 : 5~23, 57~67(69-80)* 마태복음 11 : 2~19**
주님의 봉헌절~2월 2일	예수 십자가 기념일~9월 14일
말라기 3 : 1~4 히브리서 2 : 14~18 누가복음 2 : 22~40	민수기 21 : 4b~9 또는 이사야 45 : 21~25 고린도전서 1 : 18~24 요한복음 3 : 13~17 또는 요한복음 12 : 20~33
성수태 고지일~3월 25일	성인들의 날~11월 1일
이사야 7 : 10~14 디모데전서 3 : 16 또는 히브리서 2 : 5~10 누가복음 1 : 26~38	이사야 26 : 1~4, 8~9, 12~13, 19~21 요한계시록 21 : 9~11, 22~27(22 : 1-5) 또는 히브리서 11 : 32~12 : 2 마태복음 5 : 1~12
성모 방문축일~5월 31일	추수감사절
이사야 11 : 1~5 또는 사무엘상 2 : 1~10 로마서 12 : 9~16b 누가복음 1 : 39~47 * 아침에 사용하도록 의도됨.	신명기 8 : 1~10 또는 신명기 26 : 1~11 빌립보서 4 : 6~20 또는 디모데전서 2 : 1~4 누가복음 17 : 11~19 또는 마태복음 6 : 25~33 ** 저녁에 사용되도록 의도됨.

3) 교회력의 주요 절기 주기표(2040년까지)

성서 정과	대림절 첫 주일	재의 수요일	부활주일	승천일	성령강림 주일
A	2013. 12. 1.	2014. 3. 5.	2014. 4. 20.	2014. 5. 29.	2014. 6. 8.
B	2014. 11. 30.	2015. 2. 18.	2015. 4. 5.	2015. 5. 14.	2015. 5. 24.
C	2015. 11. 29.	2016. 2. 10.	2016. 3. 27.	2016. 5. 5.	2016. 5. 15.
A	2016. 11. 27.	2017. 3. 1.	2017. 4. 16.	2017. 5. 25.	2017. 6. 4.
B	2017. 12. 3.	2018. 2. 14.	2018. 4. 1.	2018. 5. 10.	2018. 5. 20.
C	2018. 12. 2.	2019. 3. 6.	2019. 4. 21.	2019. 5. 30.	2019. 6. 9.
A	2019. 12. 1.	2020. 20. 26.	2020. 4. 12.	2020. 5. 21.	2020. 5. 31.
B	2020. 11. 19.	2021. 2. 17.	2021. 4. 4.	2021. 5. 13.	2021. 5. 23.
C	2021. 11. 28.	2022. 3. 2.	2022. 4. 17.	2022. 5. 26.	2022. 6. 5.
A	2022. 11. 27.	2023. 2. 22.	2023. 4. 9.	2023. 5. 18.	2023. 5. 28.
B	2023. 12. 3.	2024. 2. 14.	2024. 3. 31.	2024. 5. 9.	2024. 5. 19.
C	2024. 12. 1.	2025. 3. 5.	2025. 4. 20.	2025. 5. 29.	2025. 6. 8.
A	2025. 11. 30.	2026. 2. 18.	2026. 4. 5.	2026. 5. 14.	2026. 5. 24.
B	2026. 11. 29.	2027. 2. 10.	2027. 3. 28.	2027. 5. 6.	2027. 5. 16.
C	2027. 11. 28.	2028. 3. 2.	2028. 4. 16.	2028. 5. 25.	2028. 6. 4.
A	2028. 12. 3.	2029. 2. 14.	2029. 4. 1.	2029. 5. 10.	2029. 5. 20.
B	2029. 12. 2.	2030. 3. 6.	2030. 4. 21.	2030. 5. 30.	2030. 6. 9.
C	2030. 12. 1.	2031. 2. 26.	2031. 4. 13.	2031. 5. 22.	2031. 6. 1.
A	2031. 11. 30.	2032. 2. 11.	2032. 3. 28.	2032. 5. 6.	2032. 5. 16.
B	2032. 11. 28.	2033. 3. 2.	2033. 4. 17.	2033. 5. 26.	2033. 6. 5.
C	2033. 11. 27.	2034. 2. 22.	2034. 4. 9.	2034. 5. 18.	2034. 5. 28.
A	2034. 12. 3.	2035. 2. 7.	2035. 3. 25.	2035. 5. 3.	2035. 5. 13.
B	2035. 12. 2.	2036. 2. 27.	2036. 4. 13.	2036. 5. 22.	2036. 6. 1.
C	2036. 11. 30.	2037. 2. 18.	2037. 4. 5.	2037. 5. 14.	2037. 5. 24.
A	2037. 11. 29.	2038. 3. 10.	2038. 4. 25.	2038. 6. 3.	2038. 6. 13.
B	2038. 11. 28.	2039. 2. 23.	2039. 4. 10.	2039. 5. 19.	2039. 5. 29.
C	2039. 11. 27.	2040. 2. 15.	2040. 4. 1.	2040. 5. 10.	2040. 5. 20.

| 부록 4 : 올바른 기독교 용어[1] |

기독교인들이 고쳐야 할 용어 18개와 사용하지 말아야 할 용어 19개

1. 고쳐야 할 용어

1) 천당(天堂) → 하나님의 나라, 천국, 하늘나라

"예수 믿고 죽으면 천당 간다.", 또는 죽은 사람을 가리켜 "천당에 갔다."라는 말을 많이 듣게 되는데 '천당'이라는 어휘는 우리말 성경에서 찾아볼 수 없다. 그리고 성경에는 물질로 된 유형의 집 또는 공간으로 이해하기 쉬운 천당의 개념이나 서술이 없다. 한국의 그리스도인들이 많이 사용하는 이유는 이 땅의 종교 문화를 형성한 타 종교에서 유래된다. 한민족의 일반적인 종교 개념이나 사전적 풀이에서는 천당을 '하늘 위의 신의 궁전'으로 설명하고 있다. 불교에서는 극락세계인 정토(淨土), 즉 깨끗한 국토, 곧 부처와 보살이 사는 번뇌의 굴레를 벗어난 아주 깨끗한 세상을 천당의 개념으로 이해하고 있다. 이러한 천당의 사상은 본질적으로 기독교의 신학과 신앙과는 차이가 있다. 그러므로 이교도들이 즐겨 쓰는 '천당'이라는 어휘보다 한글 성경에 있는 그대로 하나님의 주권과 영광만이 온전히 나타나는 '하나님의 나라' 또는 '천국', '하늘나라'로 사용함이 적절하다.

2) 입신(入神) → 사용 불가

한국교회의 그리스도인들로서 기도하는 열심은 매우 소중한 특성임에 틀림이 없다. 그러한 기도생활은 성령님의 충만한 역사를 개인의 신앙생활에서 각각 달리 경험하게 한다. 그러는 중에 여러 형태의 은사를 받는 것은 부인할 수 없다. 그러나 신학적인 기초가 다져지지 않은 기도원 등에서 기도에 집중하다가 '입신'(入神)을 했다는 말을 예사로 사용하고 있다.

한국에서 일반적으로 사용하고 있는 입신이란 무속종교의 표현으로써 무당에게 신이 내려 인간으로서의 자아의식을 상실하게 되는 현상을 말한다. 사전에서는 입신을

---

[1] 올바른 기독교 용어는 제87회 총회(2002년)에서 기독교용어연구위원회의 연구를 받아 채택한 결과입니다(「제87회 총회 회의록」, pp. 649-658).

한 인간이 영묘(靈妙)한 경지에 이름을 말하고 있다. 그리고 종교적으로는 '신의 경지에 이름'이라고 풀이한다. 이러한 표현은 천주교가 주로 사용한 공동번역의 민수기 11 : 25~27에서 유일하게 사용했을 뿐 본 교단이 공식적으로 사용하는 개역성경에서는 '하나님이 영을 내리실 때' 또는 '영이 임하실 때'로 표현하고 있다.

기독교에서는 어떤 경우도 하나님의 피조물인 인간이 그분의 경지에 이를 수 없다. 그러므로 입신이라는 단어는 기독교에서는 사용할 수 없는 용어이다.

3) 지금도 살아 계신 하나님 → 사용 불가

기도하는 중에 '지금도 살아 계신 하나님', '지금도 살아 계셔서 역사하시는 하나님'이라는 호칭은 하지 않는 것이 좋다. 왜냐하면 영원히 존재하시고 능력 있으신 하나님에 대한 적절한 표현이 아니기 때문이다. 지금도 살아 있다는 표현은 '언젠가는 살아 있지 못할지 모른다' 또는 '아직도 살아 계시는 하나님' 등 무한하신 하나님의 존재와 능력을 극히 제한하는 표현이 된다.

4) 룻기서, 욥기서, 잠언서, 아가서 → 룻기, 욥기, 잠언, 아가

룻記書, 욥記書, 箴言書, 雅歌書 등으로 말하거나 쓰는 것은 옳지 않다. 왜냐하면 그 자체에 記, 言, 歌, 등이 있어 '書' 자가 의미상 과잉 표현(redundancy)이 되므로 그렇게 쓸 수가 없다. '創世記'나 '출애굽記'에 '書' 자를 붙여 '創世記書'로나 '출애굽記書'로 쓸 수 없는 것과 같다. 이것은 현재 우리말 성경이 바로 쓰고 있으며, 같은 한자를 중국어나 일본어 성경 책명에서 그렇게 쓰지 않은 것을 보아도 알 수 있다.

5) 시편 ○장 ○절 → 시편 ○편 ○절

많은 사람들이 시편의 장, 절을 나타낼 때 시편 몇 장 몇 절이라고 하는데, 이것은 옳지 않다. 왜냐하면 몇 장과 몇 절은 산문에서만 쓸 수 있는 것이기 때문이다. 시편의 구분을 신구약의 다른 책의 구분을 나타내는 '장'과는 달리 '편'을 쓰는 것은 같은 한자를 쓰는 중국어 성경이나 일어 성경에서도 우리나라와 같다.

6) 하나님의 몸 된 교회 → 그리스도의 몸 된 교회

'하나님의 몸 된 교회'란 말은 성립될 수 없다. 왜냐하면 교회가 몸이라고 하는 것은 예수 그리스도를 교회와의 관계에서 비유적으로 지칭하는 말이지 하나님을 지칭하는 말이 아니기 때문이다. 그것은 하나님을 '교회의 머리'라고 할 수 없는 것과 같다. 그리스도를 교회의 머리라고 하는 것은 인간에게 있어 온몸의 지체가 머리의 지시를 받아 움직이는 것과 같음을 나타낸다. 이것은 바울에게서 볼 수 있는 교회론의 한 단면이다. 그는 그리스도론과 교회론을 결합시켜 예수 그리스도를 하나님께서 자기의 오른편에 앉히사 모든 이름 위에 뛰어나게 하시고, 또 만물을 그 발아래에 복종하게 하시고 그를 만물 위에 교회의 머리로 주셨고 교회는 그의 몸이라고 천명하고 있다(엡 1:20-23).

7) 사랑하시는 성도 여러분(설교용어) → 사랑하는 성도 여러분
사랑하시는 하나님(기도용어) → 사랑하는 하나님

설교를 할 때 흔히 '사랑하시는 성도 여러분'이라고 하는 말은 말하는 이가 그 동사 '사랑하시는'의 주체가 될 때에는 옳지 않다. 왜냐하면 말하는 주체가 스스로 자신에 대해서 존대를 나타내는 말이 되기 때문이다. 기도를 할 때에 '사랑하시는 하나님'이란 말도, 그 '사랑하시는'이란 동사의 주체를 말하는 이 자신을 가리키는 뜻으로 말하는 경우라면, 즉 자신이 하나님을 사랑하는 경우를 두고 하는 말이라면 앞의 경우와 마찬가지로 옳지 않다. 이러한 말을 하는 경우를 자세히 생각해 보면, 의미는 흔히 '사랑하시는 시민 여러분'이라고 말하는 경우처럼 그 사랑의 주체가 하나님이 아니고 말하는 이(화자)인 것이 분명하다. 만일 사랑하는 주체가 하나님이라면, '우리를 사랑하시는 하나님'이라 해야 분명하다.

8) 주기도문 외우겠습니다 → 주님 가르쳐 주신 대로 기도하겠습니다
사도신경 외우겠습니다 → 사도신경으로 신앙고백하겠습니다

"다 같이 주기도문 외우겠습니다."라는 표현은 옳지 않다. 예배 시에 성도들은 결코 주기도문을 단순히 외는(외우는) 것, 즉 암송하는 것이 아니라 한마디 한마디 뜻을 바로 새기면서 음송(吟誦)해야 하는 것이기 때문이다. 따라서 바른 표현은 "다 같이 주님 가르쳐 주신 대로 기도하겠습니다."라고 해야 한다. "다 같이 사도신경 외우겠습니다."라는 표현도 그와 같은 경우로서 옳지 않다. 즉, "다 같이 사도신경으로 신앙고백을 하겠습니다."라고 해야 한다. '주기도문을 외운다'라는 표현이나 '사도신경을 외운다'

라는 표현은 그 자체가 주기도문이나 사도신경을 진지하게 뜻을 생각함이 없이 형식으로만 소리 내어 외는 행위이다.

9) 중보 기도 → 중보적 기도, 이웃을 위한 기도

기독교에서 '중보'라는 말은 오직 예수 그리스도에게만 해당하는 말이다. 예수 그리스도는 하나님과 인간 사이에 있는 단 한 분의 중보자이시다(딤전 2 : 5). 그러므로 그 밖의 다른 사람에게 이 말을 사용하는 것은 성경의 내용과 다를 뿐 아니라 그리스도의 영광을 훼손하는 것이다. 영원 전부터 계시고 성육신 이전에도 선재(先在)하신 예수 그리스도는 천지 만물을 창조하실 때에도 중보자이셨다(요 1 : 3, 10 ; 골 1 : 16 ; 히 1 : 2). 그리고 예수 그리스도의 중보 행위가 가장 명백하고 독점적으로 드러난 곳은 바로 십자가에서의 구속 사역이다. 그러나 그리스도의 중보는 이미 완성된 구속의 역사에만 국한되지 않는다. 구속의 열매에 동참하고 있는 우리들은 그리스도의 중보 사역에 끊임없이 의존하며 살아간다. 예컨대, 믿는 자들이 드리는 감사와 기도도 그리스도를 통하여 하나님께 드려진다(요 14 : 14 ; 롬 1 : 8 ; 골 3 : 17 ; 히 13 : 15). 예수 그리스도의 중보가 지금도 계속되고 있다는 사실은 예수 그리스도께서 하나님 보좌 우편에서 역사하고 계신다는 사실에서 더욱 분명히 알 수 있다(눅 22 : 69 ; 골 3 : 1 ; 히 12 : 2). 하늘에서 수행하는 그리스도의 사역의 중요한 일면은 하나님께 중보의 기도를 하는 것이다(롬 8 : 34 ; 히 7 : 25). 더 나아가서 그리스도의 중보 사역은 종말에 있게 될 부활과 심판의 때에도 계속될 것이다. 즉, 부활과 심판이 그리스도로 말미암아 일어날 것이다(요 5 : 28-29 ; 고전 15 : 22, 52-54 ; 살전 5 : 16 ; 마 25 : 31-46 ; 요 5 : 27 ; 행 17 : 31).

그러므로 중보 기도라는 표현은 우리가 사용하기에 적절하지 않으며, '이웃을 위한 기도', '중보적 기도'라는 표현으로 사용함이 적절하다.

중보적 기도는 중보자의 기도(중보 기도)와는 다른 '나' 아닌 '남'을 위한 기도로 사용되어야 한다.

10) 제사, 제단, 제물 → 예배, 성단, 예물

구약의 제사장들은 하나님께 제사를 드리기 원하는 사람들이 가져온 소나 양을 잡아 단 위에 불을 두고, 불 위에 나무를 벌여 놓고, 제물의 피를 단에 뿌린 뒤 그것을 불살랐다. 이것이 곧 레위기의 제사요, 이 단이 바로 모세의 제단이며, 죽임을 당한 소나 양들이 희생의 제물이었다. 이 제사는 마침내 모든 제물의 실체이신 예수 그리스도의 죽음으로 완성되었고, 신약 시대에 들어 예배르 내용과 형식이 변화되었다.

그러나 현대의 한국교회는 지금도 예배를 제사의 의미로 이해하며 다음과 같은 용어를 사용하고 있는 것을 볼 수 있다.

"하나님께 산 제사를 드리게 하옵소서.", "기도의 제단에 나와서 작은 제물을 바칩니다." 한국 문화의 특징으로서 제의적 현상이 강하게 나타나는 점을 지적한 학자들은 우리나라의 신화, 민속, 종교 의식 등이 모두 제단 근처에서 성육한 것이라고 보고 있다. 구약의 제사 용어를 예배 속에 그대로 사용하면서도 부자연스러움을 깨닫지 못하는 것은 한국교회 역시 제의적인 문화의 영향을 벗어나지 못했다는 증거다. 제사는 '예배'로, 제단은 '성단'으로, 제물은 '예물'로 바꾸어야 한다.

한편, 제단을 '강단'으로 부르는 경우가 많으나 이것은 성례전을 염두에 두지 않고 설교만 이루어지는 단이라는 생각에서 나온 말이므로 '성단'이라 함이 적절하다.

11) 영시(0시) 예배, 자정 예배 → 송구영신 예배

영시(0시)는 하루가 끝남과 동시에 또 하루가 시작되는 밤 12시 정각, 곧 자정을 가리키는 시각이다. 교회가 이 시각에 의미를 부여하고 예배드리는 것은 한 해가 지나가고 다시 시작하는 연말연시의 자정에 국한된다. 그러므로 연말연시의 0시에 드리는 이 예배를 영시 예배나 자정 예배라고 부르는 것은 옳지 않다.

이 예배는 감리교회의 존 웨슬리가 언약갱신 예배(Covenant Renewal Worship)라는 이름으로 소개하였는데 새로운 해를 맞아 하나님 앞에 언약을 세우는 의미가 있기 때문이었다. 그러나 이 예배가 널리 알려지기 시작하자 날짜의 특성을 강조하여 야성회(Watch Night Worship)라는 이름이 나왔고, 한국교회에서는 단순히 시각만을 앞세워 영시 예배라 부르고 있다.

예배가 시작되는 시각을 예배의 명칭으로 사용할 수는 없다. 낮 11시 예배, 밤 7시 예배가 예배의 이름이 될 수 없듯 영시 예배 역시 마찬가지다. 또, 영시는 예배 시작 시각도 아니다. 교회에 따라 밤 11시나 11시 30분에 시작하여 고백의 시간을 갖고 새 언약을 세우는 중에 새해를 알리는 소리를 듣게 되는 것이 일반적이다.

묵은해를 보내고 새해를 맞는 일을 가리켜 '송구영신', 또는 '송영'이라 한다. 이 의미가 예배의 성격 및 내용과 일치하므로 '송구영신 예배'라고 부르는 것이 좋겠다. '송영'은 '송구영신'의 준말이지만, 찬양에서의 '송영'과 동음이어서 혼란을 가져올 우려가 있으므로 사용하지 않는 것이 좋다.

12) 수양회 → 신앙수련회

절기가 바뀌면 교회마다 행사를 계획하고 실행한다. 특히 기도원이나 수양관이 있는 교회는 그 장소를 활용하여 행사를 펼치는데 그 내용이 점차 새로워지고 다양해져 말씀집회, 찬양 콘서트, 각종 이벤트, 세미나와 워크숍 등을 포함하게 되었다.

아무리 수양관에서 행사를 치른다 하더라도, 이런 행사를 전통적 용어인 수양회라고 부르기에는 이미 그 성격이 크게 바뀌고 말았다. '수양'이란 도덕적 품성을 닦는다는 의미를 내포하고 있기 때문에 소극적이고 정적인 느낌을 주는 이 용어를 가지고서는 현대의 다양한 행사 내용을 다 담을 수 없다.

교회의 공동체 훈련이라는 목적을 잘 드러내면서도 다양한 행사를 포괄할 수 있는 용어로 '신앙수련회'가 적합하다. '수련'은 마음과 몸을 잘 닦아서 익힌다는 사전적인 뜻을 갖고 있으며, 특히 정신을 닦고 기르는 데 사용하는 종교적 용어로도 익숙하다. 여기에 신앙을 성장시키기 위한 뚜렷한 목표를 앞에 내세우게 되므로 가장 합리적인 명칭이다.

13) ······기도로 폐회합니다 → ······기도로 예배를 마칩니다, ······기도로 기도회를 마칩니다

예배가 끝날 즈음해서 예배 인도자가 이제 "○○○ 목사님 축도로 폐회합니다.", "○○○ 장로님 기도로 폐회합니다." 또는 "○○○ 집사님이 폐회 기도를 해 주시겠습니다."와 같은 안내를 하는 것을 종종 볼 수 있는데 이것은 잘못된 것이다.

이것은 교회 안의 각종 회의에서 그 회의가 끝날 무렵 의장이 "○○○ 장로님의 기도로 폐회합니다.", "폐회 기도를 ○○○ 집사님이 해 주시겠습니다." 같은 안내를 하는 것을 무의식중에 예배에서도 사용한 것으로 예배가 회의가 아닌 이상 반드시 이를 바로 잡아야 한다. 주일날 드리는 주일 낮 예배는 물론 새벽 기도회나 수요 기도회, 금요밤 심야 기도회 등도 비록 우리가 관례를 따라 ○○회라고는 하지만 이들은 바로 예배의 일종이므로 이때에도 "○○○의 기도로 폐회합니다."와 같이 말하는 것은 잘못된 것이다. 물론 교회 밖 어느 곳에서 드리는 예배든지 예배가 끝날 때 위와 같은 안내를 하는 것은 안 된다. 예배는 어느 경우나 '○○회'가 아님을 분명히 새겨 둘 필요가 있다.

14) 예배의 시종을 의탁하옵고 → 주장하시고, 인도하시고

예배드릴 때 기도 인도자가 기도의 마무리를 하면서 "예배의 시종을 하나님께 의탁드리며 예수님의 이름으로 기도합니다."와 같은 표현을 하는 것을 종종 볼 수 있는데 이 의탁은 "어떤 것에 몸이나 마음을 의지하여 맡긴다."는 의미다.

내가 주도적으로 무엇을 하는 것이 아니고 내가 할 일을 다른 사람에게 맡겨서 거의 '그가 대신한다'는 의미를 가지고 있다

우리가 예배드리는 것은 하나님이 나에게 베풀어 주신 사랑과 은혜에 감사하면서 하나님께 최상의 가치를 돌려 드리는 응답의 행위인데, 성령님의 도우심으로 신령과 진정으로 드려야 할 이 예배를 도리어 하나님께 맡기고 나는 방관자가 된다는 것은 어불성설이다. 그러므로 '이 예배를 하나님께 의탁하면서'는 적절한 표현이 아니다. 필요할 시는 '이 예배를 주장하시고' 또는 '이 예배를 성령님께서 인도하시고'로 쓸 수 있다.

15) 태신자 → 전도 대상자

생소한 용어가 교회 안에서 쓰이고 있는 것을 보는데 바로 '태신자'가 그것이다. 이 말은 믿지 않는 어느 사람을 지칭하면서 장차 태어나게 될 신자라는 의미로, 즉 태 안에 들어 있는 신자라는 의미로 쓰이고 있다. 다시 말하면 내가 전도해서 꼭 신자를 만들겠다고 속으로 작정한 어떤 특정한 사람을 '태신자'라고 하고 있다.

임산부의 태 안에 들어 있는 생명체를 태아라 부르는 것에 연유하여 태 안에 들어 있는 신자라는 뜻으로 '태신자'가 쓰이고 있는데 이것은 매우 부적합한 용어이다. 태아가 임산부의 몸속에 들어 있는 생명체일진대 그러면 '태신자'는 과연 누구의 배 속에 들어 있다는 말인가.

만일 '태신자'를 용납한다면 장차 목사나 장로가 되기를 바라고 기도하는 그 사람을 '태목사', '태장로'라 해도 괜찮다는 무리한 결론에 이른다. 그러므로 '태신자'라는 용어 대신 '전도 대상자'로 사용하는 것이 좋다.

16) 안집('안수집사'의 줄임말) → 사용 불가

집사는 교회의 택함을 받고 안수하여 임직한 이들을 가리키는 직분인데, 서리집사와 구별하기 위하여 안수집사라 부르는 것이 일반화되었다. 그런데 그 명칭을 줄여 '안집'이라는 생소한 말로 부르거나 기록하는 사례가 생겨났다.

이는 사회에서 유행을 타고 있는 두문자어(acronym) 사용이 교회에 스며들어 온 결과라 하겠다. 신문과 같은 활자 매체는 지면이 한정되어 있기 때문에 되도록 줄여 쓰기 위한 목적으로 무리한 약어를 만들어 낸다. 이런 현상이 간결한 것을 선호하는 현대인들의 성향과 맞아떨어져, 단체 이름 줄여 말하기(예, 나라사랑실천본부 → 나사본), 일상어 재미있게 줄이기(예, 바라보고 싶은 사람과 천하에 재미없는 사람 → 바보와 천재) 등 언어생활에 혼란을 줄 수 있는 일들이 일어나고 있다.

교회에서도 직분의 호칭을 줄여 말하는 현상이 발생했다. 대표적인 것이 부목사를 '부목'이라고 부르는 경우인데 이는 교목, 군목, 경목 같은 준말의 영향을 받은 것으로써 바람직하지는 않지만 의미가 통하고 있다. 그러나 안수집사를 '안집'이라고 하는 것은 대단히 무리한 줄임말이다. 만약 이런 두문자어를 받아들인다면 원로목사를 '원목', 은퇴장로를 '은장'이라 부를 수도 있다는 말이 된다. 동의어가 양산되고, 어감이 이상해지며, 의미를 모르는 사람들에게 위화감을 조성하게 되는 것이 줄임말의 폐단이다. 교회공동체의 순수성을 해칠 우려가 있는 '안집' 같은 생소한 두문자어는 사용하지 말아야 한다.

17) 주님의 이름으로 문안드립니다 → 주님 안에서 문안합니다, 주님 안에서 문안드립니다

'이름'은 누구를 대신하여 부르는 말 또는 누구를 대신하여 지시하는 말이므로, 그 사람의 권위와 인격의 임재를 동반하게 된다. 그러므로 "누구의 이름으로 무엇을 한다."고 말할 때, 그 서술어는 권위와 위엄과 인격의 동반을 의미 요소로 하는 용어이어야 한다. 그런데 특별히 하나님이나 예수님의 이름은 더할 수 없는 권위와 위엄과 인격과 능력을 동반하는 것이므로 단순히 상대방의 안부를 묻는다는 뜻인 '문안'이라는 말과 어울리는 것은 어색하다. 다시 말하자면 '문안'이라는 행위는 '예수님 이름을 대신하여' 혹은 '예수님 이름을 빌어서' 비로소 성립되는 것일 수 없다는 점이 지적되어야 한다.

또한 '이름으로'에 쓰인 격조사 '~으로'는 '수단, 방법, 도구, 기구' 등을 나타내는 말이므로 '누구의 이름으로 문안드리다'라는 표현은 자연스럽지 못하다.

대안으로 '주님의 이름으로'는 '주님 안에서' 또는 '주 예수님 안에서, 주 예수 그리스도 안에서' 등으로 바꾸어 쓰는 것이 좋다. 성경에는 문안이나 감사나 부탁을 할 경우 거의 "그리스도 예수 안에서"로 기록되어 있다(롬 13 : 10 ; 고전 1 : 4 ; 딜 3 : 15).

18) 일요일(공일) → 주일

그리스도인은 일요일(공일)을 '주의 날'(계 1 : 10)을 뜻하는 주일이라고 해야 한다. 현재 총회 헌법의 예배와 예식에 주일이 안식일과 구분되지 않고 사용되고 있는데, 이에 대한 별도의 검토와 연구가 필요하다.

2. 그리스도인들이 쓰기에 바람직하지 못한 용어

현재 우리 생활 속에서 흔히 쓰이고 있는 말들 중에 다음과 같은 말들은 무속, 토속 신앙, 도교, 불교 등의 사상이나 교리가 담겨져 있는 말들로 우리 기독교 신앙과는 맞지 않으므로 그리스도인들은 이 용어 사용을 피하는 것이 좋다.

1) 도로 아미타불

고생만 하고 아무 소득이 없게 됨을 비유적으로 이르는 말로 본래는 중이 평생을 두고 아미타불을 외우지만 아무 효과도 없다는 뜻에서 왔는데 그리스도인들이 쓰기에는 바람직하지 않다.

2) 공염불(空念佛)

본래 불교와 관계된 말로 신심(信心)이 없이 입으로만 외는 헛된 염불이라는 뜻으로 쓰인 말이다. 그러므로 그리스도인들은 가급적 이 말을 피하는 것이 좋다.

3) 보살 같다

보살의 뜻은 '위로 부처를 따르고 아래로 중생을 제도하여 부처의 버금이 되는 성인'이라 되어 있다. 아주 성품이 좋은 사람을 일컬어 '보살 같다'고 하는데 이는 우리 그리스도인들이 쓰기에는 적합한 말이 못된다.

4) 부처님 가운데 토막

음흉하거나 요사스러운 마음이 전혀 없고 마음이 지나치게 어질고 순한 사람을 가리켜 '부처님 가운데 토막'이라고도 하는데 이는 우리가 피해야 할 말이다.

5) 신선놀음

신선이란 도를 닦아서 인간 세상을 떠나 자연과 벗하여 늙지 않고 죽지도 않고 오래오래 산다고 하는 초월적인 상상의 존재를 가리키는 말로 편안한 삶을 가리켜 '신선놀음이다'라고도 하는데 이는 우리가 쓰기에 적합한 말이 못된다.

6) 도 사

어떤 일에 도가 트여서 능숙하게 해내는 사람을 비유적으로 이르는 말로 이 도사(道士)란 본래 도교에서 도를 갈고 닦는 사람을 의미하는데, 우리는 성직자나 직분자에게 이 말을 비유하여 쓰는 것은 삼가야 한다. 예를 들어 "목사님이 길 찾는 데는 도사야."와 같은 말은 해서는 안 된다.

7) 신주 모시듯 한다

신주(神主)란 사당 등에 모시어 두는 죽은 사람의 위패를 말하는데 글자 그대로 죽은 사람을 신으로 받드는 민간신앙에서 온 말이다. 몹시 귀하게 여기어 조심스럽고 정성스럽게 다루거나 간직하는 모양을 비유적으로 '신주 모시듯 한다'라고 하는데 우리는 가급적 이런 말은 쓰지 않는 것이 바람직하다.

8) 명당자리

명당(明堂)이란 민간신앙의 풍수지리 사상에서 나온 것으로 후손에게 장차 큰 복을 가져다준다는 묏자리나 집터를 말하는데, 이는 우리 기독교 신앙과 어긋남으로 쓰지 말아야 된다. 예를 들어 "여기는 정말 명당자리다."와 같은 말을 쓰는 것은 피해야 한다.

9) 넋두리

민간신앙에서 굿을 할 때 무당이나 가족의 한 사람이 죽은 사람의 넋을 힘입어 그 넋을 대신하여 말을 하는 것을 일컫는 것으로, 불만이나 신세타령을 길게 늘어놓으며 하소연하는 말을 가리켜 넋두리라 하는데 이런 말을 쓰지 않는 것이 바람직하다.

10) 도깨비장난

민간신앙에서 도깨비란 동물이나 사람의 형상을 한 잡된 귀신의 하나인데 이 도깨비는 비상한 힘과 재주를 가지고 있어서 사람을 홀리기도 하고 짓궂은 장난이나 심술궂은 짓을 많이 한다고 한다. 우리는 이 도깨비와 관련된 '도깨비장난', '도깨비짓', '도깨비불'과 같은 허무맹랑한 술어를 쓰지 않는 것이 좋다.

11) 일 진

날의 간지(干支)를 말하는데 이에 따라 그날그날의 운세가 있다고 믿고 있다. 용례로 '일진(日辰)이 나빠서', '일진이 사나워서'와 같은 것을 들 수 있는데 이는 피해야 될 말이다.

12) 살

민간신앙에서 살(煞)이란 사람을 해치거나 물건을 깨뜨리는 모질고 독한 귀신의 기운을 말한다. '살이 낀다', '살을 푼다', '살이 내린다'와 같은 말들을 우리는 쓰지 말아야 한다.

13) 귀신같다(이다)

귀신을 미화해서 어떤 일을 잘 알고 있다든지 또는 아주 잘할 경우 이를 '귀신같다', '귀신이다'라고 하는데 이것은 우리가 피해야 될 말이다. 더구나 그리스도인을 이 귀신에 비유하는 것, 즉 "김 장로님이 귀신같이 알아 맞추시네."와 같은 말은 쓰지 말아야 한다.

14) 액

액(厄)이란 '모질고 사나운 운수'라는 뜻인데 '액이 닥친다', '액을 물리친다', '액땜을 한다'와 같은 말은 우리가 피해야 될 말이다.

15) 운수, 운, 수, 재수
운수(運數), 운(運), 수(數)는 같은 말로 사전적인 풀이는 '이미 정하여져 있어 인간의 힘으로는 어쩔 수 없는 천운(天運)과 기수(基數)'를 뜻하며, 재수(財數)란 '재물이 생기거나 좋은 일이 있을 운수'라는 말인데 하나님의 뜻과 섭리를 믿고 따르는 우리는 가급적 이런 말들을 피해야 한다. '운이 나쁘다', '운이 없다', '운수 사납다', '재수 있다', '재수 없다' 등과 같은 말들을 쓰는 것은 바람직하지 않다.

16) 사주팔자
사주팔자(四柱八字)란 '사람이 타고난 한 평생의 운수'를 말하며 이를 줄여 '팔자'라고도 한다. 하나님의 섭리와 인도하심을 믿는 우리는 이와 같은 말을 써서는 안 된다. 예를 들어 '사주팔자를 잘 타고났다', '팔자가 기구하다'와 같은 말을 우리는 쓸 수 없다.

17) 터줏대감
민간신앙에서 터주란 '집터를 지키는 지신, 또는 그 자리'를 말하는데 가마니 같은 것 안에 베 석자와 짚신 따위를 넣어서 달아 두고 위한다. 이 터주에 관련된 말로 집단이나 구성원 가운데 가장 오래된 사람을 가리켜 '터줏대감'이라 하는데 이 말은 우리가 가급적 쓰지 않는 것이 좋다.

18) 손
민간신앙에서 손이란 날짜에 따라 방향을 달리하여 따라다니면서 사람의 일을 방해하는 귀신을 뜻하며, 초하루와 이틀은 동쪽, 사흘과 나흗날은 남쪽에 있다고 하며, 9일과 10일에는 손이 없는 날이라고 한다. 그리하여 이 날짜를 따져서 "내일은 손이 없는 날이니 이사를 하자.", "내일은 손이 있는 날이니 이사하지 말자."와 같은 말들을 하는데 그리스도인들은 이런 말들을 해서는 안 된다. 물론 이를 따르는 것도 안 된다.

19) 운 명
운명이란 '인간을 포함한 모든 것을 지배하는 초인간적인 힘 또는 그것에 의하여 이미 정하여져 있는 목숨이나 처지'를 말하는데 우리는 이런 뜻을 가진 '운명'이란 말을 써서는 안 된다. 우리는 하나님의 뜻과 섭리를 믿기 때문이다. 예를 들어 "운명에 맡기다.", "모든 것이 운명에 달려 있다."와 같은 말을 우리는 쓰지 말아야겠다.

| 부록 5 : 예배목회를 위한 참고문헌 |

서양서적

Allmen, Jean Jacques Von. *Worship : Its Theology and Practice*. New York : Oxford University Press, 1965.

Burkhart, John E. *Worship*. Philadelphia : Westminster Press, 1982.

Empereur, James. *Models of Liturgical Theology*. Nottingham. England : Grove Books, 1987.

Hickman, Hoyt L. et all. *The New Handbook of the Christian Year : Based on the Revised Common Lectionary*. Nashville : Abingdon Press, 1991.

Kimball, Dan. *Emerging Church : Vintage Christianity for New Generations*. Grand Rapids : Zondervan Publishing House, 2003.

_____. *Emerging Worship : Creating Worship Gatherings for New Generations*. Grand Rapids : Zondervan Publishing House, 2004.

Lebon, Jean. *How to Understand the Liturgy*. New York : Crossroad, 1988.

Rice, Howard and James C. Huffstutler. *Reformed Worship*. Louisville : Geneva Press, 2001.

Sweet, Leonard. Andy Crouch, Brian D. McLaren and Erwin R. McManus. *Church in Emerging Culture : Five Perspectives*. Zondervan Publishing House, 2003.

Talley. Thomas. J. *The Origins of the Liturgical Year*. Collegeville : the Liturgical Press, 1986.

The United Presbyterian Church in the U. S. A. *The Constitution of the Presbyterian Church(U. S. A.)*. New York : Offices of the General Assembly, 1998.

Thompson, Bard. *Liturgies of the Western Church*. Philadelphia : Fortress Press, 1961.

Thurian, Max. *Churches respond to BEM : Official responses to the "Baptism, Eucharist and Ministry" text* vol. Ⅱ. Geneva : World Council of Churches, 1986.

Weaver, J. Dudley. Jr. *Presbyterian Worship : A Guide for Clergy*. Louisville : Geneva Press, 2002.

Webber, Robert E. edit. *The Complete Library of Christian Worship*. vol. 1-7. Nashville : Star Song, 1993.

번역서적

Allmen, Jean Jacques Von. *Celebrer le salut : doctrine et pratique du culte chretien*. 박근원 역. 「구원의 축제 : 그리스도교 예배의 신학과 실천」. 서울 : 아침영성지도연구원, 2010.

Gibbs, Eddie. Ryan K. Bolger. *Emerging Churches : Creating Christian Community in Postmodern Cultures*. 김도훈 역. 「이머징 교회」. 서울 : 쿰란, 2008.

Hyppolytus. *Traditio Apostolica*. 이형우 역. 교부문헌총서 「사도전승」. 왜관 : 분도출판사, 1992.

Kimball, Dan. *Emerging Church*. 윤인숙 역. 「시대를 리드하는 교회 : 새로운 세대를 위한 전통적 기독교」. 서울 : 이레서원, 2007.

_____. *Emerging Worship*. 주승중 역. 「하나님께서 영광 받으시는 고귀한 예배」. 서울 : 이레서원, 2008.

Leishman, Thomas. *Westminster Directory*. 정장복 역. 「웨스트민스터 예배모범 : 장로교 예배의 뿌리」. 서울 : 예배와 설교 아카데미, 2002.

McLaren, Brian D. *Church on the Other Side : Doing Ministry in the Postmodern Matrix*. 이순영 역. 「저 건너편의 교회」. 서울 : 낮은울타리, 2002.

Miller, M. Rex. *Millennium Matrix : Reclaiming the Past, Reframing the Future of the Church*. 김재영 역. 「밀레니엄 매트릭스」. 서울 : 국제제자훈련원, 2008.

Presbyterian Church. *Book of Common Worship*. 김소영, 김세광, 안창엽 공역. 「공동 예배서」. 서울 : 한국장로교출판사, 2001-2002.

Sweet, Leonard I. *Aqua Church*. 김영래 역. 「모던 시대의 교회는 가라 : 포스트모던 시대의 교회 리더십 기술」. 서울 : 좋은씨앗, 2004.

Webber, Robert E. *Ancient-Future Evangelism : Making Your Church a Faith-Forming Community*. 안은찬 역. 「(그리스도인 형성을 위한) 기독교 사역론」. 서울 : 기독교문서선교회, 2010.

_____. *Ancient-Future Faith : Rethinking Evangelicalism for a Postmodern World*. 이승진 역. 「복음주의 회복 : 내일을 위한 어제의 신앙」. 서울 : 기독교문서선교회, 2012.

_____. *Ancient-Future Time : Forming Spirituality through the Christian Year*. 이승진 역. 「(교회력에 따른) 예배와 설교」. 서울 : 기독교문서선교회, 2006.

_____. *Ancient-Future Worship : Proclaiming and Enacting God's Narrative*. 이승진 역. 「예배학 : 하나님의 구원 내러티브의 구현」. 서울 : 기독교문서선교회, 2011.

_____. *Blended Worship*. 김세광 역. 「예배가 보인다 감동을 누린다 : 다양한 예배 스타일의 통합과 신선한 예배 경험」. 서울 : 예영커뮤니케이션, 2004.

World Council of Churches. *Baptism, Eucharist and Ministry*. 이형기 역. 「세계교회협의회 BEM 문서 : 세례, 성만찬, 직제」. 서울 : 한국장로교출판사, 1993.

동양서적

가흥순. 「성만찬과 예배정신」. 서울 : 도서출판 나단, 1994.

고재수. 「세례와 성찬」. 서울 : 성약출판사, 2005.
김세광. 「예배와 현대문화」. 서울 : 대한기독교서회, 2005.
대한예수교장로회총회. 「헌법」. 서울 : 한국장로교출판사, 2012.
유재원. 「이머징 예배 따라잡기」. 서울 : 미션아카데미, 2011.
이명진. 「한국 2030 신세대의 의식과 사회정체성」. 서울 : 삼성경제연구소, 2006.
이상훈. 「멀티미디어」. 서울 : 도서출판 대림, 1998.
정장복. 「예배학 개론(수정증보판)」. 서울 : 예배와설교아카데미, 1999.
_____. 「예배의 신학」. 서울 : 장로회신학대학교출판부, 1999.
_____ 외. 「예배학 사전」. 서울 : 예배와설교아카데미, 2000.
_____ 외 5인. 「2013년도 교회력에 따른 예배와 설교 핸드북」. 서울 : 예배와설교아카데미, 2012, 2013.
조기연. 「예배 갱신의 신학과 실제」. 서울 : 대한기독교서회, 2002.
조동호. 「성만찬 예배」. 서울 : 은혜출판사, 1995.
주승중. 「은총의 교회력과 설교」. 서울 : 장로회신학대학교출판부, 2004.
총회국내선교부 예배학교 편. 「예배가 살아야 교회가 산다」. 서울 : 한국장로교출판사, 2012.
총회예식서개정위원회 편. 「대한예수교장로회 예배 · 예식서」. 서울 : 한국장로교출판사, 2008.
총회예식서편찬위원회. 「표준가정예식서(가정 기도회)」. 서울 : 한국장로교출판사, 2000.
황상민. 「대한민국 사이버 신인류-페인, 그들이 세상을 바꾼다」. 파주 : 21세기북스, 2004.

논문 및 기사
- 영 문
Kimball, Dan. "Rethinking Church for emerging generations." in *Youth Specialties Youth Workers Convention*. 2002, 6.

Presbyterian Church U. S. A. *Annual Report of the Board of Foreign Missions of the Presbyterian Church in the United States of America(1901)*.

Westehoff, John. "Will Our Children Have Faith?" Terry W. York. Cross-Generational Worship in *Journal of Family Ministry* 16.4. Winter 2002.

- 국 문

김근수. "기독교교육에 있어서 멀티미디어 활용의 한계성 및 가능성." 인터넷 출처 : http : //counsel.kbtus.ac.kr/bbs/download.asp?board_id=snot1&ref=117&step=1&re_level=1&page=3.

김종래. "성만찬성례전을 통한 예배활성화 방안." 장로회신학대학교 목회전문대학원 목회신학박사논문, 2006.

박근원. "리마 성찬 예식서의 의의와 가치."「신학사상」. 56호(1987).

유재원. "미와십자가교회 탐방기."「목회와 신학」, 2012년 4월호.

이현웅. "장로교 예배모범의 역사와 전망에 관한 연구." 장로회신학대학교대학원 박사학위논문, 2004.

_____. "현대 기독교 예배에 대한 신학적 통찰 : 그 흐름과 이슈들."「한국기독교 신학논총」제65집, 2009.

채영남. "교회의 활성화를 위한 통합적 예배에 대한 연구." 장로회신학대학교 목회전문대학원 목회신학박사논문, 2006.

예배목회를 펴내면서

현대사회는 단순함과 편리성을 추구하면서도 다분화와 세분화 과정을 거치면서 더욱 복잡한 구조로 형성되어 왔다. 이러한 현상은 정치·사회·경제·문화 등 사회 전 영역에서 전개되고 있는데, 전통적인 관념을 비롯하여 법, 제도 등의 변화를 요구하고 있다.

이는 사회 구성원의 인식과 생활 방식 변화의 흐름에 교회 또한 결코 자유로울 수 없다는 것을 의미하는데, 이러한 상황 속에서 지난 2010년 메가처치(Megachurch)로 유명한 미국의 수정교회가 파산 신청한 사건은 주목할 만하다. 한국교회의 급격한 부흥기에 영향을 준 로버트 슐러 목사가 창립한 교회이기 때문에 더더욱 간과할 수 없는 사건이다.

현대 물질문명과 과학문명의 완성판이라고 할 수 있는 수정교회는 교회 외벽에 유리 1만 664장이 덮여 있고, 내부에는 세계 최대 파이프오르간이 설치되어 있다. 뿐만 아니라 예배가 본래의 형식을 과감히 탈피하여 교인 만족도를 높이는 방식으로 진행되었다. 이러한 외형과 예배 형식의 변화를 시대 흐름에 맞게 조절하여 수정교회가 한때 성도 1만 명을 자랑하는 교회로 성장하였음을 우리는 잘 알고 있다. 그러나 성장에 성장을 거듭하던 교회가 하루아침에 현지 가톨릭 교구에 건물을 매각하게 되었다. 파산의 이유는 여러 가지이다. 대다수의 전문가들은 담임목사 가족들의 부자 간·남매간의 불화를 이유로 보는가 하면, 교인 수의 감소에 따른 재정 감소 등을 원인으로 지적한다. 물론 옳은 진단들이다. 그러나 여기서 한 가지 중요한 사실을 더해야 한다. 바로 교회 예배 정체성이 흔들렸다는 점이다. 예배에서 실패하였기에 현재의 상황을 야기하게 된 것이다. 다시 말해 최고의 과학기술이 집약되어 있는 교회 시스템과 교인의 구미에 맞는 프로그램 등이 오히려 독이 된 것이다. 이와 같이 진단할 수 있는 근거는 최근 수정교회가 회복세에 있다는 점이다. 수정교회 전체 사역을 총괄하는 존 찰스 회장은 "수정교회는 본래 교회가 추구했던 찬송가와 성가대 및 오케스트라를 사용한 전통적인 예배로 회귀할 것"이라고 밝혔으며, 인터뷰 당시 2주일 간 주일 예배 출석교인 수가 두 배로 증가했다고 한다.

교회의 존폐는 바로 예배에 있다. 커뮤니케이션 이론에 따라 수용자 중심의 프로그램으로 '효과론'을 신봉하던 수정교회가 간과했던 부분이 바로 '예배의 본질'이었다.

윌리엄 우드핀은 "기독교의 증거는 책이 아니라 삶이요, 기독교의 능력은 교리가 아니라 그리스도의 인격"이라고 말했다. 뿐만 아니라 "하나님의 은혜로 말미암아 변화된 인생을 볼 때마다 예수님 부활의 증인을 만나는 것"이라고 했다. 옳은 말이다. 그리스도인의 삶과 인격을 형성하는 데에 가장 중요한 것은 '예배'이며, 부활의 예수님을 만나게 되는 지점이 바로 '예배'이다.

날로 다양해지는 예배 속에서 하나님께 '영과 진리'로 드리는 예배보다도 '교인의 참여' 목적의 예배가 범람하고 있다. 또한 예배의 본질을 외형에 치중한 예배로 오인하여 경쟁적으로 각종 프로그램들이 넘쳐 나고 있다. 우리는 하나님께서 주시는 부흥보다도 인간 중심의 '성장'을 추구하는 것에만 몰두하고 있는 것은 아닌지 반성해 볼 일이다.

이에 대한예수교장로회 총회는 창립 100주년을 기념하여 「목회매뉴얼」을 발간하게 되었다. 다변화된 사회 속에서 검증되지 않은 여러 가지 프로그램들이 난립한 목회 현장을 바로 세워 줄 귀한 책이다. 특히나 예배목회는 교회의 존립 근거가 되는 것인 만큼 매우 중요한 분야로서, 분과에 속한 모든 위원들이 심혈을 기울여 정성을 다해 참여했음을 말씀드린다.

예배목회분과위원들이 가장 관심을 가진 부분은 교단과 강단의 일치, 이론과 현장의 접목에 있다. 또한 시대 흐름에 따라 문명의 변화 및 발전은 있을 수 있으나 결코 변할 수 없는 부분인 '예배'를 '수용자 만족도'에 맞추지 않고 '하나님께서 기뻐 받으시는' 예배로 돌아가기 위한 고민의 흔적들을 고스란히 담아내고자 했다.

여기까지 올 수 있었던 것은 무엇보다 부름 받은 집필자들의 수고와 헌신이 있었기에 가능하였다. 그동안 집필에 참여해 주신 부위원장 김세광 교수님을 비롯하여 집필위원이신 이현웅, 김경진, 유재원, 차명호 교수님, 김종래, 조건회, 김성대, 박병욱, 김원웅, 김상진 목사님, 원고를 수집하고 편집책임을 맡아 주신 총회목회정보정책연구소 소장이신 진방주 목사님, 귀한 자료를 제공해 주신 평양노회 및 갈릴리교회 인명진 목사님, 지도 편달을 아끼지 않고 적극 도움을 주시며 감수해 주신 정장복 교수님께 지면을 빌어 깊은 감사의 마음을 전한다.

  수고와 인내의 과정 속에 함께 참여한 위원들이 큰 은혜와 감격을 누리게 된 것은 참으로 벅찬 감동의 고백이 아닐 수 없다. 여러분께 목회매뉴얼을 자신 있게 전할 수 있는 이유가 여기에 있다. 우리가 누린 은혜의 강물에 이 책을 읽는 여러분도 함께 젖어들 수 있을 것이라 믿기 때문이다. 「예배목회매뉴얼」을 통해 목회 현장이 더욱 아름다운 결실을 맺게 되고, 하나님의 능력이 늘 넘쳐 나는 교회로 부흥되기를 바란다.

대한예수교장로회총회창립 100주년기념
예배목회분과위원장 채영남 목사

예배목회분과 집필위원 및 감수위원 약력

집필위원

김경진 교수
° 장로회신학대학교 졸업
° 장로회신학대학교신학대학원(M. Div.)
° 장로회신학대학교대학원(Th. M.)
° 미국 Boston 대학교(Th. D.)
° 장로회신학대학교 실천신학(예배설교학) 교수
° 「교회력에 따른 예배와 설교 핸드북」(공저)
° 「대한예수교장로회 예배예식서」(공저, 2009)

김상진 목사
° 호남신학대학교 졸업
° 호남신학대학교 신대원(M. Div.)
° 호남신학대학교 대학원 석사(Th. M.) 예배학
° 한재교회 담임목사

김성대 목사
° 연세대학교 졸업
° 장로회신학대학교 신대원 신학과
° 웨스터민스터 콰이어 칼리지 교회음악석사
° 드류대학교 신학박사(예배학)
° 예린교회 담임목사

김세광 교수
° 중앙대학교 졸업
° 장로회신학대학교신학대학원(M. Div.)
° 미국 Yale University(S. T. M.)
° 미국 Boston University(Th. D.)
° 서울장신대학교 예배설교학 교수
° 「대한예수교장로회 예배예식서」(공저, 2009)
° 「예배와 현대문화」(대한기독교서회, 2005)
° 「기독교와 커뮤니케이션」(공저, 예영, 2004)

김원웅 목사
° 장로회신학대학교 졸업
° 장로회신학대학원(M. Div.)
° 장로회신학대학 교역대학원(Th. M. in Mininstry)
  예배와 설교학
° 방림교회 담임목사

김종래 목사
° 경남대학교 졸업
° 장로회신학대학교 목회신학박사
  (목회와 설교·예전 전공)
° 새로핌교회 담임목사

박병욱 목사
° 한양대학교 졸업
° 장로회신학대학교 신학대학원(M. Div.)
° 독일 프랑크푸르트대학 신학박사(Dr. Theol.)
  실천신학
° 대구중앙교회 담임목사
° 장로회신학대학교 겸임교수
° 「다시 태어날 수 있다면」
° 「어찌할 수 없는 사랑」

유재원 교수
° 이화여자대학교 졸업
° 장로회신학대학교신학대학원 및 대학원
  (석사 및 박사)
° 장로회신학대학교 실천신학(예배설교학) 교수
° 「이머징예배따라잡기」

이현웅 교수
° 전남대학교 졸업
° 장로회신학대학교 신학대학원 교역학 석사(M. Div.)
° 장로회신학대학교 대학원 신학 석사(Th. M.)
° 장로회신학대학교 대학원 신학 박사(Th. D.)
° 한일장신대학교 신학부 교수
° 「장로교 예배의 정신과 원리」
° 「21세기에 다시 본 존 칼빈의 설교와 예배」
° 「설교학 이야기」

조건회 목사
° 장로회신학대학원(M. Div.)
° 연세대학교신학대학원(Th. M.)
° 시카고 매코믹신학교 목회학 박사(D. Min.)
° 예능교회 담임목사
° 「신앙위인들을 위한 기도」(바울서신)
° 「예배, 하나님과의 만남」(다리 놓는 사람들)
° 「예배, 하나님께 드리는 응답」

차명호 교수
° 연세대학교 졸업
° 장로회신학대학교(M. Div.)
° Drew University(Ph. D.)
° 부산장신대학교 예배학 교수
° 「예배현상과 이해」

채영남 목사
° 호남신학대학교 졸업
° 광주대학교 졸업
° 장로회신학대학교 신학대학원
° 조선대학교대학원(교육학석사)
° 전주대 선교신학대학원(신학석사)
° 장신대 목회신학박사(Th. D. in Min./예배설교 전공)
° 광주본향교회 담임목사
° 「청소년 문제와 교회의 역할」
° 「미래사회와 목회자의 지도력」
° 「현대목회와 컴퓨터 활용」

감수위원

정장복 교수
° 한남대학교 졸업
° 장로회신학대학교 신학과 신학사(B. D.)
° Columbia Theological Seminary 실천신학전공 신학석사(Th. M.)
° San Francisco Theological Seminary 실천신학전공 신학박사(S. T. D.)
° 한일장신대학교 명예총장

문성모 총장
° 서울대학교 졸업
° 장로회신학대학교 신대원(M. Div.)
° 장로회신학대학교 대학원(Th. M.)
° 독일 Osnabrueck 대학(Dr. Phil.)
° 서울장신대학교 총장

총회 목회매뉴얼 발간 및 집필위원회

자문위원: 방지일 조원곤 림인식 장동진 김형태 남정규 김윤식 김창인 정복량 박종순 민병억 유의웅 이규호 최병두 최병곤 김순권 김태범 안영로 이광선 김영태 김삼환 지용수 김정서 박위근 손달익 김동엽

지도위원: 이수영 이철신 김충렬 우영수 이동춘 이상섭 인명진 김 규 유종만 김서년 임은빈 이명중 이승영 김지철 고 훈 박영우 김원영 송석홍 정삼수 전병철 이 순 허승부 김동호 조성기 남기탁 박창하 백도웅 손승원 이승하

감수위원:
- 예배목회분과 : 정장복 문성모
- 영성목회분과 : 윤공부 김충렬
- 선교목회분과 : 서정운 홍성현
- 교육목회분과 : 이용남 사미자 고용수
- 가정목회분과 : 고용수 이춘실
- 문화목회분과 : 김철영 서정오 노영상
- 설교목회분과 : 김종렬 유경재
- 성장목회분과 : 이광순 황순환
- 섬김목회분과 : 손인웅 이명선 최무열
- 상담목회분과 : 오성춘 김예식
- 생명목회분과 : 김용복 이형기 김명용
- 행정목회분과 : 박종순 김순권 박위근

발간위원회
발간위원장 : 이만규 김운용
서   기 : 손대호   회   계 : 정명철
실행 및 편집 : 김동모 박봉수 서임중 오창우 윤마태 진방주 채영남 최기학 최진봉 허원구
발간위원 : 김창근 이화영 김권수 이석형 정판식 김점동 문원순 박영구 곽성준 박은호 이정원 김병복 유병호 김종의 최영업 구영철 정성진 김기홍 김상룡 김성규 강운구 림형식 홍성욱 권명삼 안광수 안현수 이춘수 정동락 김길홍 서좌원 용덕순 최동환 임규일 유경종 김광선 공용준 박기철 장경덕 정도출 손 훈 최성욱 홍순화 황명환 박노철 노창영 이진섭 윤대영 조석환 박영배 손신철 이효검 조환국 김명기 김영준 이정식 김진홍 성희경 김왕택 이연희 정헌교 최순동 김완식 안영대 김철민 김성기 김용호 류기열 최태순 양정국 이병우 이청근 백남운 신정호 최규연 강무순 장덕순 정동운 박남주 김영배 김철안 백승현 이의복 송희종 김성수 박종식 김유수 남택룡 노치준 양원용 김민식 송재식 유갑준 나정국 우수명 공동영 서명길 요요한 엄인영 유병근 김동호 홍성호 윤구현 고만호 배용주 조현용 곽군용 김관송 김대용 오공익 김상층 류정길 김길영 박창재 김세봉 이무일 정동호 서용진 이종삼 김석구 민귀식 김운성 조의환 김태영 임대식 김득기 한영수 김성수 이홍빈 이홍식 김영석 김제민 곽숙기 이심우 김승준 최영태 이상관 민 광 장인대 공병의 박석진 김원주 이상학 박성근 김영걸 김의환 박근호 강재식 조민상 강인철 김승학 이정우 김창진 최갑도 허승부 오인근 한철인 임인재 이상천 김홍천 안주춘 최기용 김강식 류종상 이순창 박영철 조성욱 김정호 이희수 전두호 최영환 최창범 이필산 강종로 곽충환 김갑식 한흥신

집필위원회
집필위원장 : 이성희
집필위원

분과	위원장	부위원장	집 필 위 원
예배목회	채영남	김세광	김경진 김상진 김성대 김원웅 김종래 박병욱 유재현 이현웅 조건회 차명호
설교목회	손대호	주승중	김금용 김운용 박희종 오양록 이락원 정성훈 조성현 최진봉 황세형
영성목회	정태일	유해룡	김명술 김범준 서성환 오명석 오방식 유재경 윤공부 음동성 이강학 이경용 조규남 최승기 최성림 최일도
성장목회	손윤탁	한국일	김동모 김용관 김재명 류명모 림형석 박명하 박보경 박영득 박요셉 서은성 오세원 윤석호 이중삼 정우겸 정해014 조재훈 진방주 최공칠 최낙규
선교목회	허원구	임희모	강철민 김상훈 김성기 김영동 김종승 김창근 남윤희 남정우 박재필 백명기 서광욱 손은정 송태승 안숭오 안영호 이양덕 이인철 이진우 이현성 장활호 정창환 조재호 주미숙 진방주 홍인식
섬김목회	정우겸	이만식	고일호 곽희주 김옥순 김의신 김종생 김종언 김한호 류태선 민귀식 박천응 성홍모 손 훈 손의성 이범성 이승열 정명철 조주희 차정규 최임곤 황금봉
교육목회	박봉수	박상진	강민수 강정원 권용근 김성준 김용재 김치성 박미경 양금희 오창두 장순애 전경호 정영태 정영택 지광복 홍정근
상담목회	김대동	김진영	김의식 김해수 김형준 박중수 오규훈 유영권 이상억 이전호 정연득 조수환 황영태
가정목회	박승호	홍인종	공광승 김경호 김병곤 김성욱 김휘현 박영란 신문수 신현태 윤마태 윤상철 윤태현 이철규 장동학 장철근
생명목회	한경호	황홍렬	강성열 곽은득 김도훈 김수영 김영균 김영진 김은혜 박원호 백명기 백영기 손은하 유미호 이상진 이원돈 장명하
문화목회	황해국	임성빈	김봉성 박정관 성석환 신 정 손은희 오인근 이의용 임화식 전세광 정원범 조인서 진영훈 최민준 최성수 한규영 한재업 황인돈
행정목회	이성희	신영균	김병찬 박진석 이남순

| 대한예수교장로회총회창립 100주년기념 |

목회매뉴얼
예배목회

초판발행 2014년 1월 15일
2쇄발행 2014년 3월 30일

엮 은 이	이만규, 김운용
편 집 인	진방주
글 쓴 이	채영남 김세광 김경진 김상진 김성대 김원웅 김종래 박병욱 유재원 이현웅 조건희 차명호
펴 낸 이	총회목회정보정책연구소
발 행 인	채형욱
발 행 소	한국장로교출판사
주 소	110-470 / 서울 종로구 연지동 135 한국교회100주년기념관 별관
전 화	(02) 741-4381 / 팩스 741-7886
영 업 국	(031) 944-4340 / 팩스 944-2623
등 록	No. 1-84(1951. 8. 3.)

ISBN 978-89-398-4034-8 / 978-89-398-0336-7(세트)
Printed in Korea
값 25,000원

편 집 장	정현선				
교정·교열	이슬기	**본문·편집**	윤지영	**표지디자인**	윤지영 이혜원
업무차장	박호애	**영업차장**	박창원		

※ 이 출판물은 저작권법에 의해 보호를 받는 저작물이므로 무단전재와 무단복제를 할 수 없습니다.